*Matthew*

# 천국시민의 윤리

마태복음 강해 1

*Matthew* 강해 1

# 천국시민의 윤리

**초판 인쇄** 2019. 12. 6
**초판 발행** 2019. 12. 12
**지 은 이** 이광수
**발 행 인** 박신웅
**디 자 이 너** 이현정
**펴 낸 곳** 대한예수교장로회 총회출판국
서울특별시 서초구 고무래로 10-5 (반포동)
TEL.(02)592-0986 FAX.(02)595-7821

*Matthew* 강해 1

# 천국시민의 윤리

이광수 지음

대한예수교장로회
총회출판국

서문

# 츠빙글리를 회상하며

츠빙글리는(1484-1531) 유명한 종교개혁자 중 한 사람입니다. 그는 1484년 첫날에 태어나 베른과 비엔나에서 공부했고 이후 바젤대학에 입학했습니다. 이곳에서 그는 인문주의 연구에 매혹되었고 개혁자 토마스 비텐바흐의 영향을 받아 '솔라 스크립투라'(오직 성경)를 확신하게 되었습니다.

그는 1506년부터 1516년까지 스위스의 글라루스 지역 교회의 사제로 봉직하였는데 그 역시 루터처럼 신약성경을 연구하다가 자신의 죄와 연약함을 놓고 씨름하는 중에 일종의 복음적인 돌파구를 체험하였습니다. 1518년 취리히에 있는 그로스뮌스터(대성당)의 설교자로 사역을 시작했습니다. 그는 회중에게 자신이 주해설교를 전할 것이며 마태복음 1장부터 복음서의 내용을 설교할 것임을 선언했고 그대로 실천했습니다.

오늘날 강해설교는 그리 별난 무엇이 아니지만 설교시간에 인간의 전통이나 신학논증을 전하는 그 당시로는 전례가 없는, 가히 혁명적인 것이었습니다. 그의 후계자 하인리히 불링거는 카펠수도원 원장으로 있다가 1531년 츠빙글리가 죽자 그의 뒤를 이어 그로스뮌스터의 설교자가 되었는데 그는 66권 가운데 53권을 적어도 한 번 이상 처음부터 끝까지 설교했다고 합니다. 그는 13권의 주석도 집필하고 '데카데스'라는 50편의 설교를 모은 책도 출판한 바 당시에는 칼빈의 '기독교강요'보다 더 큰 인기를 누렸다고 합니다. 칼빈 역시 츠빙글리처럼 연속 강해설교를 하였습니다.

2019년인 올해는 종교개혁 502주년이 됩니다. 저는 개혁자의 후손답게 한 권의 성경을 처음부터 끝까지 다 설교하고픈 열망이 있습니다. 츠빙글리처럼 마태복음부터 말입니다. 그 이유는 주님께서 주시고자 하시는 뜻을 남김없이 빠짐없이 알고 싶고 전하고 싶어서입니다. 이미 '복음 중의 복음'이라는 제목으로 로마서 강해설교집(나침반사)을 출판했습니다. 누가복음과 야고보서도 강해설교 한 바가 있고, 이 마태복음은 은퇴를 앞두고 4년에 걸쳐 두 번째로 강해설교를 하고 있습니다. 저 같이 부족한 사람도 이렇게 할 수 있음을 보면서 많은 설교자들이 도전을 받아 성경을 강해설교 했으면 합니다. 그래서 이 땅의 설교 강단마다 불순물이 섞이지 않은 순수한 말씀의 씨가 뿌려지고 100배, 60배, 30배의 결실이 있기를 소망합니다.

'마태복음 강해설교'는 제 4권까지 나올 것 같습니다. 제 1권의 제목을 '천국시민의 윤리'로 정한 것은 1장에서 7장까지의 핵심은 5장에서 7장에 이르는 산상보훈이요, 산상보훈은 '천국시민의 윤리'이기 때문입니다.

부족한 목사의 설교를 들어주신 울산동부교회 성도님들과 설교를 책으로 출판할 수 있도록 도움을 주신 분들께 진심으로 감사드립니다. 아울러 과분한 추천사를 써주신 정근두 목사님과 이상규 교수님께 깊이 감사드립니다. 두 분은 제가 존경하는 선배 목사님들입니다. 저는 이토록 아름답고 감동적인 추천사를 본 적이 없어서 받아들고 깊이 감동했고, 남은 세월 동안 더 겸손히, 더 깊이, 더 뜨겁게 설교사역을 감당해야겠다는 도전을 받았습니다.

읽는 시대가 아닌 보는 이 시대에 굳이 책을 내는 자체가 시대에 뒤떨어진 일이요 고집과 교만과 낭비일 수도 있다는 생각도 했습니다. 사실 스스로 생각해봐도 설교집 읽기를 좋아하지 않고 마틴 로이드 존즈 목사님의 '산상보훈강해' 외에는 처음부터 끝까지 읽어 본 설교집이 없습니다. 소망하기는 이 설교문이 조금이라도 자신에게 주는 하나님의 뜻이 있음을 느낀다면 욕심내지 마시고 하루 한 편씩 영혼의 양약을 드신다는 마음으로 읽어주시기를 바랍니다.

2019년 가을에

추천사

# 복음의 세계로의 친절한 안내

이상규(고신대학교 명예교수, 백석대학교 석좌교수)

이번에 이광수 목사님의 마태복음 강해집 출간을 진심으로 환영하고 축하합니다. 이 목사님은 이미 '로마서 강해집'을 출간했는데, 딱딱하고 어려운 교리서로만 생각하던 로마서를 그처럼 평이하게 해설하되, 본문에 대한 명쾌한 가르침을 통해 로마서가 오늘 우리의 일상의 삶을 위한 영혼의 교과서라는 점을 깨닫게 해주셨는데, 이번에는 마태복음 강해서를 통해 복음의 세계로 안내해주신 점에 대해 감사하지 않을 수 없습니다. 저는 이 책 원고를 읽으면서 로마서 강해서와 마찬가지로 몇 가지 특징을 발견할 수 있었습니다.

첫째, 이 책은 마태복음 본문에 대한 자세하고도 친절한 안내라는 점입니다. 본문을 순차적으로 해설하되 본문이 쓰여진 당시 상황을 고려하면서 그 본문을 해설하고 있습니다. 마치 지도를 통해 산 정상으로 가는 길을 안내하듯이 이 책은 우리를 마태복음의 정상으로 친절하게 안내하고 있습니다. 무엇보다도 어려운 본문을 쉽고도 평이하게 해설하는 것은 이 목사님의 특별한 문학적 기예(技藝)라고 생각합니다.

둘째, 이 책은 마태복음 본문의 가르침과 정신을 간명하게 정리해주고 있습니다. 저자는 본문을 평이하게 강해하되 그 본문이 담고 있는 의미와 정신, 특히 본문의 핵심을 파악하여 이를 몇 가지 주제(主題) 혹은 대지(大旨)로 요약하고 있습니다. 그래서 본문이 말하고자 하는 그 뜻과 정신을 분명하게 파악하게 만들어줍니다. 이 점은 이 책의 가치를 더해줍니다. 이런 장점은 마태복음 본문에 대한 깊은 묵상과 성실한 연구의 결과라고 생각됩니다. 그가 본문을 깊이 연구하지 않았다면 이처럼 우리를 마태복음의 깊은 세계로 인도하지 못했을 것입니다.

셋째, 이 강해집은 성도의 삶을 위한 지침서입니다. 이 책은 지적 호기심에서 출발한 무미건조한 강해서가 아닙니다. 이 책에는 말씀으로 성도의 삶을 인도하고자 하는 저자의 사랑과 애정이 드러나 있습니다. 저는 이것이 목회자적 관심과 사랑이라고 생각합니다. 말씀을 듣는 이들의 신앙 성숙과 삶의 변화를 갈망하는 목회자의 간절한 마음이 이 강해설교 속에 엿보입니다.

넷째 이 책을 읽으면서 느끼는 것은 이 책은 재미있는 책이라는 점입니다. 본문을 해설하고 설명하기 위해 삽입한 사례나 예화가 흥미를 더해주고 읽을수록 기대를 더해줍니다. 저자의 기술적(記述的) 감각은 독자를 배려한 레토릭이기도 하지만, 저자인 이광수 목사님의 평소의 성품이 반영된 것이라는 생각이 듭니다. 상대를 편안하게 해주는 그의 따뜻한 마음과 평안하고 즐겁게 분위기를 이끌어가는 마음의 여유가 이 책에도 드러나 있습니다. 그래서 이 책은 흥미를 더해주고 있을 뿐만 아니라 우리 마음에 안식과 위로, 은혜와 감동을 줍니다.

무엇보다도 이 책은 이 목사님의 신실하고 성실한 말씀 묵상과 기도, 그리고 꾸준한 연구의 결실이라는 점에서 신뢰를 더해 줍니다. 저는 학생 때부터 이 목사님을 알고 지냈으니 40년이 훌쩍 지났습니다. 그는 그때나 지금이나 변함이 없습니다. 언제나 똑같은 마음으로 주님을 섬기고 성도를 섬겼던 오랜 기도와 묵상, 말씀연구, 목회자의 사랑이 로마서 강해집에 이어 마태복음 강해서를 생산한 토대가 되었다고 확신합니다. 마태복음 강해서 1권 원고를 보면서, 제2권과 제3권이 기다려집니다. 이 책은 말씀의 빛을 따라 살고자 하는 사모하는 영혼에게 안식과 평안과 감동을 줄 것으로 확신합니다. 저는 이 책을 옆에 두고 한 장씩 읽고 묵상하고 배우고 저의 삶의 지침으로 삼고 싶습니다.

추천사

# 그의 설교는 잔잔하고 아름다운 호수와 같습니다

정근두(전 울산교회 담임)

그의 설교는 잔잔하고 아름다운 호수와 같습니다. 잔잔하기에 아름다운 하늘이 그대로 잘 반사되고 있습니다. 본문에 담긴 하늘 아버지의 뜻이 잘 드러나고 있습니다. 특별히 잘 알려져 있는 호수는 아니었기에 여러분도 그 호수를 만나면 예기치 않은 아름다움에 감동하게 될 것입니다. 한평생 설교를 하고 곧 은퇴를 앞둔 저도 설교학을 전공했기에 설교에 대해서 문외한은 아닙니다만 이번에 만난 이광수 목사님의 설교는 조용한 감동을 제게 안겨주었습니다. 한 교단이고 지역적으로도 같은 도시, 같은 지역에 있는 잘 아는 분이지만 설교로 만나는 일은 흔치 않았습니다. 이번에도 비록 귀로 듣는 대신 눈으로 읽은 목사님의 설교이지만 조용히 내리는 은혜의 비에 마음을 적시는 특별한 기회였습니다.

좀 더 구체적으로 목사님의 설교를 살펴보면 무엇보다 먼저 자연스런 화법을 접하게 될 것입니다. 서론에서 결론에 이르기까지 자연스런 전개를 하는 그의 설교는 가까이서 지켜본 목사님 자신을 닮았다는 생각을 갖게 합니다. 무리하지 않는 논지의 전개에서 마지막 결론까지 조용히 청중들을 안내해 줄 것입니다. 여러분 모두 아시죠? 산행하기에 좋은 가이드는 산행의 베테랑이 아닙니다. 그도 물론 초보자의 발걸음을 맞춘다고 생각하고 산길을 안내하지만 어디까지나 자기 수준에서 할 수밖에 없기에 뒤따라 걷기에는 힘듭니다. 여기에 바로 우리가 목사님의 설교의 유익을 맛보는 자리입니다. 목사님의 논리전개는 갑작스런 비약이 없고 자연스럽습니다. 그래서 읽거나 듣는 사람들을 차분히 설득하는 힘이 있습니다.

그리고 목사님의 설교는 주로 질문하고 대답하는 방식으로 전개합니다. 설명을 할 때도, 설득을 할 때도, 인류의 오랜 학습전통인 문답방식을 즐겨 사용합니다. 문제를 제기할 때도 성경본문을 대하는 청중의 시각에서 할 뿐 아니라 성도들의 눈높이에서 자연스런 대답을 제시합니다. 서론부터 결론까지 청중의 수준에서 문제를 제기하지만, 무리 없이 그들을 인도해야 할 곳으로 차분히 데리고 갑니다. 때론 평범한 주제 제기처럼 보이지만 사실은 기독교 신앙의 기본적인 진리를 이끌어내어서 성도들로 하여금 직면하게 만듭니다. 그래서 우린 목사님의 설교가 쉽게 다가오는 것을 알 수 있습니다. 하지만 여기서 쉽다는 것은 결코 그 내용이 진부하고 평범하다는 의미는 아닙니다. 오히려 여기저기에서 목사님의 깊은 묵상의 유익과 풍성한 독서의 유익을 접하게 되기 때문입니다. 동서양의 고전(古典)뿐 아니라 시사적인 자료를 적절한 자리에 활용하고 있기 때문입니다.

그리고 빠뜨릴 수 없는 목사님 설교의 또 다른 특징은 본문에서 찾아낸 모든 진리를 독자나 청중으로 하여금 받아들이든지 말든지 하라고 던져놓고 마는 것이 아니라, 반드시 적용과 권면 앞에 청중들을 치열하게 세우고 있습니다. 사실 설교는 설명과 적용으로 구성되기 때문입니다. 설명으로만 끝난다면 교수의 강의처럼 되고, 설득으로만 다가오면 부흥사의 열변이 되고 말 것입니다. 그러나 목사님은 쉬운 설명과 더불어 적용, 반복되는 강조를 통해 아무도 피해가지 못하도록 논리적으로 설득합니다. 그의 설교는 폭풍우처럼 휘몰아치지는 않지만 '가랑비에 옷 젖는 줄 모른다'고 고백하는 것처럼 자신도 모르게 목사님의 말씀의 은혜에 잠기는 자신을 발견하고 참으로 행복했습니다.

솔직히 말해서 때론 추천사를 쓰는 것은 어렵고도 망설여지는 일이기도 하지만, 이광수 목사님의 마태복음을 추천하기 위해서 그의 설교를 읽는 것은 제게 하나님의 특별한 선물과 같았습니다. 이런 설교를 매주일 대하는 울산동부교회 성도들은 복 있는 자들입니다. "복되도다. 당신의 사람들이여 복되도다. 당신의 이 신하들이여 항상 당신 앞에 서서 당신의 지혜를 들음이로다."(왕상10:8) 이처럼 귀한 말씀을 주일마다 듣기 때문입니다. 하지만 성경은 경고합니다. "존귀하나 깨닫지 못하는 사람은 멸망하는 짐승 같도다."(시49:20) 매주일 이런 말씀을 들을 수 있는 특권이 제게도 주어진다면 주저하지 않고 나는 동부교회를 다니고 싶습니다. 우리 모두가 매주일 이런 좋은 말씀을 듣는 특권은 누리지 못해도, 목사님의 마태복음 강해설교를 통해서 읽을 수 있는 특권은 아무도 빼앗을 자가 없다는 것을 기억하면, 그를 이 시대의 설교자로 빚어내신 하늘 아버지의 은혜를 감사할 수 있을 것입니다.

# 목차

## 마태복음 1:1–17

아브라함과 다윗의 자손 예수 그리스도의 계보라 아브라함이 이삭을 낳고 이삭은 야곱을 낳고 야곱은 유다와 그의 형제들을 낳고 유다는 다말에게서 베레스와 세라를 낳고 베레스는 헤스론을 낳고 헤스론은 람을 낳고 람은 아미나답을 낳고 아미나답은 나손을 낳고 나손은 살몬을 낳고 살몬은 라합에게서 보아스를 낳고 보아스는 룻에게서 오벳을 낳고 오벳은 이새를 낳고 이새는 다윗 왕을 낳으니라 다윗은 우리야의 아내에게서 솔로몬을 낳고 솔로몬은 르호보암을 낳고 르호보암은 아비야를 낳고 아비야는 아사를 낳고 아사는 여호사밧을 낳고 여호사밧은 요람을 낳고 요람은 웃시야를 낳고 웃시야는 요담을 낳고 요담은 아하스를 낳고 아하스는 히스기야를 낳고 히스기야는 므낫세를 낳고 므낫세는 아몬을 낳고 아몬은 요시야를 낳고 바벨론으로 사로잡혀 갈 때에 요시야는 여고냐와 그의 형제들을 낳으니라 바벨론으로 사로잡혀 간 후에 여고냐는 스알디엘을 낳고 스알디엘은 스룹바벨을 낳고 스룹바벨은 아비훗을 낳고 아비훗은 엘리아김을 낳고 엘리아김은 아소르를 낳고 아소르는 사독을 낳고 사독은 아킴을 낳고 아킴은 엘리웃을 낳고 엘리웃은 엘르아살을 낳고 엘르아살은 맛단을 낳고 맛단은 야곱을 낳고 야곱은 마리아의 남편 요셉을 낳았으니 마리아에게서 그리스도라 칭하는 예수가 나시니라 그런즉 모든 대 수가 아브라함부터 다윗까지 열네 대요 다윗부터 바벨론으로 사로잡혀 갈 때까지 열네 대요 바벨론으로 사로잡혀 간 후부터 그리스도까지 열네 대더라

# 1

# 예수님의 족보의 교훈

성도 여러분, 저 표제를 한번 보십시오. 표제에 보면, 쌍봉탑이 있는 건물이 있습니다. 교회당입니다. 혹시 기억나십니까? 달력을 잘 안 보시는 모양인데, 지난달 8월 우리 교회 달력의 사진입니다. 저 건물이 스위스 취리히에 있는 교회당인데 종교개혁 탐방을 할 때에 저기에 들어가서 찬송도 부르고 기도도 했습니다. 루터가 독일에서 종교개혁을 시작할 때에 스위스에서는 츠빙글리라는 사람이 종교개혁을 시작했는데, 그가 시작한 곳이 바로 저 교회당, 곧 '뮌스터 대성당'입니다. 그가 설교 사역을 저기에서 시작을 했는데, 특별히 그는 성경강해로 유명하였습니다. 그는 그곳에서 마태복음부터 성경을 한 권 한 권 차례로 강해를 해갔습니다. 그는 말하기를 "교회의 참된 보화는 거룩한 복음이다"라고 했습니다. 지난번에 제가 설교했던 로마서는 '복음 중에 복음', 곧 '복음의 진수'라고 할 수 있습니다. 그런데 신약성경 맨 앞에 나오는 마태복음, 마가복음, 누가복음, 요한복음도 이름 그대로 복음입니다. 로마서와 다른 것은 이 네 가지 복음은 우리 예수님의 생애와 말씀과 사역을 직접 생생하게 우리에게 보여준다는 점입니다.

여러분, 신약 처음에 모여 있는 이 사복음은 너무나도 귀한 것입니다. 저는 저의 남은 목회 기간 동안 츠빙글리처럼 마태복음을 강해설교하고자 합니다. 여러분 이 일을 기억하시고 위해서 기도해주시고, 주일날 이곳에 모일 때마다, 열린 마음으로, 사모하는 마음으로 말씀을 들으심으로 우리 예수님을 만나고 느낄 수 있게 되기를 바랍니다.

여러분 우리가 성경을 읽을 때에 때로 안 읽고 건너갈 때가 있습니다. 어떤 때입니까? 바로 오늘 본문처럼 어떤 족보가 나올 때에 '이건 안 읽어도 돼' 하며 넘어가죠. 하지만 족보가 쓸모없는 것이 아닙니다. 하나님의 말씀에는 필요 없는 말씀은 하나도 없습니다. 이것은 누구의 족보입니까? 예수님의 족보입니다. 1절에 보면, '아브라함과 다윗의 자손 예수 그리스도의 계보'라고 말씀했습니다. 예수님의 족보입니다. 이 족보가 우리에게 어떤 교훈을 주겠습니까?

### 첫 번째는 사람이 되시는 하나님을 우리에게 보여줍니다.

마가복음 1장 1절을 같이 읽어보겠습니다.

**"하나님의 아들 예수 그리스도의 복음의 시작이라"**

예수 그리스도 앞에 무엇이 붙어 있습니까? 하나님의 아들. 그리고 오늘 우리가 교독했던 요한복음 3장의 말씀, 셋째 단락에 보면, 하나님이 그 아들을 세상에 보내신 것은…… 이렇게 들어가고 있습니다.

여러분 예수님이 하나님의 아들, 성자 하나님이심을 믿습니까? 이 사실을 믿지 않는 자는 참된 신자라고 할 수 없습니다. 교회 다닌다고 참된 신자입니까? 다 그렇지는 않습니다. 우리가 아주 존경하는 인물 중에 슈바이처, 엘버트 슈바이처를 기억하십니까? 그 사람은 목사고, 선교사고, 의사고, 음악가고, 그리고 아프리카에 가서 '람바르네'라는 곳에서 병원을 세우고 선교사역을 했죠. 밀림의 성자라고 불리지 않습니까! 우리는 그가 선교사이기 때문에 으레 예수님을 바르게 믿었을 거라고 생각합니다. 그러나 그는 그 시대의 사상에 영향을 받아 예수님을 잘못 믿고 있었습니다. 예수님을 하나님의 아들로, 하나님으로 보지 않고 그저 존경할 만한 성자로, 위인으로, 훌륭한 사람으로만 생각했습니다. 여러분, 이것은 참 신앙이 아니죠. 우리는 신앙고백을 할 때마다 '나는 그의 유일하신 아들 우리 주 예수 그리스도를 믿습니다'고 고백합니다. 다 같이 고백해봅시다. "나는 그의 유일하신 아들 우리 주 예수 그리스도를 믿습니다." 여러분 이것이 참 신앙입니다.

그런데 오늘 본문을 보면 하나님의 아들이, 하나님께서 인간의 족보를 가지고 있습니다. 조상들이 있고 나중에 보면 마리아에게서 탄생하셨다고 했습니다. 놀랍게도 영원하신 하나님께서 인간 역사 속에 찾아 오셨다는 것입니다. 우리가 잘 부르는 찬송가 32장 1절에 보면 '만유의 주재 존귀하신 예수' 그 다음엔 '사람이 되신 하나님'이라고 합니다. 여러분 그 말을 생각해보셨습니까? 사람이 되신 하나님. 이것은 엄청나게 놀라운 말입니다. 생각할수록 감동되는 말입니다. 이 일은 신비하고 정말 감사한 일입니다. 우리를 죄에서 구원해주시기 위해서 하나님이 사람이 되시다니!

언젠가 한 번 이야기를 드린 것 같습니다. 독일 작가 카프카라고 하는 유명한 작가가 있는데 그가 쓴 '변신'이라는 단편 소설이 있습니다. 주인공이 그레고리인데 아버지를 대신해 가족의 생계를 책임지는 실질적인 가장이었습니다. 그런데 어느 날 아침, 잠을 깨었는데 자기의 모습이 눈에 들어오는데 너무 깜짝 놀랐습니다. 자기가 큰 벌레가 된 것입니다. 등이 벌레의 등처럼 딱딱하게 굳어있고 팔, 다리는 없고 여러 쌍의 아주 가느다란 다리가 나와 있는 거예요. 고함을 지르려고, 말을 하려고 하는데 사람 말이 안 나오고 끽끽하는 벌레 소리가 나는 겁니다. 여러분, 이런 충격이 어디 있겠습니까! 가족들도 '얘가 아침에 빨리 직장에 가야 하는데 왜 이리 안 나오지? 오늘 따라 늦네' 하며 문을 열어 보고 얼마나 놀랐겠습니까? 가족들은 그를 처음에는 불쌍히 여겼지만, 시간이 갈수록 그를 미워하고, 박대하고, 때가 되어도 먹을 것을 주지 아니하고……. 어느 날 화가 난 그의 아버지가 벌레로 변한 이 아들에게 사과를 집어 던졌습니다. 사람 같으면 한 대 맞아도 괜찮지만, 벌레는 잘못 맞으면 바로 죽잖아요. 아들은 안 맞아 죽으려고, 막 피해서 벽을 타고 도망을 가는데 불행하게도 사과 하나가 그의 등에 정통으로 박혀 버렸어요. 얼마나 아프고 고통스럽겠습니까? 그 부분이 조금씩 썩어가면서 죽고 말았습니다.

제가 이 충격적인 소설을 처음 읽었을 때 바로 제 생각 가운데 떠오르는 분이 있었어요. 누구겠습니까? 예수님, 사람이 되신 하나님입니다. 벌레가 된 사람을 보면서 사람이 되신 하나님이 바로 떠올랐습니다. 그레고리가 벌레가 된 것은 피조물이 피조물로 변한 것 아니겠습니까? 그런데 하나님께서 사람이 되신 것은 피조물이 피조물로 바뀐 것이 아니고 뭐가 피조물로 바뀐 것입니까? 창조자가 피조물로 바뀐 것이니까 사람이 벌레가 된 것 보다 훨씬 더 큰 변신이죠. 말할 수 없는 낮아짐이라는 것입니다. 하나님이신, 하나님의 아들이신 예수님께서 왜 그렇게 낮아지셨습니까? 영광스러운 하나님께서 왜 그리 비천하게 되셨습니까? 그것은 여기 있는 저와 여러분을 구원해주시기 위해서임을 믿으시기 바랍니다. 우리를 위해서 십자가에 대신 죽으시기 위해서 인간이 되신 것입니다.

### 두 번째, 예수님의 족보는 약속의 성취를 보여줍니다.

여러분, 신구약 성경의 관계를 한마디로 말하면 약속과 성취, promise and fulfillment라고 할 수 있습니다. 구약은 약속이고 신약은 성취입니다. 그런데 신약에 있는 27권의 성경 중에서 하나님의 약속의 성취를 가장 잘 보여주는 것이 마태복음입니다. 앞으로 마태복음을 자세히 읽어보시면, '기록된바'라는 말이 많이 나옵니다. 구약에 기록된 대로 이제 예수님을 통하여서 구약의 약속들이, 예언들이 이루어졌다는 말입니다. 그러니까 마태복음이 성취를 가장 잘 보여줍니다. 여러분 1절을 다시 읽어보겠습니다.

**"아브라함과 다윗의 자손 예수 그리스도의 계보라"**

여러분 오늘 예수님의 족보를 읽어보니 예수님의 조상이 한 두 사람입니까? 엄청 많은데 왜 굳이 아브라함과 다윗의 자손 예수 그리스도라 말했겠습니까? 이유가 있습니다. 창세기 12장을 보면 하나님께서 아브라함을 불러내시죠? "아브라함아 너는 너의 고향 친척 아비 집을 떠나서 내가 너에게 보여 줄 땅으로 가라"고 말씀하시면서 아브라함에게 여러 가지 복에 대한 약속을 말씀해주십니다. "내가 너를 큰 민족을 이루게 하겠다. 너의 이름을 창대하게 하겠다. 네가 복이 될 것이고 복의 근원이 되어서 천하 만민이 너로 말미암아 복을 받으리라"고 약속을 하셨습니다. 생각해보면 엄청난 약속입니다. 그 약속 중에서도 세 번째 약속이 참 신기합니다. 여러분, 어떻게 아브라함 한 사람 때문에 온 인류가 복을 받겠다는 것입니까? 이해가 안 되는 말씀입니다. 이 말씀이 세월이 가면서 조금씩 조금씩 구체화됩니다. 창세기 22장을 보면, 하나님께서 아브라함의 믿음을 마지막으로 테스트하십니다. "네 사랑하는 독자 이삭을 모리아 산에 가서 바쳐라"고 하실 때에 아브라함이 믿음으로 순종하지요. 마지막에 바치려고 하는 순간에 하나님께서 Stop! 하셔서 못 죽이게 하시죠. 그러면서 하나님께서는 아브라함의 믿음에 만족하시면서 아브라함에게 주셨던 그 복의 말씀을 재확인해주십니다. 특별히 22장 18절에 보면, "너의 씨로 말미암아 천하 만민이 복을 받으리라" 했습니다. 12장 맨 처음, 아브라함을 불러낼 때는 '너로 말미암아'라고 했거든요. 근데 22장에 와서는 '너의 씨로 말미암아 천하 만민이 복을 받으리라' 했습니다. 더 구체화되었습니다. 알 수 있는 것은 하나님이 아브라함의 자손 중 한 사람을 통해서 모든 사람에게 구원의 복을 내려주실 것이라는 말씀입니다. 여러분, 그 한 사람, 하나님이 약속하신 그 구원자, 이스라엘 사람들이 무엇이라 불렀는지 아십니까? 메시아라고 불렀습니다. 그 뜻은 기름부음을 받은 자입니다. 구약에 보면, 직분을 줄 때에 기름을 부었습니다. 하나님께서 구원자로 기름 부어주신 분, 그 분이 바로 메시아입니다. 메시아를 헬라어로는 그리스도라 하는데 똑같은 의미를 가진 말입니다. 여러분, 아브라함에게 하신 그 약속, 예수님이 오시기 약 2,000년 전에 주어졌습니다. 그런데 예수님이 오심으로 이루어졌습니다. 아브라함의 씨로 이 세상에 오신 하나님의 아들 메시아, 예수 그리스도를 믿는 자마다 영생의 복, 구원의 복을 얻는 줄 믿으시기 바랍니다.

그리고 다윗은 아브라함보다 약 1,000년 후의 사람입니다. 아브라함과 다윗의 자손이라 했는데 다윗은 왜 들어있습니까? 그가 왕이 되어서 하나님께 성전을 지어 바치려고 했어요. 그때까지는 하나님의 법궤가 장막 안에 있었거든요. '나는 이 백향목 궁에 거하는데 하나님의 궤가 이 비천한 데 있다니! 하나님을 위해서 나도 아름다운 성전을 지어드려야 되겠다'고 하니, 하나님께서 거절을 했습니다. 그러면서도 다윗의 그 아름다운 마음을 하나님께서 귀하게 여기시고 다윗에게 복을 내리시겠다고 약속을 하십니다. '내가 네 씨를 네 뒤에 세워 너의 나라가 보존되고 너의 왕위를 영원히 견고케 하리라'는 약속을 해주십니다.

여러분, 이것이 바로 메시아 약속입니다. 성경을 보십시오. 처음에는 아브라함을 통하여 천하 만민이 복을 받겠다고 했습니다. 폭이 굉장히 넓어요. 그런데 22장으로 가서는 조금 좁아집니다. 아브라함의 씨로 인하여서 천하 만민이 복을 받을 것이라고 했죠. 그러데 아브라함의 후손이 쭉 흘러가다가 다윗에게 이르자 다윗의 자손이 메시아, 곧 영원한 왕이 되리라고 하십니다. 역사가 흐를수록 폭이 조금씩 좁아집니다. 예수님에게 올 때까지 조금씩 조금씩 더 구체화되고 좁아지는 것을 볼 수 있습니다. 여하튼 다윗에게 하신 약속은 메시아를 약속하는 것인데 그때부터 '다윗의 자손'이라는 말은 메시아의 별명이 되었습니다. 다윗의 왕위는 6절에서 11절에 나오는데 다윗의 아들이 누구입니까? 솔로몬입니다. 솔로몬 왕이 끝이 나자 솔로몬의 죄 때문에 나라가 반쪽이 났어요. 북쪽은 이스라엘, 남쪽은 유다입니다. 다윗의 왕위는 유다에서 계속 이어지다가 B.C 586년에 바벨론에 의해서 멸망됩니다. 이제 왕이 끝이 나버렸어요. 이것을 보면 하나님이 다윗에게 하신 말씀, '너의 왕위가 영원하리라'는 약속이 끝이 난 것 같습니다. 그러나 끝난 것이 아닙니다.

오늘 본문에서 보듯이 다윗의 후손으로 나신 예수님께서 다윗의 왕권을 회복하시는 것입니다. 마태복음에 나오는 여러 사람들이 예수님을 보고 뭐라고 부르는지 아십니까? '다윗의 자손, 예수여!' 하고 부르는 것입니다. 2장에 보면 동방에서 박사들이 예수님의 탄생 때 예수님을 만나려고 찾아옵니다. 먼 길을 찾아와서 예루살렘에 들어와 종교 지도자들에게 무엇이라고 묻습니까? '예수님이 나신 곳이 어디입니까?'라고 묻지 않고 '유대인의 왕으로 나신 이가 어디 계시뇨?' 하며 찾아왔습니다. 예수님은 왕이십니다. 바로 다윗의 자손 예수님을 통해서 끊어진 것 같은 다윗의 왕위가 회복이 되고 영원한 메시아 왕국, 하나님의 나라가 세워졌다는 것입니다. 부활 승천하신 예수님이 무엇이라고 하셨습니까? "하늘과 땅의 모든 권세를 내게 주셨으니", 누가 주셨습니까? 아버지 하나님께서 주셨습니다. 땅의 어느 일부의 조그만 나라가 아닙니다. 하늘과 땅의 모든 권세를 자신에게 주셨다는 것입니다. 예수님 자신이 왕이라는 것입니다. 자신이 우주의 왕이요, 모든 나라의 왕이요, 만왕의 왕이신 것을 예수님께서 말씀하셨습니다. 우리는 믿음으로 그 나라의 백성이 되었습니다. 그의 나라는 영원할 것입니다.

이렇게 메시아는 아브라함의 자손으로, 다윗 왕의 자손으로 태어날 것이라고 약속이 되어 있는데 마침내 2,000년 전에 하나님께서 예수님을 세상에 보내시면서 그 약속을 성취하셨습니다. 하나님께서 그 하신 약속을 지키기가 어려운 상황, 어려운 시대가 많았습니다. 어떤 왕들은 하나님을 버리고 우상숭배하고, 무죄한 자의 피를 흘리고…… 우리 같으면 어떻게 하겠습니까? 우리 같으면 '이제 끝' 했을 것입니다. 그렇지만 하나님께서는 그렇게 하지 않으셨습니다. 하나님께서는 메시아의 계보를 이어지게 하시고 끊어지지 않게 하시고 마침내 그 메시아 약속을 이루어주셨습니다. 인간은 약속을 깨어도 하나님은 변함없이 신실하게 그 약속을 지키십니다. 우리 하나님은 약속에 신실하신 하나님이심을 믿으시기 바랍니다. 우리에게 하신 모든 약속도, 이 성경에 있는 우리에게 하신 모든 말씀도 우리 하나님이 반드시 지키실 것입니다. 특별히 우리를 부르사 믿게 하시고 우리로 하여금 영원한 천국에 들어가게 하겠다고 약속하신 그 주님의 약속을 반드시 지키실 것을, 이루실 것을 확신하시기 바랍니다.

### 세 번째 예수님의 족보는 만민의 구주이심을 보여줍니다.

여러분, 사람들이 다 자기 족보를 귀하게 여기지 않습니까? 그래서 '나는 조선시대 어느 왕 때 대제학을 지냈던 누구의 몇 대 손이다. 정승 누구의 몇 대 손이다' 하며 자랑스럽게 여깁니다. 그런데 반면에 나라를 팔아먹은 이완용 같은 사람을 자기 족보로 가지고 있는 사람은 어떻겠습니까? 그 족보가 나올 때마다 움츠려지고, 창피하고, 괴로울 것입니다. 그렇다면 여러분, 하나님의 아들이시요, 만왕의 왕이신 예수님의 족보는 어때야 되겠습니까? 좀 그럴듯해야 되지 않겠습니까? 어디를 내놔도 부끄럼이 없는 족보가 되어야 하지 않겠습니까? 그런데 예수님의 조상 중에는 사악한 왕들이, 악한 사람들이 더러 들어 있습니다. 그 당시에는 족보에는 여자 이름이 안 들어갑니다. 그런데 오늘 말씀을 보면 여자가 5명이나 들어있습니다. 보통 여자들이 들어가 있는 것이 아니라 마리아 외에는 다 특별한 문제가 있는 사람입니다. 처음 나오는 여자가 다말이라고 하는 여자인데 다말이 자식을 어떻게 낳았는지 아십니까? 자기 시아버지 유다를 유혹해서 자식을 낳았어요. 두 번째 여자는 라합, 라합은 여리고 성의 기생이었습니다. 세 번째 여자는 룻, 룻은 이스라엘 백성이 아닌 모압 여인, 이방인입니다. 밧세바는 우리아의 아내였는데 유부녀지요. 그런데 다윗과 통하여서 솔로몬을 낳았습니다. 우리가 봐도 부끄러운 족보입니다. 마리아는 아무 흠이 없지만, 심히 가난하고 비천한 집안 태생입니다. 이름도 없는 여인이었습니다. 여러분, 이들이 다 예수님의 조상입니다. 그래도 여자를 언급하려고 하면 아브라함의 아내 사라라든지 이삭의 아내 리브가라든지 괜찮은 여자를 넣으면 좋지 않겠습니까? '아브라함은 사라에게서 이삭을 낳고 이삭은 리브가에게서 야곱을 낳고' 하면 괜찮거든요. 보기에 좋습니다. 그러나 성령께서는 마태복음의 기록자 마태를 감동시키셔서 의도적으로 이러한 여인들의 이름을 이 속에 집어넣으신 것입니다. 여러분, 이것이 우리에게 무엇을 보여줍니까? 주 예수님께서는 남자만 구원하시는 것이 아니라 여자의 구원자도 되시는 거예요. 선한 사람의 구원자도 되시지만, 악한 자의 구원자도 되신다는 것을 보여주고, 우리 주님께서는 창녀도 기생도 구원해주시고, 조롱받는 이방인도 구원해주심을 보여주는 것입니다. 모든 사람이 당신의 족보에 들어오게 만드셨습니다. 이 말은 주님께서는 이 모든 사람을 다 받아주신다, 다 구원해주신다는 말씀입니다.

여러분, 이런 족보의 모습은 예수님의 족보에만 나타나는 것이 아니라 예수님의 사역에서도 그대로 나타납니다. 예수님께서 사람들을 만나실 때에 어떤 사람을 만났습니까? 이 사람 저 사람 가리지 않고 다 만났습니다. 예수님의 별명이 세리와 죄인들의 친구였습니다. 세리와 죄인들은 구원 받지 못할 사람으로 낙인이 찍혀 사람들이 교제하지 않았습니다. 벽을 쌓고 지냈습니다. 저 사람들은 다 잃어버린 자, 죄인, 지옥에 갈 사람들이라고 판단하고 있었습니다. 그런데 주님께서 그들을 가까이 해주시고, 친구가 되어주시고 구원해주셨습니다. 여러분, 마태복음을 기록한 사람이 누구입니까? 마태가 무엇을 한 사람입니까? 세리였습니다. 그 당시 최고의 죄인으로 손가락질 받던 사람입니다. 그런데 예수님께서 그를 불러주셨습니다. 마태가 예수님을 믿었을까요, 안 믿었을까요? 마태는 예수님의 제자가 되었습니다. 예수님의 제자가 되면 다 천국 갑니까? 가룟 유다는 어땠습니까? 예수님의 제자였지만, 지옥 갈 사람이었습니다. 마태는 제자일 뿐만 아니라 분명히 예수님을 메시아로 믿었습니다. 믿었다는 증거가 성경에 뚜렷이 있었습니다. 여러분, 오늘 1장 1절을 다시 보십시오. 마태가 기록할 때 아브라함과 다윗의 자손, 그 다음에 예수 그리스도의 계보라 했습니다. 예수님 이름 다음에 그리스도가 붙어 있습니다. 그리스도가 뭡니까? 메시아, 하나님이 약속하신 구원자입니다. 마태는 그렇게 믿었기 때문에 예수 이름 다음에 그리스도를 붙인 겁니다. 예수 그리스도라는 말 자체가 마태의 신앙고백이라는 것을 알 수 있습니다.

여러분, 믿는 자가 복됩니다. 우리 하나님께서 여러분들을 다 불러서 이 교회에 있게 하시지 않았습니까! 오늘 이 자리에 있는 분들 중에는 예수님이 안 믿어지는 분들도 있을 것입니다. 예수님은 하나님의 아들이시요, 예수 그리스도이심을, 세상의 구원자이심을 확신하시기 바랍니다. 성도 여러분, 우리 주 예수님은 자기에게 오는 자를 물리치는 법은 절대로 없습니다. 아무리 악한 죄인도 비천한 자도 우리 주님은 다 받아주시는 것입니다. 마태복음 11:28절에 '수고하고 무거운 짐 진 자들아', 그 다음에 어떤 말씀이 나옵니까? '다 내게로 오라.' 누구든지 좋다는 것이죠. '하나님이 세상을 이처럼 사랑하사 독생자를 주셨으니 이는 저를 믿는 자마다', 그 사람의 신분, 과거, 성질 아무 상관없어요. 믿는 자마다 멸망치 않고 영생을 얻게 하려 하심이라.

여러분, 20세기, 21세기에 이 땅에서 태어나서 살아가는 부족하고 죄 많은 저와 여러분도 우리 하나님이 불러주셨습니다. 아무 차별 없이 불러주셨습니다. 성도 여러분, 하나님의 아들, 우리 주 예수님은 만민의 구주이십니다. 여러분, 교회에서 아무에게도 "저 사람은 안 돼"라고 말하지 마세요. 전도하러 가서 어떤 사람을 보고 "저 사람은 아니야"라고 말하지 마십시오. 왜 그렇습니까? 우리 주 예수님은 어떤 분이십니까? 만민의 구주입니다. 모든 자의 구원자이십니다. 우리 하나님은 한 사람도, 어떤 사람도 포기하지 않으시는 분이십니다.

오늘 예수님의 족보가 주는 교훈을 생각했습니다.

첫 번째는 사람이 되신 하나님을 보여줍니다. 우리 죄인들을 위해서 사람이 되신 하나님, 얼마나 황송하고 감사한 일인지 모릅니다.

두 번째는 약속의 성취를 보여줍니다. 약속에 신실하신 하나님께서 아브라함과 다윗에게 하신 그 약속대로 때가 되니까 메시아, 하나님의 아들 예수님을 보내주셨습니다. 그 하나님께서는 오늘 우리에게 하신 약속한 말씀도 반드시 이루시고야 말 것입니다.

**세 번째는 예수님이 만민의 구주이심을 보여줍니다.** 우리 예수님은 남녀노소, 빈부귀천 차별 없이 다 부르시고 구원하시기를 기뻐하십니다.

이 좋으신 하나님을 믿고 이 좋으신 예수님을 믿고 사랑하고 섬기며 전하면서 살아가시는 저와 여러분이 다 되기를 바랍니다.

## 마태복음 1:18-25

예수 그리스도의 나심은 이러하니라 그의 어머니 마리아가 요셉과 약혼하고 동거하기 전에 성령으로 잉태된 것이 나타났더니 그의 남편 요셉은 의로운 사람이라 그를 드러내지 아니하고 가만히 끊고자 하여 이 일을 생각할 때에 주의 사자가 현몽하여 이르되 다윗의 자손 요셉아 네 아내 마리아 데려오기를 무서워하지 말라 그에게 잉태된 자는 성령으로 된 것이라 아들을 낳으리니 이름을 예수라 하라 이는 그가 자기 백성을 그들의 죄에서 구원할 자이심이라 하니라 이 모든 일이 된 것은 주께서 선지자로 하신 말씀을 이루려 하심이니 이르시되 보라 처녀가 잉태하여 아들을 낳을 것이요 그의 이름은 임마누엘이라 하리라 하셨으니 이를 번역한즉 하나님이 우리와 함께 계시다 함이라 요셉이 잠에서 깨어 일어나 주의 사자의 분부대로 행하여 그의 아내를 데려왔으나 아들을 낳기까지 동침하지 아니하더니 낳으매 이름을 예수라 하니라

# 2

# 성탄의 도구 요셉

성도 여러분, 지난여름을 한번 돌이켜보시기 바랍니다. 어땠습니까? 참으로 더웠습니다. 그래서 이 열기가, 이 더위가 수그러지는 그런 날이 올까 하는 걱정도 되었습니다. 그런데 어느새 아침저녁으로 시원한 바람이 불어오더니 지금은 가을의 중간에 들어섰습니다. 조금 있으면 찬바람이 나고 낙엽이 떨어지고 겨울이 올 것입니다. 저는 우리 인생도 이 사계절과 닮았다고 생각합니다. 그래서 잎이 솟아나는 봄은 우리 인생의 유년기라는 생각이 들고, 녹음이 짙은 여름은 청춘의 시대, 그리고 가을은 5-60대가 되고, 노년기는 겨울이 아닐까 생각합니다. 요즘 저는 늙음에 대해 자주 생각합니다. 늙어지면 볼품이 없어지죠. 아름다움도 사라지고, 젊었을 때의 그 강건한 힘도 쇠약해집니다. 여러 가지 연약과 질병이 찾아오지요. 그러다가 어느 날 낙엽처럼 떨어져서, 죽어서 하나님의 심판대 앞에 서게 되는 것입니다. 이런 우리 인생, 어떻게 살아야겠습니까? 사라질 일, 없어질 일, 썩어질 일, 헛된 일에 우리의 힘을 쏟지 말고 우리에게 자그마한 힘이 있을지라도 그 힘이 있을 때에 그 힘을 영원하신 하나님을 위해서, 옳은 일을 위하여서 써야 될 것입니다. 다르게 말하면, 하나님의 도구로 쓰임 받으면서 이 땅을 살아가야 할 것입니다.

이 시간에는 우리 하나님께서 성탄의 도구로 아주 긴요하게 쓰신 예수님의 법적 아버지 요셉에 대하여서 살펴보고자 합니다. 참되고 좋은 신앙인 요셉과 그런 요셉에게 역사하시는 하나님의 은혜의 역사를 바라보면서 은혜 받고 우리도 하나님의 귀한 도구로 쓰임 받게 되시기 바랍니다.

### 첫째로 요셉은 의로운 사람이었습니다.

여러분, 19절 첫 줄에 보면 '그의 남편 요셉은 의로운 사람'이라고 했습니다. 우리가 성경을 보면 의인이라고 불리는 사람들이 더러 있습니다. 제일 먼저 나오는 사람이 창세기 6장에 등장하는 노아입니다. 노아는 당대에 의인이라고 했습니다. 신약 베드로후서 2장에 보면 아브라함의 조카 롯, 소돔성에 살고 있던 롯도 의인 롯이라고 했습니다.

여러분은 의인이 어떤 사람이라고 생각하십니까? 오래 전에 동경 지하철에 술 취한 사람이 선로에서 떨어져서 그대로 두면 죽게 되었는데, 우리나라 사람이 뛰어내려서 그 사람을 구하고 자기는 나오지 못해 그만 죽고 말았죠. 이수현이라는 사람이었는데, 그때 일본에서도 우리나라에서도 많이 그 사람을 기억했습니다. 그 사람을 표현할 때 무엇이라고 했습니까? '의인 이수현'이라고 했습니다. 세상에서는 타인을 위해서 자기의 생명을 아끼지 않고 희생한 사람을 의인이라고 합니다. 그렇지만 생각해보면, 그러한 의미는 의인이라는 말의 뜻과 맞지 않습니다. 성경의 의인은 언제나 하나님을 떠나서 생각할 수 없고, 하나님의 율법을 떠나서 생각할 수 없습니다. 그래서 하나님 보시기에 바르게 살아가는 사람, 다시 말하면 하나님이 주시는 율법을 따라서 순종하며 사는 사람을 가리켜 의인이라고 말합니다. 오늘 요셉을 의인이라고 했는데 요셉이 율법이 요구하는 바를 하나도 빠지지 아니하고 완벽하게 다 지켰다는 말은 아닙니다. 세상에는 그런 사람은 없습니다. 그래서 로마서 3장에 보면, '의인은 없나니 하나도 없다'고 했습니다. 그래서 성경에서 의인이라 할 때는 하나님 앞에서 절대 의인이라는 말이 아니라 상대적인 의인, 그 시대에 다른 사람들과 비교해서 볼 때에 하나님을 잘 섬기고, 하나님의 말씀대로 살기를 힘쓰는 사람을 가리켜 의인이라 했습니다. 요셉은 하나님을 잘 섬기고 율법을 따라 최선을 다해서 살려고 노력하는 사람이었습니다. 이런 요셉과 같이 하나님 앞에서 세상의 무엇보다도 하나님을 잘 섬기며, 하나님의 말씀대로 사는 것이 가장 중요한 것인 줄을 알아서 의인으로 사는 여러분이 되시기 바랍니다.

여러분, 오늘 본문에는 요셉이 의로운 사람이라는 것을 잘 보여주는 일이 있습니다. 요셉은 갈릴리 나사렛 사람입니다. 직업이 목수입니다. 같은 동네에 사는 마리아와 약혼을 했습니다. 지금 우리는 약혼을 잘 하지 않고 바로 결혼을 하는 경우가 많은데 전에는 약혼을 했죠. 그래서 우리 시대의 약혼과 오늘 성경에 나오는 시대의 약혼은 많이 달랐습니다. 당시의 약혼은 우리의 약혼보다 훨씬 더 구속력이 있었습니다. 결혼하기까지 함께 잠자리를 할 수 없어요. 성관계를 할 수 없어요. 그것 빼고는 사실은 다 부부였습니다. 여러분, 오늘 19절 첫줄에 '그의 남편 요셉'은 했는데 결혼했습니까? 안했습니까? 아직 약혼 상태죠. 그런데 19절에 보니 '그의 남편 요셉은' 하고 말하고 있어요. 그 시대에는 약혼만 하면 남편이고 아내였습니다. 이 약혼 상태에서 부정을 저지르면 간음죄, 간통죄가 되는 것이고, 이 약혼 상태에서 서로 헤어지면 이혼이 되는 것입니다. 얼마나 구속력이 있었는지 알 수 있습니다. 이런 약혼 상태에서 어떻게 알았는지는 몰라도 요셉은 마리아가 임신한 것을 알았습니다. 분명히 아는 한 가지는 그 아기는 자기의 아기가 아니라는 것입니다. 왜냐하면 자기는 꿈에도 그런 짓을 하지 않았기 때문입니다. 이런 경우 율법에서는 돌로 쳐 죽이라고 했습니다. 그러나 요셉은 그럴 수 없었습니다. 그렇다고 의인인 요셉이, 하나님의 말씀대로 살기를 힘쓰는 요셉이 간음한, 자기가 아닌 다른 사람과 관계하여 배가 불러오는 자기 아내를 받아들일 수는 없었습니다. 그렇게 한다면 의인이라 할 수가 없지요. 그래서 많은 고심과 기도 끝에 마리아를 배려해서 공개적으로 망신 주지 않고, 공개적으로 처벌하지 않고 조용히 헤어지려고 했습니다.

여러분, 여기에 요셉의 의인됨이 나타나는 것입니다. 일반적으로 의로움이라는 것은 사랑이나 긍휼이나 배려하고는 반대가 되는 의미로 받아들이기 쉽습니다. 법대로 하는 것을 말합니다. 그러나 성경을 깊이 숙고해보면, 사랑과 의는 서로 통하고 있습니다. 그래서 어떤 사람이 예수님께 '율법의 제일 되는 것은 무엇입니까?' 하고 물으니까 십계명을 요약해서 율법에 대해서 두 가지로 요약해주셨죠. 무엇입니까? '하나님 사랑', '이웃 사랑'이라고 요약해주셨습니다. 로마서 13장에 보면 사도 바울은 '사랑은 율법의 완성'이라고 했습니다. 율법의 근본정신이 사랑이라는 거죠. 이웃을 사랑하면 모든 율법을 다 지키는 것이라고 했습니다. 이웃을 사랑하면 그 사람에게 해를 끼치지 않죠. 간음하지 않고, 살인하지 않고 도적질하지 않습니다. 도리어 이웃을 돌보아주게 되는 것입니다.

여러분, 요셉이 지금 그렇습니다. 마리아가 자신을 배신했지만, 간음죄를 선고 받고 벌 받는 것을 원치 않고 도리어 그것을 막아주기 위해서 조용히 끊고자 했습니다. 이 말씀을 볼 때 의로움의 최고의 모습이 무엇이겠습니까? 법의 조문대로 옳고 그름을 처리하는 것이 아닙니다. 내가 당한 만큼 상대방에게 갚아 주는 것이 아니라는 것입니다. 율법의 정신인 사랑에 따라 행하는 것, 그것이 바로 참된 의요, 최고의 의라는 말씀입니다.

여러분, 하나님 앞에서 요셉과 같이 의인이 되시기 바랍니다. 하나님 말씀대로 살기 위해서 힘쓰는 사람, 나아가서 의의 최고봉인 사랑으로 살기 위해서 다른 사람을 사랑하고 배려하면서 살아가는 인생이 되시기 바랍니다. 그래서 요셉처럼 하나님이 귀하게 쓰시는 신자가 되시기 바랍니다.

두 번째, 요셉은 믿음으로 순종하는 사람이었습니다.

여러분, 요셉이 자기 생각대로 마리아와 헤어지면 마리아의 태중에 있는 아기 예수님은 어떻게 되시겠습니까? 생각해보신 적이 있습니까? 여러분, 구약 성경에서 메시아는 다윗의 자손이 될 것이라고 했는데 다윗의 자손인 요셉과 헤어지면 다윗의 자손이 될 수 있습니까? 없습니다. 또 헤어지면 아비도 알 수 없는 사생아가 되고 말 것입니다. 하나님께서 이 절체절명의 순간에 고민하고 있는 요셉에게 간섭하셨습니다. 천사를 보내어서 말씀하십니다. 그 말씀이 20절에 있습니다. 다 같이 읽어보겠습니다.

> **"이 일을 생각할 때에 주의 사자가 현몽하여 이르되 다윗의 자손 요셉아 네 아내 마리아 데려오기를 무서워하지 말라 그에게 잉태된 자는 성령으로 된 것이라"**

여러분, 이 말씀을 보면 두 가지를 천사가 지시합니다. 하나는 '너의 아내 마리아 데려오기를 무서워하지 말라, 데려오라, 결혼하라'는 것입니다. 두 번째는 무엇입니까? '아들을 낳으면 그 이름을 예수라 하라'고 했습니다. 여러분, 이 말씀을 순종하는 것이 쉬운 일입니까? 우리가 생각해보지 않고 얼핏 보면 '순종하면 되지, 뭐가 어렵냐, 그렇게 하면 되지, 순종하면 안 될 것 아무것도 없네.'라고 생각하지 쉽지만 그렇지 않습니다. 이 말씀은 믿기도 어렵고 순종하기도 어렵습니다. 왜 믿기가 어렵냐면, 신약과 구약 사이, 여러분의 성경은 어떻게 되어 있는지 모르겠어요. 제 성경의 신약과 구약 사이는 두 장이네요. 근데 연대로 따지면 신약과 구약 사이가 400년이 떨어져 있습니다. 이 400년 동안에는 하나님께서 선지자도 세워주시지 않고, 천사도 보내주시지 않고, 환상도 보여주시지 않고, 어떤 말씀도 하신 적이 없습니다. 그래서 이 400년을 침묵의 기간이라고 말합니다. 400년의 침묵을 깨고 꿈에 하나님의 천사가 나타나서 말할 때에 '이거 진짜 하나님의 계시 맞나?' 하며 얼마든지 의심을 품을 수가 있지 않습니까! 또 이 천사의 말을 하나님의 계시로 받아들인다고 해도 순종하기가 쉽지 않습니다. 죄송합니다만, 요즘은 결혼에 속도위반이 있죠? 혼전 임신을 해서 배가 조금 불러서 결혼식을 올리는 경우도 있습니다. 그렇게 해서 결혼하는 일이 조금은 부끄럽지만, 우리 시대에 창피해서 죽겠다 할 정도는 아니지 않습니까? 그렇지만 그 시대에는 그렇지 않았습니다. 만일 요셉이 배가 부른 아내를 데려오면 결혼한 지 몇 개월 되지 않아 아이를 출산하게 되면 도대체 사람들이 뭐라고 하겠습니까? '혼자서 하나님 잘 믿는 의인인 척하더니, 얌전한 고양이 부뚜막에 먼저 올라간다고 하더니, 꼭 그 격이다' 하며 사람들이 얼마나 비웃고 소곤거리고 멸시하겠습니까? 얼마나 불명예스럽겠습니까? 평생 부끄러운 꼬리표가 계속 따라다닐 것입니다. 그래서 남의 눈이 무서워서 자기가 생각한대로 조용히 헤어질 수도 있다는 말입니다. 그런데 요셉이 어떻게 합니까? 여러분, 24절을 보십시오.

**"요셉이 잠에서 깨어서 일어나 주의 사자의 분부대로 행하여 그의 아내**

를 데려왔으나"

데려왔다는 것은 결혼했다는 말입니다. 24절 둘째 줄에 보면 '낳으매 이름을 예수라 하니라' 했습니다. 천사의 두 가지 지시를 다 믿고 순종했습니다. 많은 수치와 불명예가 예상되었지만, 마리아가 임신된 것은 천사의 말대로 성령으로 하나님의 능력으로 된 것이라 믿었기 때문에 순종했습니다. 그 뒤로 이 부부가 순종으로 인해 주변 사람으로부터 많은 멸시와 손가락질을 받았을 것입니다. 그럴 때에 마리아와 요셉이 '이보시오, 그런 게 아니고 내 태 안에 있는 아기는 성령으로 된 것입니다' 하면 사람들이 이해하겠습니까? 저와 여러분이 이해할 수 있을까요? 이 자리에 있는 누가 결혼하기 전에 임신을 했는데 '아, 일이 있었구나'라고 생각하지 '성령으로 되었다'고 하면 믿겠습니까? 절대 안 믿습니다. 도리어 정신적으로 이상이 있다고 오해를 할 것입니다.

여러분, 요셉은 하나님의 일을 위해서 수치와 멸시를 개의치 않고 그냥 그 말씀에 순종했습니다. 찬송가 가사에 '존귀 영광 모든 권세 주님 홀로 받으소서. 멸시 천대 십자가는 내가 지고 가오리다' 했는데 요셉의 모습이 그렇습니다. 오늘날도 신앙으로 살기 때문에, 하나님 때문에 멸시 받고 손해 보는 일들이 우리 사회에, 직장에서 많이 있죠.

이번에 중소벤처기업부 장관 후보인 박모씨, 여러분이 잘 아시는 것처럼 믿음이 참 좋으신 분 같아요. 과학인이 창조과학회에 들어 있으니까 하나님의 창조를 믿는다는 것이지요. 실수도 하고 실망을 시킨 것도 있긴 하지만, 진화론을 받아들이지 않고 신화와 같은 창조론을 믿는다고 구설수에 오르고 멸시를 받고 자격이 있니 없니 해서 스스로 물러났습니다. 저는 생각해봅니다. '장관되는 일에 하나님과 하나님의 창조를 믿는 것이 무슨 연관이 있느냐?' 아무리 생각해봐도 이상한 일입니다. 이전의 낙마한 사람들과 비교를 해보면 이분은 흠이 없어요. 그럼에도 불구하고 하나님의 창조를 믿는다고 안 된다는 것은 참 억울한 일 아니겠습니까! 때론 그런 비슷한 일이 우리 사회에 많이 있지 않습니까?

그러나 여러분, 사람에게 인정을 받으려하기 보다 세상에서 출세하려하기 보다 하나님께 먼저 순종하는 사람이 되시기 바랍니다. 얼마 전에 하나님의 말씀을 보았습니다. '사람보다 하나님께 순종하는 것이 마땅하니라!' 사람 말보다 하나님의 말씀에, 하나님께 순종하는 것이 마땅하다는 것입니다. 요셉은 믿음의 순종으로 인해서 살아있을 때에는 멸시를 많이 받았을 것입니다. 그렇지만, 대대로 예수님의 육신의 아버지, 법적 아버지가 되는 영광을 누렸고 지금도 누리고 있고 앞으로도 누릴 것입니다. 이 세상 남자들 가운데서 오늘 나오는 요셉만큼 이런 특별한 영광을 받는 사람이 누가 있겠어요! 누가 예수님의 아버지가 되겠습니까? 순종해서 멸시를 받았지만 하나님께서는 비교할 수 없는 영광으로 갚아주셨습니다. 여러분, 요셉처럼 믿고 순종하는 자가 되시기 바랍니다. 하나님이 그 사람을 책임지시고 하나님께서 분명히 그 사람을 사용하실 것입니다.

### 세 번째, 요셉은 거룩을 지키는 사람이었습니다.

요셉은 하나님 말씀에 순종해서 마리아와 결혼했습니다. 그런데 이상한 한 가지가 있습니다. 25절 첫 줄을 보십시오.

**"아들을 낳기까지 동침하지 아니하더니"**

했습니다.

아들을 낳기까지 자기 아내와 더불어 잠자리를 같이 하지 않았습니다. 왜 그랬겠습니까? 하나님 지시대로 마리아와 결혼을 했지만 자기 아들이 아닌 다른 아들을 품고 배가 불러오는 마리아를 보면서 속이 상해서 가까이 하지 않았겠습니까? 그건 아니겠죠. 마리아의 태중에 있는 아기는 성령으로 잉태된 아기, 거룩하신 하나님의 능력으로 잉태된 아기, 하나님이 약속하신 죄인의 구원자입니다. 이사야 선지자는 "처녀가 잉태하여 아들을 낳으리니 그 이름을 임마누엘이라 하리라" 했습니다. 임마누엘을 영어로 하면 God with us, '우리와 함께 하시는 하나님'입니다. 예수님이 우리와 함께 하시는 하나님입니다. 우리가 알 수 있는 것은 이 마리아의 태중에는 하나님의 거룩한 역사가 일어나고 있습니다. 하나님의 아들이, 하나님이 그 속에 계신다는 것입니다. 그렇기 때문에 적어도 믿음이 있는 사람이라면 어떻게 부부관계를 할 수 있겠습니까? 그렇게 한다면 하나님의 거룩을 침범하는 것이 될 것입니다. 그래서 그는 예수님의 탄생까지 금욕하였다는 것입니다. 요컨대 그는 거룩을 아는 사람, 거룩을 지키는 사람이었습니다. 천주교에서는 마리아를 높이기 위해 이 말씀을 근거로 마리아가 평생 동정녀로 살았다고 주장하지만 성경에는 그런 근거가 없습니다. 아들을 낳기까지 동침을 하지 않았다는 것은 아들을 낳고 나서는 동침을 했다는 것입니다. 그것이 하나님의 뜻이죠. 부부가 되면 정상적인 성관계를 하면서 사는 것이 자연스러운 것이고 하나님의 뜻인 것입니다. 또 마태복음 12장에 보면 예수님이 사역을 시작하셨을 때 예수님의 어머니 마리아가 예수님의 동생을 데리고 예수님께 나아오는 모습을 볼 수 있습니다. 그래서 예수님을 낳은 후에 요셉은 마리아와 정상적인 부부관계를 가지고 다른 자녀를 낳았다는 것을 알 수 있습니다.

여러분, 결혼할 때 요셉은 혈기왕성한 젊은이였습니다. 그러나 그는 자기의 성적인 욕망을 잘 억눌렀습니다. 욕망의 지배를 받지 않았습니다. 그는 거룩한 절제의 사람이었습니다. 성령이 다스렸습니다. 여러분, 하나님께 많이 기도하고 성령충만해서 자신의 성격도, 기질도, 욕망도 다스릴 줄 아는 사람이 되시기 바랍니다. 오늘날 술의 다스림을 받고, 돈의 다스림을 받고, 쾌락의 다스림을 받고, 자기 욕망의 다스림을 받으면서 살아가는 사람이 얼마나 많습니까! 하나님의 사람들은 우리 안에 계시는 성령 하나님의 지배를 받는 사람이 되어야 될 줄로 믿습니다. 하나님이 그런 사람을 쓰십니다.

말씀을 맺습니다. 성탄의 도구로 쓰임 받는 요셉, 그는 첫 번째는 의로운 사람, 두 번째는 순종의 사람, 세 번째는 거룩한 사람이라고 했습니다. 그런 요셉을 하나님께서 성탄의 도구로 귀하게 사용하셨습니다. 물론 요셉 개인의 의로움 때문에 하나님께서 성탄의 도구로 사용했다고 말할 수는 없습니다. 그를 쓰신 것은 무엇보다도 하나님의 은혜입니다. 그렇지만 우리 하나님이 믿음도 없는 자를, 악하고 불의하게 살아가는 자를 사용하시겠습니까? 하나님의 선한 일에 사용하시지 않습니다. 하나님은 성탄의 도구로 의로운 사람 요셉을 사용하셨습니다. 그 요셉의 배려와 믿음, 순종으로 인해서 마리아는 순탄하게 예수님을 낳았습니다. 아기 예수님은 다윗의 자손 요셉의 아들이 되어 다윗의 자손이 되었습니다. 메시아가 다윗의 자손일 것이라고 예언한 그 구약의 예언이 그대로 이루어지게 되었습니다.

**성도 여러분, 누가 어떤 사람이 하나님의 도구로 쓰임을 받겠습니까?** 사회적 지위가 높은 사람, 박사학위를 가진 사람, 성공한 사람, 돈 많은 사람입니까? 오늘 이 나라에서 쓸 만한 사람으로 뽑히는 사람들은 다 그런 사람입니다. 그러나 하나님께서 자기 나라와 영광을 위해 쓰시는 사람은 그런 것과 상관이 없습니다. 하나님이 사람을 사용하려고 선택하실 때에 세상의 신분이나 지위나 조건이 중요하지 않습니다. 예수님의 12제자도 마찬가지입니다. 요셉과 마리아도 이름 없는 사람이었습니다. 비천하고 가난한 사람이었습니다. 그러나 하나님 앞에서 의롭게 살고, 거룩하게 살아갈 때에 하나님이 보시고, 가장 합당한 도구인 줄 아시고 사용하셨습니다. 오늘 이 시대의 의의 도구로, 하나님 손에 붙잡혀서 귀하게 쓰임 받는 저와 여러분이 다 될 수 있기 바랍니다.

## 마태복음 1:18-25

예수 그리스도의 나심은 이러하니라 그의 어머니 마리아가 요셉과 약혼하고 동거하기 전에 성령으로 잉태된 것이 나타났더니 그의 남편 요셉은 의로운 사람이라 그를 드러내지 아니하고 가만히 끊고자 하여 이 일을 생각할 때에 주의 사자가 현몽하여 이르되 다윗의 자손 요셉아 네 아내 마리아 데려오기를 무서워하지 말라 그에게 잉태된 자는 성령으로 된 것이라 아들을 낳으리니 이름을 예수라 하라 이는 그가 자기 백성을 그들의 죄에서 구원할 자이심이라 하니라 이 모든 일이 된 것은 주께서 선지자로 하신 말씀을 이루려 하심이니 이르시되 보라 처녀가 잉태하여 아들을 낳을 것이요 그의 이름은 임마누엘이라 하리라 하셨으니 이를 번역한즉 하나님이 우리와 함께 계시다 함이라 요셉이 잠에서 깨어 일어나 주의 사자의 분부대로 행하여 그의 아내를 데려왔으나 아들을 낳기까지 동침하지 아니하더니 낳으매 이름을 예수라 하니라

# 3

# 성탄의 신비

오늘 본문은 지난주일의 본문입니다. 지난주일에는 이 본문을 가지고 성탄의 도구로 쓰임 받은 요셉에 대해서 말씀드렸습니다. 여러분, 기억하십니까? 요셉은 의로운 사람이었습니다. 믿음으로 순종하는 사람이었습니다. 또 요셉은 거룩한 사람이었다고 했습니다. 그런 사람을 하나님께서 쓰십니다. 저와 여러분도 요셉과 같은 사람이 되기를 바랍니다.

오늘은 예수님의 탄생 자체를 생각해봅니다. 여러분, 예수님의 탄생은 일반 인생의 탄생과는 달리 하나님께서 사람이 되시는 아주 독특한 탄생입니다. 그러므로 예수님의 탄생에는 여러 가지 신비한 점이 있습니다. 그래서 이 시간에 '탄생의 신비'라는 제목으로 말씀을 생각할 때 은혜의 한 시간이 되기를 바랍니다.

**첫째는 동정녀 탄생입니다.**

18절에 보면 마리아가 요셉과 약혼하고 동거하기 전에 성령으로 잉태하였다고 했습니다. 동거하기 전에, 성적인 관계를 가지기 전에 잉태하였다는 말은 처녀가 잉태하였다는 말입니다. 여러분, 우리 예수님을 믿는 신자가 불신자들에게 전도할 때 가장 걸림돌이 되는 것 중에 하나, 예수 안 믿는 사람들에게 기독교 신앙이 걸림돌이 되는 것 중 하나가 바로 이 동정녀 탄생 부분입니다. '다른 것은 몰라도 처녀가 아기를 낳는다니! 세상에 그런 일은 절대로 있을 수 없다, 믿을 수 없다'고 말들을 합니다. 사실 인간의 능력과 인간의 경험과 인간의 생각을 가지고는 처녀 탄생이라는 것은 절대로 믿을 수 없습니다. 그러나 이 일은 인간의 능력이 아닌 하나님의 능력으로, 성령의 능력으로 된 일입니다. 어느 신학자가 '이해되는 신은 신일 수가 없다'고 했습니다. 여러분, 하나님께서 하시는 모든 일이 사람인 우리에게 다 이해가 된다면 하나님과 우리 사이에 차이가 있습니까? 차이가 없습니다. 똑같은 수준입니다. 그런 하나님이라면 신일 수 없고, 믿을 필요가 없습니다. 여러분, 유한한 인간이 무한하신 하나님, 전지전능하신 하나님, 그 하나님의 일을 다 이해할 수 있겠습니까? 이해할 수 없습니다. 그러므로 사람이 자기가 이해 안 된다고 못 믿겠다고 말한다면 그것은 말이 안 됩니다. 그것은 억지입니다. 하나님과 하나님의 일은 이해할 수 없을 뿐이지 꾸며낸 거짓이 아닙니다. 우리 하나님은 전능하셔서 천지를 창조하신 하나님이십니다. 무에서 유를 창조하신 하나님이십니다. 아무것도 없는 가운데에서 모든 것을 존재하게 하신 하나님께서 이미 존재하고 있는 여인, 마리아에게서 아기를 탄생하도록 못하시겠습니까? 얼마든지 하실 수 있습니다. 하나님에게는 어려운 일이 아니라 아주 쉬운 일입니다. 여러분 중에 기독교 신앙이 믿어지지 않는 분이 계시다면 그 이유가 무엇인지 솔직하게 생각해보시기 바랍니다. 자신의 이해력으로 하나님의 일을 이해하려고 하니 그렇습니다.

저는 무조건 믿어야 된다는 말은 좋아하지 않습니다. 예수 믿는 사람들은 무조건 믿어야 된다고 생각하지 않습니다. 우리 하나님께서는 우리에게 하나님의 말씀인 성경을 주셨습니다. 그래서 우리 신자는 하나님의 말씀을 열심히 읽고 연구해서 알고 이해하고 믿어야 합니다. 하나님께서 우리를 자신의 형상으로 만들어 알 수 있는 존재, 지식을 가질 수 있는 존재, 깨달을 수 있는 존재가 되도록 해주시지 않았습니까! 그렇기 때문에 당연히 우리가 하나님의 말씀을 읽고, 연구하고, 깊이 묵상해서 알고 이해하고 믿어야 한다는 것입니다. 그렇지만 아무리 연구를 해도 믿을 수가 없는, 이해할 수 없는 일들이 있습니다. 삼위일체 하나님이 이해가 됩니까? 하나님의 예정이 이해가 됩니까? 동정녀 탄생이 이해가 됩니까? 이해가 안 되는 말씀이죠. 이런 이해가 안 되는 하나님의 신비한 일에 대해서는 내가 이해가 안 된다고 부인할 것이 아니라 믿음으로 받아들여야 합니다. 그것이 정직하고 바른 모습입니다.

그런데 여러분, 그냥 요셉과 마리아가 결혼해서 아기 예수님을 낳았다고 하면 문제가 있습니까? 그냥 그렇게 했더라면 불신자들이 이러쿵저러쿵 말하지 않을 텐데, 왜 굳이 처녀 탄생을 해야 됐겠습니까?

**첫 번째 이유는 예언의 성취를 위해서입니다.**

여러분, 23절을 보십시오.

**"보라 처녀가 잉태하여 아들을 낳을 것이요 그 이름은 임마누엘이라 하리라"**

첫줄에 보면 '처녀가 잉태하여 아들을 낳으리라' 하고 예수님 탄생 700년 전에 이사야 선지자가 예언을 했습니다. '메시아는 처녀 탄생을 할 것이다, 기적으로 이 세상에 올 것이다'고 예언을 했습니다. 그 예언이 성취되려면 구원자 되시는 예수님께서 처녀 탄생을 해야 됩니다. 예언 성취를 위해서입니다.

**더 중요한 이유는 예수님이 인간의 죄의 영향을 받지 않기 위해서입니다.** 여러분, 죄인이 죄인의 구주가 될 수 있겠습니까? 없습니다. 내일 사형 받을 두 사람 가운데 한 사람이 다른 사람에게 '내가 당신을 위해서 대신 사형을 받을 테니 당신은 살아라' 하면 말이 됩니까? 안 됩니다. 둘 다 죽어야 되는데 누가 누구를 구해주고, 살려줍니까? 안 됩니다. 그와 같은 것입니다. 우리 모든 인간은 죄인이기 때문에 죄인인 인간이 다른 사람을 구원해줄 수가 없습니다. 그래서 인간의 구원자는 죄가 없어야 됩니다. 여러분, 만일 예수님께서 인간의 일반적인 생식 방법, 즉 남녀의 관계를 통해서 태어난다면 우리와 똑같은 죄인으로 태어날 것입니다. 그렇기 때문에 예수님께서 인성을 가진 사람으로 태어날 때에 구별된 방법으로, 성별된 방법으로 태어나셔야 했습니다.

그러나 우리가 여기서 한 가지 의문을 가질 수 있습니다. 비록 인간의 일반적인 생식 방법으로 태어나지 않았지만, 그래도 마리아라는 사람에게서 태어나지 않았느냐? 역시 마리아도 죄인인데 마리아의 죄의 영향을 받을 수 있지 않느냐고 생각할 수 있습니다. 그러나 여러분, 오늘 성경에 보면 우리 주 예수님은 '성령으로 잉태되었다'고 말씀하고 있습니다. 그렇기 때문에 성령께서 마리아의 죄성이 조금도 아기 예수님께 영향을 미치지 못하도록 모든 죄의 영향에서 막아주셨다, 지켜주셨다는 것입니다.

여러분, 마리아에 대해서 우리가 한 가지 생각할 것이 있습니다. 천주교는 무염시태설을 주장합니다. 앞에 있는 화면의 사진을 한번 보십시오. 왼편에 마리아 상이 있습니다. 그 마리아 상 밑에 있는 글자를 확대한 사진이 오른쪽에 있습니다. 여러분 그 글자를 한번 읽어볼까요? "성모무염시태" 이것이 무슨 뜻이냐면, 성모는 마리아를 말합니다. 무염은 오염이 없다는 것입니다. 죄가 없다는 것입니다. 시태는 임신하는 것을 말합니다. 이것은 서울 명동성당 성모 동산에 있는 성모상입니다. 거기에 '성모무염시태'라 쓰여 있습니다. 예수님이 죄 없이 이 세상에 태어나기 위해서는 마리아는 죄가 없어야 한다고 이렇게 써놓았어요. 카톨릭의 교리입니다. 여러분 저것이 옳은 것입니까? 아닙니다. 성경에는 무엇이라 말씀합니까? "모든 사람이 죄를 범하였으매 하나님의 영광에 이르지 못하더니" 말씀했습니다. "의인은 없나니 하나도 없다"고 말씀했습니다. 아담과 하와의 자손들은 이 세상에서 죄의 영향을 받지 않고 태어나는 인생이 아무도 없다는 것입니다. 마리아도 죄인입니다. 마리아도 구원자가 필요한 사람이라는 것입니다. 여러분, 우리가 주일마다, 예배 시간마다 사도신경으로 신앙고백을 합니다. 다시 한 번 저 부분을 같이 고백해 보도록 하겠습니다. "나는 그의 유일하신 아들 우리 주 예수 그리스도를 믿습니다. 그는 성령으로 잉태되어 동정녀 마리아에게서 나시고" 마지막에 보면 '그는 성령으로 잉태되어 동정녀 마리아에게서 나시고' 했습니다. 여러분 진심으로 믿으십니까? 저 사실을 믿는 것이 참된 신앙입니다.

### 두 번째는 예수라는 이름입니다.

여러분, 21절을 보면 "천사가 요셉에게 아들을 낳으리니 이름을 예수라 하라"고 했습니다. 그래서 오늘 본문 25절 끝에 보면 "아들을 낳으매 이름을 예수라 하니라" 했습니다. 여러분, 예수라는 이름은 유대인 사회에서 아주 흔한 이름이었습니다. 우리 주님만 예수라는 이름을 가진 것이 아니라, 많은 남자 아이 이름이 예수였습니다. 사도행전에 보면 바예수라는 이름도 나옵니다. 성경 자체에 다른 예수도 나온다는 것입니다. 예수라는 이름은 구약에 나오는 모세의 후계자 여호수아, 또 스룹바벨 시대에 예수아라는 대제사장이 있었는데 예수아, 여호수아는 다 같은 이름입니다. 이것의 헬라어 형태의 이름이 예수입니다. 그 의미는 무엇입니까? '여호와께서 구원하신다'는 뜻입니다. 21절을 같이 읽어봅니다.

**"아들을 낳으리니 이름을 예수라 하라 이는 그가 자기 백성을 그들의 죄에서 구원할 자이시니라 하니라"**

자기 백성을 구원할 자이심이라고 말씀했습니다. 사람들이 자기 아들에게 예수라는 이름을 붙여준 이유가 무엇이겠습니까? 그것은 자기 아들이 진짜 하나님이 약속하신 구원자이기 때문에 붙여준 것이 아니라 하나님께서 약속하신 그 구원자, 메시아가 속히 오시기를 바라고 기대하는 마음으로 그렇게 이름을 지었던 것입니다. 그렇지만, 오늘 말씀에 천사가 요셉에게 예수라 한 것은 기대가 아닌 실제라는 것입니다. 바로 이분이 죄에서 구원해주시는 분이라는 뜻으로 예수라 하라고 말씀한 것입니다. 이 아기가 세상을, 죄인들을 구원할 자이시다, 구주시다는 뜻입니다. 근데 여러분, 예수님 탄생 당시의 유대인들은 메시아를 기다리긴 했는데 어떤 메시아를 기다렸냐면 정치적인 메시아를 기다렸습니다. 유대 민족은 로마 통치의 압제에서 신음을 하고 있습니다. 이 로마 통치의 압제에서 유다민족을, 이스라엘 백성들을 구원해줄 정치적인 메시아를 기다리고 있었습니다. 그러나 우리 하나님께서 구약에 약속하신 메시아는 정치적인 메시아, 세상적인 구원자가 아닙니다. 여러분 21절 둘째 줄에 보면, "이는 그가 자기 백성을 그들의 죄에서 구원할 자이심이라 그가 자기 백성을 구원할 자이심이라"고 되어 있지 않습니다. 이는 그가 자기 백성을 어디에서 구원할 자라고 했습니까? '자기 죄에서 구원할 자이심이라'고 했습니다. 그러므로 예수님은 정치적인 구원자가 아니라 영적인 구원자, 죄에서의 구원자라는 것을 우리에게 보여줍니다.

여러분, 1970년대에 남아메리카의 일단의 신학자들은 구약의 출애굽 사건을 정치적 해방 사건으로 이해하고 믿었습니다. 구약의 출애굽 사건이 정말 애굽의 탄압 가운데서 노예 생활에서 해방된 단순히 해방 사건입니까? 그렇지 않습니다. 그것은 우리에게 역사적인 사실이면서 동시에 어린 양 예수 그리스도의 피로 인해서 우리가 구원받을 것을 보여주는 구속 사건입니다. 그런데 그렇게 보지 않고 단순한 사회적인 해방, 정치적인 해방으로 이해했습니다. 그들은 예수님을 사회 해방자로 이해했습니다. 당시 남미 상황이 정치적으로, 사회적으로, 경제적으로, 종교적으로 아주 압제받는 상태에 있었기 때문에 예수 그리스도를 단순한 해방자로 보고 그 그리스도를 믿고 따르는 기독 신자들은 모두 사회해방, 민중해방에 관여해야 된다고 했습니다. 이것을 가리켜 해방신학이라고 합니다. 그래서 오늘날 우리나라에서도 기독교의 일부 단체는 기독교와 아무 관계가 없는, 전도하는 일과 아무 관계가 없고 하나님의 일과 전혀 관계가 없는 민중운동에, 데모하는 일에 참여하고 선동하는 모습을 볼 수 있습니다. 어떻게 보면 해방신학의 일종이라고 볼 수 있습니다. 여러분, 이런 모습이 옳습니까? 아닙니다. 예수님은 우리를 죄에서 구원하시는 분이십니다. 사람이 예수님을 믿을 때 죄에서 구원을 받는 것입니다. 우리가 잘 아는 사도행전 16장 31절을 함께 읽어보겠습니다.

**"이르되 주 예수를 믿으라 그리하면 너와 네 집이 구원을 받으리라 하고"**

우리 주 예수님이 구원자이십니다. 우리 주 예수님께서 구원자이시되 유일한 구원자가 되시는 것입니다. 이 종교 저 종교, 이 사람 저 사람, 이 성인 저 성인이 다 구원을 줄 수 있는 것이 아니지요. 사도행전 4장 12절에 "구원받을 만한 다른 이름을 우리에게 주신 적이 없다"고 했습니다. 누구 이름만 주셨다고 했습니까? 예수 이름만 주셨습니다. 예수님만이 우리의 유일한 구원자 됨을 믿으시기 바랍니다. 성령으로 말미암아 동정녀 탄생을 하심으로 유일하게 죄 없는 인간이 되시면서 동시에 하나님이신 그분이 저와 여러분을 죄에서 구원해주셨고 지금도 자기를 믿는 자들을 구원해주시는 것입니다. 혹시 교회는 나오지만, 아직도 예수님을 자신의 구원자로 믿지 못하시는 분 계십니까? 우리를 죄에서 구원해주시는 구원자, 예수님을 믿고 구원받으시기 바랍니다.

세 번째는 임마누엘입니다.

여러분, 23절을 같이 읽어봅니다.

**"보라 처녀가 잉태하여 아들을 낳을 것이요 그의 이름은 임마누엘이라 하리라 하셨으니 이는 번역한즉 하나님이 우리와 함께 계시다 함이라"**

여러분 이 말씀은 B.C. 8세기에 이사야 선지자가 아하스 왕에게 한 말입니다. 아하스는 남쪽 유다 왕이었습니다. 아하스 왕 때에 북쪽에 있는 이스라엘 왕과 북동쪽에 있는 시리아, 성경에서는 아람이라 하는데 아람 왕이 연합해서 남쪽 유다를 쳐들어왔습니다. 유다는 약한 왕국입니다. 아하스 왕이 너무 두려워서 심장이 떨립니다. 두려워 벌벌 떨고 있을 때에 이사야 선지자가 아하스 왕에게 가서 하나님께서 유다 나라를 구원해주실 것을 예언하면서 특별한 징조를 줍니다. 그 징조가 '처녀가 잉태하여 아들을 낳을 것이다'는 말이었습니다. 그런데 그 예언은 대부분의 구약의 예언이 그러하듯이 이중적이었습니다. 이중적이라는 것은 그 예언은 그 시대에도 해당될 뿐만 아니라 나아가 멀리 궁극적으로는 예수님의 탄생과 관련되는 예언이었습니다. "처녀가 잉태하여 아들을 낳으리니 임마누엘이라 하리라." 이 임마누엘 예언이 당시 유다 백성들에게 구원의 복음이 되었듯이 이제 신약시대에 참 임마누엘 되시는 예수님의 탄생이 온 세상의 구원의 복음이 되었습니다.

여러분, 임마누엘이 무슨 뜻입니까? '임'이라는 것은 히브리어로 '함께', '누'는 '우리'입니다. 그리고 '엘'은 '하나님'입니다. 그래서 정확하게 번역하면 God with us, '우리와 함께 하시는 하나님'입니다. 하나님이 우리와 함께 하신다 보다 더 좋은 번역이 '우리와 함께 하시는 하나님'입니다. 요한복음 1장에는 예수님을 특별하게 로고스, 곧 말씀이라고 했습니다. 태초에 말씀이 계시니라고 했습니다. 요한복음 1장 14절을 같이 읽어봅시다.

**"말씀이 육신이 되어 우리 가운데 거하시매 우리가 그의 영광을 보니 아버지의 독생자의 영광이요 은혜와 진리가 충만하더라"**

첫 번째 줄을 보십시오. 말씀이, 즉 하나님의 아들이, 하나님이 육신이 되어서, 사람이 되어서 우리 가운데 거하시매. 사람들이 살고 있는 우리 가운데, 이 세상 가운데 거하신다는 것입니다. 이것이 바로 임마누엘을 잘 보여주는 말씀이죠. 하나님께서 우리 같은 육신을 입고 우리 사람들과 함께 사신다는 말입니다. 그렇기 때문에 임마누엘은 우리와 함께 하시는 하나님이십니다. 이 명칭을 보면 예수님은 어떤 분이십니까? 우리와 함께 하시는 하나님이십니다. 예수님의 호칭이 임마누엘이니까 우리와 함께 하시는 하나님입니다. 예수님은 하나님이신 것을 우리에게 보여주는 것입니다.

여러분, 우리 하나님은 생명의 하나님이십니다. 복되신 하나님이십니다. 하나님이 계신 곳에는 사망이 있을 수가 없고, 저주가 있을 수가 없고, 멸망이 있을 수가 없는 것입니다. 이 하나님을 떠나갈 때에 거기에 사망이 있고 멸망이 있습니다. 그런데 우리 주 예수님은 우리와 함께 하시는 하나님이십니다. 하나님이 우리와 함께 하십니다. 우리가 사는 이 세상에 오셔서 우리 인생들과 함께 계신다는 것입니다. 그것의 의미는 무엇입니까? 구원을 말하고 영생을 말하고 영원한 복을 말해주는 것입니다. 그래서 여러분, 죄로 하나님을 떠나서 멸망할 인생에게 임마누엘은 얼마나 복된 일입니까! 하나님께서 우리 편이 되시고 우리와 함께 계신다는 이 이름이, 이 사실이 얼마나 큰 복이며, 아름다운 일이며, 귀한 일인지 알 수가 없습니다.

19세기 기독교의 '역사적 예수 연구'라는 신학의 풍조가 있었습니다. 당시 유럽의 사상은 합리주의, 이성주의가 판을 쳤어요. '신이 아닌 인간의 이성이 최고다', '인간이 만물의 척도다(Man is the measure of all things)'라는 사상을 가지고 모든 것을 판단하기 원했습니다. 그래서 이성적인 일을 넘어서는 일, 인간의 이성으로 이해되지 않는 초자연적인 일, 기적 같은 일은 받아들이지 않았습니다. 다 거짓으로 생각했습니다. 성경의 기적적인 이야기를 그대로 믿지 않고 이성적으로 설명하려고 했습니다. 그렇다 보니 예수님의 처녀 탄생, 동정녀 탄생을 받아들이지 못했습니다. 사람인 예수님이 하나님이라는 것을 받아들일 수가 없는 거예요. 지난번에 말씀드린 슈바이처도 그랬습니다. 예수님을 단순히 위대한 성자, 훌륭한 사람, 진리의 스승, 본이 되는 최고의 인간으로 보았습니다. 그러나 성도 여러분, 우리 예수님은 임마누엘이십니다. 여러분 믿습니까? 우리와 함께 하시는 하나님이십니다. 이 예수님을 하나님으로 믿지 않는 신앙은 참된 신앙이 아닙니다. 그 신앙을 가지고는 구원 받을 수 없습니다. 예수님이 2,000년 전 사람의 몸을 입고 이 세상에 오신 임마누엘이심을 믿으시기 바랍니다.

**오늘 우리는 성탄의 신비를 보았습니다.** 예수의 탄생은 보통 인간의 탄생과는 달리 신비한 탄생이라고 했습니다. 우리 주님은 성령으로 동정녀 탄생을 하셨습니다. 그의 이름은 예수였습니다. 죄에서 세상을 구원하시는 구세주였습니다. 또한 우리와 함께 하는 하나님, 곧 임마누엘이었습니다. 이러한 신비로 인해서 사람들은 예수님을 잘 믿지 않습니다. 그러나 믿는 자는 다 구원을 받게 되는 것입니다. 여러분, 예수님의 모친 마리아, 오늘 본문에 나오는 예수님의 부친 요셉, 천사가 말씀해줄 때에 그 사실을 다 믿었습니다. 믿고 순종했습니다. 그것은 예수님을 구세주로 믿고 영접했다는 말씀입니다. 여러분, 예수님이 탄생하시던 밤에 그 베들레헴 들판에서 양을 지키던 목자들, 천사들이 전해준 소식을 듣고 그 성으로 들어가서 아기 예수님을 만나고 행복한 모습으로 자기의 일터로 다시 돌아갔습니다. 무엇을 말합니까? 예수님을 구주로 믿었다는 것입니다. 그리고 곧 살펴볼 마태복음 2장을 보면 동방의 박사들이 아기 예수를 찾아왔습니다. 나중에 베들레헴에서 그 아기 예수님을 보았을 때 만왕의 왕으로 믿고 이 어른들이, 늙은 자들이 아기 앞에 무릎을 꿇고 경배하였습니다. 무엇을 말합니까? 하나님이 사람이 되어서 이 땅의 구주로 오신 예수님을 그들이 믿었다는 말씀입니다. 이렇게 믿는 자는 하나님께서 구원해주십니다.

요한복음 3장 36절을 함께 읽겠습니다.

**"아들을 믿는 자에게는 영생이 있고 아들에게 순종하지 아니하는 자는 영생을 보지 못하고 도리어 하나님의 진노가 그 위에 머물러 있느니라"**

아들을 믿는 자에게는 영생이 있음을 믿으시기 바랍니다.

로마서 10장 10절에는 "사람이 마음으로 믿어 의에 이르고 입으로 시인하여 구원에 이르느니라" 말씀했습니다. 우리 모든 교우가 오늘 이 성경에 기록된 그대로 예수님의 탄생의 신비를 믿음으로 받아들이시기 바랍니다. 그래서 마음으로 믿고 입으로 고백하여 구원 얻는 복된 인생이 다 되시기 바랍니다.

## 마태복음 2:1-12

헤롯 왕 때에 예수께서 유대 베들레헴에서 나시매 동방으로부터 박사들이 예루살렘에 이르러 말하되 유대인의 왕으로 나신 이가 어디 계시냐 우리가 동방에서 그의 별을 보고 그에게 경배하러 왔노라 하니 헤롯 왕과 온 예루살렘이 듣고 소동한지라 왕이 모든 대제사장과 백성의 서기관들을 모아 그리스도가 어디서 나겠느냐 물으니 이르되 유대 베들레헴이오니 이는 선지자로 이렇게 기록된바 또 유대 땅 베들레헴아 너는 유대 고을 중에서 가장 작지 아니하도다 네게서 한 다스리는 자가 나와서 내 백성 이스라엘의 목자가 되리라 하였음이니이다 이에 헤롯이 가만히 박사들을 불러 별이 나타난 때를 자세히 묻고 베들레헴으로 보내며 이르되 가서 아기에 대하여 자세히 알아보고 찾거든 내게 고하여 나도 가서 그에게 경배하게 하라 박사들이 왕의 말을 듣고 갈새 동방에서 보던 그 별이 문득 앞서 인도하여 가다가 아기 있는 곳 위에 머물러 서 있는지라 그들이 별을 보고 매우 크게 기뻐하고 기뻐하더라 집에 들어가 아기와 그의 어머니 마리아가 함께 있는 것을 보고 엎드려 아기께 경배하고 보배합을 열어 황금과 유향과 몰약을 예물로 드리니라 그들은 꿈에 헤롯에게로 돌아가지 말라 지시하심을 받아 다른 길로 고국에 돌아가니라

# 4

# 믿음의 여행(旅行)

긴 추석 연휴가 지냈습니다. 이번 추석에는 어느 때보다 외국에 여행을 가신 분들이 많다고 들었습니다. 이렇게 며칠 정도의 여행, 한 주 정도의 여행도 있지만 아주 긴 여행도 있습니다. 예수 믿는 사람들의 한평생은 알고 보면 하나의 여행입니다. 믿음의 여행입니다. 우리가 하나님의 부름을 받고 신앙생활을 한 그때부터 우리가 마지막에 천국에 들어갈 그때까지가 하나의 믿음의 여행이 됩니다.

오늘 하나님 말씀을 보면, 동방박사의 여행이 기록되어 있는데 이것 또한 하나의 믿음의 여행입니다. 우리 신자들에게 본이 되는 아름다운 믿음의 여행입니다. 이 시간에 이 박사들의 믿음의 여행을 보면서 은혜 받고, 깨닫고, 본받는 저와 여러분이 되시기 바랍니다.

동방 박사들의 믿음의 여행은 세 가지 단계로 나누어 생각해볼 수 있습니다.

첫째는 구도의 단계, 예수 그리스도를 찾아가는 단계라고 할 수 있습니다. 1절에 보면, 헤롯 왕 때에 예수님이 베들레헴에서 나셨다고 했습니다. 여러분, 신약 성경에는 헤롯이 많이 나옵니다. 동일 인물이 아닌데 그냥 헤롯 왕이라 해놓아서 우리가 착각을 할 때가 많습니다. 예수님 탄생 때의 헤롯 왕은 Herod the great, 헤롯 대왕이라 불리는 사람입니다. 이 헤롯 대왕 때에 유대 베들레헴에서 나셨는데 동방에서 박사들이 찾아왔습니다. 예루살렘에 도착해서 '유대인의 왕으로 태어나신 이가 어디 계십니까? 우리가 동방에서 그의 별을 보고 그에게 경배하러 왔습니다'고 말했습니다.

여러분, 동방의 박사들이 어떤 사람이었겠습니까? 이 사람들은 어떤 신분의 사람들이겠습니까? 또 몇 사람이 왔겠습니까? 하나도 정확하게 알 수가 없습니다. 전해지는 말과 여러 가지 정황을 통해서 보면, 이들은 옛 바벨론 땅에서 왔으리라 추측을 합니다. 여기 박사라는 말은 상당히 애매합니다. 여러 가지 의견이 있지만, 가장 일반적으로는 천문학자, 별을 연구하고 별의 숫자, 별의 움직임 등을 보고 당시의 시대를 점치는 점성가라고 말할 수 있습니다. 그렇게 하려면 여러 가지 고대 문헌들을 연구해서 혹시 별에 대한 이야기가 없는지를 다 살피게 되죠. 전에 유대인들이 바로 이 바벨론에 포로로 끌려오지 않았습니까? 그렇기 때문에 유대인들이 가지고 있는 많은 문서, 또 성경까지도 바벨론에 남아 있을 것으로 사료가 됩니다. 그래서 이 박사들은 구약의 사본을 갖고 있었거나 아니면 메시아 왕에 대한 예언에 대해서 어느 정도 알고 있었을 것으로 생각할 수 있습니다. 특별히 구약의 민수기에는 발람이라는 선지자가 이스라엘 사람들을 저주하러 왔다가 축복하게 되는데 그 축복의 말 중 하나가 '야곱아, 이스라엘아, 네 가운데서 한 별이 나오리라'는 말씀입니다. '한 별이 나오리라'는 말씀은 점성학자들에게 굉장히 흥미를 갖게 하는 요소였습니다. 그래서 그들은 그 말씀에 늘 관심을 가지고 있었는데 이번에 특별한 별이 나타났습니다. 그들은 이 별이 유대인의 왕의 탄생 신호로 보았습니다. 그래서 유대인의 왕으로 태어난 그분에게, 그 왕께 경의를 표하기 위해 길을 떠나 여행을 시작하였습니다.

여러분, 그들의 여행은 오늘날의 여행처럼 꿈에 그리던 여행, 근사하고 멋진 여행이 아닙니다. 좋은 교통수단이 있는 것도 아니고, 훌륭한 호텔과 식사가 예약되어 있는 그런 여행이 아니죠. 당시의 여행은 참으로 고생스럽고 위험했습니다. 강도가 자주 출몰해서 가지고 있던 것을 다 빼앗기거나 심하면 목숨까지 잃기도 하였습니다. 더구나 이 여행은 며칠간의 여행이 아니라 긴 여행입니다. 옛 바벨론 땅에서 예루살렘까지로 생각한다면 약 1,300km가 되는데 걸어서는 하루에 30km 가기가 어렵습니다. 낙타를 타고 간다고 생각하고 하루에 30km 정도 갈 수 있다고 치면 약 40일이 넘는 긴 여행입니다. '산을 넘고 물을 건너 별 따라 왔도다'는 찬송가 가사처럼 산을 넘고 물을 건너고 막막한 아라비아 사막도 지나가야 됩니다. 너무 힘든 여행입니다. 뿐만 아니라 얼마가 걸릴지 모르는 긴 여행을 떠나면 가족들은 어떻게 되겠습니까? 가정이 있는 사람들일 텐데 가족은 어떻게 되며, 자기가 일하던 직장은 또 어떻게 되겠습니까? 문제가 너무 많습니다. 그러나 그들에게는 왕으로 탄생하신 이를 찾아서 경배하는 일이 무엇보다 중요했습니다. 모든 일들이 예수 그리스도를 찾는 것에 비하면 사소한 것이었습니다. 요컨대 그들은 목숨을 걸고, 그들의 인생을 걸고 예수님을 찾아서 왔을 것입니다. 성도 여러분, 하나님을 찾는 자는, 예수님을 찾는 자는 이렇게 찾아야 됩니다. 이렇게 찾는 자가 복 있는 사람이고 이렇게 찾는 자가 결국은 만나게 되는 것입니다.

구약에 나오는 다윗 왕은 죽기 전에 아들 솔로몬에게 유언을 합니다. 여러 가지 유언의 말씀 중 하나가 '네가 만일 그를 찾으면 그를 만나리라' 했습니다. 그 말씀이 구약 여러 곳에 인용이 되어 있습니다. 예레미야 29장 13절을 봅시다.

**"너희가 온 마음으로 나를 구하면 나를 찾을 것이요 나를 만나리라"**

아직도 교회를 나오지만 예수님을 만나지 못하고, 믿지 못하는 성도들이 있습니까? 온 마음으로 그를 찾으시기 바랍니다. 그러면 만날 것이라고 누가 약속했습니까? 하나님이 약속하셨습니다. 어떤 이들은 신앙생활은 하는데 미신적으로 신앙생활을 합니다. 절에 가서 비는 것처럼 교회 와서 복 받기를 구하고 가족들이 하는 일이 잘 되기를 구하고 소원합니다. 그런 마음으로 교회를 찾아오고 예배를 드리는데 몇 개월이 되어도 잘 되는 것이 없어 보이면 어느 날 갑자기 교회에서 발을 끊어버립니다. 그런 식으로 예수를 믿으면 안 됩니다. 예수님을 찾아서 그분을 만나야 합니다. 그냥 교회만 다니지 말고 동방박사들처럼 예수님을 만나려고 애를 써야 합니다. 어떤 희생의 대가를 치르더라도 만나고야 말겠다고 결심하고 구원자이신 예수님을 찾아 나서야 한다는 것입니다.

**'나를 찾으면 나를 만나리라'**고 하나님이 약속하셨습니다. 여러분 믿습니까? 아직도 만나지 못한 사람은 정성을 다해서, 시간을 내어서 하나님을 찾으시고 만나시기 바랍니다.

박사들은 유대인이라면 으레 수도 예루살렘에서 태어나실 것이라 생각하고 예루살렘으로 찾아왔습니다. 예루살렘에 도착해서 '유대인의 왕으로 나신 이가 어디 계십니까? 우리가 동방에서 별을 보고 그에게 경배하러 왔습니다'고 말했죠. 그 말에 예루살렘이 뒤집어졌습니다. 왜 그렇게 소동이 일어났겠습니까? 지금 왕이 있습니까? 없습니까? 있습니다. 헤롯 대왕이 있습니다. 그런데 어느 다른 왕이 태어났다고 하니 야단이 난 것입니다. 누구보다도 헤롯이 큰 충격을 받았겠죠. 그렇지만 내색하지 않고 종교 지도자들을 불러서 '그리스도가 어디서 나겠느뇨?' 하고 물었습니다. 종교 지도자들은 너무 잘 알고 있습니다. '유대 베들레헴입니다. 선지자들이 그렇게 예언을 했습니다'라고 했습니다. 여러분 6절을 함께 읽겠습니다.

> **"또 유대 땅 베들레헴아 너는 유대 고을 중에서 가장 작지 아니하도다 네게서 한 다스리는 자가 나와서 내 백성 이스라엘의 목자가 되리라 하였음이니이다"**

미가 선지자가 5장 2절에 메시아 탄생지를 예언하였습니다. 그래서 이 지도자들은 '유대 베들레헴입니다' 하고 바로 대답할 수 있었습니다. 그러자 헤롯 왕은 박사들을 불러서 베들레헴인 것을 말해 주고 그들에게 '찾거든 내게 고하여 나도 가서 그에게 경배할 수 있도록 하라'고 하였습니다.

여러분, 우리는 여기서 예수님의 나심에 대한 세 가지 반응을 볼 수 있습니다.

첫째, 박사들을 보십시오. 앞에서 보았듯이 간절한 마음으로 굳은 결심을 하고 어떤 고난과 희생이 있을지라도 굴하지 않고 적극적으로 예수님을 찾아왔습니다. 그렇게 했기 때문에 네가 찾으면 만나리라는 하나님의 약속대로 그들은 마지막에 예수님을 만나게 되었습니다. 찾을 수 있었습니다.

그다음 헤롯 왕을 보십시오. 헤롯 왕은 유대를 다스리고 있는데 그는 유대인이 아니면서 지금 유대인의 왕이 되어 있습니다. 참 이상한 일이죠. 조선 시대에 일본 사람이 와서 왕을 하고 있으면 되겠습니까? 그래서 그는 유대인의 미움을 많이 받았습니다. 그리고 늘 불안했습니다. 내가 언제 왕위에서 쫓겨날까? 반역이 일어나지 않을까? 폭동이 일어나지 않을까? 그런 불안한 마음을 가지고 살아가는 가운데 동방박사들이 와서 '유대인의 왕으로 나신 이가 어디 계시냐?' 하니 얼마나 놀랐겠습니까! 그래서 그 마음속에 빨리 찾아서 없애버려야겠다고 생각했습니다. '찾으면 나도 경배하겠다'는 말은 거짓말입니다. 경배하는 것이 아니라 죽이려고 했습니다. 오늘날도 이 헤롯처럼 자신이 자기의 왕인 사람들은 예수님을 좋아하지 않습니다. 예수님을 영접하지 않습니다. 도리어 미워합니다. 예수님을 싫어하고 자신이 자기의 왕이 되어서 자기 마음대로 살고자 합니다. 사탄에 속한 이들도 마찬가지입니다. 기독 교회에 대해서, 성도들에 대해서 잘못한 것도 없음에도 불구하고 이상하게 싫어하고 미워하고 뿌리를 뽑고자 하는 모습들이 역사 내내 있어 왔습니다.

종교 지도자들은 어떻습니까? 그들은 메시아가 어디서 탄생할지 알고 있었지만, 전혀 관심이 없었습니다. 전혀 준비를 하지 않았습니다. 외국에서 이방인 박사들이 와서 '탄생하신 메시아가 어디 계시냐' 하면 '아이고, 우리가 그것을 잊고 있었구나' 하며 바로 찾아가서 경배해야 되지 않습니까? 그런데 '어디 계시냐' 하니 '유대 베들레헴입니다' 하고는 꿈쩍도 하지 않습니다. 가서 경배하지 않습니다. 박사들은 막연한 지식을 붙잡고 여기까지 온 것이 아닙니까? 그런데 종교 지도자들은 책을 가지고 있지 않습니까? 구체적이고 확실한 지식을 가지고 있으면서도 그들은 움직이지 않았습니다. 무관심으로 인해서 약속된 메시아를 영접하지 않았습니다. 현재 이대로의 안정된 삶이, 존경 받고 성전에서 나오는 세금이며 여러 가지 것들을 받아서 부유하게 살아가는 현재의 이 삶이 더 좋아서 누군가에 의해서 깨뜨려지고 방해 받는 것이 싫은 거예요. 그래서 전혀 행동하지 않았습니다. 여러분, 그 시대에만 종교 지도자들이 그랬겠습니까? 종교 지도자라고 해서 꼭 그 사람이 예수님을 영접하고 구원받는 것이 아닙니다. 목사라고 해서, 장로라고 해서, 집사라고 해서 그 사람이 꼭 구원받는 것은 아닙니다. 그 사람의 직분이 그 사람의 구원을 보장해주는 것이 아니라는 말씀입니다.

오늘 이 세 가지 모습은 어느 시대나 공존합니다. 여러분, 우리는 헤롯 왕의 모습을 경계해야 합니다. 그리고 이 종교 지도자들의 모습이 나의 모습이 아닌지 주의하고 살펴야 합니다. 그리고 동방박사의 모습이 나의 모습인지 생각해보고 살아야 합니다. 하나님을 찾고 섬기는 우리의 모습이 오늘 이 박사들의 모습처럼 되기를 바랍니다.

**다음으로 만남과 경배의 단계가 있습니다.**

박사들은 유대인의 왕, 곧 메시아의 탄생지가 베들레헴인 것을 알고 그곳으로 갑니다. 예루살렘 바로 밑 동네가 베들레헴입니다. 가깝게 있습니다. 가는데 잠시 사라졌던 별이 다시 나타나 그들을 베들레헴으로 인도합니다. 아기 있는 곳에 먼저 가서 머물러 아기 있는 집을 비추어 주고 있습니다. 여러분, 요즘은 성탄 카드를 보내는 사람이 별로 없죠. 그래서 문구점에 가도 카드 찾기가 어렵습니다. 그러나 저희 어릴 때는 성탄 카드가 얼마나 유행을 했습니까? 제가 신학생으로 있을 때까지, 그리고 젊은 목사였을 때까지만 해도 평균 4-50장씩 크리스마스 때 카드를 보냈습니다. 제일 많이 있는 카드가 예수님이 태어나신 마구간 장면입니다. 마리아가 아기 예수님을 안고 있어요. 요셉은 그 옆에 서 있어요. 그리고 양쪽에는 누가 있겠습니까? 한 쪽에는 목자들이 한 쪽에는 박사들이 서서 빛나는 아기 예수님을 바라보고 있습니다. 여러분, 그 카드의 내용이 옳겠습니까? 정말 목자와 박사들이 함께 서 있었을까요? 그럴 가능성이 거의 없습니다. 목자들은 예수님이 탄생한지 몇 시간도 안 되어서 구유에 누인 아기 예수님을 본 거예요. 그런데 박사들은 적어도 예수님이 탄생한 지 수개월 지나서 온 것 같습니다. 여러분, 11절을 보십시오. 11절에 어디로 들어갔습니까? 마구간으로 들어가지 않고 집으로 들어갔습니다. 집으로 들어가서 누구를 보았습니까? '아기와 그 어머니 마리아를 보았다'고 했는데 이 아기는 헬라어로 '파이디온'이라 합니다. '파이디온'은 갓난아기가 아닌 조금 자라 걸음마하는 그런 아이를 가리킵니다. 그러니까 예수님이 마구간에서 집으로 옮겨 와 집에서 대략 6개월 정도 지난 상황이라는 말입니다.

왜 예수님의 부모가 아기를 낳았으면 고향 나사렛으로 돌아가지 않겠습니까? 예수님이 다윗의 자손이기 때문에, 그리고 천사의 예고를 따라서 특별한 아기임을 알았기 때문에 다윗의 동네인 이 베들레헴에서 키워야겠다고 생각한 것 같습니다. 그래서 이 베들레헴 한 집에서 계속 머물러 있을 때에 동방에서 온 박사들이 이 집을 찾았고 문을 열고 집으로 들어 온 것입니다. 아기와 모친 마리아가 함께 있는 것을 보았습니다. 여러분 10절에 보면 박사들이 예수님의 별을 보고 매우 기뻐하고 기뻐했다고 했는데, 이 별이 진짜가 아니지 않습니까? 별이 가르쳐 주는 것이 누구입니까? 아기 예수님이죠. 그 멀고 위험한 여행을 하여 드디어 자기들이 찾고자 했던 아기 예수님을 그들이 발견했을 때에 그들의 마음의 기쁨이 얼마나 컸겠습니까?

그들이 이 아기 예수님을 보았을 때에 보통 아기에게서 느낄 수 없는 거룩한 신성을 느꼈습니다. 아기에게서 하나님의 영광을 볼 수 있었습니다. 여러분, 모든 눈이 이 박사들처럼 볼 수 있는 것이 아닙니다. 육신의 눈으로는 볼 수가 없는 것입니다. 하나님께서 그들의 영적인 눈을, 믿음의 눈을 열어주셨기 때문에 볼 수 있었습니다. 성령님이 그들의 마음에 역사하셨기 때문에 그렇게 볼 수가 있었습니다. 여러분, 우리가 예수님을 하나님의 아들로, 그리스도로 믿을 수 있는 것은 하나님의 은혜의 역사로 된 것임을 믿으시기 바랍니다. 그들은 아기 예수님을 보았을 때에 너무나도 감격하였습니다. 이 아기가 하나님의 아들, 만왕의 왕, 세상의 구세주인 것을 알았을 때 이 박사들이 어떻게 했습니까? 지금까지 찾고 찾느라고 고생한 이야기를 하며, 또는 호기심으로 아기를 이렇게 보고 저렇게 보고 이러쿵저러쿵 이야기했습니까? 아닙니다. 무엇을 했습니까? 그들은 엎드려서 경배했습니다. 감동과 감격과 감사한 마음으로 그들은 엎드려서 아기 예수님께 경배했습니다. 여러분, 박사들이니까 적어도 장년이나 노년 아니겠습니까? 이런 사람들이 한 아기에게 엎드려 큰 절을 하는 겁니다. 감격과 기쁨의 경배를 드렸습니다.

사랑하는 성도 여러분, 이같이 예수님을 만난 감격이 있습니까? 구원의 은혜에 대한 감격, 감격의 눈물이 있습니까? 혹시 은혜에 대한 감격이 하나도 없이 무미건조하게 주일이 되면 언제나 예배를 드려야 되니까 습관적으로 교회에 나가서 한 시간 드리는 그런 예배를 여러분은 드리고 있지는 않습니까?

박사들이 엎드려서 경배할 때에 자신들의 보배합을 열어서 황금과 유황과 몰약을 예물로 드렸습니다. 박사들 숫자가 몇 사람인지 알지 못하지만, 많은 사람들이 황금, 유향, 몰약 세 가지를 드렸으니까 아마도 세 사람일 것이라고 추측합니다. 여러분, 그것은 그들이 나신 왕을 만날 때에 드리기 위해서 최선을 다해서 준비한 예물이었습니다. 황금은 본래 왕에게 드리는 선물입니다. 그래서 태어나신 이 분이 유대인의 왕이시라는 상징이 됩니다. 유향은 신성, 예수 그리스도의 하나님 되심을 보여주는 선물이라고 합니다. 그리고 몰약은 시체를 썩지 않도록 방부제로 쓰는 귀한 향료인데 바로 우리를 위해서 죽으실 인간이 되시는 예수님을 보여주는 선물이라고 합니다. 여러분, 그것들은 그들에게 가장 귀한 것이었습니다. 그렇지만 아낌없이 드렸습니다. 극히 값비싼 것들이었지만, 하나님께서 그들에게 주신 선물, 하나님의 아들 독생자에 비하면 아주 적은 것이었습니다.

사랑하는 성도 여러분, 여러분은 무엇을 가장 아끼십니까? 무엇을 여러분의 보배라고 여기면서 살고 계십니까? 하나님께 받기는 좋아하지만, 드리기는 아까워하지 않습니까? '내가 하나님을 섬기지만, 이 정도까지는, 이 선까지는 하나님께 드릴 수 있지만, 이 선을 넘어서 가장 귀한 이것만은 절대로 하나님이라도 안 돼' 하는 마음을 가지고, 자세를 가지고 이 세상을 살고 계시지는 않습니까?

그러나 내가 믿는 예수님이 누구인지 안다면, 나를 구원해주시기 위해서 하나님께서 그 아들 독생자를 보내주신 그 은혜를 안다면, 나를 구원해주시기 위해 사람이 되어서 이 땅에 오셔서 날 위해 죽으신 그 예수님의 은혜를 안다면 우리가 무엇을 아끼겠습니까? 아낄 것이 없는 것입니다.

여러분, 하나님의 은혜를 아는 자는 하나님께 아낄 것이 없습니다. 아낌없이 헌신합니다. 가장 귀한 보배도 아끼지 않습니다. 하나님의 아들 예수님을 믿어서 구원받은 저와 여러분들은 박사들과 같은 모습으로 주님께 경배하시기 바랍니다.

**마지막 셋째로 순종의 단계가 있습니다.** 12절 함께 읽겠습니다.

**"그들은 꿈에 헤롯에게로 돌아가지 말라 지시하심을 받아 다른 길로 고국에 돌아가니라"**

헤롯에게 돌아가서 헤롯이 말한 대로 어떤 집에 있더라 말하면 헤롯이 어떻게 하겠습니까? 군사들을 보내서 아기 예수님을 살해할 것입니다. 그렇기 때문에 꿈에 우리 하나님께서 박사들에게 헤롯에게 가지 말라. 다른 길로 고국에 돌아가라고 말씀하신 것입니다. 박사들이 어떻게 했습니까? 순종했습니다. 헤롯 몰래 고국으로 돌아갔습니다. 여러분, 진정 예수님을 찾아서 예수님을 만난 사람은 더 이상 자기의 생각과 뜻대로 살지 않습니다. 더 이상 사람의 지시를 따라서 살지 않고, 세상의 풍조를 따라 살아가지 않습니다. 더 이상 예수 믿기 이전의 삶을 따라 살아가지 않습니다. 무엇보다도 하나님의 말씀에 순종하는 삶을 살아갑니다. 더 이상 전에 행하는 길로 가지 않습니다. 새로운 삶의 모습으로 살아가게 되는 것입니다. 이것이 예수 믿는 자의 합당한 생애입니다. 이제는 예수 믿은 이후로 하나님의 말씀에 순종해서 다른 길로 가는 저와 여러분의 삶이 되시길 바랍니다.

오늘 우리는 박사들의 믿음의 여행을 보았습니다. 세 단계가 있죠.

첫 번째 단계는 무엇입니까? 예수님을 찾는 구도의 단계입니다. 여러분 믿는 자라고 해서 더 이상 예수님을, 하나님을 찾을 필요가 없습니까? 아닙니다. 예수님을 더 깊이 만나기 위해서 예수님을 찾고 구하는 일이 우리 생애 끝까지 계속되어야 합니다.

두 번째 단계가 무엇이었습니까? 예수님을 만나서 경배하는 단계입니다. 박사들처럼 경배하는 일은 우리와 무관하지 않습니다. 우리의 예배, 오늘 본문에 나오는 박사들처럼 더욱 더 참되고 감격적인 예배로 변화되어야 할 줄 믿습니다.

마지막 단계가 무엇이었습니까? 순종의 단계입니다. 박사들이 예수님을 만난 후에는 주의 말씀에 순종하여 걸어갔습니다. 그와 같이 이들의 삶처럼 우리의 삶에서도 주님의 말씀대로 순종하는 삶이 저 천국에 이를 때까지 계속되어야 합니다.

오늘 이 박사들과 같은 아름답고 진실한 여행이 우리에게 있기를 바랍니다.

## 마태복음 2:13-23

그들이 떠난 후에 주의 사자가 요셉에게 현몽하여 이르되 헤롯이 아기를 찾아 죽이려 하니 일어나 아기와 그의 어머니를 데리고 애굽으로 피하여 내가 네게 이르기까지 거기 있으라 하시니 요셉이 일어나서 밤에 아기와 그의 어머니를 데리고 애굽으로 떠나가 헤롯이 죽기까지 거기 있었으니 이는 주께서 선지자를 통하여 말씀하신 바 애굽으로부터 내 아들을 불렀다 함을 이루려 하심이라 이에 헤롯이 박사들에게 속은 줄 알고 심히 노하여 사람을 보내어 베들레헴과 그 모든 지경 안에 있는 사내아이를 박사들에게 자세히 알아본 그때를 기준하여 두 살부터 그 아래로 다 죽이니 이에 선지자 예레미야를 통하여 말씀하신바 라마에서 슬퍼하며 크게 통곡하는 소리가 들리니 라헬이 그 자식을 위하여 애곡하는 것이라 그가 자식이 없으므로 위로 받기를 거절하였도다 함이 이루어졌느니라 헤롯이 죽은 후에 주의 사자가 애굽에서 요셉에게 현몽하여 이르되 일어나 아기와 그의 어머니를 데리고 이스라엘 땅으로 가라 아기의 목숨을 찾던 자들이 죽었느니라 하시니 요셉이 일어나 아기와 그의 어머니를 데리고 이스라엘 땅으로 들어가니라 그러나 아켈라오가 그의 아버지 헤롯을 이어 유대의 임금 됨을 듣고 거기로 가기를 무서워하더니 꿈에 지시하심을 받아 갈릴리 지방으로 떠나가 나사렛이란 동네에 가서 사니 이는 선지자로 하신 말씀에 나사렛 사람이라 칭하리라 하심을 이루려 함이러라

# 5

## 하나님의 보호와 인도

지난주일에 '믿음의 여행(旅行)'이라는 제목으로 설교를 했습니다. 동방박사들이 믿음의 여행을 했습니다. 이 자리에 있는 우리들도 이 박사들을 본받아 저 천국에 이르는 그날까지 길을 잃지 않고 믿음의 여행을 잘 감당할 수 있기를 바랍니다.

오늘 본문에는 예수님 가족이 헤롯의 칼을 피해서 애굽(이집트)에 피난을 갔다가 그곳에서 돌아와 갈릴리 나사렛에 거하게 되는 기록을 하고 있습니다. 오늘 본문의 말씀을 세 가지 각도에서 생각하려고 합니다. 오늘 이 사건에서 나타나는 사탄의 일, 하나님의 일, 그리고 성도의 일이 무엇일까 생각할 때에 은혜의 한 시간이 되기를 바랍니다.

### 첫째는 사탄의 일입니다.

여러분, 동방박사들이 예루살렘의 헤롯 대왕을 찾아와서 '유대인의 왕으로 나신 이가 어디 계십니까? 우리가 그에게 그의 별을 보고 그에게 경배하러 왔습니다'라고 말했죠. 그랬을 때에 헤롯이 깜짝 놀라 종교 지도자들을 불러 어디서 메시아가 나겠느냐 알아보니 베들레헴이라 했습니다. 그래서 박사들에게 베들레헴이라 가르쳐주며 하는 말이 '가서 아기를 찾거든 나에게 보고해서 나도 가서 그에게 경배하게 하라' 했지만, 사실은 경배하기 위해서가 아니라 죽이기 위해서 그렇게 했다고 했습니다. 그러나 박사들은 하나님의 지시를 받고 헤롯 몰래 다른 길로 고국으로 돌아갔습니다. 박사들의 소식을 기다리던 헤롯은 오래 기다려도 박사들이 오지 않자 속은 줄 알고 어떻게 합니까? 오늘 성경을 보니 자기의 병사들을 풀어서 베들레헴과 그 주변에 있는 두 살 이하의 모든 아기들을 다 죽이도록 명령했습니다. 그래서 아기 예수 하나 죽이려고 그 어린 아기들을 그렇게 많이 죽였습니다. 얼마나 무참하고 잔인한 일인지 모릅니다. 여러분, 그 장면을 상상해보십시오. 무장한 병사들이 집집마다 돌아다니면서 아기가 있는지 없는지 뒤져서 아기를 찾아내면 칼과 창을 가지고 그 어린 아기를 찔러 죽여 그 낭자한 선혈이 흘러내리는 축 쳐진 아기를 안고 있는 부모의 마음이 어떠했겠습니까? 찢어지는 거죠. 그래서 베들레헴과 그 주변 전체에 통곡 소리가 가득했다고 했습니다. 그래서 많은 화가들이 '헤롯의 영아 살해'라는 제목으로 그림을 그렸습니다.

여러분, 헤롯이 아기 예수님을 없애려고 하는 일은 단순한 정권욕의 발로가 아닙니다. 역사 이래 계속되어온 사탄의 일입니다. 여러분, 우리 인류의 시조인 아담과 하와가 범죄, 타락했을 때에 하나님께서 저주를 처음에 누구에게 내리십니까? 뱀, 사탄에게 내리십니다. 인간을 유혹해서 범죄 하게 했기 때문에 먼저 사탄에게 내립니다. 그때 하신 말씀이 '내가 너로 여자와 원수가 되게 하고 또 여자의 후손과 너의 후손이 원수가 되게 하겠다, 여자의 후손이 너의 머리를 상하게 할 것이요, 너는 그의 발꿈치를 상하게 할 것이다'고 저주를 내렸습니다. 그런데 놀랍게도 우리는 이 창세기 3장 15절의 말씀을 '복음'이라고 합니다. 원시시대에 처음으로 이 세상에 주어진 복음이라 해서 '원시복음'이라고 합니다. 뱀에 대한 저주가 우리에게는 복음이 된다는 것입니다. 왜냐하면, 여자의 후손은 남성 단수를 가리킵니다. '그 남자'를 가리킵니다. 그 남자가 누구겠습니까? 바로 예수님, 메시아를 말하는 것입니다. 여자의 후손이, 메시아가 너의 머리를 상하게 한다는 것은 회복하지 못할 결정타를 먹인다는 것입니다. 그것이 사탄에게는 저주의 말씀이 되지만, 그 사탄으로 인하여 범죄하고 타락한 인간에게는 복음이 된다는 것입니다. 그래서 원시복음이라 합니다. 그런데 사탄은 여자의 후손의 발꿈치를 상하게 할 것이라고 했습니다. 발꿈치는 치명적이지는 않지만, 참 고통스럽고 아픈 것입니다.

그 말씀에 나타나는 역사와 진리가 성경에서, 역사에서 성취되었고, 지금도 계속 이루어져가고 있습니다. 창세기에 하나님께서 아브라함을 보고 '너의 씨로 말미암아 천하만민이 복을 받으리라' 했습니다. 그 말씀을 보면 메시아가 아브라함의 자손에서 난다는 것입니다. 창세기 3장 15절에 나오는 여자의 후손이 누구의 자손일 것이라는 겁니까? 아브라함의 자손으로 태어날 것이라는 말씀입니다. 그런데 문제가 있습니다. 아브라함 부부가 늙어 아기를 낳을 수 없을 때까지 자손이 없었습니다. 씨가 없었어요. 그런데 하나님께서 특별한 은혜를 주셔서 이삭을 100세에 낳았습니다. 그런데 이삭이 리브가와 결혼을 했는데 또 리브가도 불임입니다. 임신을 할 수가 없어요. 어떻게 했습니까? 이삭이 자기 아내를 위해서 간절히 기도함으로 하나님께서 쌍둥이 아들, 에서와 야곱을 낳게 하셨습니다. 그래서 이 메시아의 계보로 보면 아브라함, 이삭, 야곱으로 이어지는데 그 이어지는 것이 저희 집처럼 3남 5녀를 낳아서 충분한 가운데 이어지는 것이 아니라 아주 간신히 근근이 이어지고 있습니다. 사탄이 메시아 탄생을 막기 위해서, 그 메시아 계보가 이어지지 못하도록 하기 위해 역사 가운데 훼방을 하고 있다는 것입니다.

후에 보면 유다 지파 다윗 왕에게 하나님께서 '너의 자손이 영원한 왕이 될 것이다' 하고 다윗의 자손에서, 다윗의 씨에서 메시아가 날 것을 예언합니다. 그런데 다윗 왕의 아들 솔로몬 왕 다음에는 이스라엘 왕국이 북쪽 이스라엘과 남쪽 유다로 나누어집니다. 한번은 이런 일이 있었습니다. 북쪽의 아합과 이세벨, 바알 숭배자 아닙니까? 이 두 사람에게 아달랴라는 딸이 있었는데 이 공주가 남쪽 유다 왕국에 시집을 왔습니다. 참 비극적인 일이죠. 그런데 아달랴가 자기 아들 왕이 죽고 나니까 모든 유다의 왕자들을, 왕손들을 죽여버립니다. 그것은 다윗 왕가의 씨를 말리기 위해서입니다. 알고 보면 이는 사탄이 메시아의 계보를 끊어버리고자 하는 무서운 계략입니다. 그때도 하나님께서 갓난아기 요아스라는 왕자만을 보호하셔서 그가 나중에 유다의 왕이 되고 메시아, 다윗의 가계가 계속 이어지는 것을 볼 수 있습니다.

여러분, 오늘 본문에도 보면, 예수님이 탄생했을 때도 사탄이 헤롯을 통해 아기 예수님을 죽이려고 했죠? 예수님께서 공사역을 하실 때에도 종교 지도자들이 여러 번 예수님을 죽여 없애려고 했습니다. 마침내 어떻게 했습니까? 십자가에 못 박아서 죽게 했습니다. 멜 깁슨이 감독한 'The Passion of Christ', '그리스도의 수난'이라는 영화가 있지 않습니까? 지금까지 나온 영화 중에서 그리스도의 수난을 가장 처절하게 보여준 영화인데, 그 영화에 보면 예수님께서 비참한 모습으로 십자가에 달려 있을 때에 검은 망토를 입은 사탄이 서서 싱긋이 웃고 있습니다. 무엇을 의미하겠습니까? 내가 이겼다는 거죠. 자기가 승리했다는 것입니다. 인간의 구원자를 없애버렸다는 것입니다. 하나님의 구원 계획을 완전히 끝장내었다고 좋아서 웃고 있습니다. 그러나 여러분, 이것이 사탄의 일인데 십자가로 하나님의 구원 계획이 좌절되었습니까? 예수 그리스도가 실패했습니까? 아니죠. 우리 하나님께서는 놀라운 방법으로 일하십니다. 골로새서에 보면 우리 주 예수님께서 '십자가로 승리하셨느니라' 했습니다. 십자가로 실패하신 것이 아니라 마귀는 생각하지도 못하는 십자가의 방법으로 죽으실 뿐 아니라 부활하시고 승천하시고 우리의 구원을 완성하시고 만왕의 왕이 되셨습니다. 마귀는 십자가 사건으로 인해서 머리를 상하는 치명타를 입었습니다.

그러자 사탄은 이제 예수를 믿는 자들과 교회를 박해하고 없애려고 합니다. 예수 그리스도를 향해서는 실패했거든요. 이제는 예수 그리스도를 따르는 자들, 그 교회를 핍박하고 못살게 구는 것입니다. 여러분, 지난 2,000년 기독교와 세계역사를 보면 로마 제국의 핍박이 얼마나 심하였습니까? 나치나 공산주의 모두가 기독교를 박멸하려고 했습니다. 그렇지만 교회가, 하나님의 백성들은 끝장이 나지 않았습니다. 사도행전 14장 22절, 바울이 새신자들에게 하신 말씀을 같이 읽겠습니다.

**"또 우리가 하나님의 나라에 들어가려면 많은 환난을 겪어야 할 것이라"**

왜 많은 환난을 겪어야 할 것이라 했겠습니까? 지금도 뭐가 역사하고 있기 때문입니까? 사탄이 지금도 역사하고 있기 때문에 우리 그리스도인들은 하나님 나라에 들어가려면 많은 환난을 겪어야 합니다. 그래서 종교 개혁자 마르틴 루터는 이 말씀을 가지고 말하기를 "신자는 많은 고난을 통해서 천국에 들어간다"고 말했습니다. 베드로 사도는 성도들을 향해 불시험이 올 때에 이상하게 여기지 말라고 했습니다. 여러분, 불시험이 무엇이겠습니까? 극한 고난, 아픔이지요. 극한 고난이, 아픔이 여러분에게 찾아올 때 '나는 죄도 없는데 이런 어려움이 나에게 생기냐'고 하지 말라는 것입니다. 이상하게 여기지 말하는 것입니다.

우리 신자에게 고난은 너무나도 마땅한 것이니까 이상하게 여기지 말라고 했습니다. 베드로전서 5장 8절, 9절도 함께 읽겠습니다.

> **"근신하라 깨어라 너희 대적 마귀가 우는 사자 같이 두루 다니며 삼킬 자를 찾나니 너희는 믿음을 굳건하게 하여 그를 대적하라 이는 세상에 있는 너희 형제들도 동일한 고난을 당하는 줄을 앎이라"**

고난의 원인이 무엇입니까? 사탄입니다. 대적 사탄이 살아서 역사하기 때문에 우리 성도들은 이 땅에 사는 날 동안 어려움을 당할 때가 많습니다. 그렇지만 우리는 마귀에 굴복하는 자가 되지 말고 마귀를 대적하는 성도가 되어야 하겠습니다. 여러분, 마귀로 인한 시련과 고난이 닥쳐올 때 굴하지 말고, 믿음을 굳게 해서 대적하는 성도가 되시기 바랍니다.

### 두 번째 하나님의 일입니다.

헤롯이 아기 예수님을 죽이려 함을 아시는 하나님께서 어떻게 하십니까? 13절에 보면 천사를 보내어서 요셉에게 '헤롯이 아기를 죽이려 하니 아기와 그 모친을 데리고 내가 말할 때까지 애굽으로 피신하라'고 말씀하십니다. 위기에서 피할 수 있게 하십니다. 그리고 헤롯이 죽은 후에는 20절을 보면, '일어나 이스라엘 땅으로 돌아가라, 아기의 목숨을 찾던 자가 죽었느니라'고 인도하십니다. 그런데 헤롯을 이어 왕이 된 자가 그 아들 아켈라오입니다. 이 아켈라오는 자기 아버지처럼 굉장히 잔인한 자입니다. 역사에 보면 그는 3천 명의 영향력 있는 인물을 살해함으로써 왕의 통치를 시작했다고 했습니다. 유력한 자 3천 명을 죽인다는 것은 보통일이 아닙니다. 살해하고 피 위에 자기 정권을 시작했다는 것입니다. 이 소문이 요셉에게 들린 것 같습니다. 요셉이 그 말을 들었을 때에 요셉은 본래 아기 예수님을 데리고 다윗의 동네인 베들레헴에

와서 살려고 생각했는데, 베들레헴이 아켈라오의 통치권 안에 있는 동네거든요. 위험을 느낀 것입니다. 그래서 돌아가기를 무서워했는데 하나님께서도 요셉을 말렸습니다. 여러분 22절 끝에 보면 "꿈에 지시하심을 받아" 했습니다. 누구의 지시를 받았겠습니까? 하나님의 지시를 받았어요. 근데 지시함을 받았다는 이 말이 영어 성경들을 보면 '경고하심을 받았다'고 했습니다. 하나님께서 '베들레헴으로 돌아가지 말라. 갈릴리로 가라'고 말씀하셨습니다.

성도 여러분, 이런 일들을 볼 때 하나님의 일은 무엇입니까? 아기 예수님과 그 가족을 보호하시고 인도하신다는 것입니다. 우리 하나님께서는 예수님이 인간의 구원의 사명을 완수하시기까지 지켜주시고 보호하십니다.

그뿐이겠습니까? 이제는 예수 그리스도의 십자가의 피로 말미암아 구원받은 자들, 이제는 하나님의 백성이 된 사람들, 예수 그리스도 안에 있는 자들을 하나님께서 인도하시고 보호해주십니다. 예수님이 승천하시기 전에 제자들을 향하여 '볼지어다 내가 세상 끝 날까지 너희와 항상 함께 있으리라'고 약속하시지 않았습니까! 내가 너희와 항상 함께 있으리라는 말씀의 뜻은 무엇입니까? 그냥 함께만 있겠다는 것입니까? 그 말씀이 아니죠. 지켜 보호해주시겠다, 도와주시겠다, 인도해주시겠다는 말씀입니다.

여러분, 주의 몸 된 교회가 이 땅에서 고난을 당할 때가 있습니다. 어떤 정권들, 어떤 종교나 단체, 조직은 교회를, 기독교를 미워하고 위협하고 박해합니다. 그러나 그런다고 교회가 사라진 적은 한 번도 없었습니다. 왜 그렇습니까? 주님이 함께 하시기 때문입니다. 주님이 함께 하시고, 주님이 보호하시기 때문에 그렇다는 것입니다. 마태복음 16장 18절에 예수님께서 '내가 이 반석 위에 교회를 세우리니 음부의 권세가, 지옥 권세가 이기지 못하리라'고 말씀했습니다. 지옥의 권세가 예수 그리스도의 교회를 손 댈 수가 없고, 이길 수가 없습니다.

여러분, 예수 믿는 신자가 이 세상에서 하나님의 백성으로 살아갈 때에 예수 그리스도의 제자로 살다보면 어려움이 많습니다. 너무 커 보이는 이 세상 앞에서 너무 작아 보이는 자기 자신의 모습을 보면 연약해지기도 하고 해봐도 안 되는 무력감을 느끼기도 하고 위축될 때가 있습니다. 그리고 감당 못할 시험 앞에서 낙심할 수도 있습니다. 그러나 우리 하나님이 무엇이라 말씀하십니까? 고린도전도 10장 13절을 읽어 봅시다.

**"사람이 감당할 시험 밖에는 너희가 당한 것이 없나니 오직 하나님은 미쁘사 너희가 감당하지 못할 시험 당함을 허락하지 아니하시고 시험 당할 즈음에 또한 피할 길을 내사 너희로 능히 감당하게 하시느니라"**

시험 당할 즈음에 피할 길을 내시어서 능히 감당하게 하신다고 했습니다. 오늘 아기 예수님을 보십시오. 헤롯의 칼에 죽도록 되어 있습니다. 그러나 하나님께서 피할 길을 내시어서 피신할 수 있도록 길을 내시고 또, 돌아와서도 남쪽 유다에 가지 말고 북쪽 갈릴리로 가라고 인도해주셨습니다. 그때마다 피할 길을 내시는 것을 볼 수 있습니다. 그처럼 성도에게도 반드시 피할 길을 주십니다. 그러므로 어떤 문제를 당하더라도 낙심할 필요가 없습니다. 포기할 필요가 없습니다. 주님이 함께 하십니다. 성도 여러분, 요즘 헤롯 왕처럼, 아켈라오처럼 두려운 존재가 있습니까? 여러분을 위협하는 것이 있습니까? 두려워하지 마십시오. 하나님이 함께 하시고 피할 길을 주심을 믿고 최후 승리의 확신을 가지고 사시기 바랍니다.

**세 번째는 성도의 일입니다.**

제가 마태복음 강해 설교 두 번째 시간에 '성탄의 도구 요셉'에 대해 말씀드렸습니다. 성탄의 도구 요셉은 어떤 사람입니까? 첫째는 의로운 사람, 두 번째는 순종의 사람, 세 번째는 거룩한 사람이라고 했습니다. 그는 순종의 사람이라 했는데 어떻게 순종했습니까? 잉태한 마리아를 보고 요셉이 조용히 헤어지려고 하니까 '너의 아내 마리아 데려오기를 무서워하지 말아라 이는 성령으로 된 것이다', 그리고 '아들을 낳으리니 이름을 예수라 하라'고 할 때 요셉이 두 가지 모두 순종했습니다. 오늘 말씀에도 요셉의 순종이 계속 빛을 발하고 있습니다.

13절에 '천사가 헤롯이 아기를 찾아 죽이려고 하니 빨리 아기와 어머니를 데리고 애굽으로 피하라'고 했습니다. 어떤 사람 같으면 '아이고, 이런 어린 아기를 데리고 어떻게 그리 멀리 가라고 말씀하십니까? 그리고 북쪽 갈릴리로 가라고 하시지 않고 왜 하필이면 먼 외국에, 그것도 광야를 거쳐서 가라고 하십니까?' 할 수도 있습니다. 그리고 주저할 수도 있습니다. 그런데도 불평하지 않았습니다. 지체하지도 않았습니다. 그날 밤에 아기 예수님과 모친을 데리고 애굽으로 피신을 했습니다. 여러분, 이집트의 카이로에 가면 예수 피난교회가 있습니다. 예수님 가족이 지하 동굴에 살았는데 그 동굴 위에 '예수 피난교회'라고 세워놨습니다.

헤롯이 죽은 후에 천사가 나타나서 '아기와 그 어머니를 데리고 이스라엘 땅으로 가라'고 하니 이스라엘 땅으로 갑니다. 또 꿈에 경고를 받아 '갈릴리 땅으로 가라' 하니 또 순종합니다. 오늘 본문만 해도 세 번의 순종이 나타납니다.

여러분, 하나님의 일은 순종하는 믿음을 통하여서 이루어집니다. 순종하는 사람을 통하여서 하나님의 일이 이루어집니다. 왜 하나님께서 요셉에게 거듭거듭 나타나시고 말씀하시겠습니까? 그것은 처음 요셉에게 '다윗의 자손 요셉아, 너의 아내 마리아 데려오기를 무서워하지 말아라, 이는 성령으로 된 것이다, 아들을 낳으리니 이름을 예수라 하라'는 첫 말씀부터 요셉은 순종합니다. 순종하니까 하나님은 또 나타나서 말씀하시는 것입니다. 요셉이 처음부터 하나님 말씀에 불순종했다면 하나님이 그렇게 자주 나타나지도 인도하시지도 않았을 것입니다.

여러분, 믿음의 조상 아브라함을 우리가 알고 있습니다. 갈대아 우르에 살 때 여호와 하나님께서 '너희 친척 본토 아비 집을 떠나서 내가 너에게 지시할 땅으로 가라'고 했습니다. 목적지도 가르쳐주지도 않고 그냥 떠나라고 할 때 아브라함이 어떻게 했습니까? 떠났습니다. 갈 바를 알지 못하고 떠났습니다. 어디에 거할지 몰라 교통의 요지 하란이라는 곳에 머물렀습니다. 하나님께서 그의 아버지 데라가 죽고 나서 또 나타나셔서 '본토 아비 집을 떠나서 내가 네게 지시할 땅으로 가라'고 또 말씀하셨습니다. 그래서 믿고 또 떠났습니다. 가나안 땅에 이르렀을 때 하나님께서 '아브라함아, 내가 이 땅을 너와 네 자손들에게 주겠다'고 하셨습니다.

여러분, 순종하면 또 다시 말씀하시는 것입니다. 순종하여 한 걸음 나아가면 또 한 걸음 인도하십니다. 반면에 불순종은 하나님의 인도를 막아 버립니다. 사울 왕은 하나님의 말씀을 불순종하니 나중에 하나님을 향하여 아무리 외쳐도 하나님이 대답하지 않으시고 인도하시지 않으시죠. 그런데 이렇게 순종하면 하나님께서 인도해주십니다. 순종은 계속적인 인도를 불러온다는 것입니다.

성도 여러분, 순종을 아는 것이 중요한 것이 아닙니다. 성경에 나오는 요셉이, 아브라함이 하나님께 순종했다는 것을 아는 것이 중요한 것이 아니라, 오늘 하나님의 말씀과 하나님의 역사를 보고 믿는 우리 자신들이 오늘 이 시대에 하나님께, 하나님의 말씀에 순종하는 것이 중요합니다. 그때는 하나님이 꿈이나 환상으로 말씀하셨으나 이제는 완성된 말씀인 성경을 통해 우리에게 말씀하십니다. 여러분, 하나님의 말씀인 줄 뻔히 알면서도 불순종하면서 살고 있는 것이 없습니까? 말씀을 떠나서 살고 있는 것, 말씀이 아닌 것을 따라 살고 있는 것은 없습니까? 순종하는 사람이 되시기 바랍니다. 여러분, 순종하지 않을 때 잘되는 것은 복이 아닙니다. 순종할 때 내가 어려워지고 힘들어지는 것은 바로 복이 되는 것입니다.

책을 읽으면서 이런 글을 보았습니다.

'**가야할 길을 분명히 보여 달라고 기도할 때에 주님은 순종을 물으셨다. 길이 보여 순종하는 것이 아니라 온전히 순종할 때 길이 보인다.**' 저는 그 말이 대단히 마음에 들었습니다. 우리는 하나님께 길을 보여 달라고, 인도해달라고 할 때가 있습니다. 그러나 하나님 앞에 순종할 때, 하나님이 원하시는 것에 순종할 때 길을 열어주시고 보여주시는 것입니다. 순종함으로 하나님의 보호와 인도를 받는 여러분 되시기 바랍니다.

오늘 아기 예수님의 애굽 피신에서 우리는 **사탄의 일을 보았습니다.** 예수 그리스도를 죽이려고 한 사탄, 오늘도 예수 그리스도의 교회를 박해하고 예수 안에 있는 성도들을 유혹하며 죄 짓게 하여 지옥 자식으로 만들려고 하고 해하려 합니다. 여러분, 믿음을 굳게 하여 마귀를 대적하시기 바랍니다.

**하나님의 일을 보았습니다.** 때마다 아기 예수님을 위험에서 보호하시고 인도하셨습니다. 그처럼 당신의 백성들인 성도들, 끝 날까지 함께 하사 보호하시고 인도하실 것입니다.

**성도의 일을 보았습니다.** 요셉은 하나님 말씀에 순종하니 하나님은 계속 말씀하시며 인도하셨습니다. 성도가 믿음으로 순종할 때 하나님이 계속 인도하심을 믿고 순종하며 사시기 바랍니다.

## 마태복음 3:1-6

그 때에 세례 요한이 이르러 유대 광야에서 전파하여 말하되 회개하라 천국이 가까이 왔느니라 하였으니 그는 선지자 이사야를 통하여 말씀하신 자라 일렀으되 광야에 외치는 자의 소리가 있어 이르되 너희는 주의 길을 준비하라 그가 오실 길을 곧게 하라 하였느니라 이 요한은 낙타털 옷을 입고 허리에 가죽띠를 띠고 음식은 메뚜기와 석청이었더라 이 때에 예루살렘과 온 유대와 요단 강 사방에서 다 그에게 나아와 자기들의 죄를 자복하고 요단 강에서 그에게 세례를 받더니

# 6

# 주의 길을 예비한 사람

오늘 마태복음 3장의 첫 부분 말씀을 읽었습니다. 성경에는 이렇게 2장과 3장이 붙어 있지만, 시간상으로 보면 2장과 3장 사이에는 무려 30년의 간격이 있습니다. 2장 끝에서는 애굽으로 피신 갔던 예수님이 돌아오는 것을 보았는데 그 예수님이 갈릴리 나사렛에 가서 목수의 아들로 자라게 되지요. 그리고 나이가 서른 즈음 되어서 세례를 받으시고 공사역을, 구원사역을 시작하시게 됩니다. 이 마태복음의 기록자 마태는 예수님을 '왕'으로 묘사합니다. 그래서 1장에는 아브라함과 다윗 왕의 자손으로 예수님을 묘사하고 있고, 마태복음 2장에서는 동방박사들이 찾아오는데 '유대인의 왕으로 나신 이가 어디 계시뇨' 하고 와서 왕을 만나서 엎드려 경배를 하죠. 3장도 마찬가지입니다. 여러분, 왕은 나타날 때에 아무 예고도 없이 혼자 갑자기 나타나지 않습니다. 언제나 수행원들과 같이 나타납니다. 그리고 나타나기 직전에 전령이 와서 왕의 오심을 알리고 준비를 시킵니다. 우리나라에서도 임금이 오면 앞서 한 전령이 가면서 '물렀거라' 하고 준비를 시키죠.

여러분, 왕의 등장에 앞서 주의 길을 예비한 전령이 누구겠습니까? 세례 요한입니다. 그는 예수 그리스도 보다 먼저 와서 예수님의 오심을 예언했기 때문에 그의 사역 성격상으로 보면 구약에 속한 자입니다. 그리고 다른 구약의 선지자들과는 달리 그가 예언한 예수님을 직접 만납니다. 보고 그분께 세례도 베풉니다. 이처럼 세례 요한은 구약에도 걸치고, 신약에도 걸치고 있습니다. 신약과 구약의 가교 역할을 하고 있는 아주 특별한 분이 세례 요한입니다.

이 시간 본문에 나타나는 세례 요한을 살펴볼 때 은혜와 교훈을 얻을 수 있기 바랍니다.

### 첫 번째, 세례 요한의 사명이 무엇입니까?

여러분, 3절에 보면 선지자 이사야의 글이 인용되어 있습니다. 같이 읽어봅니다.

> **"광야에 외치는 자의 소리가 있어 이르되 너희는 주의 길을 준비하라 그가 오실 길을 곧게 하라"**

여기에 '광야에 외치는 자의 소리'가 나옵니다. 본래는 이사야 자신을 가리키는 말입니다. 그런데 멀리는 세례 요한을 가리키는 말입니다. 이사야 선지자는 신분이 높은 사람이였습니다. 왕족이였던 것 같습니다. 그래서 궁정을 중심으로 사역을 했지만, 세례 요한은 아시다시피 광야에서 사역을 했던 사람입니다. 그렇기 때문에 '광야에 외치는 소리'란 말은 이사야 선지자 보다는 세례 요한에게 더 적합하다고 생각할 수 있습니다. 광야의 외치는 자의 소리가 뭐라고 외칩니까? '너희는 주의 길을 준비하라'고 외칩니다. 이 말속에 세례 요한의 사명이 무엇인지가 들어있습니다. 그의 사명은 사람들로 하여금 주의 길을 준비시키는 일입니다. 세례 요한은 오늘 설교 제목과 같이 '주의 길을 예비하는 자'

라고 말할 수 있습니다.

여러분, 제가 어릴 때에 남해 시골 골짜기인 우리 동네에 동네를 가로지르는 신작로(新作路)가 있었습니다. 요즘은 신작로라는 말을 들어보기도 어렵죠? 신작로는 '새로 만든 길'이라는 뜻입니다. 포장도로가 아닙니다. 사람들이 괭이로 만든 길이기 때문에 돌도 많이 굴러다니고 평탄하지 않습니다. 그런데 가끔 어떤 권세 있는 사람이 우리 동네를 지나간다고 하면 당일 아침에 사람들이 다 농기구를 들고 나와 신작로를 고릅니다. 푹 패인 곳엔 흙으로 메우고, 돌이 튀어나온 곳은 파서 돌을 제거합니다. 그래서 높은 양반이 차를 타고 갈 때보다 편하게 지나갈 수 있도록 길을 준비합니다. 세례 요한의 사명이 그랬습니다. 열등감, 좌절감, 인생의 실패로 인하여 깊이 패이고 무너진 마음들은 다 메워 평평하게 만들고, 교만하여서 마음이 높아질 대로 높아진 마음들은 회개시켜 깎아서 평탄하게, 겸손하게 만들고, 굽은 길처럼 비뚤어진 마음은 바르게 해주고, 또 고생이나 죄악으로 인한 험한 마음은 깨끗하게 해서, 평탄한 마음을 만들어서 왕이신 주님께서 오실 수 있도록 했습니다. 주님을 영접할 수 있는 마음을 준비했습니다. 그것이 세례 요한의 사명입니다.

성도 여러분, 예수님의 처음 오심, 초림은 세례 요한이 준비했거니와 이제 주님의 다시 오심, 재림이 남아있습니다. 주님의 재림은 누가 준비해야 됩니까? 그것은 예수 믿는 모든 신자들, 오늘 여기 있는 저와 여러분이 해야 되는 사명입니다. 마라나타라는 복음송 중에 '우리 주님 다시 오실 길을 만들자'라는 가사가 있습니다. 가슴이 뜨거워지는 찬양 아닙니까? 어떻게 만들 수 있습니까? 우리가 먼저 변화되어 새사람이 되어서 복음에 합당한 삶, 하나님 백성다운 삶을 살아가야 합니다. 뿐만 아니라 우리 주변에 복음을 전하는 삶을 살아가야 합니다. 이 복음이 땅끝까지 다 전파되면 주님께서 오신다고 했으니 복음을 전하는 것이 주의 길을 예비하는 것입니다. 그래서 주님 다시 오실 길을 준비하는 저와 여러분이 되기를 바랍니다.

특별히 오늘 말씀에 세례 요한을 가리켜 '광야에 외치는 자의 소리'라고 했습니다. 세례 요한을 광야에서 외치는 '자'라고 하면 말이 안 됩니까? 되지요. 거기에서 끝나면 되는데 왜 사람을 가리켜 광야에서 외치는 자의 '소리'라고 했겠습니까? 소리는 한 번 공간을 울리고 지나가버립니다. 어제 저녁에 가을 음악회를 가졌습니다. 나온 분들이 굉장했습니다. 그렇지만 그 소리가 지금 남아 여기에서 울리는 것이 아닙니다. 그 소리는 부르는 그때로 지나가버렸습니다. 그것이 소리의 특징입니다. 남아있지 않습니다. 형체가 없습니다. 저는 설교자는 소리여야 된다고 생각합니다. 하나님의 말씀을 전하는 것으로 끝이 나야 된다는 것입니다. 성악을 잘하는 사람, 여기 찬양대원들도 마찬가지입니다. 소리가 되어야 합니다. 하나님께 영광 돌리고 소리처럼 사라져 없어져야지, 자신이 남아서 영광을 받는 자세가 되어서는 안 됩니다. 우리 직분자도, 성도들도 소리여야 합니다. 나의 삶을 통하여, 봉사를 통해 내가 얼마나 잘나고 똑똑한 사람인지를 보여주는 것이 아니라 예수 그리스도를 보여주고 하나님의 영광을 나타내고 복음을 사람들에게 전해주고 나는 사라져야 됩니다. 그게 바로 소리인 것입니다.

세례 요한은, 왕이신 예수님이 나타나시면서 자기에게 오는 많은 사람들이 예수님께로 가버립니다. 마음이 얼마나 섭섭했겠어요? 그러나 그것을 섭섭하게 생각지 않고 당연하게 여겼습니다. 그래서 요한복음에 보면, '그는 흥하여야 하겠고 나는 쇠하여야 되리라' 했습니다. 내게 오던 사람들이 예수님께 가는 것이 마땅한 일이라고 고백하였습니다. 이 말이 소리라는 말과 통하는 것이 아니겠습니까!

여러분, 왕이 등장하실 때는 길을 예비하는 자는 사라져야 됩니다. 그러고 보면 세례 요한은 자신의 사명을 너무나도 잘 알고 있었습니다. 성도 여러분, 이 땅에 많은 사람이 살고 있지만, 자기의 사명을 바르게 알고 자기가 있어야 될 자리에 서서 자기의 임무를 잘 감당하는 사람이 얼마나 되겠습니까? 월권행위를 하기도 하고 나서지 않아야 할 때에 나서기도 하는 사람들이 얼마나 많습니까? 그런데 세례 요한은 그 점에 있어서 정확했다는 것입니다. 여러분, 얼마 후에 그는 헤롯 왕의 죄까지도 지적했습니다. 헤롯 왕이 어떤 죄를 지었습니까? 자기 동생의 아내, 제수씨를 자기 아내로 삼았습니다. 세례 요한은 평민들의 죄만 지적한 것이 아니라 왕의 죄도 회개해야 한다고 외쳤습니다. 그러다가 감옥에 잡혀 들어가고 얼마 후에 접시 위에 목이 놓이게 됩니다. 예수님처럼 30대 초반에 그는 이 세상을 떠났습니다. 그러나 그는 자신에게 주어진 사명, 주의 길을 예비하는 사명을 잘 감당하고 떠나갔습니다.

성도 여러분, 무엇이 복된 생애라고 생각하십니까? 재산이 많아서 누리고 싶은 대로 마음껏 누리는 생애가 복된 생애입니까? 건강하여서 오래 사는 것이 복된 생애입니까? 아닙니다. 하나님이 나를 이 땅에 보내주신 사명이 무엇인지 알고 그 사명을 위해서 최선을 다해 살다가 그 사명을 완수하고 하나님 앞에 서는 생애야말로 진정 복된 생애입니다. 한 번 사는 생애를 돈에 매여, 세상에 매여 살지 마십시오. 돈에 눈이 어두워서, 세상에 눈이 어두워서, 재미에 눈이 어두워서 살아가지 마시고 하나님이 주신 사명에 매여서 살아가시기 바랍니다. 그래서 세례 요한과 같이 사명을 완수하고 하나님 부르시는 날 하나님 앞에 설 수 있는 저와 여러분이 될 수 있기 바랍니다.

**두 번째는 세례 요한의 사역이 무엇입니까?**

여러분, 사역과 사명, 사역은 사명을 감당하는 구체적인 모습입니다. 그는 주님의 길을 예비하기 위해서, 사명을 감당하기 위해서 요단강 가까운 유대 광야에서 사역을 시작했습니다. 오늘 본문에 나타나는 그의 사역은 설교와 세례, 두 가지로 나누어서 생각할 수 있습니다.

**먼저 그의 설교를 봅니다.** 세례 요한이 어떤 설교를 했습니까? 2절 같이 읽겠습니다.

**"회개하라 천국이 가까이 왔느니라 하였으니"**

여러분, 세례 요한이 이 말씀만 전했을까요? 아니지요. 다른 많은 설교를 했을 것입니다. 그런데 그의 설교의 한결같은 주제는 '회개하라 천국이 가까이 왔다'입니다. 더 짧게 말하면 회개가 그의 설교의 주제였습니다. 여러분, 회개가 무엇입니까? 영어로는 turn입니다. 돌아서는 것입니다. 삶의 방향을 완전히 바꾸는 것입니다. 세상을 향하던 마음이 돌아서서 이제는 하나님을 향하는 것입니다. 자기중심으로, 자기 욕심대로 살아가던 삶에서 돌아서서 이제는 하나님 중심의 삶으로 바뀌는 것입니다. 이 회개가 얼마나 중요한지 모릅니다. 여러분, 회개는 구원에 이르는 절대 필요조건입니다. 천국에 들어가는 절대 필요조건입니다. 여러분, 천국은 하나님의 통치입니다. 하나님이 다스리는 곳이 바로 천국입니다. 그런데 예수 그리스도의 오심으로 천국이 이 땅에서 시작되었습니다. 사람이 이 예수님을 모시고 믿게 되면 그 마음속에 천국이 이루어지고 그 사람은 천국 백성이 되는 것입니다. 오늘 부른 찬송 가사를 기억하십니까? '내 주 예수 모신 곳이 그 어디나 하늘나라.' 우리가 마지막 날에는 장소적인 천국에 들어가게 될 것입니다. 그러나 우리가 이 땅에 사는 날 동안에도 주님을 모시고 주님이 우리의 왕이 되어서 내 마음을 다스리시고 내 삶을 다스리시면 거기가 바로 천국이라는 말씀입니다.

여러분, 그 천국에 들어가는 문이 무엇이겠습니까? 회개입니다. 회개와 천국이라는 이 말이 왜 이렇게 같이 있는지를 알아야 합니다. 서로 무슨 관계가 있습니까? 예수님을 통하여서 천국이 이 세상에 왔으니 이 천국 백성이 되려면 무엇을 해야 된다는 것입니까? 먼저 회개해야 된다는 것입니다. 그렇기 때문에 '회개하라 천국이 가까이 왔느니라'고 말하는 것입니다.

성도 여러분은 한 번이라도 여러분 생애에서 진정 하나님 앞에 여러분 자신을 놓고, 여러분의 삶을 놓고 회개해 본 적이 있습니까? 한국교회 성도들의 치명적인 약점은 회개가 없다는 것입니다. 그래서 예수를 믿어도 세례를 받아도 마음에 변화가 된 것이 없고, 삶의 변화가 이루어진 것이 없는 사람이 많습니다. 사람이 처음 예수를 믿고 세례 받게 될 때 큰 회개를 해야 합니다. 죄인 된 자신과 지금까지 하나님 없이 내 욕심대로 살아온 나의 삶에 대해 큰 회개가 있어야 됩니다. 그리고 세례를 받고 성도의 삶을 살아가는 동안에 날마다 죄를 안 짓고 살아가는 사람이 어디 있겠습니까? 날마다 하나님 앞에서 회개하며 살아가야 됩니다. 저와 여러분이 회개의 사람이 되기를 바랍니다. 그래서 천국에 합당한 사람이 되기를 바랍니다.

여러분, 또 한 가지 세례 요한의 사역은 세례였습니다.

그의 특징적인 사역이 세례였기 때문에 요한을 가리켜 세례 요한이라고 합니다. 그가 광야에서 회개하라 천국이 가까이 왔다고 외칠 때에 그의 설교가 얼마나 능력이 있었던지 가까이 살던 사람만 그 소리를 듣고 모여든 것이 아니였습니다. 성경을 보면 저 팔레스틴 사방에서 세례 요한의 설교를 듣고 와서 그 사람들이 죄를 회개하고 회개한 표시로써 세례를 받았습니다. 6절을 같이 읽겠습니다.

"자기들의 죄를 자복하고 요단강에서 그에게 세례를 받더니"

여러분, 예수님도 나중에 이 세례 요한에게 세례를 받습니다. 그리고 예수님도 사람들에게 세례를 베풀었습니다. 그리고 승천하시기 전에 예수님께서는 '너희는 가서 모든 족속을 제자로 삼아 아버지와 아들과 성령의 이름으로 세례를 베풀라'고 말씀했습니다. 그래서 오늘날도 예수 믿는 사람들은, 저도 여러분도 다 세례를 받는 것입니다. 요한의 세례와 우리가 받는 세례는 다 똑같은 세례일까요? 본질은 같지만 차이가 있습니다. 누가는 누가복음 3장에 요한의 세례를 가리켜서 '회개의 세례'라고 했습니다. 요한의 세례는 자기의 죄를 회개하고 회개한 표시로 세례를 받는 것입니다. 그러나 우리가 받는 세례는 요한의 세례와 같이 죄를 회개하는 표시도 되지만 예수 그리스도와 하나님과 연합하는 표시도 되고 우리가 하나님의 교회의 일원이 되는 표시도 됩니다. 그렇기 때문에 요한의 세례는 우리가 받는 세례의 부분적인 의미만 가지고 있습니다.

여하튼 요한의 세례는 우리에게 중요한 교훈을 줍니다. 세례는 회개의 표시이기 때문에 세례 받는 사람은 반드시 무엇을 해야 된다는 것입니까? 먼저 회개해야 됩니다. 마음과 삶의 진정한 회개 없이 받는 세례는 잘못된 세례입니다. 고등학생이 되어서 나이가 찼기 때문에, 교회에 나와서 학습을 받고 6개월이 지났기 때문에 그냥 받는 세례는 하나님 앞에 합당하지 않습니다. 기간과 나이에 관계없이 중요한 것은 무엇입니까? 자신이 하나님 앞에 죄인인 줄 알고 진정한 회개를 하나님 앞에서 하는 것이 정말 중요한 것입니다. 11월 둘째 주일에 세례식이 있습니다. 내년에도 세례식이 있을 것이고 그 뒤로도 세례식이 있을 것입니다. 지금 서구의 교회들은 세례식이 없는 교회가 많습니다. 예수 믿고 세례 받는 사람이 없기 때문입니다. 안타까운 일입니다. 여러분, 우리 교회에서 주님 오실 때까지 세례를 베푸는 일이 계속 되도록 기도하시기 바랍니다. 11월 둘째 주일에 또 그 다음에도 세례를 받으실 분들, 세례 공부를 하고 문답을 잘하는 것이 중요한 것이 아닙니다. 하나님 앞에서 자신과 자신의 죄를 회개하셔야 합니다. 청산하셔야 됩니다. 그리고 세례를 받아야 그것이 진정한 세례가 되는 것입니다.

세 번째 세례 요한의 모습은 어떠합니까?

4절을 같이 읽겠습니다.

**"이 요한은 낙타털 옷을 입고 허리에 가죽 띠를 띠고 음식은 메뚜기와 석청이었더라"**

여러분, 요한의 옷이 어떠합니까? 낙타털 옷을 입고 가죽 띠를 띠었다고 했습니다. 지금 같으면 굉장히 비싼 옷입니다. 먹는 것은 어떠했습니까? 메뚜기와 석청이라고 했습니다. 석청은 자연꿀을 말합니다. 지금으로써는 보신용으로 굉장히 비싼 것입니다. 그러나 그때는 그렇지 않았습니다. 누가복음 1장 80절을 같이 보겠습니다.

**"아이가 자라며 심령이 강하여지며 이스라엘에게 나타나는 날까지 빈 들에 있으니라"**

여러분, 세례 요한이 보통 사람이 아닙니다. 자라서 심령이 강하여지고 소년 때에 어디로 갔습니까? 빈 들에 갔습니다. 빈 들은 광야를 말합니다. 광야는 사람들이 살지 않습니다. 흙모래 바람만 부는 외로운 곳입니다. 그런 곳에서 사는 사람이 즐겨 입었던 옷이 낙타털 옷입니다. 세련되게 만든 옷이 아니라 아주 조잡하게 몇 바늘 꿰매 걸치고 다니는 그런 옷입니다. 그가 먹었던 메뚜기, 석청도 광야에서 쉽게 구할 수 있는 음식입니다. 그런데 여러분, 구약시대 선지자 중에도 세례 요한과 비슷한 사람이 있었습니다. 털옷을 입고 가죽띠를 띤 선지자가 있었습니다. 엘리야 선지자입니다. 엘리야 선지자의 복장이 그랬습니다. 구약 끝에 있는 말라기 4장 5절에 보면 놀라운 말씀이 있습니다.

> **"보라 여호와의 크고 두려운 날이 이르기 전에 내가 선지자 엘리야를 너희에게 보내리니"**

엘리야는 말라기 선지자보다 수백 년 전에 있었던 사람입니다. 그런데 말라기 선지자가 말세에 내 종 엘리야를 보내주겠다고 예언했습니다. 참 이상한 말씀입니다. 그런데 예수님께서 하시는 말씀이 '오리라고 한 엘리야가 바로 이 사람 세례 요한이다'고 말씀하셨습니다. 정말 의미가 있습니다. 여러분, 이 엘리야와 세례 요한은 복장이, 겉모습이 같습니다. 그런데 겉모습이 같은 것보다 더 중요한 것이 있습니다. 내적인 모습이 같았습니다. 하나님을 향한 마음이 같았습니다. 열왕기상 19장에 보면 엘리야가 하나님을 향하여 '내가 만군의 하나님 여호와를 위하여서 내 마음이 유별하오니'라고 말씀했습니다. 근데 그 번역이 좋지 않습니다. 옛날 성경에는 '열심이 특심하오니'라고 했습니다. 하나님을 향하여 간절하고 뜨겁다는 말씀입니다. 엘리야 선지야 때 이스라엘 왕이 누구입니까? 아합입니다. 아합과 이세벨이 바알 숭배를 엄청나게 하고 백성들도 다 우상을 숭배했습니다. 그 모습을 보면서 엘리야의 복장이 터졌습니다. 살아계시고 유일하신 하나님께 제사드리고 예배드려야 하는데 이 백성이 참 하나님을 버리고 우상 앞에 절을 하니까 하나님을 위한 질투로 가슴이 터져 죽을 것 같았습니다. 그러니까 하나님께서 그런 사람을 선지자로 세우신 것 같습니다. 그런데 누가복음 1장에 보면 천사가 세례 요한의 아버지 사가랴에게 요한의 탄생을 알리면서 한 말 중 하나가 '그가 엘리야의 심령과 능력으로 올 것이다' 했습니다. 그가 누구입니까? 세례 요한입니다. 세례 요한이 엘리야의 심령과 능력을 가졌습니다. 여러분 엘리야가 하나님을 향한 심령이 어떠했습니까?

내 마음이, 열심이 특심하다고 했습니다. 하나님을 위한 뜨거운 마음이 있는 사람인데 그 마음을 세례 요한이 가지고 태어났습니다. 하나님을 향한 마음이 닮았습니다.

생각해보면 세례 요한은 누가복음에서 모태로부터 성령충만했다고 했습니다. 이 말씀이 우리 아기를 가지는 젊은 세대에게는 소망을 줍니다. 사람이 커서 어른이 되어 예수 믿고 기도 열심히 해서 성령충만할 수 있는 것이 아니라 모태로부터 성령이 충만할 수 있어요. 모태로부터 성령충만한 아이가 자라서 심령이 강해지더니 소년이 되니 빈 들에 혼자 나갔습니다. 광야에서 오직 하나님만 바라보면서 경건을 키우고 영성을 키우며 때를 기다렸습니다. 세상의 부유하고 화려한 삶은 관심이 없었습니다. 20여 년간 남루한 복장으로 자연의 음식을 먹으며 단순한 삶, 세상의 때 묻지 아니한 삶을 살아갔습니다. 오직 하나님만 바라보고 사명만 생각하며 살던 어느 날, 누가복음에 보면 드디어 어느 날, 하나님의 말씀이 그에게 임하였다고 했습니다. 하나님의 말씀이 주어진 그때부터 세례 요한이 사역을 시작했습니다. '회개하라 천국이 가까이 왔느니라'고 외치기 시작했습니다. 그가 살아온 모습을 보십시오. 그의 말씀이 얼마나 능력이 있었겠습니까? 온 팔레스틴 사람들이 교통이 좋은 예루살렘이 아니라 광야인데도 세례 요한을 찾아오지 않았습니까! 와서 그 말씀을 듣고 회개하고 새사람이 되는 심령 대부흥이 일어났습니다. 죄를 회개하고 세례를 받았습니다.

사랑하는 성도 여러분, 이 앞에 서 있는 저와 우리 교회의 부교역자들이 세례 요한처럼 엘리야의 심령과 능력으로 설교하고 목회하도록 기도하시기 바랍니다. 나아가서 우리 한국 교회의 타락한 모습이 너무 많습니다. 이 땅에 세워주신 하나님의 종들이 엘리야처럼, 세례 요한처럼 엘리야의 심령과 능력을 가지고 살아가도록 기도하시기 바랍니다.

그래서 오늘 이 시대에 진정한 하나님의 부흥이 우리 교회에서 일어나게 하시고, 하나님의 부흥이 이 땅에 일어나는 역사가 있게 되고 사람들이 회개하고 하나님 앞에 엎드려 새롭게 되어지는 역사가 일어남으로 말미암아 주님 다시 오실 길을 예비하는 저와 여러분, 이 땅과 한국교회가 되어지기 바랍니다.

## 마태복음 3:7–12

요한이 많은 바리새인들과 사두개인들이 세례 베푸는 데로 오는 것을 보고 이르되 독사의 자식들아 누가 너희를 가르쳐 임박한 진노를 피하라 하더냐 그러므로 회개에 합당한 열매를 맺고 속으로 아브라함이 우리 조상이라고 생각하지 말라 내가 너희에게 이르노니 하나님이 능히 이 돌들로도 아브라함의 자손이 되게 하시리라 이미 도끼가 나무 뿌리에 놓였으니 좋은 열매를 맺지 아니하는 나무마다 찍혀 불에 던져지리라 나는 너희로 회개하게 하기 위하여 물로 세례를 베풀거니와 내 뒤에 오시는 이는 나보다 능력이 많으시니 나는 그의 신을 들기도 감당하지 못하겠노라 그는 성령과 불로 너희에게 세례를 베푸실 것이요 손에 키를 들고 자기의 타작 마당을 정하게 하사 알곡은 모아 곳간에 들이고 쭉정이는 꺼지지 않는 불에 태우시리라

# 7

## 참된 회개

시편 119편 105절에 '주의 말씀은 내 발에 등이요 내 길에 빛이니이다' 하였습니다. 우리는 주일마다 설교를 통하여 하나님의 말씀을 듣습니다. 이 말씀을 들음으로 인해 여러분 자신과 여러분의 인생길이 더욱더 밝아지고 분명해지기 바랍니다.

지난주일에 세례 요한을 생각했습니다. 세례 요한의 사명이 무엇이었습니까? '주의 길을 예비하는 것'이라고 했습니다. 세례 요한의 사역은 크게 두 가지라고 했습니다. 하나는 '회개하라 천국이 가까이 왔느니라'고 설교하는 것, 그리고 또 한 가지는 설교를 듣고 회개하는 자에게 세례를 베푸는 것이었습니다. 그가 요단 강가에서 세례를 베풀 때, 많은 종교 지도자들과 사람들이 찾아왔습니다.

오늘 본문은 그들을 향해서 세례 요한이 한 말씀입니다. 이 세례 요한의 말씀은 오늘날 우리에게 주시는 하나님의 말씀입니다.

**먼저, 세례 요한은 회개에 합당한 열매를 맺으라고 말씀했습니다.**

여러분, 7절 첫 줄을 보시기 바랍니다. 누가 요한에게 나왔습니까?

많은 바리새인과 사두개인들이 나왔습니다. 예수님 당시에 여러 종교 단체들이 있었습니다. 그중에 가장 대표적인 단체가 바리새파, 사두개파였는데 여기에 속한 사람들을 가리켜 바리새인, 사두개인이라고 합니다. 이들은 당시에 존경받는 종교 지도자들이었습니다. 그러나 이들은 나중에 예수님을 심히 대적하고 십자가에 못 박아 죽게 합니다.

여러분, 7절 둘째 줄에 보면, 이들이 세례 요한에게 왔다기보다는 '세례 베푸는 곳'에 왔다고 기록하고 있습니다. 뭔가 생각을 하게 하는 말입니다. 그래서 이들은 호기심으로 왔는지 아니면 세례 요한의 사역을 감시하러 왔는지, 아니면 모든 사람들이 가서 세례를 받으니 우리도 가서 세례를 한번 받고 보자는 마음으로 왔는지는 정확히 알 수 없습니다. 우리가 보는 이 마태복음에는 종교 지도자들이 나왔다고 했는데 누가복음 3장에는 무리들이 나아왔다고 기록하고 있습니다. 그래서 추측컨대 많은 사람들이 세례 요한에게 나아올 때 평민들만 나아온 것이 아니라 종교 지도자들도 함께 나아왔습니다.

그들을 향해서 세례 요한의 첫 말이 무엇입니까? '독사의 자식들아!'입니다. 참 무서운 말입니다. 이들은 종교 지도자들이었습니다. 존경받는 종교 지도자들을 향해 누가 '독사의 자식들아'라고 할 수가 있겠습니까! 그러나 세례 요한은 두려움 없이 그들을 탄핵했습니다. 여러분, '독사의 자식들'이라는 말이 무슨 뜻이겠습니까? 악한 자들, 죄악된 자들이라는 뜻입니다. 독사의 자식들, 악한 자들은 하나님의 진노의 심판을 받게 됩니다. 그러나 죄를 회개하고 세례를 받으면 하나님의 진노의 심판을 피할 수 있습니다. 그렇기 때문에 세례 요한이 '이 독사의 자식들아 누가 너희를 가르쳐 임박한 진노를 피하라 하더냐'고 말한 것입니다.

그리고 아주 중요한 말을 합니다. '회개에 합당한 열매를 맺으라'고 말합니다. 여러분, 우리 인간 세상에는 거짓이 많습니다. 범죄한 인간이 거짓되기 때문에 인간에 의해서 일어나는 거짓된 일들이 많이 있습니다. 법정에서 조차도 거짓 선서를 하는 사람도 많이 있습니다. 그렇지만 적어도 하나님 앞에서는 언제나 진실해야 되지 않겠습니까! 신앙생활, 종교생활에 있어서는 하나님 앞에서 진실해야 되는데 하나님께 드리는 예배조차도 가식적으로 드리는 경우가 있습니다. 지금 세례 요한에게 나아와서 세례를 받는 사람들이 다 진심으로 회개하고 세례를 받는다고는 볼 수 없습니다. 더러 사람들 중에는, 특별히 종교 지도자들은 죄를 진심으로 회개하지 않고 세례를 하나님의 진노를 피할 수 있는 하나님의 수단, 방법, 도구로 생각해서 세례를 받고자 하는 것입니다. 세례를 면죄부처럼, 또는 부적처럼 생각했다는 것입니다. 오늘날도 세례를 받으면 내가 구원받을 것이다, 천국에 들어갈 것이다, 내 아기가 유아세례를 받으면 지옥에 가지 않고 천국에 들어갈 것이라는 생각으로 세례를 받고 유아세례를 받게 하는 사람들이 있습니다.

요한은 선지자로서 사람들의 그런 생각을 간파했습니다. 그렇기 때문에 단순히 처음에는 회개하라고 했지만 세례 받기 위해 많이 나아오는 그 사람들을 향해 '회개에 합당한 열매를 맺으라'고 말씀하는 것입니다. '우리는 아브라함의 자손이니 구원은 따놓은 당상이다', '우리가 세례만 받으면 하나님의 진노를 피할 수 있다'는 잘못된 생각을 하지 말고 회개의 열매를 맺으라고 말합니다.

성도 여러분, 회개는 단순히 죄를 뉘우치거나 후회하는 것이 아닙니다. 하나님 앞에 무릎을 꿇고 '제가 죄인입니다. 저의 죄를 용서해주십시오' 하는 것이 아닙니다. 참회의 눈물을 하나님 앞에 흘렸다고 그것이 진정한 회개라고 할 수 없습니다. 회개의 세례를 받았다고 해서 그것이 참된 회개라고 할 수 없습니다. 진정한 회개는 마음으로, 머리로만 되는 것이 아닙니다. 삶으로 열매를 맺어야 합니다. 자기가 죄인인 줄 알 뿐만 아니라 모든 죄의 모양에서 돌아서야 합니다. 그래서 변화된 삶, 선한 삶으로 나타나야 합니다. 그것이 없으면 참된 회개가 아닙니다. 따라서 하나님의 진노의 심판을 피할 수가 없습니다.

이것을 똑같은 장면을 기록하고 있는 누가복음 3장에서는 더 구체적으로 우리에게 말씀하십니다. '회개에 합당한 열매를 맺으라'고 말씀하자 이 사람 저 사람이 세례 요한에게 묻습니다. 처음에는 무리들이 물었습니다. '우리는 어떻게 해야 되는 것입니까?' 하니 '너희가 옷 두 벌 있으면 없는 자에게 나누어주라, 음식도 그리하라' 했습니다. 여러분, 옷이 도대체 무슨 문제며 음식이 뭐가 문제겠습니까? 오늘날 우리에게는 별 의미가 없는 것들입니다. 그러나 2,000년 전에는 옷이 굉장히 귀한 것이었습니다. 음식도 아주 귀했습니다. 그래서 그것이 여유있게 있으면 그것을 자기 욕심을 위해서 가지고 있지 말고 없는 자들에게 나누어주라는 것입니다. 오늘날 말로 옮기자면 이기적인 삶을 살지 말고 하나님이 주신 것을 나누며 살아라, 자비를 베풀면서 살아가라는 말씀입니다.

그리고 두 번째는 세리들이 나아왔습니다. 당시 세리들은 받을 정한 세금 외에 더 부풀려 받아서 자기 것으로 챙겼습니다. 그들이 '우리는 어떻게 하리이까?' 하고 물으니 '부과된 세금 외에는 거두지 마라'고 했습니다. 오늘 현대에는 이 말씀이 필요가 없습니까? 아니지요. 부정하게 속이는 방법으로, 사기 치는 모습으로 돈 벌지 말고 정직하게 돈을 벌라는 것입니다. 그것이 회개에 합당한 열매를 맺는 것입니다. 군인들이 와서 '우리는 무엇을 해야 합니까?' 하고 물었습니다. '강포하지 말라'고 했습니다. 군인들은 힘이 있으니까 그 힘으로 인권을 유린하기가 쉽습니다. 남의 돈을 착취하기 쉽습니다. 그렇게 하지 말하는 것입니다.

여러분, 현대에는 이 말이 쓸데없는 것입니까? 아닙니다. 오늘날도 정권을 잡은 사람들이 얼마나 상대방을 무시하고 자기네가 가진 힘으로 자기네의 뜻대로 모든 것을 해버리지 않습니까? 우리 사회에서 갑질을 하는 권력자나 상사들이 얼마나 많이 있습니까? 그렇게 하지 말하는 것입니다.

여러분, 한 가지 여기서 생각할 것이 있습니다. 이런 죄들을 세례 받을 때 한 번 회개하면 다 끝이 납니까? 더 이상 우리가 죄 짓지 않고 살아갑니까? 그렇지 않습니다. 죄는 우리가 이 세상을 살아가는 날 동안 우리를 떠나지 않을 것입니다. 세례 시에 큰 회개를 했다 할지라도 신자는 평생 하나님 앞에 회개하며 살아가야 합니다.

오늘이 종교개혁 500주년 기념주일입니다. 1517년 10월 31일이 종교개혁 첫 날이었는데 내일 모레 화요일이 바로 500주일이 되는 날이고 10월 마지막 주일인 오늘 주일이 500주년 기념 주일이 되는 것입니다. 어떻게 보내야겠습니까? 여러 가지 기념행사도 좋고 우리가 종교개혁에 대해서 여러 가지 지식을 넓혀가고 이해하는 것도 좋지만, 하나님이 우리에게 가장 원하는 것은 무엇보다 신자 각 사람이 자기의 삶을 하나님 앞에서 돌아보며 하나님 말씀에 불순종하고 하나님 앞에서 잘못된 삶을 회개하고 돌이키는 것이 아니겠습니까? 예배에서부터 잘못된 모든 것을 회개하는 것입니다. 회개하는 것이 개혁하는 것입니다.

예수 믿어도 회개에 합당한 열매, 선한 열매 없이 못된 성격 그대로 가지고 살고, 잘못된 습관 고치지 않고 그대로 가지고 살고, 잘못된 삶을 그대로 살고 있지는 않습니까? 여러분, 오늘 하나님 앞에서 자신과 자신의 현재의 삶과 지금까지 살아온 삶을 돌아보시고 하나님 앞에서 새로워지는 역사가 있게 되기를 바랍니다.

다음으로 11절과 12절에서 요한은 자신과 예수님의 관계를 말합니다.

지금 세례 요한의 설교와 세례를 인해서 온 팔레스틴이 발칵 뒤집어졌습니다. 영적인 부흥이 일어났습니다. 그동안 자신들의 죄를 느끼지도 못하고 무감각하게 살아온 사람들이 깊이 자기 죄를 깨닫고 느끼고 새로워지는 역사가 일어났습니다. 형식적인 신앙생활을 하던 사람들이 진심으로 하나님께 돌아오고 하나님을 사모하는 역사가 일어났습니다. 여러분, 이런 큰 역사가 일어났을 때 사람들의 마음속에 의문이 생깁니다. 어떤 의문이 생깁니까? '이 세례 요한이 구약에서 예언한 메시아가 아닐까? 그리스도가 아닐까?' 하는 의혹을 품는 것입니다. 누가복음 3장 15절을 함께 읽겠습니다.

**"백성들이 바라고 기다리므로 모든 사람들이 요한을 혹 그리스도신가 심중에 생각하니"**

요한이 그리스도가 아닐까? 그렇지만 요한은 자신과 그리스도를 단호하게 구별을 짓습니다. 여러분, 세례 요한에 대한 말씀은 사복음서 전체에 기록되어 있는데 요한복음 1장에는 사람들이 그렇게 의혹을 품었을 때 세례 요한은 단호하게 말했습니다. '나는 그리스도가 아니라'고 했습니다. 나아가 오늘 본문을 보면 자신과 그리스도의 관계에 대해 말하면서 그리스도를 소개하고 증거합니다.

여러분, 다시 묻습니다. 세례 요한의 사명이 무엇입니까? '주의 길을 예비하는 것'이라고 했습니다. 주님의 오심을 소개하고 증거하는 것입니다. 그러므로 만일 세례 요한이 자신의 사역은 열심히 하는데 '회개하라 천국이 가까이 왔느니라' 하면서 목이 터져라 외치고 회개하는 사람들에게 세례는 엄청 많이 베풀지라도 진작 예수 그리스도를 증거하지 못하고 예수 그리스도에 대해서 말하지 않고 예수 그리스도를 보여주지 못하고 사람들을 예수 그리스도께로 인도하지 못한다면 그의 사역은 헛된 것이 되고 맙니다. 그렇기 때문에 그는 자신의 사역을 충실히 하면서 그 사역을 통해서 예수 그리스도에게로 사람들을 지금 이끌어가고 있는 것입니다. 예수 그리스도를 소개하는 것입니다. 여러분, 요한이 사람들에게 예수님을 어떻게 소개합니까? 11절 말씀을 읽어봅니다.

> **"나는 너희로 회개하게 하기 위하여 물로 세례를 베풀거니와 내 뒤에 오시는 이는 나보다 능력이 많으시니 나는 그의 신을 들기도 감당하지 못하겠노라"**

자기는 그분의 신을 들 자격도 없다고 말합니다. 여러분, 세례 요한이 얼마나 위대한 사람입니까? 얼마나 영적인 능력이 컸든지 팔레스틴에 사는 모든 사람들의 영혼을 뒤집어 놓았습니다. 지난 수백 년 동안 이런 영적인 지도자는 아무도 없었습니다. 그래서 사람들이 '혹시 이 사람이 그리스도가 아닐까?' 하고 생각을 할 정도로 위대한 사람이었습니다. 그런데 진작 자신은 뭐라고 말합니까? '내 뒤에 오시는 이는 능력이 심히 많으시다, 위대하신 사람이다, 얼마나 위대하신지 나는 그분의 신을 들 자격도 없다'고 했어요. 여러분, 우리가 귀한 손님을 식당에 모시고 가서 그분이 신을 벗어놓으면 신을 들고 놓아야 될 자리에 놓지 않습니까? 바로 그것입니다. 세례 요한은 자기 뒤에 오시는 메시아의 신도 들 자격이 없다고 했습니다. 요한이 너무 과장을 하는 것이 아닌가 생각할 수 있지만 그렇지 않습니다. 여러분, 그의 뒤에 오시는 분이 도대체 누구십니까? 하나님이십니다. 하나님의 아들이시죠. 온 세상을 구원하실 분이십니다. 누가 어느 사람이 그분의 신을 들 자격이 있겠습니까? 아무도 없습니다. 사랑하는 성도 여러분, 이 자리에 있는 저와 여러분도 그의 신발도 들 자격이 없는 사람들입니다. 감히 그분 앞에 나올 수도 없고 그분을 향하여 우리의 고개를 들 수도 없고 그분의 이름을 부를 수도 없고 찬양을 드릴 수도 없는 존재입니다. 너무나도 미약하고 너무나도 악한 죄가 많은 우리들 아니겠습니까! 그런데 이 시간도 그분 앞에 나와서 그분의 이름을 부르며 그분께 예배드릴 수 있는 이유는 무엇이겠습니까? 그분께서 우리에게 베풀어 주신 풍성한 은혜로 말미암은 것입니다.

'나는 그의 신도 들지 못하겠노라' 하면서 '나는 물로 세례를 주지만 내 뒤에 오시는 이는 성령과 불로 세례를 베푸신다'고 말씀했습니다. 여러분, 지금 세례 요한은 물로 세례를 베풀고 있습니다. 그의 물세례를 받으면 죄가 다 씻깁니까? 아닙니다. 그것은 죄를 회개한 외적인 표시에 불과합니다. 세례 요한이 어떤 사람의 죄를 사해줄 수 있는 것은 아닙니다. 그런데 예수님은 성령과 불로 세례를 베푸신다고 합니다. 성령과 불에 대해서는 여러 가지 의견이 있지만 가장 일반적인 의견은 성령과 불이 다른 것이 아니라 동일한 것이라는 것입니다. 불은 무엇입니까? 더러운 것을 다 태워서 정화시킵니다. 그래서 성령 뒤에 나오는 불은 죄를 태워서 정화시키는 성령의 사역을 잘 보여주는 것입니다. 세례 요한은 물세례라고 하는 것을 통해 외적인 표시를 하지만, 예수님께서는 실제로 죄를 사하여 주시는 능력을 가지신 하나님이시라는 것입니다. 비로소 요한은 자신과 자기 뒤에 오시는 분이 얼마나 큰 차이가 있는지, 자기 뒤에 오시는 이가 얼마나 큰 능력이 있는지, 자기 뒤에 오시는 이가 바로 세상의 죄인들의 구원자임을 지금 증거하고 있는 것입니다.

여기서 우리가 한 가지 기억할 것은 오늘날 우리가 받는 물세례와 성령세례는 별개의 것으로 이해하면 안 됩니다. 여러분, 성령세례가 무엇입니까? 성령께서 믿지 않는 사람의 마음속에 역사해서 그 사람을 거듭나게 하고 예수 믿게 하는 것입니다. 고린도전서 12장 3절을 같이 읽겠습니다.

**"또 성령으로 아니하고는 누구든지 예수를 주시라 할 수 없느니라"**

아무리 성경에 대해서 공부를 많이 하는 사람이라 해도 성령께서 그 마음속에 역사하지 않으면, 성령세례를 베푸시지 않으면 그 사람은 예수님을 주시라고 고백할 수 없는 것입니다. 그러니까 성령세례라고 해서, 불세례라고 해서 가슴이나 몸이 뜨거워지는 것이 아닙니다. 외적인 특별한 경험이 없다 할지라도 하나님이 믿어지고 예수님이 나의 구원자로 믿어진다고 하면 그 사람은 성령세례를 받은 사람입니다. 그렇게 믿어지는 사람은 그 표시로서 물세례를 받는 것입니다. 여러분, 성령세례가 없는 물세례는 헛된 것입니다. 오늘 이 자리에 예배드리러 처음 나오신 분들, 아직 예수님이, 하나님이 믿어지지 않는 사람들도 있을 것입니다. 그런 사람들은 오늘 여기 나오는 성령세례를 사모하시기 바랍니다. '하나님 저는 아직도 믿어지지 않습니다. 그저 나왔을 뿐입니다. 그러나 하나님의 성령께서 내 마음속에 역사하시면 제가 예수님을 믿게 될 줄로 믿습니다' 하며 성령세례를 사모하고 기도하시기 바랍니다.

마지막으로 세례 요한은 자기 뒤에 오실 자, 곧 예수님께서 심판하실 것을 예언합니다.

12절 같이 읽습니다.

**"손에 키를 들고 자기의 타작 마당을 정하게 하사 알곡은 모아 곳간에 들이고 쭉정이는 꺼지지 않는 불로 태우시리라"**

여러분, 내 뒤에 오시는 분이 누구십니까? 예수님, 메시아, 하나님의 아들이십니다. 그분께서 '손에 키를 들고'라고 했습니다. 키가 무엇입니까? 타작한 곡식을 얹어 그것을 까불러서 알곡과 쭉정이를 가리는 도구입니다. 그리스도께서 손에 키를 들고 자기 타작 마당을 정하게 한다, 깨끗하게 한다는 것입니다. 그것이 무슨 말씀입니까? 시골에서 자란 분들은 아실 것입니다. 타작을 하기 전에는 마당이 엉망입니다. 곡식을 베어다 많이 쌓아두었기 때문에 어지럽습니다. 그런데 타작을 해서 타작한 곡식을 키에다 얹어 까불러 알곡은 남고 쭉정이는 떨어질 때 쭉정이를 모아서 다 불에 태우고 알곡은 창고에 넣고 나면 마당이 깨끗하게 됩니다. 농사가 끝이 나게 됩니다. 속이 후련하게 됩니다. 여러분, 예수님께서 '타작 마당을 정케한다'는 말은 심판을 말합니다. 마지막 날에 우리 주님께서 모든 사람을 심판하실 것이라는 말씀입니다. 알곡을 모아서 곡간에 넣는다는 말은 무슨 뜻입니까? 성령의 세례를 받아 예수 믿고 참된 회개를 해서 회개에 합당한 열매를 맺은 사람들, 새롭고 변화된 삶을 살아간 참된 신자들, 그들은 우리 하나님이 거두어서 천국 창고에 넣으신다는 말씀입니다. 여러분, 쭉정이는 무엇이겠습니까? 모습은 알곡과 별로 다를 바가 없습니다. 이 세상에서 예수 믿고 교회 다닌다는 모습은 똑같다는 것입니다. 그런데 심판대에 서고 나니 그때에 참 신자인지 아닌지가 구별이 되는 것입니다. 알맹이가 없는 쭉정이는 바람에 날려 떨어지고 결국 우리 주 예수님께서 그것을 다 모아서 불로 다 태우신다는 것입니다. 지옥 불로 심판하신다는 말씀입니다.

메시아의 사역은 두 가지이지요. 구원과 심판입니다. 믿는 자는 구원하시고 믿지 않는 자는 심판하십니다. 여러분, 마지막 날 주님께서 모든 사람을 심판하실 것을 믿으시기 바랍니다.

말씀을 맺습니다.

**오늘 세례 요한은 첫째는 회개의 열매, 선한 열매를 맺으라고 말씀했습니다.**

그것이 없는 회개나 세례, 신앙생활은 헛되다고 외쳤습니다. 오늘 여기에 있는 모든 성도들은 회개에 합당한 열매를 맺으시기 바랍니다.

**두 번째 세례 요한은 예수님에 대해서 증거했습니다.**

내 뒤에 오시는 이는 나보다 능력이 많으시다, 훨씬 위대하시다, 나는 그의 신을 들 자격도 없다, 나는 물로 세례를 베풀지만, 그분은 성령으로 세례를 베푸실 것이라고 증거했습니다.

마지막 세 번째는 내 뒤에 오시는 이는 마지막 날 세상을 심판하실 것이라고 예언하였습니다.

회개의 열매가 있는 참된 회개자는 천국 창고에 들이시지만, 회개의 참 열매가 없는, 좋은 열매가 없는 사람은 거두어서 불로 심판하실 것이라고 말씀했습니다.

오늘 이 자리에 있는 모든 교우가 성령으로 세례 받기를 원합니다. 성령으로 세례 받아서 예수 믿고 삶이 변화되고 회개의 열매를 맺어 천국 창고에 들어가는 알곡 신자가 다 될 수 있기 바랍니다.

## 마태복음 3:13-15

이 때에 예수께서 갈릴리로부터 요단 강에 이르러 요한에게 세례를 받으려 하시니 요한이 말려 이르되 내가 당신에게서 세례를 받아야 할 터인데 당신이 내게로 오시나이까 예수께서 대답하여 이르시되 이제 허락하라 우리가 이와 같이 하여 모든 의를 이루는 것이 합당하니라 하시니 이에 요한이 허락하는지라

# 8

# 세례 받으신 예수님

여러분, 세례 요한을 잘 아십니까? 세례 요한은 '주의 길을 예비하는 자'라고 했습니다. 그래서 '회개하라 천국이 가까이 왔느니라'고 광야에서 외쳤고 그 외침을 듣고 나아온 자들에게 세례를 베풀었습니다. 그리할 때에 온 팔레스틴에서 사람들이 모여들었습니다. 많은 종교 지도자들도 모여 왔습니다. 그런데 그때 세례 요한에게 세례 받은 자들 중에 한 사람이라도 이름을 아시는 분이 있습니까? 저는 아는데 여러분들은 모르시겠습니까? 생각해보면 여러분도 알고 있습니다. 누구십니까? 예수님이십니다. 예수님도 오셔서 그때에 세례를 받으셨습니다. 예수님이 세례를 받으신 일은 예수님의 생애에서 하나의 분기점, 또는 전환점이 되는 아주 중요한 일이었습니다. 이 시간 왜 예수님께서 세례를 받으셨는가를 생각하고 예수님의 세례가 우리에게 주는 교훈이 무엇인지를 생각할 때 은혜의 한 시간이 되기를 바랍니다.

여러분, 요한의 세례는 어떤 세례입니까? 물세례입니다. 사람들은 죄를 씻는 표시로서, 회개하는 표시로서 물로 세례를 받았습니다. 그래서 요한의 세례를 회개의 세례라고 했습니다. 회개하는 표였기 때문입니다. 그렇다면 여러분, 요한의 세례는 누가 받아야 되는 것입니까? 죄를 지은 죄인들이 받아야 됩니다. 성경을 보면 모든 인간은 하나님 앞에 죄인이라고 했습니다. 그렇게 믿습니까? 정직한 사람이라면 자기를 한번 돌아보면 누구나 '나는 죄인입니다. 인정합니다'라고 할 수밖에 없습니다. 그런데 하나님의 아들로서 성령으로 잉태되어 태어나신 예수님만은 아무 죄가 없으십니다. 그러므로 역사상 세례 요한의 세례를 받을 필요가 없으신 유일한 분은 예수님이십니다. 그 예수님이 세례 요한에게 와서 세례를 받으시겠다고 하니까 세례 요한이 말렸습니다. '내가 당신께 세례를 받아야 하는데 당신께서 내게로 오십니까? 안됩니다'고 말했습니다.

여러분, 요한의 이 말을 보면 요한은 이미 예수님에 대해서 어느 정도는 알고 있었던 것 같습니다. 여러분 기억해보십시오. 요한과 예수님이 처음 만났던 때가 언제였던가요? 세례를 베푸시는 이 자리였던가요? 그렇지 않습니다. 마리아가 나사렛에 있을 때, 결혼 전에 하나님의 천사가 그녀를 찾아와서 '네가 아들을 잉태하게 될 것이다' 하고 수태고지를 하였지요. 그럴 때에 마리아가 '저는 남자를 알지 못하는데, 아직 처녀인데 어떻게 그런 일이 저에게 있겠습니까?' 하니 '하나님의 성령으로 될 것이다' 하시며 '너의 친척 엘리사벳도 늙었지만 아들을 가져 벌써 6개월이나 되었다'고 말씀하셨습니다. 할머니가 아기를 가졌다는 것입니다. 그 소리를 듣고 천사가 간 이후, 어느 날 마리아가 친척 엘리사벳을 찾아 갑니다. 우리 성경에는 엘리사벳이 사는 동네 이름이 나오지 않지만 성지에 가보면 분명히 나옵니다. 엔케렘이라고 하는 예루살렘 가까이 있는 동네입니다. 거기에 가서 마리아가 엘리사벳에게 문안을 하니 엘리사벳의 태중에 있는 아기인 세례 요한이 복중에서 기뻐서 뛰어 놀았다고 누가복음에서는 말합니다. 왜 뛰어 놀았겠습니까? 자기의 주인이 자기 앞에 왔기 때문입니다. 자기의 주인이 누구입니까? 지금 마리아의 뱃속에 있는 예수님입니다. 얼굴을 마주친 것이 아닙니다. 서로가 뱃속에서 만난 것입니다. 사람은 참 신비합니다. 서로 뱃속에 있었는데도, 보지도 않았는데도 영적인 감으로 느껴집니다. 그래서 아기가 얼마나 좋았던지 기뻐서 뛰어놀았습니다. 태어난 이후에도 서로 친척이었으니 여러 번 만났을 것입니다. 만날 때마다 세례 요한은 이 예수는 뭔가 보통 인간과는 다르게 특별하다는 것을 느꼈을 것입니다. 그리고 예수님이 지금 자기에게 나아오는 순간, 선지자의 직감으로 이분은 아무 죄가 없으신 완전한 분이심을 느꼈을 것입니다. 그렇기 때문에 '세례를 줄 수 없습니다. 내가 당신에게 세례를 받아야 되는데 그러니 안 됩니다'고 말했습니다. 그때 예수님이 뭐라고 하십니까? '이제 허락하라', 나에게 세례를 베풀라는 것입니다. '우리가 이같이 하여서 모든 의를 이루는 것이 합당하니라'고 말씀했습니다. 무슨 말입니까? '비록 내가 죄가 없을지라도 내게 세례를 베풀어라. 내가 세례 받는 일이 필요하다. 이렇게 하는 것이 모든 의를 이루는 것이다' 말했습니다. 다시 말하면, 인류를 구원하고자 하시는 하나님의 뜻을 이루기 위해서는, 하나님의 구원 역사를 이루기 위해서는 내가 죄인들이 받는 세례를 받는 일이 필요하다고 말씀하셨습니다. 그렇게 하니 세례 요한이 주님의 말씀에 순종해서 세례를 베풀었고 예수님은 세례를 받으셨습니다. 여러분, 죄 없으신 예수님이 왜 세례를 받으셨습니까? 두 가지를 생각해 봅니다.

첫째는 동일화입니다.

여러분, 예수님께서 왜 이 세상에 오셨습니까? 죄인들을 구원하시기 위해 오셨습니다. 저와 여러분을 구원하시기 위해 오셨습니다. 말을 바꾸면 죄인들의 죄를 대신 지고 십자가에 죽으시기 위해 오셨습니다. 어떻게 오셨습니까? 하나님의 모습으로 오셨습니까? 아닙니다. 사람의 모습으로 오셨습니다. 오늘 우리가 교독한 빌립보서 2장이 그것을 너무나 잘 보여줍니다. 그는 근본 하나님과 본체요, 하나님과 동등이라고 했습니다. 그러나 하나님과 동등되게 여기지 아니하시고 자기를 비워 사람들과 같이 되셨다고 했습니다. 쉬운 말로 옮기면 하나님으로서 영광과 권세가 있는데, 신적인 영광과 권세를 다 내려놓으시고 인간이 되셨다는 것입니다. 우리와 똑같은 사람이 되셨다는 것입니다. 마리아의 몸을 통하여서 사람의 몸을 입고 이 세상에 오셨습니다. 여러분, 이것이 무엇입니까? 자신이 구원하시고자 하시는 우리 인간들과 자신을 동일화하신 것입니다. 그리고 지금 죄인들이 받는 세례를 받으심으로 또 한 번 자신을 죄인들과 동일하게 하십니다. 이것은 조금 더 깊어진 동일화라고 할 수 있습니다.

여러분 중에 죄가 없는데 죄인의 대열에 서고 싶은 사람이 계십니까? 그런 사람은 없을 것입니다. 나는 죄가 없는데 오해를 받아서 죄인으로 구분되어 감옥에 갇히고 수감생활을 하게 되면 얼마나 억울하겠습니까, 얼마나 수치스럽겠습니까? 어떤 사람들은 그것을 감당하지 못해 자살을 하기도 합니다. 그런데 우리 예수님은 죄가 없으시면서 스스로 죄인들이 받는 회개의 세례를 받음으로써 자신을 죄인들과 동일시하셨다는 말씀입니다.

성도 여러분, 우리를 구원하시고 우리 같은 사람이 되시고 나아가 우리 죄인이 받는 세례를 기꺼이 받아서 자신을 우리와 동일화하신 우리 주 예수님께 감사와 영광을 돌립시다. 그리고 주님의 그 모습을 본받는 자가 됩시다. 여러분, 우리 주님이 하나님의 의를 이루시기 위해서 자신을 한없이 낮추시면서 자신을 죄인들과 동일시하셨습니다. 예수님 당시 종교 지도자들의 태도와 자세는 어떠했습니까? 하나님 앞에서 바르게 살지 못한다고 생각하는 사람들, 세리와 죄인들이 있으면 상종도 하지 않고 '저 친구는 지옥 갈 친구야' 하고 말도 섞지 않았습니다. 그런데 우리 예수님은 어떠했습니까? 예수님께서 세리와 죄인들의 친구가 되어주셨습니다. 한번은 창녀가 와서 잔칫상에 예수님의 발에 기름을 붓고 머리로 씻길 때에도 상대방 앞에 앉아 있는 바리새인은 '저 예수가 저 여자가 누구인지도 모르고 저렇게 내버려 둔다'고 속으로 비웃고 있었습니다. 예수님은 다 아시면서 그렇게 하는 것을 부끄러워하시지 않고 다 받아주셨습니다. 이것이 예수님의 모습이었습니다. 동일시하셨습니다.

여러분, 이 땅에서 하나님의 나라를 추구하는 자, 하나님의 나라를 이루기를 원하는 자, 그리고 전도해서 어떤 사람들을 구원하기 원하는 사람들은 예수님의 이러한 모습과 자세를 본받아야 할 것입니다. 겸손히 자기를 낮추어서 상대방과 동일시하는 일이 필요하다는 것입니다. 별것 아닌 일을 가지고 자신을 내세우는 사람, 목에 힘을 주는 사람은 하나님 나라에 합당하지 않습니다. 자신의 위신이 조금이라도 깎이면 참지 못하고 불평하고 분노하는 사람, 특권의식에 젖어 있다가 조금이라도 자신이 평가절하된다고 느끼면 견디기 어려운 사람은 하나님의 의를 이룰 수가 없는 것입니다.

부활절 연합예배 같은 큰 행사나 의식이 있으면 여러 가지 준비를 합니다. 엄청난 준비가 필요한데 그중 하나가 내빈의 자리를 잘 배치하는 것입니다. 우리 목사들은 잘 몰라요. 누가 첫 번째 앉아야 되는지, 누가 두 번째 앉아야 하는지 잘 모릅니다. 앉아야 할 순서를 잘 모릅니다. 그래서 시청에 가면 그것이 정리가 되어 있답니다. 순서를 가져와서 번호를 붙여놓습니다. 그런데 거기 오시는 분들은 자기는 몇 번째 자리쯤 된다고 다 계산을 하고 옵니다. 그런데 와서 자기보다 서열이 낮은 사람들이 자기 앞에 앉으면 기분 나빠합니다. 어떤 사람은 앉지도 않고 돌아가버립니다. 여러분, 교회에서는 그런 모습이 없을까요? 우리는 저 사람들과 급이 다르다고 생각하고 자신들을 구별하고 따로 놀고 함께 하지 아니하는 모습은 없는지 모르겠습니다. 나이나 직분에 걸맞는 대접을 받지 못한다고 화를 내거나 속상해하는 사람이 없는지 모르겠습니다. 저 사람이 전에 나를 불쾌하게 했기 때문에, 저 사람이 안좋은 모습을 저번에 보였기 때문에 아는 사람임에도 불구하고 보면 인사도 아니하고 얼굴을 마주치지 않는 모습은 없는지 모르겠습니다. 그러나 오늘 말씀을 보십시오. 우리 주 예수님께서는 사뭇 다른 모습을 우리에게 보여주셨습니다. 기꺼이 죄인이 받는 세례를 받으심으로 자신을 우리 죄인들과 동일시하셨습니다.

제가 신학교를 다닐 때 두 분의 외국인 선교사님이 계셨습니다. 선교도 하시면서 교수 사역을 하셨습니다. 그런데 두 분 다 미국인인데 서로 비교가 많이 되었습니다. A라고 하는 선교사님은 자기가 선진국 미국인이라는 의식, 명문대를 나왔다는 의식이 많이 있어서 한국 사람, 한국 목사님들, 한국 신학생들을 좀 낮추어보는 모습이 느껴졌습니다. 그래서 별로 환영을 받지 못했죠. 그런데 B라고 하는 선교사님은 그리스도께서 사람의 몸으로 이 땅에 오셔서 구원 사역을 하신 것을 자신의 삶과 자신의 선교 사역에 그대로 투영을 해서, 적용을 해서 우리나라 사람들을 사랑하고 함께 어울리고 언제나 겸손한 모습으로 전도하셨어요. 그리고 또 우리나라 사람들에게 전도를 잘 하기 위해서 한국말도 열심히 배워서 우리나라 말로 설교를 얼마나 잘 하셨는지 모릅니다. 가끔 부흥 집회도 인도했습니다. 그래서 그분을 가리켜서 한국 교회가 부르는 말이 있습니다. '가장 한국적인 미국 선교사'라고.

여러분, 두 사람 중 누가 많은 사람에게 복음을 전하고 인정을 받고 감동을 주고 영향을 끼쳤겠습니까? B선교사입니다. 자기가 잘난 것 그대로 가지고 선교하면 선교가 잘 되지 않습니다. 미련하고 무지하고 보잘 것 없지만 그 사람들과 함께하고 하나 되고, 그 사람들을 사랑하며 전도할 때 거기에서 하나님의 나라가 이루어지고 하나님의 의가 이루어졌다는 것입니다.

성도 여러분, 이 땅에서 하나님의 나라와 의를 여러분의 삶 가운데서 이루시기 원하십니까? 그러면 연약한 자를 멸시하지 말고, 나보다 못하게 보이는 사람들을 무시하지 말고 그 사람들과 자신을 차별하지 마시고 그런 사람들과 자신을 동일시하시기 바랍니다. 내가 겸손히 낮아져서 그 사람들과 함께 하나가 될 때 하나님의 역사가 이루어지는 것입니다. 성도 여러분, 우리 교회가 진정 하나님의 뜻이 이루어지는 좋은 교회가 되기를 원하십니까? 모두가 특권의식과 자존심을 버리고 겸손히 낮아져서 자신을 낮은 사람들과 동일시할 때에 우리 교회가 그렇게 될 줄 믿습니다.

**죄 없으신 예수님께서 세례를 받으신 두 번째 이유는 공생애를 시작하는 표시였습니다.**

여러분, 이 마태복음에서 예수님께서 아기로 태어나서 애굽으로 가셨다가 다시 갈릴리 나사렛에 돌아와서 사셨다 하고는 약 30년이 흘러갑니다. 그리고 오늘 본문에 보니 예수님이 성인이 되셔서 요단 강가에 나타나셔서 세례를 받으십니다. 그때가 30세쯤이라고 누가복음에서 말하고 있습니다. 예수님께서는 30세가 될 때까지는 보통 사람들처럼 성장의 과정을 겪으시고 보통 사람들처럼 삶을 사셨습니다. 그렇게 하시면서 준비를 하셨습니다. 준비의 날을 보내시다가 드디어 세례 요한이 나타나서 '회개하라 천국이 가까이 왔느니라'고 외치자 온 나라가 뒤집어지고 사람들이 나아와서 회개의 세례를 받는 것을 보면서 '이때구나' 하고 때를 깨닫고, 나오셔서 일을 시작하기 위하여 그 표시로 요단강에 오셔서 세례를 받으신 것입니다. 여러분, 세례 받고 다시 나사렛 집으로 돌아가서 목수 일을 계속하셨습니까? 아닙니다. 다음 4장에 보면 광야에 가서 40일 동안 금식기도하십니다. 왜 금식기도하십니까? 예수님은 너무 중요한 일을 앞두고 있기 때문입니다. 구원 사역을 이루셔야 하기 때문에 목숨을 걸고 금식기도를 하신 것입니다. 40일 동안 금식기도하는 것이 보통 일입니까? 사랑하는 성도 여러분, 여러분도 이 세상을 살면서 정말 중요한 일이 있을 때, 결혼이나 새로운 사업을 해야 할 때나, 생명에 관한 일이 있으면 하나님 앞에 목숨을 걸고 금식하며 기도하시기 바랍니다. 예수님은 금식기도하시고 그 다음부터 회개하라 천국이 가까이 왔다고 전하시고 외치시면서 사역을 시작하셨습니다. 그동안의 삶은 사생활이었죠. 그런데 세례 받으심을 기점으로 해서 공사역, 공적사역, 구원의 사역을 시작했습니다. 주님께서 이 세상에 오실 때 받으신 그 미션, 사명을 이제 시작하셨습니다.

여러분, 세례의 여러 가지 의미가 있지만, 그중 하나가 지금까지 살던 옛 삶을 청산하고 끝내버리고 이제는 새로운 삶을 산다는 의미입니다. 예수님의 세례는 공사역의 표시였습니다. 우리 예수님이 공사역을 시작하실 때 앞으로 얼마나 많은 고난과 멸시와 모욕이 쏟아질지 모르십니까? 다 아십니다. 죽음이 기다리고 있음도 다 아십니다. 여러분, 어떤 사람이 자기 앞에 수많은 고난이 기다리고 있고 마지막에 죽어야 된다는 것을 알면 누가 그 길을 나서겠습니까? 그렇게 하기가 어렵습니다. 그런데 우리 주님께서는 다 아시면서도 기꺼이 세례를 받으시고 아버지께서 주신 사명, 곧 죄인들을 구원하시는 구원사역을 시작하셨습니다. 예수님의 세례가 얼마나 의미심장한 일인지 모릅니다. 이것은 바로 죽음으로 가는 첫걸음이었습니다. 예수님의 세례는 십자가의 죽으심의 그림자였다는 말씀입니다.

성도 여러분, 우리는 이 예수님의 구원사역으로 인해 구원을 받았습니다. 저와 여러분이 다른 무엇으로 구원받은 것이 아니라 우리 예수님이 세례 받으시고 십자가에 죽으심으로 저와 여러분이 구원받았습니다. 그러면 어떻게 살아야겠습니까? 우리도 주님을 위해서 살아야 합니다. 주님이 우리를 위해서 기꺼이 몸을 주시고 생명을 주셨듯이 우리 역시 주님을 위해서 주의 몸된 교회를 위해서 사는 인생이 되어져야 합니다. 그런데 어떤 성도들은 교회를 위한 봉사를 고생이라고 생각합니다. 희생이라고 생각합니다. 하기 싫어합니다. 피하려고 하고 일이 많아지면 불평하기도 합니다. 합당하지 않습니다.

영국 런던에 WEC(웩)이라는 세계적인 선교단체 본부가 있습니다. 그 선교단체 지부가 우리가 사는 울산에도 있습니다. 그것을 시작하신 분이 영국의 스터드(Studd)라는 선교사님이십니다. 이분은 아주 부유한 명문가에서 태어났습니다. 머리도 좋아서 캠브리지 대학에 들어갔습니다. 뿐만 아니라 만능 스포츠맨이었습니다. 크리켓은 국가대표였습니다. 그러니 얼마나 많은 사람이 이 사람을 바라보겠습니까? 얼마나 인기가 좋았든지요. 그런데 한번은 미국에서 세계적인 부흥사 D.L 무디가 왔습니다. 이 사람이 무디가 하는 전도집회에 참석했다가 하나님의 은혜를 받고 회심하고 새사람이 되었습니다. 그때 그는 자기의 모든 명성과 인기와 부를 다 내려놓고 선교사가 되었습니다. 중국에 가서 선교사역을 하다가 나중에는 아프리카에 가서 선교사역을 합니다. 그리고 아프리카에 있는 콩고에서 마지막 숨을 거두었습니다. 사람들이 그의 생애에 대해서 말할 때에 그는 주님을 위해서 정말 큰 희생을 했다고 말합니다. 그러나 스터드는 '만일 예수님이 하나님이시고 그분이 나를 위해서 죽으셨다면 나의 어떤 희생도 큰 것이 아니다'고 말했습니다. 이것이 그의 삶의 모토였습니다. 예수님이 하나님이시고 하나님이신 그분이 나를 위해서 죽으셨다면 나의 어떤 희생도 큰 것이 아니라는 것입니다. 여러분도 그렇게 생각하십니까? 그런 마음으로 주님을 위해서 살았습니다.

제가 자주 언급하는 로이드 존즈 목사님은 1981년에 소천했습니다. 본래 영국에서 유망한 의사였습니다. 자기 아내도 의사였습니다. 의사부부니까 얼마나 잘 살 수가 있겠습니까? 그런데 의사로서 사람을 치료하다 보니 인간의 근본 문제는 육체의 질병이 아니라 영적인 문제라는 것을 깨닫고 나서 미련 없이 그 의사 직을 버리고 전도 사역자, 목회자의 길을 걷기 시작했습니다. 하나님께서 그 종을 너무 크고 능력 있게 쓰셨습니다. 한번은 스코틀랜드에서 설교했을 때에 그곳에 모여 있는 수천의 사람들이 큰 감동을 받았습니다. 사회자가 나와서 '우리 목사님께 크게 박수합시다' 하고 박수를 쳤습니다. 그리고 이 사회자가 로이드 존즈 박사님이 초기에 목사가 될 때에 치른 큰 희생과 포기에 대해서 이야기를 했습니다. 유망한 의사였는데 다 버리고 이렇게 목사가 되었다고 말입니다. 그 후 로이드 존즈 목사님이 답사를 했습니다. "저는 아무것도 포기하지 않았습니다. 오히려 모든 것을 받았습니다. 복음 사역자가 되는 것은 하나님께서 사람에게 주실 수 있는 가장 큰 영광입니다." 그런 자세로 사역했습니다.

성도 여러분, 우리가 주님을 위해서 살 수 있는 것, 수고할 수 있는 것, 봉사할 수 있는 것은 희생이 아닙니다. 예수 그리스도의 죽으심으로 구원받은 자로서의 마땅한 모습 아니겠습니까! 나아가 최고의 영광인 것입니다. 여러분 그렇게 믿으시기 바랍니다.

연말이 되면 각 기관 총회를 통해서 일꾼들이 선출됩니다. 그런데 수고하기를 무서워하고 여건이 잘 구비된 상태에서 폼 나게 봉사를 하고 싶다는 생각을 보면 목사의 마음이 좀 답답해집니다. 교사, 찬양대 등 여러 곳에서도 많은 일꾼이 필요합니다. 예수님을 보십시오. 누가 예수님을 밀어서 예수님께서 세례 받으시고 십자가의 죽으심의 길을 가는 것이 아닙니다. 기꺼이 가셨습니다. 이 주님의 모습이 연말에 우리 교회에서도 많이 나타날 수 있기 바랍니다.

오늘 죄 없으신 예수님이 왜 회개의 세례를 받으셨는지 생각했습니다. 그것은 자신을 우리 죄인들과 동일시하기 위해서라고 했습니다. 그 주님을 기억하고 감사하면서 주님을 본받아서 살아가는 저와 여러분이 되기 바랍니다.

또 예수님의 세례는 공사역의 시작의 표시라고 했습니다. 많은 고난과 죽음이 기다리고 있음을 아시면서도 아버지의 뜻을 따라서 기꺼이 세례를 받으시고 그 고난의 길, 죽음의 길을 가셨습니다. 이 주님을 닮아서 우리도 주님을 위해서 주의 몸 된 교회를 위해서 힘써 수고하고 봉사하기를 기꺼이 자원하고, 지금 봉사하시는 분들이라 할지라도 오늘 주님께서 우리에게 보여주신 이 자세를 가지고 더욱더 아름답게 주의 교회를 섬기는 성도 여러분이 다 되시기 바랍니다.

## 마태복음 3:16-17

예수께서 세례를 받으시고 곧 물에서 올라오실새 하늘이 열리고 하나님의 성령이 비둘기 같이 내려 자기 위에 임하심을 보시더니 하늘로부터 소리가 있어 말씀하시되 이는 내 사랑하는 아들이요 내 기뻐하는 자라 하시니라

# 9

# 세례를 받으시고

오늘 하나님의 은혜 가운데 세 분이 세례를 받았습니다. 성경에 보면 우리 주 예수님께서 세례를 받으셨고 그리고 승천하시기 전에 '너희는 가서 모든 족속으로 제자를 삼아 아버지와 아들과 성령의 이름으로 세례를 주라'고 말씀하셨습니다. 우리 주님께서 친히 명하신 말씀이기 때문에 우리 하나님의 교회는 주님이 오실 때까지 이 명령에 순종해서 세례를 베푸는 것입니다.

지난 주일에 우리는 죄 없으신 예수님께서 죄인이 받는 세례를 받으시는 것을 보았습니다. 여러분, 오늘 세 분이 이 앞에서 세례를 받으실 때 특별한 일이 일어났습니까? 안 일어났습니다. 그런데 하나님의 아들 우리 주 예수님께서 세례를 받으실 때는 아주 특별한 일이 일어났습니다.

먼저 예수님이 세례를 받으시고 물에서 올라오실 때에 하늘이 열렸다고 말씀합니다.

에스겔서 1장에도 보면 에스겔이 하나님의 선지자로 부르심을 받을 때에 하늘이 열리고 하늘에서부터 환상을 보게 됩니다. 또, 사도행전 7장에도 스데반이 돌에 맞아 순교를 당하면서 '보라 하늘이 열리고 인자가 하나님 우편에 서신 것을 보노라' 했는데 거기도 하늘이 열렸다고 말씀합니다.

여러분, 하늘이 어떻게 열렸겠습니까? 혹시 구름이 양쪽으로 갈라지면서 하늘과 땅이 서로 통하는 것처럼 보였을는지 모르겠습니다. 물리적인 현상이 어떠했느냐 보다 더 중요한 것은 그것이 의미하는 것입니다. 연극을 할 때 처음에는 막이 가려져서 그 안에 무엇이 있는지, 무슨 일이 일어나는지 볼 수도 없고 알 수도 없습니다. 그런데 시간이 되어 막이 양쪽으로 갈라지면 객석에 있는 모든 분은 무대 안에 있는 상황을 볼 수 있고 알 수 있습니다. 배우의 목소리를 들을 수 있습니다. 하늘이 열리는 것도 그와 같다고 생각할 수 있습니다. 하늘이 열리면 그것이 곧 하늘과 땅이 통하는 것이고 하나님과 인간이 서로 소통하는 것이 되는 것입니다. 말을 바꾸면 하나님께서 당신의 비밀과 뜻을 우리 인생에게 보여주시고 알려주시고 하나님의 은혜를 내려주시는 것이 바로 하늘이 열리는 것입니다.

여러분, 오늘 본문에서도 하늘이 열렸기 때문에 그 다음 어떤 일이 일어났습니까? 성령이 비둘기 모습으로 하늘로부터 내려오고 하나님의 음성이 하늘에서 내려왔습니다. 하늘이 열렸기 때문에 그런 일이 일어난 것입니다.

오늘날 우리의 신앙생활에서는 하늘이 열리는 일이 없겠습니까? 있습니다. 여러분, 우리가 자주 부르는 복음송 중에 '하늘의 문을 여소서'라는 찬양이 있습니다.

**'하늘의 문을 여소서 이 곳을 주목하소서'**

하늘의 문을 열어달라고 찬양하는 것입니다. 성도가 참된 마음으로 하나님 앞에 나와서 하나님을 사모하면서 예배할 때에 하나님이 느껴지고 내 마음이 환하여지고 은혜의 물결이 내 심령에 밀려올 때가 있습니다. 성도가 진실하고 간절한 마음으로 기도할 때 하나님과 통함이 느껴지고 기도 응답의 확신이 올 때가 있습니다. 또 하나님의 말씀을 읽을 때나 들을 때에 말씀이 열리고 깨달아지고 주께서 친히 내게 하시는 말씀처럼 느껴질 때가 있습니다. 그때가 바로 무슨 때이겠습니까? 하늘이 열리는 때인 것입니다. 여러분, 그런 경험이 있습니까? 교회는 다니지만, 예배는 드리지만 하나님을 만나는 경험이 없고 하나님의 임재가 한 번도 느껴지지 않고, 그리고 한 번도 진실하게 기도해본 적도 없고, 한 번도 말씀을 사모하고 경험한 적이 없어서 여전히 지식에 머무는 신앙, 초보적인 신앙에 머물러 있지는 않는지 모르겠습니다. 사랑하는 성도 여러분, 진심으로 하늘이 여러분에게 열리기를 사모하시기 바랍니다. 그래서 자주 하늘이 열림을 경험하면서 감격 가운데서 살아가시는 여러분의 신앙생활이 되기 바랍니다.

하늘이 열리고 그다음 어떤 일이 있었습니까? 하나님의 성령이 비둘기 같이 내려서 예수님께 임하였다고 했습니다.

여러분 이것이 무슨 의미가 있겠습니까? 두 가지 뜻이 있습니다.

첫째는 하나님께서 예수님을 이스라엘의 왕으로, 메시아로 기름 부어 주시는 것입니다.

여러분, 우리가 메시아라는 말을 많이 하고, 그리스도라는 말을 많이 합니다. 무슨 뜻입니까? 그 말 뜻 그대로 하면 '기름 부음을 받은 자'입니다. 메시아, 곧 그리스도는 하나님 아버지께서 약속하신 구원자이지만 그 말 뜻 그대로 하면 '기름 부음을 받은 자'입니다. 구약을 보면 하나님께서 어떤 사람에게 사명을 주시고 직책을 주실 때에, 왕으로 세워주시고, 선지자로 세워주시고, 제사장으로 세워주실 때에 하나님께서 그 사람에게 기름을 붓도록 했습니다. 그래서 사울 왕, 다윗 왕에게 하나님께서 기름을 부어주십니다. 선지자 사무엘을 보내서 '사무엘아, 가서 그 사람에게 기름을 부어라' 그렇게 해서 그 사람을 왕으로 세워주셨습니다. 여러분, 그러면 예수님은 메시아이신데, 기름 부음을 받은 자인데 언제, 어디서, 누구에게 기름 부음을 받았다는 말입니까? 바로 지금, 세례를 받은 직후에 성령이 비둘기처럼 내려서 예수님 위에 머문 지금 이 순간, 바로 이것이 성령의 기름 부으심을 받은 것입니다. 눈에 보이는 올리브 기름으로 기름 부음 받으신 것이 아니라 우리 예수님께서는 성령의 기름 부으심을 받으셨다는 것입니다. 예수님이 세례를 받으시고 광야에서 금식기도하시고, 그리고 갈릴리로 가셔서 안식일에 고향 나사렛 회당에 들어가서 두루마리를 받아 펼쳐서 읽으십니다. 이사야서에 있는 말씀을 읽으시는데 어떤 부분을 읽으십니까? 그 한 부분을 같이 읽겠습니다. 누가복음 4장 18절입니다.

> **"주의 성령이 내게 임하셨으니 이는 가난한 자에게 복음을 전하게 하시려고 내게 기름을 부으시고"**

'주의 성령이 내게 임하셨다'고 했는데 말을 바꾸어서 무엇이라 합니까? '내게 기름을 부으시고' 했습니다. 성령의 기름을 부으셨는데 언제 부으셨습니까? 가난한 자에게 복음을 전하게 하시려고 했으니까 복음을 전하기 전에, 사역을 시작하시기 전에, 그때가 언제입니까? 예수님이 세례 받으시고 나오실 때에 하늘에서 성령이 비둘기 모양으로 임했다고 하지 않았습니까? 그것이 바로 성령의 기름 부으신 것입니다. 여러분, 알 수 있는 것은 예수님이 세례 받으신 직후에 예수님에게 성령이 비둘기 같이 임하신 것은 성령의 기름 부으심입니다. 기름 부었다는 것은 예수님이 바로 세상의 구원자요, 하나님께서 메시아로 기름 부으시는 자임을 보여주는 것입니다.

여러분, 성령이 비둘기 같이 내려온 두 번째 의미는 이 메시아 직분을 잘 감당할 수 있는 능력을 입혀주시는 것입니다.

주님이 이제 세례를 받으심으로 공사역을 시작하시는데 이 사명은, 이 사역은 인간의 의지나 능력이나 책임감으로 다 감당할 수 있는 것이 아닙니다. 하나님의 도우심이 있어야 하고 하나님의 능력이 주어져야 감당할 수 있는 것입니다. 그래서 이 구원 사역을 잘 감당할 수 있도록 하시기 위하여 하나님께서 성령의 능력을, 하나님의 능력을 부여해 주고 계시는 것입니다.

여러분, 사도행전 10장에 보면 하나님께서 나사렛 예수에게 성령과 능력을 기름 붓듯하셨다고 했습니다. 이 메시아 사역을, 구원 사역을 잘 감당할 수 있도록 능력을 입혀주셨다는 것입니다. 누가복음 4장에 보면 실제로 예수님께서 세례 받으신 후에 고향 갈릴리 쪽으로 돌아가시는데 성령의 능력으로 돌아가셨다고 했습니다. 그리고 가버나움 회당에서 안식일에 사람들을 가르칠 때 그 말씀에 권위가, 권세가 있었다고 했습니다. 서기관, 바리새인 같은 일반 성경 교사들이 가르치는 데서는 도무지 느낄 수 없는 어떤 신적인 권세가 느껴졌다는 것입니다. 그 자리에 귀신 들린 자가 있었는데 그 귀신 들린 자가 떠드니까 예수님이 꾸짖었습니다. '잠잠하고 그 사람에게서 나오라' 하니 그 귀신이 그 사람에게서 나왔습니다. 사람들이 보고 깜짝 놀랐습니다. 누가복음 4장 36절을 같이 읽습니다.

> **"다 놀라 서로 말하여 이르되 이 어떠한 말씀인고 권위와 능력으로 더러운 귀신을 명하매 나가는도다 하더라"**

권위와 능력으로 귀신에게 명하니 귀신이 나갔습니다. 사람들이 모두 다 깜짝 놀랐습니다. 성도 여러분, 오늘 이 말씀이 우리에게 어떤 교훈을 줍니까? 하나님의 일은 하나님의 능력으로 감당해야 된다는 것입니다. 교회 봉사도 그렇습니다. 교회생활 많이 했다고, 교회에서 하는 여러 가지 성경 과목들 많이 공부했다고, 교회에서 어떤 직책을 받았다고, 잘 가르치는 재능이 있다고, 음악을 잘하는 능력이 있다고 해서 잘 봉사할 수 있는 것이 아닙니다. 성령의 기름 부음을 받고 성령의 능력이 충만할 때에 제대로 감당할 수 있는 것입니다.

여러분, 소년 다윗을 기억하십니까? 다윗이 소년이었을 때 사울 왕의 부름을 받았습니다. 언제부터인가 사울이 불순종하니까 성령이 그에게서 떠나가고 그 속에 악신이 임하여 사울을 괴롭게 만듭니다. 소문에 다윗이라는 소년이 수금을 잘 탄다는 말을 듣고 다윗을 불러 수금을 연주케 할 때 어떤 역사가 일어났습니까? 성령 충만한 다윗이 수금을 타니 사울 왕 속에 있던 악신이 떠나가는 역사가 있었습니다. 성령과 관계없이 다윗이 수금을 탔다면 악신이 물러갔겠습니까? 그렇지 않죠. 성령으로 하니까 그런 역사가 나타나는 것입니다. 그것이야말로 참 봉사인 것입니다. 여러분, 제가 설교하러 올라오기 전에 또 여기 올라와서 앉아서 기도할 때 무엇을 가장 간구하겠습니까? '하나님이여 저에게 성령으로 기름 부어 주시옵소서. 그래서 성령 안에서 자유롭게 말할 수 있게 하시고 성령의 권세와 능력으로 예수님처럼 말할 수 있게 해주시옵소서'라고 항상 기도합니다. 우리 본 교회 구석구석에서 봉사하시는 여러분들, 주의 몸 된 교회를 섬기기 위해서 직분을 받으신 여러분들은 무슨 능력으로 봉사를 하고 계십니까? 자신의 능력입니까? 하나님의 능력입니까? 성령의 능력으로 봉사하시기 바랍니다.

그러려면 어떻게 해야 됩니까? 누가복음 11장 13절 같이 읽어봅시다.

**"너희가 악할지라도 좋은 것을 자식에게 줄 줄 알거든 하물며 너희 하늘 아버지께서 구하는 자에게 성령을 주시지 않겠느냐 하시니라"**

성령을 주시지 않겠느냐! 어떤 자에게요? '구하는 자에게 성령을 주시지 않겠느냐'고 했습니다. 구함 없이, 기도 없이 성령의 능력을 받을 수가 없다는 말씀입니다. 누가복음에 세례 받는 장면을 보면 마태복음과는 달리 '세례를 받으시고 **기도하실 때에**'라는 말이 덧붙어 있습니다. 중요한 말씀입니다. 예수님께서 세례를 받으시고 나와서 그냥 가만히 있는데 하늘이 열리고 성령이 임한 것이 아니라, 세례를 받으시고 나와서 예수님의 마음이 얼마나……. 우리는 표현을 못하죠. 이제 하나님 아버지께서 주신 사명을 시작할 것인데, 죄인들의 구원 사역을 시작할 것인데, 앞으로 많은 고난과 죽음이 기다리고 있는데, 그 사역을 지금 시작하면서 아버지 하나님의 이름을 부르면서 하나님께 기도하는 것입니다. '아버지 하나님, 저를 버리지 마시고 저와 함께 해주시고, 제게 능력을 주시어서 아버지께서 주신 이 사역을 감당할 수 있게 해주십시오'라고 기도했음에 틀림없습니다. 그렇게 할 때에 성령이 비둘기 모양으로 예수님께 임하신 것입니다. 성령의 능력을 주셔서 이 구원 사역을 넉넉히 감당할 수 있도록 하신 것입니다.

성도 여러분, 직분자가 기도해야 할 이유가 바로 이것입니다. 왜 기도해야 합니까? 사람의 능력과 기술을 가지고서는 하나님의 일이 이루어지지 않기 때문입니다. 여러분, 기도 많이 하시기 바랍니다. 하나님의 아들 예수님이 사역을 감당하기 위해서 성령의 능력이 필요했다면 부족하고 연약한 우리는 얼마나 더 필요하겠습니까? 그래서 하나님 앞에 기도 많이 해서 성령 충만하고 성령의 기름 부음을 받아서 하나님의 능력으로 봉사하는 직분자들, 봉사자들이 다 되시기 바랍니다.

여러분, 다음으로 또 어떤 일이 있었습니까? 17절을 함께 읽겠습니다.

> **"하늘로부터 소리가 있어 말씀하시되 이는 내 사랑하는 아들이요, 내 기뻐하는 자라 하시니라"**

아버지 하나님의 음성이 들려왔습니다. 여러분, 아버지 하나님께서 왜 지금 이 순간에 이 말씀을 했겠습니까? 먼저 하나님 아버지께서는 예수님이 당신의 유일한 아들, 사랑받는 아들임을 확정해주셨습니다. 이것을 'divine confirmation', '신적인 확증'이라고 합니다. 세례 받고 공사역을 시작하시는 예수님, 앞으로 많은 역경이 기다리고 있습니다. 사람들에게 멸시를 당하고, 버림당하고, 고난당하고 십자가에서 못 박혀 죽으실 것입니다. 십자가에 못 박힐 때에는 순간적으로 하나님 아버지에게서도 버림을 당하실 것입니다. 사람에게만 버림 당하시는 것이 아니라 하나님 아버지께도 버림을 당하는 순간이 오는 것입니다. 그래서 우리 예수님께서 십자가에서 마지막에 하신 말씀 중 하나가 '엘리 엘리 라마 사박다니', '나의 하나님, 나의 하나님 어찌하여 나를 버리시나이까?' 입니다. 그 순간이 어떤 순간입니까? 예수님께서 온 세상 죄인들의 죄를 대신 지신 죄인으로 하나님 앞에 서시는 시간입니다. 우리 하나님은 죄인은 버리십니다. 그런데 예수님께서 모든 죄인들의 죄를 지시고 십자가에 달려 있기 때문에 아버지 하나님께서 아들을 버리신 것입니다. 그러기 때문에 예수님께서 어찌하여 나를 버리시나이까? 했습니다. 영원히 버리시는 것입니까? 아니지요. 그 순간에, 죄인으로서 십자가의 심판을 당하시는 그 순간에 아버지 하나님께서 버리시는 것입니다.

여러분, 사람이 너무 힘들면 믿음과 확신이 흔들릴 수 있습니다. 낙심할 수 있습니다. 예수님도 사람입니다. 흔들릴 수 있습니다. 그렇기 때문에 지금 아버지 하나님께서 '내가 앞으로 네가 고난을 당하고 십자가에서 잠시 너를 버리는 그런 순간도 있겠지만, 그러나 잊지 말아라, 너는 내 아들이다. 너는 내 사랑하는 아들이다, 나의 유일한 아들이다'고 하나님 아버지께서 확정해주시는 것입니다. 이 사실을 잊지 말라고, 그래서 영원한 부자관계를 굳게 확인해주시면서 고난의 길을 가는 예수님께, 아들에게 위로와 용기를 주시는 것입니다.

성도 여러분, 이 말씀은 예수 그리스도의 구속 역사로 인해 구원받은 우리에게도 적용이 됩니다. 하나님이 우리를 창세 전에 사랑하시고 택하시고, 부르시고, 구원하신 구원의 은혜를 베풀어주셨습니다. 영접하는 자 곧 그 이름을 믿는 자에게는 하나님의 자녀가 되는 권세를 주셨습니다.(요1:12) 믿는 우리를 양자로 삼으시고 자녀 된 우리를 끝까지 사랑하시고 구원해주십니다. '세상 누구도, 무엇도 그리스도 안에 있는 하나님의 사랑에서 끊을 수 없으리라'고 말씀하였습니다. 여러분, 확신하시기 바랍니다. 예수님을 향하여서 너는 '내가 사랑하는 아들이다'고 말씀하신 하나님, 이제 믿는 우리도 하나님의 자녀로 삼아 언제나 지켜 보호해주십니다.

또 한 가지, 하나님 아버지는 아들 예수님이 자기의 기쁨이라고 하십니다. '이는 내 사랑하는 아들이요' 그 다음에 무엇이라고 말씀하십니까? '이는 내 기뻐하는 자'라고 했습니다. 예수님은 하나님 아버지의 뜻을 따라서 하늘의 영광을 버리고 사람이 되어서 이 세상에 오셨습니다. 얼마나 큰 순종입니까? 엄청난 순종입니다. 그리고 드디어 30세가 되었을 때에 세례를 받으시는데 이것은 무슨 뜻이라고 했습니까? 아버지의 뜻을 따라서 구원 사역을 시작하시는 것입니다. 이것도 아버지의 뜻에 순종하는 큰 순종입니다. 앞으로 십자가에서 제물이 되시고자 하시는 이 모습을 볼 때에, 그렇게 순종하는 아들을 볼 때에 아버지 하나님의 마음이 참으로 아프면서도 얼마나 기뻤겠습니까! 그래서 하나님 아버지께서 이 순간에 '이는 내 기뻐하는 자'라고 말씀하시는 것입니다. 나중에 예수님께서 공사역을 하실 때에도 마찬가지였습니다. 예수님은 항상 아버지 하나님을 기쁘시게 했습니다. 요한복음 8장 29절을 읽겠습니다.

**"나를 보내신 이가 나와 함께 하시도다 나는 항상 그가 기뻐하시는 일을 행하므로 나를 혼자 두지 아니하셨느니라"**

사람이 되실 때만, 세례를 받으실 때만 아버지 하나님을 기쁘시게 한 것이 아니라 예수님께서는 항상 아버지 하나님을 기쁘시게 하는 일만 행하였다는 것입니다.

사랑하는 성도 여러분, 우리도 예수 안에서 하나님의 자녀가 되었습니다. 우리 같은 죄인이 구원을 받아서 하나님을 아버지로 부르게 된 것, 얼마나 감사합니까! 무한한 은혜입니다. 우리를 아들로, 자녀로 삼으신 아버지께서 우리를 보실 때에 예수님께 말씀하셨듯이 '너는 내 사랑하는 아들이요, 내 기뻐하는 자라', 특별히 뒤에 있는 '내 기뻐하는 자'라고 하나님께서 말씀하시겠습니까? 우리의 모습을 보시고, 우리의 마음을 보시고, 우리의 생각을 보시고, 우리의 말하는 것을 보시고, 우리가 하루하루 살아가는 행동을 보시고 우리 하나님께서 '너는 나의 기뻐하시는 자'라고 하시겠습니까?

사랑하는 성도 여러분, 예수님처럼 우리 하나님의 뜻에 기쁘게 순종하시기 바랍니다. 그리고 먼저 하나님의 나라와 의를 구하면서 살아가시기를 바랍니다. 날마다 하나님을 기쁘시게 하는 삶을 살고 말을 하면서 살아가시기 바랍니다. 그래서 하나님이 날마다 여러분을 보시고 여러분을 향하여서 '이는 내 사랑하는 아들이요 내 기뻐하는 자'라 말씀하시면서 기뻐하시는 아름다운 역사가 있게 되기를 바랍니다.

## 마태복음 4:1-11

그 때에 예수께서 성령에게 이끌리어 마귀에게 시험을 받으러 광야로 가사 사십 일을 밤낮으로 금식하신 후에 주리신지라 시험 하는 자가 예수께 나아와서 이르되 네가 만일 하나님의 아들이어든 명하여 이 돌들로 떡덩이가 되게 하라 예수께서 대답하여 이르시되 기록되었으되 사람이 떡으로만 살 것이 아니요 하나님의 입으로부터 나오는 모든 말씀으로 살 것이라 하였느니라 하시니 이에 마귀가 예수를 거룩한 성으로 데려다가 성전 꼭대기에 세우고 이르되 네가 만일 하나님의 아들이어든 뛰어내리라 기록되었으되 그가 너를 위하여 그의 사자들을 명하시리니 그들이 손으로 너를 받들어 발이 돌에 부딪치지 않게 하리로다 하였느니라 예수께서 이르시되 또 기록되었으되 주 너의 하나님을 시험하지 말라 하였느니라 하시니 마귀가 또 그를 데리고 지극히 높은 산으로 가서 천하 만국과 그 영광을 보여 이르되 만일 내게 엎드려 경배하면 이 모든 것을 네게 주리라 이에 예수께서 말씀하시되 사탄아 물러가라 기록되었으되 주 너의 하나님께 경배하고 다만 그를 섬기라 하였느니라 이에 마귀는 예수를 떠나고 천사들이 나아와서 수종드니라

# 10

# 시험 받으신 예수님 1

성도 여러분, '세례 받으신 예수님', 기억하십니까? 예수님이 세례를 받으시고 기도하실 때에 하늘이 열리고 성령이 비둘기 모양으로 예수님 위에 내려오시고, 하늘에서 아버지 하나님의 음성이 들려왔습니다. '이는 내 사랑하는 아들이요, 내 기뻐하는 자라'라고 했습니다. 특별히 성령이 예수님께 내려오셨기 때문에 그때부터 예수님께서는 성령 충만하시고 능력이 충만했습니다. 성령으로 충만하고 나니 그 다음부터는 예수님의 삶은 성령의 인도를 받는 삶이 되었습니다.

여러분, 오늘 4장 1절 첫 줄을 보십시오.

**"그때에 예수께서 성령에게 이끌리어"**

라고 했는데 '이끌린다'는 말씀은 '인도함을 받는다'는 말씀입니다. 여기에 성령에게 이끌리게 된 것은 3장 끝에 있었던, 예수님이 세례 받으실 때에 성령을 받으셨기 때문입니다.

성도 여러분, 성령의 인도를 받는 삶은 하나님께서 우리 성도들에게 원하시는 삶입니다. 저는 특별히 설교 준비를 할 때에 성령께서 저를 인도해주시기를 많이 기도합니다. 성도 여러분도 하루를 시작할 때에 '이날도 성령님이 저를 인도해주시옵소서' 하고 기도하십시오. 그래서 내 마음대로, 내 욕심대로 살아가는 것이 아니라 성령의 인도를 따라서 살아가시는 여러분 되시기 바랍니다.

그런데 1절에 보면 우리는 이상한 일을 봅니다. 성령이 인도하신다면 어디로 인도해야 되겠습니까? 좋은 곳으로, 좋은 일로 인도를 해야 될 텐데 성령님께서 예수님을 어디로 인도하느냐면 사람도 아무도 없고 돌멩이만 굴러다니는 광야로 인도하십니다. 왜 광야로 인도하십니까? 성경을 보니 마귀에게 시험을 받도록 하기 위하여 광야로 인도해 가십니다. 참 이상한 일입니다. 왜냐하면 우리가 알고 있는 주기도문에 '시험에 들게 하지 마옵시고'라는 말씀이 있습니다. 그런데 어떻게 성령 하나님께서 예수님을 마귀에게 시험받도록 인도하신다는 말입니까! 정말 이상한 일입니다. 그러나 이 일은 잘못된 일이 아닙니다. 예수님께서 마귀의 시험을 받으시고 승리하시는 일이 꼭 필요했기 때문에 성령께서 그렇게 인도하신 것입니다.

여러분, 우리 인류에게는 대표가 두 사람 있습니다. 한 사람은 하나님이 처음으로 지으셨던 아담, 첫째 아담입니다. 이 아담은 에덴동산에서, 최고의 환경에서 시험을 받아 실패하였습니다. 그런데 또 다른 대표가 있습니다. 마지막 아담, 성경 고린도전서 15장에 보면 예수님을 가리켜 마지막 아담, 둘째 아담이라고 말합니다. 여러분 첫째 아담이 마귀의 시험으로부터 실패함으로 모든 인간은 죄에 빠지게 되었습니다. 그렇기 때문에 이 둘째 아담, 마지막 아담, 우리 구원자 예수님은 그 시험에서 승리하는 일이 필요했습니다. 그래야 우리를 참으로 구원하실 수 있는 것입니다. 그래야 우리는 우리의 머리시요, 대표이신 예수 그리스도 안에서 승리할 수 있기 때문입니다. 그래서 성령이 우리 예수님을 마귀의 시험을 받도록 인도해가십니다. 여기에 있는 저나 여러분은 성령께서 절대로 마귀의 시험을 받도록 인도하시지는 않으실 것입니다. 예수님은 우리의 유일한 구원자가 되기 때문에 우리 예수님을 그렇게 인도해가시는 것입니다.

성령의 인도로 광야에 가신 예수님은 40일 동안 금식하며 기도했습니다. 금식기도가 끝났을 때 예수님은 무척 굶주렸습니다. 이때 마귀가 나타나서 예수님을 세 번 시험합니다.

**첫 번째 시험이 무엇입니까? '네가 만일 하나님의 아들이어든 이 돌들을 명하여 떡이 되게 하라'는 것입니다.**

시험을 시작하는 말이 무엇입니까? '네가 만일 하나님 아들이어든' 입니다. 그래서 알고 보면 이 세 가지 시험은 다 예수님이 하나님의 아들이라고 하는 이 신분에 맞춰져 있습니다.

여러분, 예수님이 세례를 받으시고 기도하실 때, 하늘이 열리고 하나님 아버지의 음성이 들려왔습니다. '이는 내 사랑하는 아들이요' 했습니다. 마귀는 바로 그 말을 물고서 예수님을 시험하기 시작하는 것입니다. 여러분 마귀가 '네가 만일 하나님의 아들이어든 이 돌들을 명하여 떡이 되게 하라'고 했는데 여러분, 며칠이라도 금식해보신 적이 있습니까? 한 주간이라도 금식해보신 적이 있는 분이 계신지 모르겠습니다. 금식이라는 것이, 음식을 참는다는 것이, 못 먹는다는 것이 얼마나 힘들고 고통스러운지 모릅니다. 해본 사람만 압니다. 사실 식욕은 우리 인간의 가장 기본적인 욕구입니다. 인간에게 여러 가지 욕구가 있지만, 식욕만큼 가장 기본적이고 제일 되는 욕구는 없습니다. 지금 예수님께서 40일이나 금식했으니 얼마나 힘드시고 고통스럽겠습니까? 마귀는 바로 그것을 아는 것입니다. 그래서 지금 예수님에게 가장 필요한 문제,

가장 긴급한 문제인 음식 문제를 가지고 예수님을 시험하는 것입니다. '네가 만일 하나님의 아들이어든 이 돌들을 명하여 떡이 되게 하라'는 말을 쉽게 옮기면 '너 지금 배 많이 고프지? 죽겠지? 너 하나님 아들 아니냐? 신적 능력을 가지고 긴급한 음식 문제를 해결해라. 돌을 명해서 떡덩이가 되게 해서 그것을 먹어라'고 시험하는 것입니다.

만일 예수님께서 배고픔 때문에 하나님 아들로서 신적 능력을 사용하신다면 앞으로 예수님의 사역은 실패하고 말 것입니다. 이 강력한 시험 앞에서 예수님은 자기의 지위와 능력을 남용하지 않았습니다. 여러분, 금식을 하면 마땅히 어떻게 되어야 합니까? 주려야 됩니다. 죽을 것 같아야 정상입니다. 죽을 먹으면서 서서히 회복이 되어야 진정한 금식입니다. 그런데 금식했는데 금방 아무렇지 않게 되는 것은 바른 금식이 아닌 것입니다. 예수님께서 죄인들을 대신해서 십자가에 달리셨습니다. 그런데 만일 하나님의 아들로서 신적 능력을 사용해서 십자가에 못이 박혔는데도 불구하고 하나도 아픔을 느끼지 않았다면 우리의 죄와 우리가 당할 고난을 대신했다고 말할 수 있겠습니까? 말할 수 없습니다. 그것은 한갓 쇼에 불과할 것입니다. 예수님은 하나님의 아들로서 자신의 신적 능력을 자기의 욕구 만족을 위해서, 자기의 개인적인 편리를 위해서 사용하지 않았다는 것입니다. 죄인을 구원하시는 일에만 사용했습니다. 하나님의 뜻을 이루는 일에만 사용하고 하나님을 섬기는 일에만 사용했습니다.

여러분, 사람이 예수를 믿어서 그 믿음이 점점 깊어져 가면 지금 우리 예수님의 모습과 같이 되는 것입니다. 믿음이 약할 때는 자기에게 있는 모든 것을 자기만을 위해서 사용하려고 하지만 믿음이 깊어져 갈수록 하나님이 내게 주신 모든 것을 하나님을 위해서, 교회를 위해서, 성도들을 위해서, 남을 위해서 사용하게 되는 것입니다. 오늘 이 시험에 나타난 우리 예수님의 이 모습을 본받아 가는 저와 여러분이 되시기를 바랍니다.

마귀가 '돌이 떡이 되게 하라' 하니 예수님이 뭐라고 합니까? **'사람이 떡으로만 살 것이 아니요 하나님의 입으로부터 나오는 모든 말씀으로 살 것이라'** 말씀했습니다. 구약 신명기 8장 3절에 있는 말씀으로 대답했습니다. 여러분, 우리 사람은 육체를 가지고 있습니다. 육체를 가지고 있기 때문에 우리는 모두가 떡이 필요합니다. 음식이 필요한 존재입니다. 틀림이 없습니다. 먹지 않으면 죽지요. 그러나 우리 사람이 만일에 떡으로만 산다고 하면 사람과 동물은 차이가 없어집니다. 우리 하나님께서 인간을 태초에 지으신 때에 우리 인간을 동물과 다르게 지으셨습니다. 하나님의 형상으로 지었습니다. 영원하신 하나님의 모습으로 지음 받았기 때문에 우리 인간 속에는 동물들과는 달리 영혼을 사모하는 마음이 우리 속에 있는 것입니다. 그렇기 때문에 인간은 떡만으로 만족하고 살 수 없는 존재입니다.

성경에 보면 '삭개오'라는 사람이 나옵니다. 그 사람은 돈을 많이 벌면 다 될 줄 알고 욕먹는 직업인 세리를 했습니다. 나중에 세리장이 되고 큰 부자가 되었습니다. 그렇다고 참 만족이 있었습니까? 아니지요. 늘 그래도 뭔가 갈급했지요. 어느 날 예수님이 온다는 소식을 듣고 키가 작아서 뽕나무에 올라가 예수님을 기다리고 있다가 예수님을 만났습니다. 예수님을 만나고 나니 자기의 모든 재산이 아무것도 아니라는 것입니다. 그래서 자기 재산을 반 나누어 가난한 사람에게 주었습니다. 그것이 바로 사람인 것입니다. 인간에게는 하나님이 계셔야 되고, 하나님의 살아있는 말씀이 필요한 것입니다. 육체의 양식 뿐 아니라 영적인 양식이 필요한 것이 우리 인간인 것입니다.

여러분, 오늘날 많은 사람들이 마치 떡으로만, 물질로만 살 것처럼 아등바등하고 살아갑니다. 오직 돈 많이 모으기 위해 죽으라고 살아가는 사람들이 얼마나 많이 있습니까? 무엇을 먹을까, 무엇을 마실까, 무엇을 입을까, 어디에 살까, 무엇을 누릴까 하면서 뼈빠지게 살아갑니다. 그러다 보니 물질 문제로 많은 유혹을 받게 되고 또 시험에 들어 죄를 짓게 되지요. 여러분, 기억하십시오. 사람은 떡으로만 사는 게 아니라 하나님의 모든 말씀으로 사는 존재입니다. 그러므로 떡에, 물질에, 세상의 눈에 보이는 것에 빠지지 말고, 너무 연연하지 말고, 살아계신 하나님, 영원하신 하나님과 그 말씀을 사모하면서 살아가시기 바랍니다.

**첫째 시험에 실패한 마귀가 예수님을 거룩한 성, 곧 예루살렘 성에 있는 예루살렘 성전 제일 꼭대기에 데리고 갔습니다. 하는 말이 '네가 만일 하나님의 아들이어든 뛰어 내리라. 그러면 하나님께서 자기의 천사들을 명하여 그들이 손으로 너를 받들어 너의 발이 돌에 부딪히지 않게 할 것이다 하였느니라' 했습니다.** 그런데 이 시험 맨 앞에 '기록되었으되'라고 되어 있습니다. '기록되었으되'라는 말은 언제나 '성경 말씀에 기록되었으되'라는 말입니다. 예수님이 첫째 시험에 성경으로 대답하니, 마귀가 둘째 시험을 말할 때는 자기도 성경 말씀 시편 91편의 말씀을 인용해서 예수님을 시험했습니다. 하나님 말씀을 가지고 하면 훨씬 더 쉽게 넘어지지 않겠습니까! 성경으로 시험을 하긴 했지만 마귀는 성경을 교묘하게 잘못 인용했습니다.

시편 91편의 말씀을 가만히 읽어보면 그 말씀은 우리 성도들이 이 땅을 살 때, 인생길을 걸어갈 때 여러 가지 어려운 일이 있을 때에 하나님을 바라보고 도움을 구하면 하나님께서 보호해주시겠다는 말씀입니다. 높은 데 올라가서 뛰어내리면 천사들이 다 받아주겠다는 약속의 말씀이 아니라는 말입니다. 여러분, 만일 마귀의 시험대로 예수님이 뛰어 내리고 천사들이 날아와 받아서 곱게 땅에 이르도록 한다면 예루살렘에 살던 사람들이 그것을 보고 어떻게 하겠습니까? '저 분은 하나님의 아들이다, 메시아야' 하면서 열광적으로 따르지 않겠습니까? 예수님은 금방 메시아로 인정이 될 것입니다. 고난의 길, 십자가의 길을 갈 필요도 없습니다.

여러분, 그러나 그것은 하나님의 계획과 반대되는 것이었습니다. 하나님의 계획은 예수님께서 하나님 나라를 선포하시고 구약의 예언된 대로 고난의 종으로서 고난의 길을 가심으로 메시아가 되는 것이 하나님의 뜻입니다. 그래서 예수님이 무엇이라고 대답하십니까? '기록되었으되 주 너의 하나님을 시험하지 말라'고 했습니다.

여러분, 마귀만 예수님을 시험합니까? 우리 예수 믿는 성도들도 예수님을 시험하기 쉽습니다. 우리가 신앙생활을 하면서 조심해야 될 것이 믿음의 행위와 하나님을 시험하는 일을 잘 구별해야 합니다. 여러분, 말씀 드린 대로 시편 91편 말씀은 어려움에 처한 성도가 모든 인생길을 걸어 갈 때에 위험한 일이 있을 때 하나님께서 보호해주신다는 말씀이지 신자가 무슨 일을 할지라도, 허황된 일을 해도 하나님이 보호해주신다, 살려주신다는 말씀이 아닙니다.

여러분, 마가복음 16장 끝에 예수님이 승천하시기 전에 '너희가 뱀을 집어서 올리며 독을 마실지라도 아무 해도 입지 아니할 것이다'라는 말씀을 했습니다. 그 앞에 예수님께서 대명령, '땅 끝까지 가서 복음을 전하라'고 하시고 나서 그 말씀을 하시거든요. 그래서 사도 바울은 사도행전 끝에 보면 복음을 전하기 위해서 죄수의 몸으로 로마로 갑니다. 그런데 배가 파선해서 죽을 뻔하고 멜리데라는 섬에 이르게 되었습니다. 그곳에서 불을 피웠는데 나무 속에서 독사가 나와 사도 바울의 손을 물었습니다. 그때 손을 털어버렸습니다. 원주민이 그것을 보고 '저 사람은 죽었구나' 했지만 아무렇지도 않았습니다.

그런데 반대로 언젠가 어떤 성도들이 모여서 오늘 우리도 믿음이 충만해서 이 말씀대로 한다고 독을 나눠마시고 다 죽었습니다. 성경에 보니 예수님께서 바다 위를 걸으셨으니까 우리도 믿음으로 바다 위를 걸어보자 하고 아프리카 빅토리아 호수에서 어느 신부님과 성도 몇 사람이 배를 타고 중앙에 가서 바다 위를 걷다가 다 죽었습니다. 전에 해외 토픽에 실렸던 일들입니다. 다 하나님을 시험하는 것입니다. 하나님의 뜻대로 살면서 위험을 당할 때 하나님의 도우심을 바라고 기대하는 것은 믿는 자로서 아주 정당한 일입니다. 그러나 스스로 위험에 처하면서 하나님의 기적을 바라는 것은 잘못이고 하나님을 시험하는 것입니다.

우리 성도들이 어쩌다 이런 기도를 하지요. 하나님은 살아계시는데 살아계신 하나님을 두고서 '하나님, 살아계신다면 이렇게 이렇게 해주세요'라고 기도합니다. 러시아 룰렛게임, F1게임, 무산소 히말라야 등반, 얼마나 위험한 일입니까? 죽을 수 있다는 것을 알면서도 '하나님 날 살려주십시오' 하는 것은 하나님을 시험하는 것입니다. 술 마시고, 담배 피고, 방탕한 삶을 살고, 규칙적인 삶을 살지 않으면서 '하나님 건강을 지켜주십시오' 하는 것이 말이 됩니까? 하나님을 시험하는 것입니다. 공부할 때 하나님 앞에 기도하면서 최선을 다하지 않고서 '하나님 좋은 성적 주시고, 좋은 대학 가게 하시고, 좋은 직장 주십시오' 하는 것은 하나님을 시험하는 것입니다. 고리대금업을 하면서, 투기를 하면서, 복권 사면서 하나님 축복해달라고 기도하는 것, 하나님께서 기뻐하시지 않는 일을 하면서 하나님의 도움을 구하는 것은 다 하나님을 시험하는 것입니다.

신앙생활에 있어서도 은혜의 수단이 있습니다. 하나님의 말씀과 기도입니다. 말씀과 기도에 힘쓰지 않으면서 '하나님 저에게 더 큰 은혜 주십시오, 더 큰 믿음 주십시오' 하는 것은 말이 되겠습니까? 잘못입니다. 하나님을 시험하는 것입니다. 특별히 우리 한국 교회 성도들이 하나님을 시험하는 경우가 많습니다. 좋은 믿음을 가진 것처럼 하면서 알고 보면 하나님을 시험하는 경우가 많습니다. 우리 예수님이 무엇이라고 했습니까? '기록되었으되 주 너의 하나님을 시험하지 말라.'

여러분, 성경 민수기 14장을 보면 이스라엘 백성들이 광야에서 열 번이나 하나님을 시험했다고 했습니다. 시편 78편에 보면 그들이 하나님을 거듭거듭 시험했다고 했습니다. 누가 하나님을 시험했습니까? 이방인들이 하나님을 시험했습니까? 하나님의 백성들이, 이스라엘 백성이 시험했습니다. 성도들이 하나님을 시험했습니다. 여러분, 마지막 세대에 우리 성도들이 정신을 차리고 살지 않으면 우리도 하나님 시험하기 쉽습니다. 믿음은 하나님을 기쁘시게 하지만, 시험은 하나님을 진노하게 만듭니다. 이스라엘 백성들이 광야에서 하나님을 시험했을 때 하나님이 너무 진노하셨습니다. 여러분, 자신의 삶을 돌아보시기 바랍니다. 나는 하나님을 시험하는 모습이 없는가? 내 삶에 하나님을 시험하는 그런 모습이 없을까? 하나님을 시험하는 일이 없는 성도들이 다 되시기를 바랍니다.

두 번째 시험에도 실패한 마귀가 이번에는 예수님을 데리고 지극히 높은 산으로 가서 천하만국과 그 영광을 보여주며 '내게 절하라 경배하라 그리하면 이 모든 나라와 영광을 네게 다 주겠다'고 했습니다.

여러분, 우리 인간이 제일 높은 에베레스트 산에 올라가 본다고 해도 온 세상 나라가 다 보이겠습니까? 그 영광이 다 보이겠습니까? 안 보입니다. 그래서 아마도 이 시험은 초자연적인 세계에서나 환상 중에 일어난 일이 아닐까 생각합니다. 여러분, '내게 절하면 천하만국과 영광을 주겠다'는 마귀의 약속이 일리가 있습니까? 타당성이 있습니까? 물론 마귀는 범죄한 세상의 왕이라고 할 수 있습니다. 그러나 어느 정도는 영광과 권세를 사람에게 줄지는 몰라도 세상을 다스리는 최종적인 권세가 누구에게 있습니까? 하나님께 있습니다. 욥기에 보면 사탄이 욥을 시험하려고 해도 하나님께 허락을 맡아서 그 안에서만 할 수 있습니다. 자기 마음대로 못합니다. 그러므로 내게 엎드려 경배하면 세상 영광을 다 주겠다는 것은 한마디로 거짓말입니다. 이 말은 불가능한 말입니다.

그리고 우리 예수님은 세상의 영광을 받기 위해 이 세상에 온 것이 아닙니다. 인간의 죄를 대속하기 위해서, 십자가에 죽으시기 위해서 오셨습니다. 하나님이 원하시는 구원 사역은 수고도 눈물도 없이 그냥 마귀에게 한 번 절하고 공짜로 얻어가는 구원이 아닌 것입니다. 여러분, '피 흘림이 없이는 죄 사함이 없느니라'고 했습니다. 죄의 삯은 사망입니다. 죽음입니다. 피 흘림입니다. 인간이 안 죽으면 우리 인간의 구원자 되시는 예수님이 죽어야 됩니다. 인류의 죄에 대해서 값을 치르심으로 고난과 십자가의 죽으심을 통해서 구원을 완성하고 그 고난을 통해서 만국의 권세와 영광을 차지하는 것, 잡으시는 것이 바로 하나님의 계획입니다.

여러분, 'No cross, No crown', 십자가 없이는 면류관이 없고 고난이 없이는 영광이 없습니다. 예수님의 생애가 그렇고 우리 성도들의 생애도 그렇습니다. 마귀는 영광에 이르는 지름길을 제시했지만, 예수님은 그 달콤한 유혹에 넘어가지 않았습니다. 사탄이 예수님이 어떻게 하면 천하만국의 영광을 다 주겠다고 했습니까? 내게 엎드려 경배하면, 절하면 주겠다 했습니다. 그러자 예수님은 10절에 무엇이라고 답변하십니까? '사탄아 물러가라 기록하였으되 주 너의 하나님께 경배하고 다만 그를 섬기라'였습니다. 예수님은 이번에도 신명기 6장 13절에 있는 성경 말씀을 가지고 대응했습니다.

여러분, 인간의 유일한 예배의 대상이 누구입니까? 하나님이십니다. 왜 그렇습니까? 우리 하나님께서 유일한 참 신이시기 때문입니다. 우리 하나님께서 천지와 만물과 인간을 다 지으셨기 때문입니다. 우리 하나님께서 천지만물의 주인이 되시기 때문에 영광을 받으실, 예배를 받으실 분은 오직 하나님밖에 없는 것입니다. 그렇기 때문에 우리 인간은 아무에게도 엎드려서 경배하면 안 됩니다. 신으로 경배하면 안 되는 것입니다. 어떤 사람도 경배해서는 안 되고 조상도 숭배해서는 안 되며 하나님이 지으신 천지만물 중에 어떤 것도 경배해서는 안 됩니다. 어떤 사람들은 큰 바위가 신비하게 생겼다고, 어떤 나무가 기가 막힌다고, 태양이 떠오른다고 그것이 신인 줄 알고 빌고 기도합니다. 다 잘못된 것입니다. 어떤 사람들은 돈의 종이 되어서 오직 돈만을 위해서 살아갑니다. 그 사람에게는 돈이 신이 되어 있는 것입니다. 마귀를 섬겨서도 안 됩니다. 마귀에게 절하면 하나님의 말씀에 정면으로 위배되는 것입니다. '오직 하나님께 경배하고 다만 그를 섬기라'고 했습니다. 성도 여러분, 참 신이신 하나님께만 경배하고 하나님만을 섬기시는 여러분이 되기 바랍니다.

오늘 예수님이 받으신 세 가지 시험과 그에 대한 예수님의 대응에서 우리는 세 가지 교훈을 발견합니다. 여러분, 사람이 떡으로만 살 것이 아니요, 하나님의 입에서 나오는 하나님의 모든 말씀으로 사는 줄 알고 세상 물질만 바라보고 위하여서 살지 말고 하나님과 그 말씀을 바라보고 사시기 바랍니다.

어중간한 믿음으로 하나님을 시험하면서 살지 말고 참된 믿음과 분별하는 믿음을 가지고 바르게 살아가시기 바랍니다.

쉽게 영광 얻는다고, 쉽게 돈 번다고 이것저것 가리지 않고 절하지 말고, 따라가지 말고, 종이 되지 말고 오직 하나님께 경배하며 섬기면서 살아가시기를 바랍니다. 이렇게 살아감으로 예수님처럼 마귀의 시험에 승리하면서 살아가는 저와 여러분이 다 되시기를 바랍니다.

## 마태복음 4:1-4

그 때에 예수께서 성령에게 이끌리어 마귀에게 시험을 받으러 광야로 가사 사십 일을 밤낮으로 금식하신 후에 주리신지라 시험하는 자가 예수께 나아와서 이르되 네가 만일 하나님의 아들이어든 명하여 이 돌들로 떡덩이가 되게 하라 예수께서 대답하여 이르시되 기록되었으되 사람이 떡으로만 살 것이 아니요 하나님의 입으로부터 나오는 모든 말씀으로 살 것이라 하였느니라 하시니

# 11

## 시험 받으신 예수님 2

여러분, 지난주일에 우리는 시험 받으시는 예수님에 대해 보았습니다. 광야에서 40일 동안 금식기도 하신 후에 마귀에게 세 번이나 시험을 받으셨습니다. 여러분, 물어보겠습니다. 여러분은 하나님의 살아계심을, 하나님의 존재하심을 믿습니까? 그렇다면 마귀의 존재도 믿습니까? 네. 우리 하나님께서 분명히 존재하시듯이 마귀도 분명하게 존재합니다. 그런데 어떤 성도들은 마귀는 비인격적인 존재요, 그저 하나의 악한 능력으로만 생각할 때가 있습니다. 그러나 성경은 마귀를 실재하는 존재로 말씀합니다. 마귀는 타락한 천사장이고, 귀신은 그 마귀의 부하, 졸개라고 말씀하고 있습니다.

일전에 서울에 성락침례교회라는 곳에 김기동 목사라는 분이 있었습니다. 그분이 베뢰아 귀신론으로 유명했는데, 뭐라고 말했느냐면 '불신자들이 제 명대로 살지 못하고 죽었을 때 그 영혼이 바로 귀신이다'고 했습니다. 그리고 그 귀신이 모든 질병의 원인이라고 했습니다. 그래서 병들면 병원에 가지 않고 귀신을 쫓아내려고 '귀신, 귀신' 했습니다.

그런가하면 어떤 성도들은 모든 잘못된 모습, 모든 악한 현상을 언제나 마귀와 결합을 해서 생각합니다. 그래서 무슨 마귀, 무슨 마귀… 늘 마귀 운운하는 것입니다.

여러분, 마귀나 귀신에게 너무 신경 과민해서 사는 것은 잘못입니다. 반대로 마귀의 존재를 무시하고 주의 없이 사는 것도 잘못입니다. 신자가 이 마귀의 존재를 무시하고 살면 절대로 바른 신앙생활을 할 수 없습니다. 마틴 로이드 존즈 목사님이 에베소서 6장에서 영적 전투에 대해 말씀하시면서 하신 말씀이 '오늘날 교회가 이렇게 악화된 중요한 원인 중 하나는 교회가 마귀를 잊어버린 데 있다'고 했습니다. 교회가 마귀를 잊어버리고 우리 성도들이 마귀를 잊어버리고 살아가기 때문에 이로 인해서 교회와 우리 성도들이 많이 악화되었다는 것입니다.

여러분, 우리나라가 호시탐탐 우리를 노리고 있는 북한의 존재를 무시하고 잊어버리고 아무 방비도 하지 않고 산다면 어떻게 되겠습니까? 몇 달 안 되어서 적화 통일이 되고 말 것입니다. 그처럼 신자가 마귀의 존재를 의식하지 않고 살면 마귀의 시험이 와도 이것이 마귀의 시험인지도 알지 못하고 그냥 거기에 빠지게 되고 패하게 되고 죄짓게 됩니다.

여러분, 이 시간 본문에 나오는 마귀는 어떤 존재이며 예수님은 어떻게 이 마귀의 시험에서 승리하셨는지 그리고 예수님의 승리가 주님을 믿고 따르는 우리에게 어떤 관련이 있는지 살펴볼 때에 은혜의 한 시간이 되기 바랍니다.

### 첫째로 오늘 본문에 나오는 마귀는 '시험하는 자'라고 했습니다.

오늘 본문에 마귀는 세 가지 이름을 가지고 나옵니다. 1절 둘째 줄에는 무엇으로 나옵니까? 그냥 마귀로 나옵니다. 마귀는 헬라어로 '디아볼로스'라고 합니다. '고소자', '중상자', '비방자'라는 뜻을 가지고 있습니다. 그래서 욥기에 보면 마귀는 욥을 하나님께 중상을 하지요. 비방합니다. 고소합니다. 오늘날도 마귀가 우리 성도들을 하나님께 고소를 합니다. 우리가 특별히 잘못하고 죄지었을 때 '하나님 보세요. 저 사람이 하나님을 믿는다면서 죄짓지 않았습니까? 심판하십시오'라고 고소합니다.

마귀의 다른 이름이 10절에 나옵니다. '예수께서 말씀하시되 사탄아 물러가라'고 했습니다. 사탄은 우리나라 말이 아닙니다. 사탄은 히브리어입니다. 히브리어인데 헬라어나 영어에서 그대로 사용하고 한글에서도 사탄이라는 말을 그대로 받아쓰고 있습니다. 이 말의 뜻은 '방해자', '대적자'라는 뜻입니다. 하나님을 대적하고 하나님의 일을 방해하고 우리 성도들을 대적하는 일을 하는 것입니다.

그리고 여러분, 오늘 본문 3절 맨 앞에는 마귀를 '시험하는 자'라고 했습니다. 마귀는 알고 보면 우리 인류의 첫 조상, 아담을 에덴동산에서 시험을 했지요. 하나님께서는 천지만물을 창조하시고 에덴동산에 우리 인류의 시조를 살게 하시면서 '이 동산에 있는 모든 나무의 실과는 다 따먹으라. 그런데 단 한 가지, 동산 중앙의 선악을 알게 하는 나무의 열매는 따먹지 말라'고 했습니다. 여러분, 우리 하나님이 얼마나 좋으신 하나님이십니까? 모든 것 따먹지 말고 하나만 따먹으라고 하면 참 답답할 텐데, 모든 것 다 먹고 하나만 먹지 말라고 했거든요. 그런데 마귀가 가장 지혜롭고 간교한 피조물인 뱀 속에 들어가서 하와를 유혹합니다. 유혹하는 말이 무엇입니까? '정말로 하나님께서 동산에 있는 모든 나무의 과실을 먹지 말라 하더냐?' 여러분, 이것이 정말입니까, 거짓입니까? 거짓입니다. 하나님께서 동산에 있는 모든 과실을 못 따먹는다고 했습니까? 한 가지 못 따먹는다고 했습니다. 그렇게 시험하였습니다. 그때 우리 인류의 시조가 실패했는데, 오늘 말씀에 보면, 그 마귀가 이제는 하나님의 아들 예수님조차도 시험을 하고 있는 것을 볼 수 있습니다. 여러분, 예수님이 사람이 되신 하나님이시죠. 하나님이 사람이 되셨기 때문에 전에는 겪지 않아야 할 수치와 고난을 많이 겪어야 했습니다. 그중에 하나가 마귀의 시험을 받으신 일입니다.

여러분, 예수님이 하나님 그대로 계셨으면 마귀가 예수님 가까이에라도 올 수 있었겠습니까? 예수님은 창조자이시고 마귀는 피조물에 불과한데 어디 예수님 앞에서 어슬렁거리며 시험할 수 있었겠습니까? 어림도 없습니다. 그런데 예수님이 우리와 같은 인간이 되셨기 때문에 아무것도 아닌 마귀가 하나님이신 예수님께 와서 꼬리를 치고 시험을 하고 있다는 말입니다. 예수님 입장에서 볼 때 얼마나 기가 막히고 수치스러운 일이겠습니까? 이 광야에서 딱 세 번 시험하고 끝난 것이 아닙니다. 누가복음 4장 13절을 같이 읽겠습니다.

**"마귀가 모든 시험을 다 한 후에 얼마 동안 떠나니라"**

마귀가 영원히 떠났습니까? 아니지요. 얼마 동안 떠났습니다. 또 찾아와서 시험한다는 것입니다. 4복음서를 읽어보면 그런 것을 많이 볼 수 있습니다. 예수님께서 살아 계시는 동안 내내 찾아와서 예수님을 시험하였습니다.

성도 여러분, 하나님의 아들인 예수님이 우리를 구원하시기 위해서 이같이 수모를 겪으신 일을 잊지 말아야 합니다. 이 마귀가 시험하는 자로서 예수님만 시험합니까? 아니지요. 십자가에서 예수님께 패한 후에 이제는 그 예수님을 믿고 따르는 성도들을 유혹하고 공격하고 시험합니다. 베드로전서 5장 8절을 같이 읽어 봅니다.

**"근신하라 깨어라 너희 대적 마귀가 우는 사자 같이 두루 다니며 삼킬 자를 찾나니"**

너희 대적 마귀가 배가 고파서 우는 사자처럼 두루 다니며 삼킬 자를 찾고 있다고 했습니다. 때와 장소를 가리지 않고 찾아다니며 시험합니다. 타락하고 죄가 많은 곳에서도 역사하지만 그렇지 않고 예수님의 경우처럼 광야에서 혼자 있을 때에도 시험합니다. 또한 거룩한 하나님의 교회에서도 성도들을 시험합니다. 우리가 하나님 앞에 참으로 마음을 모아서 거룩하게 예배드리는 이 시간에도 마귀는 역사합니다. 기도하고 예배 할 때도 역사합니다. 여러분, 느껴보시지 않았습니까? 기도하는 시간에, 예배드리는 시간에 마귀가 나를 유혹한다는 것을 느껴보시지 않았습니까? 조금만 예민한 성도라면 그런 것을 다 느껴보았을 것입니다. 여러분, 마귀가 강대상에도 찾아와서 목사를 시험하기도 합니다. 심지어 설교시간에도 찾아와서 시험을 합니다. 저는 그런 것을 여러 번 느껴보았습니다. 구역예배는 성도의 예배와 교제가 이루어지는 시간입니다. 거기에도 마귀가 역사합니다. 그래서 어떤 사람들은 불합당한 마음으로, 엉큼한 마음으로 예배에 참석하는 것입니다. 어떻게 해야 되겠습니까? 베드로전서 5장 9절 같이 읽습니다.

> **"너희는 믿음을 굳건하게 하여 그를 대적하라 이는 세상에 있는 너희 형제들도 동일한 고난을 당하는 줄을 앎이라"**

믿음을 굳건하게 해서 마귀를 대적하라고 말씀합니다. 야고보서 4장 7절도 읽어봅니다.

> **"그런즉 너희는 하나님께 복종할지어다 마귀를 대적하라 그리하면 너희를 피하리라"**

여러분, 우리가 복종해야 될 대상은 누구십니까? 하나님이십니다. 하나님께는 복종하고, 마귀에게는 복종하고 따르는 것이 아니라 대적해야 하는 것입니다. 하나님께는 복종하고 마귀는 대적하는 성도가 되시기 바랍니다.

**둘째는 예수님께서는 마귀의 시험을 하나님의 말씀으로 물리치셨습니다.**

처음에 돌이 떡이 되게 하라고 했습니다. 마치 예수님을 위하는 것 같은 시험을 했습니다. 그러나 예수님께서는 그것이 자신이 가지고 있는 신적 능력을 오용하도록 만드시는 것인 줄을 꿰뚫어보시고 신명기 8장 3절을 인용하셔서 '사람이 떡만으로 사는 것이 아니라 하나님의 입에서 나오는 모든 말씀으로 살 것이라'고 하심으로 마귀의 시험을 물리치셨습니다.

두 번째에는 성전 제일 꼭대기에 올라가서 뛰어 내리라고 했습니다. 천사가 받아서 발이 돌에 부딪히지 않게 할 것이라고 했습니다. 그러나 그것은 성경을 잘못 인용한 것입니다. 그리고 그런 방식으로 메시아가 되는 것은 하나님이 원하시는 방법이 아닙니다. 그래서 주님께서는 신명기 6장 16절에 있는 말씀, '주 너의 하나님을 시험하지 말라'는 말씀을 인용하여 마귀를 물리치셨습니다.

마지막으로 지극히 높은 산에 데려가서 천하만국과 영광을 보여주며 '내게 절하라, 경배하라 그리하면 천하만국의 영광을 네게 주겠다'고 했습니다. 하지만 이 역시 하나님의 방법이 아닙니다. 그리고 천하만국과 영광을 마귀가 줄 수 있는 것이 아닙니다. 또, 예배의 대상은 오직 우리 하나님이시라고 했습니다. 그런데 감히 자기 앞에 꿇어 엎드려서 경배하라고 합니다. 여러 가지로 잘못되었습니다. 그래서 우리 예수님께서 신명기 6장 13절의 말씀을 가지고 '주 너의 하나님께 경배하고 다만 그를 섬기라'는 말씀으로 또한 물리치셨습니다.

여러분, 여기에서 우리가 하나 생각하게 되는데, 우리 예수님은 어떻게 하나님의 말씀을 많이 알고 있을까요? 많이 알고 있어도, 저희가 나이가 들어보니 머릿속에 성도들의 이름과 뭐가 있어도 생각이 빨리 안 나와요. 컴퓨터 안에 무엇이 들어있는데 이것을 끄집어내기가 쉽지 가 않아요. 그런데 우리 예수님께서는 말씀을 많이 아실 뿐만 아니라 지금 마귀가 시험을 할 때마다 거기에 맞는 말씀을 즉시에 내놓습니다. 정말로 이해가 안 되는 기가 막힌 일입니다. 어떻게 이런 일이 있겠습니까? 그것은 주님께서 지난 30년 동안 나사렛에서 자라는 동안 일반 공부도 하셨거니와 하나님의 말씀을 많이 읽으시고 열심히 배우시고 많이 암송해놓으셨다는 것을 알게 됩니다. 그래서 하나님의 말씀이 그 속에 가득하고 하나님의 뜻이 너무나도 예수님께는 분명하게 있었기 때문에 시험이 올 때마다 가장 적절한 말씀으로 대응할 수 있었다는 것입니다.

여러분, 북한이 미사일과 핵 탄도탄을 생산하고 발전시킬수록 우리도 그에 맞대응을 해서 계속 미사일을 발전시키는 입장에 있습니다. 우리나라의 미사일 방어 체계는 대략 세 가지 종류입니다. 적의 미사일이 저고도로 오면 우리나라에서는 패트리어트 미사일로 맞추도록 되어 있습니다. 적의 미사일이 60㎞ 이상의 중고도로 오면 패트리어트 미사일로는 잘 안됩니다. 지대공미사일, 대공미사일 등으로 막아내야 합니다. 100㎞ 이상의 아주 높은 방향으로 오면 고고도 미사일로 막아내야 됩니다. 우리가 그 고고도미사일을 사드라고 합니다. 그래서 사드를 우리나라에 설치하게 된 것입니다. 여러분 사드가 없으면 미사일이 높이 올라가 남쪽 울산이나 부산으로 떨어질 텐데, 막는 것이 없으면 우리는 그대로 미사일을 다 받게 되어 있습니다. 그래서 종류별로, 높이별로 우리도 갖추어 준비해놓아야 합니다.

마귀의 시험도 마찬가지입니다. 마귀의 시험이 얼마나 교묘한지요. 마귀는 사진과 그림을 보면 어떤 모습으로 나타납니까? 이마에 뿔이 나 있거나, 사람 반 짐승 반의 이상하게 생긴 무서운 모습으로 나타납니까? 아닙니다. 우리가 성경을 보면 마귀가 어떻게 나타나는지 알 수 있습니다.

마귀가 한번은 베드로를 통해서 예수님에게 시험을 하죠. 예수님이 베드로의 신앙고백에 대해 잘했다고 칭찬하시고 그때부터 자기가 고난 받으시고 죽으실 것을 예언하니 베드로가 한쪽으로 예수님을 끌고 가서 예수님을 책망했다고 했습니다. '그리 마옵소서', 그때 예수님이 무엇이라고 했습니까? '사탄아 내 뒤로 물러가라', 그 순간에는 베드로가 사탄의 도구가 된 것입니다. 베드로는 예수님의 제자입니다. 제자가 사탄 역할을 하는 것입니다. 예수님이 십자가에 달렸을 때에는 사람들이 '네가 하나님의 아들이어거든 내려오라' 했습니다. 사탄이 따로 있는 것이 아니고 그 밑에 있는 사람들이 사탄 역할을 하는 것입니다. 한번은 국민일보에 나온 '시험 받으신 예수님'이란 제목의 명화를 보았습니다. 미국 워싱턴 국립박물관에 소장되어 있는 작품으로 '후안 데 플란데스'라는 15세기경의 종교 화가가 그린 것입니다. 거기에 보면 광야에서 예수님을 유혹하는 사탄은 수도복을 입었습니다. 그러니까 사탄이 광야에서 수도하는 수도사의 모습으로 나타나서 예수님을 유혹했다는 것입니다. 상당히 일리가 있습니다. 사도 바울은 때로는 사탄이 광명의 천사로 나타난다고 했습니다. 빛의 천사처럼 착한 모습으로 나타나서 유혹하기도 하고 시험하기도 하는 것입니다. 이는 마귀의 방법입니다. 그뿐 아니라 참으로 다양한 모양으로 성도를 유혹하고 시험합니다. 재산 문제, 돈 문제, 돈 버는 문제, 명예 문제, 취미를 가지고, 성을 가지고 유혹하기도 하고 다방면으로 생각지 않은 방법으로도 성도들을 유혹하고 시험합니다.

어떻게 해야 되겠습니까? 시편 119편에 다윗은 '내가 범죄치 아니하려하여 주의 말씀을 내 마음에 두었나이다'고 했습니다. 주의 말씀이 내 마음에 있을 때에 시험을 이기게 되고 범죄치 않게 되는 것입니다. 주의 말씀도 한 가지 말씀이 아니라, 적의 미사일에 따라 저고도로 중고도로 최고도로 종류별로 오는 것을 다 갖추어놓아야 하듯이 우리가 하나님의 말씀을 많이 읽고 묵상하고 암송해서 여러 가지 말씀으로 우리 자신을 무장할 때에 우리는 여러 가지 시험에서 승리할 수 있다는 말씀입니다.

에베소서 6장에 보면 마귀와의 싸움에서 이기기 위해서는 '전신갑주를 입으라'고 했습니다. 완전무장을 하라고 하셨습니다. 가만히 읽어보면 공격무기는 하나 밖에 없어요. 무엇입니까? 성령의 검, 칼입니다. 성령의 검은 방어무기도 되고 공격 무기도 됩니다. 성령의 검이 무엇입니까? 에베소서 6장 17절 읽어보겠습니다.

**"구원의 투구와 성령의 검 곧 하나님의 말씀을 가지라"**

성령의 검이 무엇입니까? 하나님의 말씀입니다. 성도 여러분, 마귀의 시험에, 영적싸움에서 정말 승리하기를 원합니까? 그렇다면 성령의 검, 하나님의 말씀으로 무장해야 됩니다. 주일날 한 번 듣고 오는 성경이 아니라 날마다 말씀을 읽고 묵상하고 이 말씀을 가지고 기도하고 이 말씀을 암송해야 합니다. 그래서 이 말씀이 내 마음에 가득할 때에 시험을 받을지라도 하나님의 말씀이 생각나고 떠올라서 이 말씀이 힘이 되어 시험을 이길 수가 있습니다.

여러분, 예수님은 어릴 때부터 스스로 알아서 성경을 읽고 공부했을까요? 하나님의 아들이니까 저절로 머릿속에 다 있었을까요? 아닙니다. 신명기 6장 6, 7절을 같이 읽어보겠습니다.

**"오늘 내가 네게 명하는 이 말씀을 너는 마음에 새기고 네 자녀에게 부지런히 가르치며"**

우리 하나님께서 부모들에게 주시는 말씀입니다. 하나님의 말씀을 부모들아 마음에 새기라. 새기는 것은 암송을 해야 새겨지는 것입니다. '새기고 너희 자녀들에게 부지런히 가르치라'고 했습니다. 그래서 우리가 알 수 있는 것은 예수님의 부모님들은 이 말씀을 따라서 자신들이 하나님의 말씀을 많이 읽고 마음에 새겼고, 또 아들 예수님에게 이 말씀을 많이 부지런히 가르쳤다는 것입니다.

열흘 전에 수능고사가 끝이 났습니다. 본인들도 수고를 했겠지만 그동안 자녀들을 위해서 부모님들이 얼마나 수고를 했겠습니까? 애를 태웠겠습니까? 그런데 우리 부모들이 기억해야 될 것은 하나님 말씀도 그렇게 애를 태우면서 열심히 자녀들에게 가르쳐야 됩니다. 그것이 하나님의 말씀입니다. 여러분 단적으로 말해서 자기 자녀에게 정말 죽도록 애를 태워서 돈 많이 들여서 공부시키라는 말씀은 없습니다. 그런데 자기 자녀에게 하나님의 말씀을 부지런히 가르치라. 잠잘 때도, 일어날 때도, 길을 갈 때까지도 가르치라고 했습니다. 그것은 하나님께서 말씀하셨습니다. 그렇게 가르쳐야 됩니다. 그리하지 않으면 이 악한 시대에 어떻게 마귀의 시험을 이기고 참 크리스천으로서 살아갈 수 있겠습니까? 없습니다. 우리 교회의 모든 부모들은 예수님의 부모처럼 말씀의 부모가 되시기를 바랍니다. 그리고 우리 교회의 모든 자녀들도 우리 예수님처럼 디모데처럼 말씀의 자녀가 꼭 될 수 있기를 바랍니다.

**마지막 셋째로 예수님의 승리의 의의, 또는 예수님의 승리가 우리에게 주는 유익이 무엇입니까?**

두 가지로 말할 수 있습니다. 하나는 우리의 구원을 위해서 예수님께서 승리하셨습니다. 여러분, 기억하십니까? 지난 주일에 저는 우리 인류에게 두 대표가 있다고 했습니다. 한 대표가 누구입니까? 첫째 아담, 우리 시조 아담, 우리의 대표입니다. 그런데 시험을 받았습니다. 어디에서 시험받습니까? 에덴동산입니다. 얼마나 좋은 환경이고 좋은 처지입니까? 모든 것을 다 먹을 수 있었습니다. 풍족한 가운데서 시험을 받았지만 실패했습니다. 그 한 사람의 실패로 인해서 모든 인류가 죄인이 되었습니다. 또 다른 대표가 누구입니까? 우리 예수님, 마지막 아담, 둘째 아담입니다. 우리 예수님은 어디에서 시험을 받았습니까? 광야입니다. 험한 곳에서 시험을 받았고 40일 동안 주린 가운데 악한 상황에서 시험을 받았습니다. 그럼에도 불구하고 예수님께서 시험에서 승리하셨습니다. 로마서 5장 19절을 같이 읽어보겠습니다.

**"한 사람이 순종하지 아니함으로 많은 사람이 죄인된 것 같이 한 사람이 순종하심으로 많은 사람이 의인이 되리라"**

앞에 있는 '한 사람이 순종하지 아니함으로', 누구입니까? 아담입니다. 그 사람으로 인해서 많은 사람이 죄인이 되었습니다. 그러나 '한 사람의 순종하심으로', 누구십니까? 예수님입니다. 순종하심으로 많은 사람이, 믿는 우리가 의인이 되는 것입니다. 그래서 우리 예수님의 시험은 개인의 시험이 아닙니다. 예수님의 승리는 예수 개인의 승리가 아닙니다. 오늘 이 자리에 앉아 있는 저와 여러분을 위한 시험이었고 저와 여러분을 위한 승리임을 믿으시기를 바랍니다. 여러분, 우리를 위해서 시험을 받으시고 그 시험을 이기신 우리 주 예수님께 감사와 찬송을 돌리시기 바랍니다.

또 다른 하나는 주님이 시험을 받으셨기 때문에 우리가 시험을 받을 때에 능히 우리를 도와주실 수 있습니다. 히브리서 2장 18절을 같이 읽겠습니다.

**"그가 시험을 받아 고난을 당하셨은즉 시험 받는 자들을 능히 도우실 수 있느니라"**

예수님께서 시험 받으셨기 때문에 예수님께서 시험 받는 우리 성도들을 아시는 것입니다. 능히 도우실 수가 있는 것입니다. 지난 주간에 박 목사님의 사모님이 아기를 낳았습니다. 우리 남자들은 아무리 이해를 하려고 해도 여인들의 아기 낳는 고통을 알겠습니까? 이해한다고 해도 모르는 거예요. 아기를 낳아 본 사람은 아는 것입니다. 이해하는 것입니다. 우리 주님께서 이 땅에서 하나님의 아들이시면서 시험을 받아보셨기 때문에, 내내 시험을 받으셨기 때문에 시험 받는 우리가 어떤 형편인지 그 시험이 어떤 것인지 그 고난이 어떤 것인지 그 아픔이 어떤 것인지 우리 주님께서 다 아시고 능히 우리를 도와주실 수가 있습니다. 그러므로 우리가 시험 받을 때에 주님을 바라보고 담대히 주님께 나아가면 내 시험, 내 형편을 다 아시는 주님께서 도와주시고 건져주시고 피할 길도 주심을 믿으시기 바랍니다.

여러분, 베드로가 바다 위로 걸으려고 했으나 풍랑을 보고 무서워하자 가라앉았습니다. 그러므로 바다 자체를, 풍랑 자체를 보지 마십시오. 시험과 고난을 당할 때에 시험 자체를, 고난 자체를 바라보시지 마시고 시험을 능히 이기신 승리자 되시는 예수님을 바라보시기 바랍니다. 이 세상 살 동안에 수많은 시험을 당하지만 예수님을 바라보고 승리의 삶을 살아가시는 저와 여러분이 다 되시기를 바랍니다.

## 마태복음 4:12-16

예수께서 요한이 잡혔음을 들으시고 갈릴리로 물러가셨다가 나사렛을 떠나 스불론과 납달리 지경 해변에 있는 가버나움에 가서 사시니 이는 선지자 이사야를 통하여 하신 말씀을 이루려 하심이라 일렀으되 스불론 땅과 납달리 땅과 요단 강 저편 해변 길과 이방의 갈릴리여 흑암에 앉은 백성이 큰 빛을 보았고 사망의 땅과 그늘에 앉은 자들에게 빛이 비치었도다 하였느니라

# 12

# 큰 빛이신 예수님

성도 여러분, 성탄절이 점점 가까이 오고 있습니다. 지난주일부터 성탄절까지의 네 주를 가리켜서 대강절, 혹은 대림절이라고 말합니다. 주님의 탄생을, 주님의 오심을 기다리는 절기라는 말입니다. 서구의 풍습을 보면 이 기간 동안에는 처음에는 촛불을 하나 켰다가 한 주간이 지나갈수록 촛불을 하나씩 더 밝혀갑니다. 이것은 세상의 빛으로 오신 예수님을 상징합니다. 오늘날은 촛불을 켜지 않습니다. 촛불 대신 색전등이 빛을 비추고 있습니다.

오늘 본문 말씀은 우리 예수님께서 이 세상의 빛이심을 잘 보여주는 말씀입니다. 우리는 지난 한 달 동안 예수님께서 세례를 받으시고 광야에서 시험을 받으시는 모습을 살펴보았습니다. 이 모든 일은 예수님께서 남쪽에 있는 유대 땅에서 행하신 것입니다. 그런데 오늘 말씀을 보면 예수님께서 유대 땅을 떠나서 북쪽에 있는 갈릴리 땅으로 이동해 가시는 것을 볼 수 있습니다. 그 갈릴리 지역으로 가서 사역을 시작하시는데 사실은 예수님의 사역의 대부분이 북쪽 갈릴리에서 이뤄졌습니다.

그런데 예수님께서 갈릴리 지역으로 가시게 되는 계기가 있습니다. 여러분, 12절 첫 줄을 보십시오. 예수께서 갈릴리로 물러가게 된 계기가 무엇입니까?

**"요한이 잡혔음을 들으시고."**

세례 요한이 투옥이 되었습니다. 그 핍박의 바람이 예수님께도 닥쳐올 수가 있습니다. 그래서 예수님께서 유대 땅을 떠나서 갈릴리로 가신 것입니다. 우리 성도는 박해를 두려워해서는 안 되겠지만, 그렇다고 고의로, 일부러 박해를 받을 필요는 없습니다. 피할 수 있으면 피하는 것이 좋습니다. 예수님은 아직 구원 사역을 시작도 안 했는데 초장에 붙잡히고 투옥되시고 끝이 나면 우리의 구원이 이루어지지 않습니다. 그래서 예수님께서 피하여서 갈릴리로 가신 것입니다.

요한이 체포가 되고 예수님은 갈릴리로 가서 공사역을 시작하는 여기에서 우리는 하나님의 섭리를 보게 됩니다. 여러분, 요한은 선지자이지요. 잘못해서 감옥에 갇힌 것이 아니라 하나님의 의를 전파하다가 투옥이 되었습니다. 그러기에 요한은 '하나님께서 속히 나를 이 감옥에서 풀려날 수 있게 해주시면 좋겠다'고 생각하면서 감옥에서 그렇게 기도했을 것입니다. 그러나 요한은 메시아의 길을 예비하는 사람 아니겠습니까? 전령이고 선구자입니다. 그런데 우리 예수님께서, 메시아가 드디어 모든 준비가 끝이 났습니다. 세례를 받으시고, 광야에서 금식기도도 하시고 시험도 받으셨습니다. 이제 메시아가 등장할 시간이 되었습니다. 지금은 전령이 사라지고 왕이 나타나야 하는 때입니다. 그렇기 때문에 요한에게는 안됐지만, 요한은 감옥에 갇힘으로 요한은 물러가고 이제 메시아이신, 왕이신 예수님이 본격적으로 등장해야 된다는 말씀입니다.

여러분, 우리에게 일어나는 세상의 모든 일이 우연 같지만, 우연히 일어나는 일은 한 가지도 없습니다. 다 하나님의 작정 안에서, 하나님의 섭리 가운데서 일어납니다. 순리적으로 자연스럽게 일어나는 일도 하나님의 섭리 안에 있지만, 죄도 없는 세례 요한이 감옥에 갇히는 것과 같은 억울한 일에도 하나님의 섭리가 있더라는 것입니다. 여러분, 우리가 이 세상에 살 때에 이 점을 놓쳐서는 안 됩니다. 이 점을 놓치면 우리가 억울해하고 탄식하고 실망할 일들이 많이 생기고 시험 들 일이 많이 생깁니다. 찬송가에 '여기에 모인 우리'라는 찬송이 있습니다. 2절에 보면 '주님이 뜻하신 일 헤아리기 어렵더라도 언제나 주 뜻 안에 내가 있음을 아노라' 했습니다. 여러분의 삶에 때론 안타깝고 억울하고 이해가 안 되는 일이 생기고 기도해도 해결이 안 되는 일이 일어난다고 할지라도 거기에 우리 하나님의 섭리와 뜻이 있음을 믿으시기 바랍니다.

북쪽 갈릴리 지역에 갔습니다. 제일 처음 간 곳이 어디겠습니까? 13절을 보십시오. 나사렛을 떠났다고 했습니다. 이 말씀을 보면 예수님께서 맨 먼저 나사렛에 가셨다는 것입니다. 나사렛은 예수님이 30여 년 자란 고향입니다. 그런데 그곳을 떠나서 가버나움에 가서 사셨다고 했습니다. 고향을 중심으로 사역을 시작하면 좋을 텐데 왜 고향 나사렛을 떠났습니까? 누가복음 4장에 보면 고향 사람들이 예수님을 받아들이지 않았습니다. 예수님을 배척하고 죽이려고 했습니다. 그곳에서는 사역을 할 수가 없죠. 또 다른 중요한 이유가 있습니다. 중요한 이유는 가버나움이라는 곳이 특별한 곳이기 때문입니다.

여러분, 갈릴리 지역에는 우리가 잘 아는 갈릴리 호수가 있습니다. 호수가 워낙 크기 때문에 호수라고 하지 않고 자주 갈릴리 바다라고 했습니다. 갈릴리 바다에는 수많은 어종이 있었습니다. 그래서 어촌이 갈릴리 바다 주변으로 약 서른 곳이 형성되어 있었습니다. 그 어촌 중에 가장 큰 어촌이 바로 가버나움이었습니다. 갈릴리 호수가 비파처럼 생겼는데 맨 북쪽 평지 쪽에 가버나움이 있었는데 당시에 2만여 명이 살았다고 합니다. 2,000년 전인데 2만여 명이니 얼마나 많습니까?

이곳은 단순한 어촌만은 아닙니다. 여러분 15절 둘째 줄에 보십시오. 여기에 무슨 길이 나옵니까? 해변길입니다. 해변길(Via maris)은 유명한 길이였는데 동북쪽 내륙에서부터 이 가버나움을 거쳐서 지중해 바다로 빠지는 대로였습니다. 그러니까 우리가 알 수 있는 것은 가버나움은 교통의 요지였습니다. 교통의 요지였기 때문에 많은 상인들이 교통했습니다. 많은 교역이 활발히 이루어진 곳입니다. 그래서 성경을 보면 이곳에는 세관이 있었습니다. 지금 마태복음 강해 설교를 하고 있는데 이 마태의 본래 직업이 무엇입니까? 세리입니다. 바로 가버나움 세관에 앉아있던 세리인데 어느 날 예수님께서 '나를 따라 오너라', 그래서 예수님의 제자가 됩니다. 또 로마 수비대도 있습니다. 마태복음 8장에 예수님이 믿음이 크다고 칭찬한 백부장은 가버나움에 있는 로마 수비대의 장교였습니다. 이런 것을 보면 가버나움이 얼마나 중요한 지역인지 알 수 있습니다. 갈릴리에서 가장 중심되는 중요한 지역입니다. 그래서 가버나움은 갈릴리 선교의 센터로 가장 적당한 곳입니다. 예수님께서 이곳을 중심으로 해서 사역을 하실 때, 천국 복음을 전파하실 때 갈릴리 각 지역에 가장 빨리 확산이 될 수 있었습니다. 빨리 전해질 수 있었습니다.

그런데 여러분, 예수님께서 이 갈릴리 지역에서 사역을 시작하신 일에는 큰 의미가 있습니다. 이 일은 바로 선지자 이사야가 700년 전에 예언했던 일입니다. 오늘 15절, 16절을 다같이 읽어봅니다.

**"스불론 땅과 납달리 땅과 요단 강 저편 해변 길과 이방의 갈릴리여 흑**

**암에 앉은 백성이 큰 빛을 보았고 사망의 땅과 그늘에 앉은 자들에게 빛이 비치었도다"**

여러분, 이 말씀은 오늘 우리가 교독한 말씀입니다. 이사야서 9장 1절부터 있는 말씀인데 이 말씀이 이루어졌습니다. 이 예언이 성취가 되었습니다. 이 예언이 예수님께서 갈릴리에 오셔서 사역을 시작했을 때에 이루어졌다는 것입니다. 여러분, 15절 첫 줄에 보면 스불론 땅, 납달리 땅, 요단강 저편, 해변 길 전부가 갈릴리에 속한 땅입니다. 한 마디로 말하면 갈릴리에 큰 빛이 비추었다는 말씀입니다.

그런데 이상한 말씀이 있습니다. 15절 끝에 보십시오. 그냥 '갈릴리여' 하지 않고 '이방의 갈릴리여'라고 했습니다. 여러분, 갈릴리 땅이 이방 땅입니까? 아닙니다. 원래부터 이스라엘 땅입니다. 출애굽한 이스라엘 백성이 가나안 땅을 점령하고 12지파 대로 땅을 분배했습니다. 그때 스불론 지파에게도, 납달리 지파에게 이 땅을 주었습니다. 그러니 본래 이스라엘 땅입니다. 그런데 왜 오늘 본문에 '이방의 갈릴리여'라고 말씀을 해놓았느냐는 것입니다. 여러분, '이방의 갈릴리'라고 하는 것에는 이 갈릴리 지역의 역사적인 비극이 숨어 있습니다. 갈릴리 지역은 신앙의 중심지, 곧 예루살렘 성전이 있는 예루살렘과 가장 멀리 떨어져 있었습니다. 하나님의 은혜와는 거리가 먼 땅입니다. 그러다 보니 정치적으로 경제적으로 소외되고 가난한 땅입니다. 옛날에 우리나라의 평안북도, 함경북도 지역이 침략을 많이 받은 것과 같습니다. 변방에 있다 보니 이방인의 침략을 많이 받아서 살육을 당하고 약탈을 당하고 여자분들은 강간을 많이 당하고… 정말 가슴 아픈 땅입니다. 그래서 실제적으로 이방인들이 갈릴리 땅에 많이 살았습니다. 뿐만 아니라 이방인과 피가 많이 섞여 있었어요. 이래서 오늘 말씀에 그냥 '갈릴리여' 하지 않고 '이방의 갈릴리여'라고 하는 것입니다. '이방의 갈릴리여' 하는 이 말은 가슴 아픈 말입니다. 비극적인 말입니다. 조롱의 말입니다. 여기 인용된 이사야서 9장 1절에 보면 '멸시받는 땅'이라고 했습니다. 오늘 본문에도 그것을 볼 수 있습니다. 16절 첫 줄을 보면 '흑암에 앉은 백성', '사망의 땅'이라고 했습니다. 세상적으로 아무 희망이 없는 땅이 갈릴리 땅이라는 것입니다.

그런데 이 어둠의 땅, 사망의 땅에 놀라운 일이 일어났습니다. 16절에 흑암에 앉은 백성이 큰 빛을 보았다고 했습니다. 이것을 다른 말로 바꾸면 이 갈릴리 사람들에게 큰 빛이 비치었다는 것입니다. 하나님께서 큰 빛을 비추었다는 것입니다. 큰 빛이 비추었다는 것이 무슨 말씀이겠습니까? 오늘 교독한 이사야서를 보십시오. 주보 첫 면을 보면 1절, 2절에 있는 말씀은 오늘 본문에 그대로 있습니다. '흑암에 행하던 백성이 큰 빛을 보았다' 했는데 그 다음에 '이는 한 아이가 우리에게 났고 한 아들을 우리에게 주신 바 되었는데'라고 했습니다. 여러분 여기 한 아이가 누구입니까? 예수님입니다. 예수님으로 인하여서 이 지역에 빛이 비치게 된다는 것입니다. 오늘 마태복음 4장에도 보면 하나님이 보내신 하나님의 아들 예수님이 이 갈릴리 땅에 오니 큰 빛이 비치었다고 말씀하고 있습니다. 요한복음 1장에서도 예수님에 대해 말씀하기를 '참 빛 곧 세상에 와서 각 사람에게 비추는 빛이 있었나니' 했는데 그 빛이 누구겠습니까? 예수님을 말씀합니다. 여러분, 예수님은 참 빛이십니다. 예수님은 생명의 빛이십니다. 예수님은 구원의 빛이십니다. 멸시 받던 어둠의 땅 갈릴리에 하나님께서는 먼저 빛을 비추어주심으로 그 갈릴리 땅을 영화롭게 만들어 주셨습니다.

여기서 우리가 기억할 것은 이방의 갈릴리는 단순히 팔레스틴에 있는 갈릴리만 의미하는 것이 아닙니다. 죄가 있고 죄의 결과로 온갖 비참이 있는 이 세상을 가리키는 말이 '이방의 갈릴리여'라는 말입니다.

여러분 오늘 우리가 살고 있는 이 세상과 인생의 모습을 한번 보십시오. 죄가 있고 죄의 결과로 인하여서 온갖 비참이 이 땅에 있지 않습니까? 갈등과 싸움과 전쟁이 끝이 없습니다. 기근과 가난이 계속됩니다. 질병이 있고 온갖 사고가 있습니다. 슬픔과 근심 걱정이 떠나지 않습니다. 여러분, 사람이 당해보지 않으면 착각하는 것이 두 가지 있습니다. 하나는 '나는 안 늙으리라' 입니다. 특히 젊은 분들은 '나는 이 미모를, 이 건강을 끝까지 유지할거야, 절대로 저 노인처럼 안 될거야'라고 생각합니다. 그런데 나중에 자기가 겪어보면 '그게 아니구나, 늙는구나' 하고 아는 거예요. 또 한 가지는 '나는 절대로 죽지 않으리라'입니다. 자기 사방에 있는 사람들이 죽어가는 모습을 보고도 자기는 안 죽으리라고 생각합니다. 결국은 죽게 됩니다. 죽음으로 다 끝이 납니다. 그래서 우리는 어찌 보면 태어나면서부터 늙어가기 시작합니다. 태어나면서부터 죽어가기 시작합니다.

요컨대 범죄한 인생은 오늘 말씀대로 흑암에 앉은 백성입니다. 사망의 땅에 사는 불쌍한 백성입니다. 죄 아래 있는 우리 인류는 한 마디로 갈릴리 사람이라는 것입니다. 사랑하는 성도 여러분, 저와 여러분도 예수 그리스도의 빛을 받기 전에는 어둠 속에 앉아 있는 사람이었습니다. 사망의 그늘진 땅에 있던 사람들이었지요. 여러분, 우리 하나님께서 우리 인생을 죄의 어두움 속에, 이 사망의 땅에 이대로 버려두신다면 우리 인생에게 무슨 희망이 있겠습니까? 그러나 우리 하나님께서는 흑암에 앉은 백성들을 버려두시지 않으셨습니다. 오늘 본문에 큰 빛이 비치었다고 했습니다. 희미한 빛이 아닙니다. 모든 어둠을 밝힐 수 있는, 죄로 인하여서 우리 인류에게 주어진 죽음의 어두움과 여러 가지 비참과 어두움을 다 밝힐 수 있는 큰 빛을 우리 주님께서 비추어주셨습니다. 요한복음 3장 16절 말씀대로 하나님이 세상을 이처럼 너무너무 사랑하사 독생자를 주셨다는 말씀입니다. 그래서 참빛, 생명의 빛이신 예수님께서 죄로 어두운 이 세상에 빛으로 오셔서 사람들을 비추어주셨습니다. 구원의 빛을 비추어주셨습니다.

여러분, 캄캄한 어두운 밤에 큰 빛이 비치면 세상이 완전히 달라집니다. 그처럼 빛 되신 예수님의 오심은 이 세상을 완전히 바꾸어놓았습니다. 인류 역사와 인류 문화사를 보면 너무나도 분명하게 드러납니다. 여러분 예수님이 오심으로 역사가 나눠집니다. 주전과 주후로 나누어집니다. B.C와 A.D로 나누어집니다. 연대만 나누어지는 것이 아닙니다. 예수님의 복음이 비치는 곳에 구원의 역사가 일어나고 새생명의 역사가 일어나고 새로운 소망의 역사가 일어나는 것입니다. 예수님의 복음이 들어가는 곳에 사람들의 인지가 깨어납니다. 미신이 물러가고 자연과학이 발달합니다. 제 고향 경상남도 남해군 남면 평산리에 교회가 제일 먼저 세워졌습니다. 사람들의 머리가 제일 먼저 깨어요. 그래서 우리 동네의 부모들이 자기 자녀들을 제일 먼저 부산으로 서울로 보내어 공부를 시켰습니다. 무엇을 의미합니까? 복음이 가는 곳에 사람들의 무지몽매한 생각이 다 깨어나는 거예요. 여러분, 지금도 세계지도를 펴놓고 봐도 기독교가 있는 곳과 없는 곳은 문명의 차이가 너무나도 뚜렷하게 나타납니다.

우리나라가 근대화된 것도 기독교의 전래 때문입니다. 여러분, 구한말에 이 땅은 무지와 미개함이 가득했습니다. 온갖 미신과 구습과 허례허식이 가득한 땅이였죠. 무지몽매한 민족이었습니다. 어둠 속에 앉았던 민족이었는데 우리 민족은 어둠 속에 앉아 있었기 때문에 그것을 몰랐습니다. 그런데 1885년 인천으로 해서 선교사 두 분이 공적으로는 우리나라에 처음으로 발을 내딛었습니다. 바로 언더우드 선교사와 아펜젤러 선교사입니다. 특히 언더우드 선교사는 우리 장로교 선교사입니다. 이분이 우리나라에 와서 자기 조국 미국에 편지를 써서 그 글이 미국 선교잡지에 실렸습니다.

'우리는 부활절에 도착하였습니다. 이날 죽음의 빗장을 산산이 부순 그분께서 조선 사람들의 묶은 줄을 끊으시고 그들을 하나님의 자녀로서의 빛과 자유를 누리도록 이끌어주시기 바랍니다'

여기 '빛과 자유를 누릴 수 있기를'이라고 한 것을 보면 그 사람들이 보기에 우리 땅이 어둠의 땅이라는 것입니다. 그때는 병이 들면 약을 바르고 수술을 해서 고칠 줄 모르고 미신적으로 푸닥거리를 해서 고치려고 했습니다. 글도 몰랐는데 선교사님이 들어오시면서 학교를 세워서 글과 학문을 가르치고, 병원을 세워서 의학적으로 사람의 병을 고치고 해서 그 선교사들이 들어온 지 132년밖에 되지 않았지만, 이 미개하고 어두운 땅이 얼마나 밝아졌습니까? 저는 한 번씩 믿어지지가 않아요. 제가 어렸을 때랑 지금이 5-60년밖에 차이가 안 나는데 얼마나 이 나라가 바뀌었는지요. 기독교가 전래되면서 그렇게 된 것입니다.

사랑하는 성도 여러분, 우리 주님께서는 참 빛이십니다. 생명의 빛이십니다. 구원의 빛이십니다. 여러분, 우리는 이 빛에 대하여서 어떻게 해야 되겠습니까? 세 가지 말씀을 하면서 말씀을 마칩니다.

첫 번째로 이 빛을 받아들여야 합니다.

'영접하는 자 곧 그 이름을 믿는 자들에게는 하나님의 자녀가 되는 권세를 주신다'고 했습니다. 이 빛을 받아들이는 자, 믿는 자는 구원받고 영생 얻고 하나님의 자녀가 되는 것입니다. 우리 교회에 나오기는 하지만 아직도 믿지 않는 분, 아직도 어둠 속에 계시는 분은 큰 빛 되시는 예수님을 받아서, 예수님을 영접해서 영생 얻기를 바랍니다.

### 두 번째는 이 빛에 거해야 합니다.

예수 믿어서, 이 빛을 받아들여서 영생을 얻을 뿐 아니라 이 빛에 거해서 빛 가운데서 살아가야 된다는 것입니다. 구한말에 안종찬이라는 남자 무당이 있었습니다. 이 사람은 사람들을 속여서 돈을 많이 벌었어요. 그런데 어느 날 복음을 듣고 예수 믿고 새사람이 되었습니다. 새사람이 되어서 이제는 마음과 삶이 밝아졌어요. 그래서 자기 이름을 '거광(居光)' 이라고 지었습니다. 빛에 거한다는 말입니다. 이제는 예전처럼 사람들 속여서 돈 벌고 어둡고 부끄러운 짓 하면서 살지 않고 진리되는 하나님의 말씀을 따라서 살아감으로 언제나 빛처럼 밝은 삶을, 선한 삶을 살아간다는 것입니다. 사랑하는 성도 여러분, 우리가 예수님을 믿고 영생을 얻을 뿐만 아니라 우리는 다 빛 가운데서 살아야 될 줄 믿습니다. 주님께서 성탄하신 이 12월에 아직도 여러분 삶에 어두운 모습이 있다면, 부끄러운 모습이 있다면, 합당치 않은 모습이 있다면 다 벗어버리고 빛 가운데서 살아가시기 바랍니다.

### 세 번째는 이 빛을 전하면서 살아야 합니다.

이 땅에, 이 울산에, 이 주변에, 우리 가족 중에 아직도 어둠에 앉은 자들이 있지 않습니까? 아직도 사망에 머물러 있는 자들이 분명히 있을 것입니다. 이 사람들이 생명 얻고 소망 가지고 살도록 빛이신 예수님을 그들에게 전해주고 비추어주어야 할 것입니다.

성탄이 다가오고 있습니다. 빛으로 오신 예수님의 빛을 받고 그 빛 가운데에서 살아가고 그 빛을 비추면서 전하면서 살아가시는 저와 여러분이 다 되시기 바랍니다.

## 마태복음 4:18-22

갈릴리 해변에 다니시다가 두 형제 곧 베드로라 하는 시몬과 그의 형제 안드레가 바다에 그물 던지는 것을 보시니 그들은 어부라 말씀하시되 나를 따라오라 내가 너희를 사람을 낚는 어부가 되게 하리라 하시니 그들이 곧 그물을 버려 두고 예수를 따르니라 거기서 더 가시다가 다른 두 형제 곧 세베대의 아들 야고보와 그의 형제 요한이 그의 아버지 세베대와 함께 배에서 그물 깁는 것을 보시고 부르시니 그들이 곧 배와 아버지를 버려 두고 예수를 따르니라

# 13

# 사람 낚는 어부

지난주일에 우리는 갈릴리로 가신 예수님께서 자기 고향 나사렛을 떠나서 갈릴리 바닷가 해변에 있는 가버나움이라는 동네로 이사를 가신 것을 보았습니다. 그때부터 갈릴리 바다는 예수님의 사역의 주 무대가 되었습니다. 여러분, 올해 교회에서 받으신 새해 달력을 집에 가서 펴보시면 1월 달에 갈릴리 바다가 나오고 갈릴리 바다에 대한 설명이 나옵니다.

저는 갈릴리 바다를 잊지 못합니다. 저는 그곳에 두 번을 갔습니다. 특별히 10년 전, 2007년에 우리 교회 일부 성도들과 그곳에 성지순례를 갔습니다. 어느 주일 아침에 하나님 앞에 주일예배를 드리고 갈릴리 바다 근처에 있는 마을들을 돌아보고 성도들과 함께 큰 배를 탔습니다. 배를 타고 갈릴리 바다 중앙으로 나갔습니다. 나가서 갈릴리 바다 북쪽을 바라보는데 그날따라 날씨가 맑고 미풍이 따뜻하게 불었습니다. 그 북쪽 갈릴리를 보니 예수님께서 다니시면서 복음을 전하신 곳들, 예수님이 사셨던 가버나움, 또 예수님께서 오병이어로 오천 명을 먹이신 답가라는 곳, 그리고 벳세다 동네, 예수님께서 산상보훈을 전하셨던 팔복의 동산, 예수님께서 제자들을 부르셨던 그 갈릴리 바닷가, 그리고 그 배를 타고 예수님이 얼마나 많이 갈릴리 바다를 다니셨습니까? 그 배에서 주무시기도 하신 예수님, 갈릴리 바다의 폭풍을 잠잠케 하신 예수님, 그리고 또 폭풍 위로 걸어오신 예수님, 우리를 위하여 2,000년 전에 이 세상에 오셔서 사람이 되어서 이곳에서 그렇게 했다는 것을 생각하니 가슴이 큰 감격으로 벅차올랐습니다. 때마침 복음송 '친구의 고백'이 흘러나오는 거예요. 이스라엘 사람들이 참 똑똑하죠. 그 친구가 누구입니까? 베드로입니다. 그 찬양이 나오는데 한없이 마음이 감동이 되고 황홀경에 빠졌습니다. 여 집사님들이 좋아서 덩실덩실 춤을 추었습니다. 그곳에서 너무 감동이 되어서 기도했습니다. '주님, 이곳에 오셔서 33년 모든 사명을 마치시고 우리에게 부탁하시고 가셨는데 주님 남기신 사명을 저도 최선을 다해 잘 감당하겠습니다' 하고 결심하며 기도했습니다.

오늘 본문을 보면 갈릴리 바닷가에서 예수님께서 제자를 부르십니다. 예수님께서 처음부터 열두 제자를 부르신 것이 아니고 처음에는 네 제자를 부르셨습니다. 제자를 부르시는 오늘 본문의 말씀을 다섯 가지 질문 형식으로 생각할 때에 은혜의 한 시간이 되기 바랍니다.

### 첫 번째, 예수님이 어떤 자를 제자로 부르셨습니까?

18절에 보면 갈릴리 해변을 걸으시다가 두 형제, 베드로와 안드레가 그물 던지는 것을 보시고 '나를 따라 오너라'고 부르셨습니다. 또 21절에 보면, 좀 가시다가 야고보와 요한 형제가 그물 깁는 것을 보시고 역시 그들도 부르셨습니다. 여러분, 이 네 사람 직업이 무엇입니까? 어부입니다. 갈릴리 바다에서 물고기를 잡아 그것을 팔아서 살아가는 사람들입니다. 생각해보면, 하나님의 아들 예수님이시니까 제자로 삼는 사람들도 좀 그럴듯한 사람을 삼아야 되겠는데, 서기관과 바리새인과 같이 똑똑하고 많이 배우고 신분도 괜찮고 지위도 있는 사람을 제자로 삼아야 되지 않겠습니까? 그런데 그렇게 하지 않고 우리 예수님께서 가난하고 비천하고 배움이 부족한 무명의 어부들을 제자로 부르십니다. 속된 말로 물고기 배따는 사람들 아니겠습니까? 그런 자들을 자기 제자로 부르셨습니다. 다른 사람들이 볼 때에 '아이고, 저 사람들 데리고 무엇을 할 거라고 저런 사람을 제자로 부르시나'고 생각하던 사람들 아니겠습니까? 그런데 예수님께서 그런 사람들을 제자로 부르셨습니다.

여러분, 우리가 예수님을 믿고 구원받고 하나님의 자녀가 되고 하나님의 백성이 되는 일은 세상 모든 사람에게 다 열려있습니다. '하나님이 세상을 이처럼 사랑하사 독생자를 주셨으니 이는 저를 믿는 자마다', 다른 조건이 없어요. 딱 한 가지, '믿는 자마다 멸망치 않고 영생을 얻고자 하려 하심이라'입니다. 구원받는 일도 그러한데 예수님의 제자가 되는 일, 예수님을 섬기는 일, 하나님을 섬기는 일도 마찬가지입니다. 여러분, 예수님을 섬기는 일이 얼마나 영광스러운 일입니까? 그런데 이 일이 특별난 어떤 사람들에게만 맡겨지지가 않더라는 것입니다. 빈부귀천, 남녀노소 가리지 아니하고 모든 신자에게 열려있습니다. 아주 가난하고 비천한 이 어부들을 예수님이 제자로 부르신 것을 보십시오. 그 사람의 조건에 관계없이 믿는 자는 누구든지 주님께서 부르셔서 자기의 일에 쓰시기를 원하십니다. 그러므로 여러분들 자신을 기쁘게 주님께 드리시기를 바랍니다. 나는 부족하여도 나의 부족과 연약에 관계없이 우리 주님의 능하신 손에 붙잡히기만 하면 얼마든지 예수님의 제자들처럼 귀하게 쓰임을 받을 수가 있습니다.

### 두 번째로 왜 부르셨습니까?

여러분, 제자들을 부르셨는데 왜 부르셨습니까?

'내가 너희를 사람을 낚는 어부가 되게 하겠다'고 하셨습니다. 여러분, 이들은 지금까지 물고기 잡는 어부였습니다. 그런데 이제는 예수님께서 사람을 낚는 어부가 되게 하시겠다고 말씀하셨습니다. 여러분, 사람을 낚는 어부가 무엇이겠습니까? 사람을 구원하는 사람, 사람을 하나님께로, 천국으로 인도하는 사람, 그 사람이 사람을 낚는 어부입니다. 여러분, 한 생명이 천하보다 귀하다고 하지 않습니까? 우리가 이 세상을 살면서 천하보다 귀한 생명, 죽어가는 상황에서 그 사람을 구해주면 얼마나 귀한 일입니까? 그것보다 더 값진 일이 없지요. 그런데 그 사람을 죽음에서 내가 구해줬다 할지라도 몇십 년 더 살고 죽습니다. 그런데 내가 사람을 낚는 어부가 되어 어떤 사람을 전도해서, 그 사람을 하나님께로 인도한다면 그 사람은 영원히 멸망하지 않고 영원한 생명을 얻는 것 아니겠습니까? 여러분 생각해보십시오. 이 세상에 많은 일들이 있지만, 내가 어떤 사람을 주님께 인도해서 그 사람이 천국에 갈 수 있다면, 영생을 얻을 수 있다면 그보다 더 귀한 일이 이 세상에 어디 있겠습니까! 다르게 말하면 그보다 더 중요한 일은 전혀 없는 것입니다.

물론 우리는 본문의 네 제자들처럼 전적으로 사람 낚는 어부로 부름 받지는 않았습니다. 그렇다고 해서 사람 낚는 어부와 우리는 아무 관계가 없느냐? 그렇지 않습니다. 여러분, 부활하시고 승천하시는 우리 주님께서 승천하시기 직전에 제자들에게 뭐라고 했습니까? '너희는 가서 모든 족속으로 제자를 삼으라'고 했습니다. '너희는 가서'라는 말이 무슨 뜻입니까? '전도하라'는 말씀입니다. 이 말씀이 예수님의 열두 제자들에게만 주시는 말씀이겠습니까? 그렇지 않습니다. 열두 제자로 대표되는 모든 시대의 신자들, 모든 시대의 예수님의 제자들에게 주시는 말씀입니다. 사도행전에 가면 그것을 알 수 있습니다. 핍박으로 예루살렘으로 흩어져나간 평신도들이 두루 다니면서 복음을 전합니다. 그들은 사도가 아닙니다. 그런데 두루 다니면서 복음을 전하지요. 브리스길라와 아굴라라는 부부가 있습니다. 이 부부가 하는 일이 무엇입니까? 장막 만드는 일(tentmaker)입니다. 장막 만드는 일을 해서 먹고 살아가는 것입니다. 그런데 그 부부가 장막 만들고 돈만 벌며 살지 않았습니다. 그 일을 하면서 복음을 전했습니다. 여러분, 그것이 바로 하나님의 뜻입니다. 우리 신자가 자기 일을 하면서 복음을 전하는 것, 사람 낚는 어부의 역할을 하는 것이 하나님의 뜻입니다. 그래서 우리 교회에 학교 교사로 일하는 성도들은 그 일을 충실히 하면서 내 삶을 통해서, 내 모습, 내 인격을 통해서, 그리고 내 입술을 통하여서 학생들에게 복음 전하기 위해서 기도하고 노력해야 합니다. 직장을 다니고 가게를 하시고 사업을 하시는 분들도 만나는 손님들, 고객들, 그리고 동료들에게 전도하기를 염두에 두고서 만나야 합니다. 예수 믿는 학생들은 공부만 하기 위해서 학교에 가는 것이 아니라 언제나 내가 사람 낚는 어부라는 정신을 가지고 학교에 가고 하나님께서 주시는 기회가 있을 때에 복음을 전하는 것이 옳은 것입니다. 여러분, 오늘날 우리의 상황이 전도하기가 점점 어려워져가고 있습니다. 어느 때보다 이럴 때일수록 하나님이 주시는 지혜가 필요합니다. 하나님 앞에 기도하고 하나님이 주시는 지혜로 삶의 현장에서 사람 낚는 어부의 사명을 다 감당하는 여러분들이 되시기 바랍니다.

**세 번째, 부름 받은 네 사람은 어떻게 반응했습니까?**

여러분, 베드로, 야고보 형제를 불렀을 때 '그들이 곧 그물을 버려두고 따랐다'고 했습니다. 22절에 보면 야고보와 요한 형제도 '그들이 곧 배와 아버지를 버려두고 따랐다'고 했습니다. 이 말씀을 보면 두 가지가 특징적으로 눈에 띕니다. 하나는 '곧'이라는 말입니다. 영어로 immediately입니다. '즉시'라는 말입니다. 이 네 사람은 주님의 부름을 받았을 때에 조금의 망설임도, 조금의 주저도 없이 곧 예수님을 따라 나섰습니다. 또 다른 하나는 '전적인 포기'입니다. 베드로와 안드레는 그물을 버려두었습니다. 야고보와 요한은 배를 버려두고, 자기 아버지까지 버려두고 예수님을 따랐습니다. 한마디로 전적으로 포기하고 희생하고 예수님을 따랐습니다.

여러분, '제자도(弟子道)'라는 말을 들어보았습니까? 제자의 길, 예수님의 제자가 되려면 어떻게 해야 하는가가 바로 제자도입니다. 오늘 우리는 예수님의 네 제자들에게서 제자도가 무엇인지를 알 수 있습니다. 두 가지입니다. 하나는 '즉각 반응'입니다. 예수님이 부르실 때, 말씀하실 때 곧 따랐습니다. 그리고 또 한 가지는 '전적인 포기'입니다. 따라서 하겠습니다. '즉각적 순종', '전적 포기'. 이 두 가지가 제자도의 기본 원리입니다.

그런데 이 말씀은 오해를 불러일으키기가 쉽습니다. 예수님을 따르려면 정말 내 직업도 포기해야 하는가? 예수님을 따르려고 하면 내 가족도 버려야 하는가? 그렇지 않습니다. 예수님의 말씀의 핵심은 우리 모두가 다 재산을 포기해야 된다든지 또는 부모를 봉양할 필요도 없다는 말씀이 아닙니다. 예수를 믿고 따르는 일이 가장 중요하다는 것입니다. 이 세상에서 예수님을 따르는 일보다 더 우선적이고 더 중요한 일은 없다는 것을 우리에게 말씀해주는 것입니다.

성도 여러분, 여러분은 21세기에 예수님의 부름을 받은 제자들입니다. 여러분 그렇게 믿습니까? 믿어야 합니다. 여러분 이 마지막 시대에 예수님의 부름을 받은 예수님의 제자들입니다. 그런데 여러분은 예수님의 제자로서 어떤 자세로 예수님을 따르고 있습니까? 주일성수를 비롯해서 여러분의 신앙생활, 여러분의 가정생활, 여러분의 직장 생활을 한번 생각해보시기 바랍니다. 주님 말씀에 즉각적으로 순종하고 있습니까? 주님의 말씀을 따르는 것을 가장 우선적으로 하고 있습니까? 그렇지 못하고 주님의 말씀에 순종하지 못하고 그 순종에 주저하고 있지는 않습니까? 여러분, 주님을 따르기 위해서 전적인 포기와 희생의 자세가 있습니까? 혹시 조금의 희생도 못하는 그런 상황에 있지는 않습니까? 여러분, 주님 말씀대로 즉각적으로 순종하고 전적으로 희생하는 이러한 자세로 주님을 따르시기를 바랍니다.

**네 번째로 생각할 것은 왜 네 제자는 모든 것을 버려두고 즉각 예수님을 따랐을까요?**

객관적으로 생각해보면 미래에 대한 아무 보장이 없습니다. 예수님께서 나를 따라오면 내가 너희를 어떻게 어떻게 해주겠다고 말씀하십니까? 안 하십니다. 미래에 대한 아무 보장이 없습니다. 그런데 자기 생업을 버려두고 예수님을 따르는 것은 정말 무모한 일 아니겠습니까? 심하게 말하면 이건 미친 짓이라고 말할 수 있습니다. 아이도 아니고 이상하지 않습니까? 어떻게 그렇게 다 버리고 따라나설 수가 있었겠습니까? 사실은 예수님과 이 네 사람은 초면이 아니었습니다. 예수님이 지금 갈릴리 해변에 있는 가버나움에 살고 계십니다. 이 마을을 다니시면서 천국복음을 전파하셨습니다. 이 네 사람도 여러 번 예수님의 말씀을 들었습니다. 예수님의 말씀을 들었을 때에 이같은 진리의 말씀, 이같이 은혜로운 말씀, 이같이 권세 있는 말씀을 한 번도 들어본 적이 없었습니다. 그 말씀을 들으면서 얼마나 감동하고 깨닫고 그러면서 예수님에 대한 신뢰가 많이 쌓여갔습니다.

요한복음 1장 끝에는 이들은 본래 세례 요한의 제자였다고 했습니다. 세례 요한이 예수님께 세례를 베풀고 나서는 이분이 하나님께서 보내신 메시아라는 것을 확신하고 나서 자기 옆에 있는 제자들에게 '세상 죄를 지고 가는 하나님의 어린양을 보라' 하며 예수님을 가리켰습니다. '더 이상 나를 따르지 말고 예수님을 따라가라'고 했습니다. 그날 이후로 이 사람들이 예수님의 제자가 되었습니다. 그때에는 전적으로 예수님을 따르는 사람이 아니었습니다. 그때에는 어부의 일을 하면서 또 틈틈이 예수님께서 가서 말씀을 듣고 가르침을 듣고 예수님을 섬기기도 하는 그런 생활을 했습니다.

누가복음 5장에 보면 지난밤에 이들은 밤새도록 바다에 그물을 던졌는데 아무것도 잡지 못했습니다. 그때에 예수님이 나타나서 시몬 베드로를 보고 '깊은 대로 가서 그물을 내려 고기를 잡으라'고 했습니다. 시몬이 그 말씀에 어떻게 반응을 했습니까? 여러분은 모르는 사람이 와서 그렇게 말하면 순종할 수 있겠습니까? 순종할 수 없습니다. 예수님이 오셔서 그렇게 말씀하시는데 이것은 상식에도, 경험에도 틀린 말입니다. 그런데도 '주께서 그렇게 말씀하시니 주의 말씀 의지하여 내가 그물을 내리리이다'고 했습니다. 다른 사람이 말하면 안 들을 텐데 주님께서 그렇게 말씀하시니 내가 가서 그물을 던지겠습니다 하고 깊은 곳에 가서 그물을 던졌는데 그물이 터질 정도로 배가 가라앉을 정도로 고기가 많이 잡혔습니다. 안 그래도 주님의 말씀을 들을 때마다 이분은 보통분이 아니라는 것을 알았는데 이 기적을 통해서 더욱더 주님을 깊이 알게 되었습니다.

이런 상황에서 예수님이 그들을 전적인 제자로 부르니까 그들은 어떤 주저도 없이 다 버리고 예수님을 따를 수 있었습니다. 예수님을 따르면 그들의 생을 책임지시고 그들의 삶을 완전히 변화시켜주실 것을 믿었기 때문입니다. 다시 말하면 예수님을 믿었기 때문이죠. 그리고 예수님을 위한 희생은 무한한 영광임을 알았기 때문에 한마디 말씀에 다 포기하고 예수님을 따른 것입니다.

성도 여러분, 우리 성도들이 우상이나 미신을 섬기는 그런 자들처럼 그냥 맹목적으로 신앙생활해서는 안 됩니다. 그냥 맹목적으로 교회에 나와서는 안 됩니다. 그냥 복 받기 위해서 교회 나오면 안 됩니다. 어떤 자세로 나와야겠습니까? 오늘 이 네 제자와 같이 그런 자세로 그런 믿음으로 나와야 되는 것입니다. 성경 말씀을 읽고 성경 말씀을 깊이 집중해서 듣고 성경을 공부해서 우리 예수님이 어떤 분이신지, 하나님이 어떤 분이신지 알고서 믿고 따라가야 된다는 것입니다. 여러분, 우리 예수님은 하나님의 아들이십니다. 믿습니까? 우리 예수님은 세상의 죄인의 구원자이십니다. 믿습니까? 이 믿음을 가지고 예수님을 따를 때에 영생이 있고 영광이 있습니다. 네 제자처럼 이런 믿음을 가지고 예수님을 따르시기를 바랍니다.

### 마지막 다섯 번째로 우리는 네 제자처럼 다 버리고 예수님을 따라야 합니까?

기독교 역사가 2,000년인데, 지난 기독교 역사를 보면 오늘 이 말씀을 문자 그대로 자기에게 적용한 사람들, 그래서 모든 것을 버려두고 예수님을 따른 분들이 많이 있었습니다. 오리겐, 안토니우스, 성 프란시스, 피터 왈도…… 유명한 분들도 많았습니다. 어떻게 보면 순수하고 대단한 믿음의 사람들입니다. 그런데 이 말씀은 모든 신자들에게 적용될 수 있는 말씀이 아닙니다. 네 제자는 아주 특수한 경우였습니다. 바로 그 당시에 예수님께서 자기의 전적인 제자로 부르시는 형편이었기 때문에 생업을 포기하고 예수님을 따른 것입니다. 물론 지금도 복음을 위해서 자신의 삶을 전적으로 드리고자 하는 복음 사역자들에게는 이 말씀이 그대로 적용될 수도 있습니다. 그러나 대부분의 성도들에게는 문자 그대로 적용될 수 없다는 것입니다.

여러분, 김동호 목사님을 아실 것입니다. 그분의 글에서 이런 이야기를 보았습니다. 한 법대 4학년 학생이 고민이 있어 김 목사님을 찾아왔습니다. 여름 방학 때에 다른 학생과 더불어 전도 봉사를 나갔는데, 전도를 하다가 성령 체험을 하고 마음이 너무 뜨거워졌어요. 그날 밤 기도하는 가운데 하나님 앞에 '하나님 제가 선교사가 되겠습니다' 하고 서원을 하게 됩니다. 전도 봉사를 마치고 집에 돌아왔는데 그때 마음하고 집에 와서 정신을 차린 마음이 좀 다르지 않습니까? 집에 돌아와서 보니 고민이 되는 것입니다. 지금까지 사법고시 칠거라고 열심히 준비해왔는데 이것은 그럼 어떻게 해야 하는가 고민이 되어 목사님을 찾아온 것입니다. 그러자 목사님께서 '학생이 생각하는 선교 개념이 좁다'고 이야기해주시면서 '아프리카나 방글라데시에 가야만 선교사가 되는 것이 아니라 우리나라 법조계도 아주 중요한 선교지다'고 말씀하셨어요. 덧붙여서 말씀하신 것이 '그곳에 선교사로 가려면 고시에 합격해야겠지?' 하니 그 학생이 잘 깨닫고 얼굴이 펴져서 집으로 돌아갔습니다.

요컨대 예수님을 따른다는 것이 목사가 되고 선교사가 되는 것이 아닙니다. 모든 직업을 성직으로 이해하고 하나님께서 나에게 이 직분을 주셨다고 믿고 선교적인 소명을 가지고 감당해야 합니다. 모든 것을 버려두고 예수님을 따르는 네 제자의 정신을 가지고 자기의 직업을 감당해야 합니다.

말씀을 맺습니다. 성도 여러분, 오늘 이 네 사람, 2,000년 전에 이스라엘 갈릴리 바닷가에서 예수님의 부름을 받았습니다. 오늘 이 자리에 있는 저와 여러분은 이 21세기 마지막 시대에 한반도 남단, 이곳에서 우리 주님의 제자로 부름을 받았습니다. 예수님이 뭐라고 하십니까? '나를 따라 오너라 내가 너희를 사람을 낚는 어부가 되게 하겠다'고 말씀하십니다. 여러분 어떻게 하시겠습니까? 즉시 모든 것을 버려두고 예수님을 따라간 이 네 제자의 정신을 가지고, 이 자세를 가지고 주님을 따라가고 사람 낚는 어부의 사명을 다 감당하는 저와 여러분이 다 되시기 바랍니다.

## 마태복음 4:23-25

예수께서 온 갈릴리에 두루 다니사 그들의 회당에서 가르치시며 천국 복음을 전파하시며 백성 중의 모든 병과 모든 약한 것을 고치시니 그의 소문이 온 수리아에 퍼진지라 사람들이 모든 앓는 자 곧 각종 병에 걸려서 고통 당하는 자, 귀신 들린 자, 간질하는 자, 중풍병자들을 데려오니 그들을 고치시더라 갈릴리와 데가볼리와 예루살렘과 유대와 요단강 건너편에서 수많은 무리가 따르니라

# 14

# 예수님의 3대 사역

연말연시를 맞아 몇 주 동안 마태복음을 떠나 있었습니다. 여러분, 기억하십니까? 남쪽 유대로 내려가서 세례를 받으신 예수님, 북쪽 갈릴리로 돌아오셔서 갈릴리 해변에 있는 가버나움이라는 동네를 중심으로 본격적으로 사역을 시작하셨습니다. 그 일을 가리켜서 이사야 선지자는 '흑암에 앉은 백성이 큰 빛을 보았도다'고 예언을 한 바 있습니다. 사역 초기에 예수님께서 갈릴리 바닷가에서 네 제자를 불렀습니다. 어부였던 베드로와 안드레 형제를 부르시고 또 야고보와 요한 형제도 부르셨지요. '나를 따라 오너라 내가 너희로 사람을 낚는 어부가 되게 하리라'고 했을 때에 이 형제들은 자기들의 그물과 배와 아비까지도 다 버려두고 예수님을 따랐습니다.

그리고 예수님이 어떻게 했습니까? 오늘 본문 23절에 보면 '예수께서 온 갈릴리에 두루 다니셨다'고 했습니다. 당시에 갈릴리에는 200개 이상의 마을이 있었다고 하는데 예수님은 두루 다니셨다고 했습니다.

올해 우리 교회 달력 1월에 보면 갈릴리에 대한 설명이 나옵니다. 갈릴리는 예수님의 선교활동의 중심지였다고 기록하고 있습니다.

여러분, 그 갈릴리를 두루 다니시면서 예수님께서 어떤 사역을 하셨겠습니까? 우리는 한 마디로 말할 수 있습니다. 사도행전 10장 38절에 보면 '그가 두루 다니시며 선한 일을 행하셨다'고 말씀하고 있습니다. 짧지만 참 마음에 드는 좋은 말씀입니다. 두루 다니시면서 선한 일을 행하셨습니다. 우리 성도님들도 주 예수님을 본받아서 직장으로 가든지, 학교로 가든지, 가정으로 가든지, 사회로 가든지, 어디로 가든지 선한 일을 행하시는 성도님들이 되시기 바랍니다.

예수님은 선한 일, 착한 일을 행하셨는데 보다 구체적으로 어떤 일을 행하셨는지 23절에 나옵니다.

그들을 회당에서 가르치시며 teaching, 천국 복음을 전파하시며 preaching, 그리고 모든 병과 약한 것을 고치시는 healing입니다. healing은 우리가 잘 아는 단어입니다. 그래서 이 세 가지, 가르치시고 전파하시고 고치시는 일을 행하셨습니다. 하나씩 생각해봅니다.

**첫째는 우리 예수님께서는 그들의 회당에서 가르치셨다고 했습니다.**

여러분, 유대인들이 사는 동네에는 어디든지 회당이 있습니다. 회당을 원어로 시나고그(synagogue)라고 하는데 '모임의 집'이라는 뜻을 가지고 있습니다. 유대인들은 이곳에 모여서 하나님 앞에 예배도 드리고 성경을 공부하기도 하고 서로 교제도 했습니다. 우리나라 같으면 교회당과, 사람들이 함께 모여서 회의도 하고 놀기도 하는 마을회관 역할을 같이 하는 곳이 그 당시 회당이었습니다. 예수님은 온 갈릴리 마을마다 다니시며 회당에서 가르치셨습니다. 그래서 성경에 보면 예수님께서 처음 갈릴리에 올라오셔서 나사렛 회당에 가서 가르치시지요. 그리고 나중에 가버나움에 와서도 가버나움 회당에서 가르치시는 기록을 볼 수 있습니다.

여러분, 가르치는 자를 무엇이라고 합니까? 선생이라고 합니다. 4복음서에 예수님에 대한 칭호가 여러 가지로 나옵니다. 가장 많이 나오는 칭호가 선생입니다. 그래서 예수님은 기본적으로 교사, 가르치는 자였음을 알 수 있습니다. 그만큼 교육은 예수님의 중요한 사역이었습니다. 여러분, 하나님께서 처음에 우리 인간을 지으실 때에 자기 형상을 따라서 지식 있게 지었다고 했습니다. 인간이 가지고 있는 지식이 한계는 있었겠지만 그 아는 것은 전부 명확했다는 것입니다. 바른 것을 알고 있었다는 것입니다. 그런데 범죄 후에 죄의 영향으로 인간이 미련하고 무지하게 되었습니다. 지식 부분에 병이 들었습니다. 그래서 자기를 지으신 하나님이 누구신지도 잘 모르게 되었습니다. 여러분, 인류 문화사를 보면 세계 어디를 가도, 어느 부족, 민족을 가도 나름대로 믿는 신앙과 종교가 있습니다. 왜 그렇겠습니까? 신이 있다는 것은 알겠는데 지식이 흐려져서 어느 신이 참 신인지 알지 못합니다. 그래서 여기는 이 신, 저기는 저 신을 믿고 섬기는 것입니다. 그래서 하나님의 아들 예수님이 이 땅에 오셨을 때 참 진리를 사람들에게 가르치셨습니다.

성도 여러분은 교회의 사명이 무엇이라고 생각합니까? 사람들이 여러분에게 '교회가 도대체 뭐하는 곳입니까'라고 물으면 뭐 하는 곳이라고 대답하시겠습니까? 한 마디로 '예수님께서 행하시던 일을 계속하는 곳이 교회입니다'고 대답하시면 됩니다. 교회는 예수 그리스도의 몸이라고 했습니다. 그래서 예수님의 마음을 품고 예수님의 손이 되고 예수님의 발이 되고 예수님의 입이 되어서 예수님 대신에 예수님이 행하시던 것을 행하는 곳이 교회입니다.

예수님이 가르치셨다고 했습니다. 가르치셨던 예수님께서 승천 직전에 제자들에게 뭐라고 했습니까? '너희는 가서 모든 민족으로 제자를 삼아 세례를 주고 내가 분부한 모든 것을 가르쳐 지키게 하라'고 하셨습니다. 예수님이 가르치셨는데 교회를 향하여서 가르쳐서 지키게 하라고 자기가 하던 일을 교회에, 제자들에게 물려주는 것을 볼 수 있습니다. 그것이 바로 예수님이 하신 일이고 교회의 사명입니다. 즉 교회는 참된 진리의 말씀, 하나님의 말씀을 가르쳐야 합니다. 디모데전서 3장 15절에 보면 교회를 가리켜서 '진리의 기둥과 터'라고 했습니다. 참 중요한 말씀이지요. 그러므로 교회는 진리의 말씀, 하나님의 말씀을 외치고 가르치고 드러내야 합니다.

우리 자녀들에게도 진리의 말씀을 가르쳐야 됩니다. 부모들은 가정에서도 성경을 가르쳐야 하거니와 또 주일학교에 자기 자녀들을 보내어 성경을 배우고 교육받을 수 있도록 해야 합니다. 다른 핑계가 있을 수 없습니다. 교사들은 예수님 같은 교사가 되기를 사모하고 노력해야 합니다. 교회 교육의 사명은 모든 자녀들에게만 해당 되는 것이 아닙니다. 모든 성도들에게도 해당이 됩니다. 여러분, 이 세상에서 더 이상 안 배워도 되는 성도는 아무도 없습니다. 아무리 신학 박사고, 목사라 해도 더 이상 배울 것이 없는 사람은 세상에 없습니다. 우리 성도들은 하나님이 부르시는 그날까지, 끝날까지 배우는 학생으로서 살아가야 합니다. 이를 위해서 교역자들은 부끄러울 것이 없는 유능한 진리의 교사, 예수님처럼 성령이 충만하고 지혜가 충만하고 능력이 충만한 교사가 되어야 합니다.

여러분, 올해 우리 교회 표제가 무엇입니까? '교육과 부흥', 실천사항 1번이 '1공(工)', 한 가지씩이라도 공부하자는 것입니다. 여러 가지 성경공부반이 있는데 그 중 한 가지라도 공부하자는 것입니다. 여러분, 성경공부반에 들어가서 성경공부하는 것을 특별한 것으로 여기면 안 됩니다. 시간이 많은 성도들, 열심이 있는 성도들만 하는 것으로 생각해서는 안됩니다. 오늘 우리가 성경을 통해 보지 않습니까? 우리 신자라면 이것이 나에게 힘들어도 당연히 다해야 되는 일이라는 것입니다.

죄송한 일이지만 오늘날에는 세례 받고 교회 나와서 신앙생활을 하나, 또 나중에 수년이 지나서 직분자가 되기도 하지만, 성경교육이나 훈련을 받지 않아서 성경이나 교회에 무지한 성도들이 많이 있습니다. 베드로후서 3장 18절에 보면 '오직 우리 주 예수 그리스도의 은혜와 저를 아는 지식에서 자라가라'고 말씀합니다. 우리 하나님께서 우리 성도들이 계속해서 자라가기를 원하시는데 교회 다니는 해가 5년, 10년 지나도 제자리에 머물러 있는 성도들이 있습니다. 기독교는 진리의 종교, 말씀의 종교입니다. 진리의 말씀을 배우고 알아야 됩니다. 그래서 진리의 일부분이 아닌 진리 전체의 체계를 갖추는 성도가 되어야 합니다. 그렇지 않고 신앙생활하면 절이나 하고 빌기나 하면서 복이나 형통이나 평안을 비는 다른 종교나 미신과 다를 바가 없습니다. 요컨대 하나님의 교회의 사명은 진리를 가르치는 것입니다. 교육에 힘쓰지 않는 교회는 건전한 교회라 할 수 없고 건강한 교회가 될 수 없습니다. 반면에 예수 믿어서 성도가 된 우리는 교육받는 성도, 배우는 성도가 되어서 말씀 위에 굳게 서야 됩니다. 우리 교회 모든 성도들, 이 자리에 계신 여러분은 이름만 성도가 되지 말고 예수를 아는 지식에서 자라가는 성도가 되시기 바랍니다.

두 번째, 예수님은 천국 복음을 전파하셨다고 했습니다.

전파한다는 말은 preaching, 이 말은 설교라는 뜻도 되고, 전도라는 뜻도 되고 선포, 전파라는 의미가 있습니다. 앞에 나온 가르치는 것은 진리를 보다 구체적으로 제시하는 것입니다. 그래서 사람을 이해시키고 설득시키는 것을 의미합니다. 예를 들어, 마태복음 13장에 가면 예수님이 천국 비유를 가지고 사람들에게 이야기를 하며 설명합니다. 이것은 가르침이지요. 가르침의 대상은 주로 주님을 따르고 있는 자들입니다. 그러나 예수님께서 처음에 '회개하라 천국이 가까왔다'고 하신 것은 선포하는 것입니다. 이런 차이가 있습니다. 전파하는 것은 확실한 진리를 선포하는 것입니다. 일방적이지요. 선포의 대상은 모든 사람이지만, 특별히 아직도 복음을 믿지 않는 사람들을 향한 것입니다.

그러면 예수님은 선포하셨다, 전파하셨다고 했는데 무엇을 전파하셨다고 했습니까? 선포의 핵심이 무엇입니까? 23절 둘째 줄 끝에 보면 '천국 복음'을 전파했습니다. 복음은 좋은 소식, Good news입니다. 어떤 복음입니까? 그 나라의 복음, 천국 복음입니다. 여러분, 하나님 나라는 하나님께서 왕으로서 다스리시는 나라입니다. 세례 요한과 예수님이 처음 외치신 말씀이 무엇입니까? 4장 17절을 보십시오.

> **"이 때부터 예수께서 비로소 전파하여 이르시되 회개하라 천국이 가까이 왔느니라 하시더라"**

여러분, 이 말씀을 잘 이해해야 합니다. '천국이 가까이 오고 있다' 라는 말씀이 아니고 '천국이 이미 가까이 왔다' 라는 말씀입니다. 하나님의 아들 예수님이 이 세상에 오심으로써 천국이, 하나님 나라가 이 세상에서 시작되었다는 것입니다. 그런데 여러분, 이 소식이 왜 복음이겠습니까? 우리가 살고 있는 이 세상 나라를 생각해보십시오. 지금 우리나라의 모습을 생각해보시기 바랍니다. 죄악과 온갖 비참과 질병과 사고와 죽음이 있습니다. 불의와 불안과 불확실과 위험이 가득합니다. 우리나라가 경제 대국에 들어서 세계 10개국 안에 든다고 하지만, 수치는 어떻게 되는지 모르겠지만, 우리 사회, 우리나라가 얼마나 살기가 어렵습니까? 개인적으로 버는 돈의 액수는 올라갔을지 몰라도 사는 것은 이전보다 훨씬 더 빡빡한 삶을 살고 있지 않습니까? 미래가 불확실합니다. 작년에 로또 판매액이 최고였다고 합니다. 요즘 문제가 되고 있는 가상화폐에 투자한 이가 300만 명인데 그중 60%가 청년이라고 합니다. 우리의 현실이 얼마나 불확실한지 잘 보여줍니다.

그런데 하나님이 다스리시는 하나님의 나라는 어떤 나라입니까? 불확실한 나라가 아닙니다. 하나님의 나라는 영원한 나라입니다. 사람을 망하게 하는 나라가 아니라 구원의 나라입니다. 하나님 나라는 생명의 나라입니다. 이런 나라가 왔다는 것은 우리에게 복음입니다. 얼마나 복된 소식인지 모릅니다. 제가 자주 언급하는 로마서 14장 17절, '하나님의 나라는 성령 안에서 의와 평강과 희락이라.' 불의함이 가득한 세상 가운데서 하나님의 나라는 어떤 나라입니까? 의의 나라입니다. 불의가 전혀 없습니다. 불안과 혼란과 갈등이, 전쟁이 있는 세상 가운데서 하나님의 나라는 평강의 나라입니다. 그리고 슬픔이 많은 이 세상에 하나님의 나라는 희락의 나라, 기쁨의 나라라고 했습니다. 이런 하나님의 나라가 왔다는 것은 이 땅에 살고 있는 온 인류에게 최고의 복된 소식입니다. 여러분, 그렇게 믿으십니까? 하나님의 나라가 왔다는 것이 죄 가운데 있는 인생에게 얼마나 복된 소식인지, 소망의 소식인지 모릅니다.

여러분, 이 나라에 들어가려면, 이 나라의 백성이 되려면 어떻게 해야겠습니까? 4장 17절을 보았는데 '회개하라 천국이 가까이 왔다', 회개해야 합니다. 마가복음 1장 15절에 보면

**"이르시되 때가 찼고 하나님의 나라가 가까이 왔으니 회개하고 복음을 믿으라 하시더라"**

회개하고 또 복음을 믿으라고 했습니다. 복음의 핵심은 예수 그리스도입니다. 그래서 간단히 말하면 '회개하고 예수를 믿으라', 이렇게

하면 하나님 나라의 백성이 된다는 것입니다. 우리가 대한민국에 살고 있는 대한민국 백성이지만, 복음을 듣고 예수를 믿으면 또 하나님 나라의 백성이 되는 것입니다. 우리 교회에 출석하는 모든 교우들은 회개하고 예수 믿어서 이 영광스럽고 복된 하나님 나라의 백성이 되시기 바랍니다.

여러분, 교회의 사명이 무엇이라고 했습니까? 주님께서 하시던 일을 계속 하는 것이라고 했습니다. 천국 복음을 전파하셨던 주님께서 부활 후에 제자들에게 무엇이라고 했습니까? '너희는 가서', 전도하러 가라는 것입니다. '너희는 온 천하를 다니며 만민에게 복음을 전파하라'고 했습니다. 자신이 하시던 일을 교회에 맡겼습니다. 이것이 교회의 제일이 되는 사명입니다. 교회의 존재 이유는 천국 복음을 전파해서 사람들을 예수 믿고 구원받도록 하는 것입니다. 이것보다 더 중요한 사명은 없습니다. 여러분, 하나님께서 왜 우리 교회를 여기에 세우셨겠습니까? 이 지역의 죽어가는 영혼들, 멸망 가운데로 걸어가는 영혼들을 구원하도록 하시기 위해서입니다. 조금 확장을 시켜서는 이 울산 지역에, 더 확장을 시켜서는 온 세상에 있는 잃어버린 영혼들을 찾기 위해서 우리 교회를 세워주셨습니다. 그러기에 우리는 우리 교회가 이 사명을 잘 감당하도록 늘 기도하고 힘써야겠습니다. 또 교회의 멤버가 되는 우리 자신들이 이 일에 관심을 가지고서 힘써야 됩니다. 선교사를 보내고 기도와 물질로 지원을 해야 합니다.

여러분, 오늘날 우리 한국 교회는 자기교회주의가 너무 강합니다. 자기교회주의에 빠진 어떤 교회들은 건물을 크게 잘 짓고 교육관을 짓고, 선교관을 짓고, 수양관을 짓고, 주차장, 또 교회 묘지까지 하나씩 해가려고 합니다. 그래서 자기 교회를 위해서 돈을 다 써버리고 많은 빚을 지고 크게 건축해서 주님 오실 때까지 빚 갚아야 될 교회도 있습니다. 빚을 갚으면 다행인데 이자도 제대로 못 갚는 교회도 여럿 있습니다. 주의 일을 해야 하는데 얼마나 안타까운 일입니까! 지난 수요일 국민일보에 보면 서울 마포에 있는 모 교회는 형편이 안 되서 팔았어요. 그런데 55억에 이단인 하나님의 교회, 안상홍에게 55억에 팔았어요. 급매로 내놔서 그렇지 아마도 지을 때는 더 많은 돈을 주고 지었을 텐데, 그것을 짓기 위해 성도들이 얼마나 기도를 많이 했겠습니까? 얼마나 힘들여 번 돈을 헌금했겠습니까? 그런데 다 지어서 이단 좋은 일 시켰습니다. 이것은 완전 사탄의 역사입니다. 하나님의 뜻이 아닙니다. 왜 팔게 됐습니까? 무리한 건축으로 재정 곤란에 빠져서 그렇게 되었습니다. 이런 교회가 한두 군데가 아닙니다. 교회 건물은 다른 용도로 사용하기가 어렵습니다. 절로 쓰기 좋고 이단들이 사용하기 좋습니다. 그래서 이단들이 다 사버립니다. 얼마나 안타까운 일입니까! 교회 본연의 사명을 망각하고 자기 교회 성장, 자기 교회를 멋있고 아름답게 만들고, 자기 교회를 살찌우기에 급급해서 이런 일을 벌입니다. 그래서 교회들은 교회가 성장하고 헌금이 많아지면 우리 교회에 또 뭐 지을까를 생각하면 안 되고 '이 정도면 우리가 선교사로 한 사람 더 보낼 수 있을까', '교회를 하나 더 개척하면 어떨까' 하면서 복음 전파에 신경을 쓰고 관심을 가져야 옳은 교회인 것입니다. 성도 여러분, 우리 교회는 복음 전파에 주력하는 교회가 되고 우리 성도들도 열심히 전도하는 성도가 되시기 바랍니다.

예수님의 세 번째 사역은 무엇입니까? 23절 셋째 줄에 보면 백성 중에 모든 병과 모든 약한 것을 고치셨다고 했습니다.

그리고 24절에 보면 보다 구체적으로 말하고 있습니다. 모든 앓는 자, 각종 병에 걸려 고통당하는 자, 귀신 들린 자, 간질하는 자, 이런 불치병을 예수님이 다 고치셨습니다. 여기 기록된 병뿐 아니라 모든 영혼의 병, 모든 정신적인 병, 육체의 병, 모든 문제를 다 고치셨습니다. 우리 주님이 고치지 못하실 병은 없습니다. 여러분, 기억하십니까? 출애굽기 15장에 마라에 쓴 물을 고친 우리 하나님께서 '나는 너희를 치료하는 여호와니라'고 했습니다. 성도 여러분, 오늘날도 하나님께서 원하시면 우리의 어떤 병도, 상처도, 문제도 다 깨끗하게 하실 수 있음을 믿으시기 바랍니다. 하나님이 고치지 못할 사람도 없고, 하나님이 고치지 못할 병이 없는 것입니다.

여러분, 예수님이 병을 고쳐주신 이 일의 의미가 무엇이겠습니까?

첫째는 주님은 죄로 인해서 고통하는 자들을 불쌍히 여기시고 사랑하시고 저들을 깨끗케 하여 주시기를 원하시는 분이심을 보여줍니다.

두 번째는 예수님 자신의 가르침과 복음 전파가 사실임을 증명해주는 것입니다. 병 고치는 기적을 통해서 예수님께서 전하시는 진리가 확실한 것을 증거해주시는 것입니다.

세 번째는 하나님의 나라가 왔음을 보여줍니다. 이사야 35장을 보면 메시아의 나라가 오면 '소경의 눈이 밝을 것이요, 귀머거리의 귀가 열릴 것이요, 저는 자는 사슴같이 뛰고 벙어리의 혀는 노래하리니' 하고 예언했습니다. 예수님께서 오시니까 이런 일이 일어났습니다. 메시아가 오셨다, 하나님의 나라가 시작되었다는 것을 입증해주는 것입니다.

네 번째는 장차 임할 완전한 하나님 나라를 미리 맛보는 것입니다. 이렇게 병 고침은 마지막 날 이루어질 완성된 천국을 미리 맛보는 것입니다. 그래서 계시록 21장 4절에 보면 '다시는 사망이 없고 애통하는 것이나 곡하는 것이나 아픈 것이 다시 있지 아니하리니' 했습니다.

마지막에 그렇게 되어진다는 것입니다. 여러분 믿으십니까? 그것을 미리 보여 주는 것이 예수님의 병 고침입니다.

여러분, 교회의 사명은 무엇이라고 했습니까? 주님의 하시는 일을 계속하는것입니다. 그런데 이 세 번째에 문제가 있습니다. 병 고치는 일만큼은 교회가 할 수가 없습니다. 아무리 병 고치는 은사가 있다하더라고 몇 몇 경우이지 수백 명, 수천 명 고치는 사람은 없습니다. 그러나 여러분, 예수님처럼 병은 못 고쳐도 병든 사람, 약한 사람, 고통하는 사람, 가난한 사람, 이런 사람들을 얼마든지 불쌍히 여기고 돌아봐줄 수 있고 도와줄 수 있습니다. 그래서 예수님이 하신 병 고침을 이 시대 말로 옮기면 '봉사와 구제'라고 할 수 있습니다. 교회는 복음을 전할 뿐 아니라 성도를 향해서, 세상을 향해서 하나님의 사랑과 자비를 나타내야 됩니다. 그렇게 하면 그 자체로도 의미가 있지만 또 그것이 복음 전도의 큰 기회가 될 수 있습니다. 저번에 헤브론 병원 이야기를 했는데 기억하십니까? 예수 믿는 의사가 캄보디아에 헤브론 병원을 세워 무료로 아이들에게 치료와 수술을 해주니까 그 아이 부모들이 다 예수를 믿게 되는 것입니다. 얼마나 아름답습니까! 우리 교회도 우리 성도들도 병든 자, 연약한 자, 고치시고 돌봐주신 주 예수님의 마음을 가지고 봉사와 구제사역을 잘 감당할 수 있기 바랍니다.

오늘 예수님의 3대 사역을 살펴보았습니다.

첫째는 가르치시고, 두 번째는 천국 복음을 전파하시고, 세 번째는 각종 병을 고쳐주시는 일입니다.

여러분, 예수님은 지금도 교회를 통해서 성령을 통해서 이 일을 계속하고 계십니다. 그리고 이 세 가지는 교회의 사명입니다. 교육의 사명, 전도의 사명, 구제, 봉사의 사명을 잘 감당하는 우리 교회, 성도들이 다 되시기 바랍니다. 그래서 우리 교회에서 우리 성도들의 삶에서 주 예수님의 일이 계속 되고 그래서 주 예수님이 나타나는 아름다운 역사가 있기를 바랍니다.

## 마태복음 5:1-5

예수께서 무리를 보시고 산에 올라가 앉으시니 제자들이 나아온지라 입을 열어 가르쳐 이르시되 심령이 가난한 자는 복이 있나니 천국이 그들의 것임이요 애통하는 자는 복이 있나니 그들이 위로를 받을 것임이요 온유한 자는 복이 있나니 그들이 땅을 기업으로 받을 것임이요

# 15

# 복 있는 사람 1

성도 여러분, 예수님께서 온 갈릴리에 두루 다니시면서 행하신 것을 기억하십니까? 첫째는 가르치시고, 둘째는 천국 복음을 전파하시고 또 셋째는 모든 병과 약한 것을 고치셨습니다. 예수님은 선생으로서 가르치셨다고 했는데 그 대표적인 예가 오늘 본문부터 마태복음 6장, 7장까지 이어지는 것을 볼 수 있습니다. 여러분, 2절을 보십시오. 예수님이 입을 열어 가르치셨다고 했습니다. 그 때에 5장에서 7장까지 말씀을 가르치셨는데 이를 가리켜서 우리는 산상보훈이라고 합니다. '산상'이라는 것은 산 위에서, '보훈'이라는 것은 보배로운 교훈이라는 뜻이지요. 예수님께서 나지막한 산에 올라가서 제자들과 무리들에게 말씀하신 보배로운 말씀, 그래서 산상보훈이라고 합니다. 이 산상보훈의 내용은 하나님 나라의 법도입니다. 말을 바꾸면, 천국 시민의 윤리, 크리스찬의 윤리라고 할 수 있습니다. 하나님 백성 된 신자는 이 세상에서 어떻게 살아야 하는 것을 보여줍니다. 흔히들 말합니다. 예수님의 산상보훈보다 더 고상한 윤리는 이 세상에서 찾을 수가 없다고 말입니다. 하나님이 은혜를 주셔서 저도 여러분도 이 보배로운 말씀의 은혜를 풍성히 누릴 수 있기를 바랍니다.

이 산상보훈은 팔복의 말씀으로 시작합니다. 어떠어떠한 자는 복이 있나니 하는 말씀이 8가지가 나옵니다. 반지에는 보석 부분이 있습니다. 그와 같이 산상보훈이라고 하는 반지의 보석은 바로 오늘 이 팔복의 말씀이라고 할 수 있습니다. 얼마 전에 우리는 특별새벽기도 때에 '시편이 보여주는 복 있는 사람'에 대해서 생각했습니다. 그런데 또 이렇게 팔복을 통해서 '예수님이 말씀하시는 복 있는 사람'이 어떤 사람인지를 생각하게 되었습니다. 참으로 의미 있는 일이라고 생각합니다. 여러분, 세상 사람들이 복이 있다고 하는 사람이 복이 있는 것이 아니라 하나님께서 복이 있다고 하는 사람이 진정 복 있는 사람인 줄로 믿습니다. 하나님 앞에 나와서 예배드리는 성도 여러분들은 하나님 앞에서 진정 복 있는 사람들이 다 될 수 있기를 바랍니다.

여러분, 이 팔복의 말씀은 그 내용이 무엇이겠습니까? 팔복의 말씀은 천국 백성의 성품을 보여줍니다. 다르게 말하면 천국 시민의 정체성을 보여줍니다. 쉽게 말하면 기독 신자는 어떤 사람인가를 보여줍니다. 기독 신자는 바로 이런 성품을 가진 사람이다, 이런 특성을 가진 신자야말로 진정 크리스찬이요 진정 복 있는 사람이라는 것을 말씀해줍니다. **이 팔복의 말씀은 너희가 어떻게 해야 이 복을 받을 것이다라는 말씀이 아니라 하나님의 은혜를 입어서 천국 백성이 된 사람은, 신자는 바로 이런 사람이다, 이렇게 복 된 사람이라는 것을 우리에게 말씀해줍니다.** 그러므로 여러분, 우리가 팔복을 하나하나 생각할 때에 과연 나는 이런 사람인가 자기 자신을 비교해보고 잘 살펴보고, 체크를 해보셔야 합니다.

오늘은 복 있는 사람 첫째 시간으로 첫째 복에서 셋째 복까지의 말씀을 생각해보려고 합니다. 은혜의 한 시간이 되기 바랍니다.

**첫째로 심령이 가난한 자는 복이 있다고 하였습니다.**

여기서 주의할 것은 그냥 가난한 자가 복이 있다가 아닙니다. 영적으로 가난한 자가 복이 있다는 말씀입니다. 여기에 쓰인 이 '가난한'이란 말은 다른 사람과 비교해서 좀 가난한 정도를 말하지 않습니다. 여기에 '가난한'은 바닥까지 가난한 것입니다. 아예 가진 것이 없어요. 곧 거지를 말하는 것입니다. 심령이 가난하다, 영적으로 가난하다는 것은 하나님 앞에서 자신의 무능함, 자신의 무가치함을 알고 하나님 앞에 꺼내놓을 만한 것이 아무것도 없는 상태입니다. 한 마디로 영적인 파산 상태를 의미하는 것입니다. 하나님 앞에서 자신을 볼 때 의로운 것, 선한 것은 하나도 없고 죄인임을 알고 영적으로 거지임을 알고 오직 하나님만 의지하는 자가 복이 있다는 것입니다. 성경 연구가 아더 핑크라는 사람이 있습니다. 이 사람은 심령의 가난을 간단하게 이렇게 말했습니다. 'I have nothing', 나는 아무것도 없습니다. 'I am nothing', 나는 아무것도 아닙니다. 'I can do nothing', 나는 아무것도 할 수 없습니다. 선한 것은 아무것도 할 수가 없습니다.

여러분, 이 심령의 가난은 보통 사람은 느낄 수가 없습니다. 그 영혼에 하나님의 역사가 있는 사람만이 경험할 수가 있습니다. 은혜 받은 사람일수록 자신이 하나님 앞에 내놓을 것 아무것도 없고 자랑할 것 아무것도 없는 사람, 가난한 사람인 줄을 알게 된다는 말씀입니다.

성경에 보면 심령이 가난한 사람, 심령이 가난하게 된 사람을 많이 볼 수 있습니다. 여러분, 우리는 이사야 선지자를 알고 있습니다. 지금으로부터 2,700년 전의 사람인데 그는 선지자로 사역을 할 때에 그래도 자기는 그 시대에 좀 괜찮은 선지자라고 생각하며 살았습니다. 그런데 어느 날 성전에 올라갔습니다. 그 성전에서 거룩하신 하나님의 환상을 보았습니다. 그 환상을 보았을 때 '화로다 나는 망하게 되었도다'고 탄식했습니다. 지금까지는 한 번도 그렇게 느껴본 적이 없습니다. 망할 죄인임을 느껴본 적이 없습니다. 그런데 높고 거룩하신 하나님을 뵈올 때에 자신의 죄와 부정함을 깨닫고 망하게 된 상태를 알게 되었어요. 그래서 '화로다 나여 망하게 되었도다'고 했습니다. 여러분, 이것이 바로 심령의 가난인 것입니다. 우리는 예수님의 수제자 베드로를 알고 있습니다. 그가 갈릴리의 어부였죠. 그런데 어느 날 밤새 조업을 했는데도 불구하고 고기를 한 마리도 낚지 못하는 이상한 일이 있었습니다. 그런데 그 뒷날에 예수님께서 오셔서 '깊은 데로 가서 그물을 던져라'고 했습니다. 이것은 이때까지 베드로가 경험한 바와는 전혀 맞지 않는 말입니다. 그럼에도 불구하고 '당신이 그렇게 말씀하시니 제가 순종하겠습니다' 하고 깊은 데로 가서 그물을 던졌더니 그물이 터질 정도로 엄청난 고기가 잡혔습니다. 그때에 베드로가 주님 앞에 엎드려서 '주여, 나를 떠나소서. 나는 죄인이로소이다'고 말했습니다. 자기가 비록 어부 생활을 하고 있지만 죄인이라고 그렇게 느껴본 적이 없었는데 주 예수님을 경험하고 나서 '나는 죄인이로소이다' 하고 고백을 하는 것입니다. 여러분, 이것이 바로 심령이 가난한 것입니다. 성도 여러분, 여러분 자신은 심령이 가난한 자라고 할 수 있습니까? 여러분 잊지 마십시오. 천국 시민은 심령이 가난한 자입니다.

**심령이 가난한 자는 복이 있다고 했습니다.** 왜 복이 있습니까? 천국이 저희 것이기 때문입니다. 여러분, 천국은 다른 말로 하나님 나라입니다. 하나님 나라는 하나님이 통치하시는 곳입니다. 그래서 '심령이 가난한 자는 복이 있다, 천국이 저희 것이다'라는 말씀은 하나님의 통치 하에서 누릴 수 있는 유익들, 복들을 누리게 된다는 말씀입니다. 예를 들어서 요즘 제가 자주 말씀하는 로마서 14장 17절에 '하나님의 나라는 성령 안에서 의와 평강과 희락이라'고 했습니다. 그렇게 말씀했으니까 이 천국이 저희 것이다는 말씀은 심령이 가난한 사람은 이 세상에서 의를 누리고 평강을 누리고 기쁨을 누리면서 살게 된다는 말씀입니다. 그리고는 마지막에 완전한 천국에 들어가게 될 것을 의미합니다. 사랑하는 성도 여러분, 심령이 가난해서 이 땅에 살면서도 천국을 누리면서 경험하면서 살아가시기 바랍니다.

두 번째로 애통하는 자는 복이 있다고 했습니다.

애통하는 것은 슬피 우는 것입니다. 슬퍼하고 탄식하고 안타까워하는 것입니다. 여러분, 객관적으로 볼 때에 그냥 애통하는 자가 복이 있다고 할 수 있겠습니까? 우는 자가 복이 있다고 할 수 있겠습니까? 절대 아닙니다. 세상 사람들은 울면 재수 없다고, 복 나간다고 웃으면서 살자고 합니다. 그런데 우리 예수님은 애통하는 자는 복이 있다고 말씀하십니다. 그러고 보면 이 두 번째 복만큼 역설적인 복이 없습니다. 사람들은 우는 사람은 복 없다고 생각하는데 예수님께서는 애통하는 자가 복이 있다고 말씀하십니다.

여기서 말하는 애통은 개인적인 문제로 인하여 슬퍼하거나 우는 것을 말하지 않습니다. 부모나 자식이 죽었거나 사업이 망해서, 불이 나거나 홍수가 나서 모든 재산을 다 잃고 어찌할 바를 몰라서 우는 것을 말하지 않습니다. 이런 세상적인 애통은 복이라고 할 수 없습니다. 여기의 애통은 영적 애통입니다. 영적 가난으로 인하여, 영적 파산으로 인하여서 애통하는 것입니다. 자신 안에는 하나님이 기뻐하시는 의가 하나도 없고 온통 죄와 이기심과 잔인함, 악이 가득한 것을 보고 슬퍼하는 것입니다. 자신의 무가치함, 무능, 절망적인 상태의 깨달음으로 말미암아 슬퍼하는 것입니다. 애통하는 것입니다. 그런 자가 복이 있다는 것입니다.

몇 주 전 설교에서 느헤미야 이야기를 했습니다. 느헤미야는 3차 포로귀환의 지도자였습니다. 백성을 데리고 예루살렘으로 돌아왔습니다. 예루살렘 성벽을 재건하였습니다. 성벽이 완성되었을 때에 수문 앞 광장에 백성들을 모았습니다. 거기에 이와 같은 나무 강대상이 준비되었고 거기서 학사 에스라는 율법책, 성경책을 낭독했습니다. 모든 백성이 일어나서 그 낭독하는 말씀을 청종합니다. 그런데 어떻게 되었습니까? 그 결과가 어떠합니까? 느헤미야 8장 9절을 함께 읽습니다.

**"백성이 율법의 말씀을 듣고 다 우는지라"**

아이들이 아닙니다. 어른들이 모여서 하나님 말씀이 낭독되는 것을 듣고 다 우는 것입니다. 왜 울겠습니까? 그것은 자기 민족의 죄를 깨달았기 때문입니다. 그동안 얼마나 하나님을 떠나서 하나님께 불순종하며 살았는지를 알게 되었기 때문입니다. 왜 유다가 망하고 왜 저 먼 나라에 끌려가 압제를 당하고 수치를 당했는지를 하나님의 말씀을 들으면서 알 수가 있었습니다. 얼마나 가슴이 아픈지 모두 다 말씀을 들으면서 눈물을 흘렸습니다. 이것이 오늘 말씀에서 말하는 애통하는 것입니다.

여러분, 누가복음 18장에 예수님이 바리새인과 세리 비유를 말씀했습니다. 바리새인은 종교 지도자입니다. 세리는 죄인 중의 죄인입니다. 두 사람이 같은 시간에 성전에 들어가서 기도를 합니다. 이 바리새인은 '하나님, 나는 다른 사람들처럼 이런저런 죄를 짓지 않았습니다. 나는 이레에 두 번씩 금식합니다. 나는 소득의 십일조를 드립니다' 하고 기도했습니다. 이 바리새인의 모습은 교만한 모습입니다. 자기 의와 자랑이 가득한 모습입니다. 그런데 세리는 어떠합니까? 이 세리는 감히 앞에 나가지도 못하고 멀리 떨어져 서서 그 얼굴을 감히 하늘을 바라보지 못하고 고개를 푹 숙인 채 '하나님, 나를 불쌍히 여기소서. 나는 죄인입니다' 하며 가슴을 쳤습니다. 이것이 바로 애통하는 모습입니다. 복이 있는 모습입니다.

가만히 보면 이 두 번째 복은 첫 번째 복과 직결이 됩니다. 심령이 가난한 자는 애통할 수밖에 없습니다. 자기에게 아무 의가 없는 사람, 오직 하나님만 바라봐야 되는 이 사람은 애통하게 되는 것입니다. 하나님의 은혜가 많은 사람일수록 더 많은 애통과 눈물을 경험하게 되는 것입니다.

애통하는 자가 왜 복이 있겠습니까? 오늘 말씀에 '저희가 위로를 받을 것이요' 했습니다. 하나님의 위로를 받게 되는 것입니다. 금방 앞에서 두 가지를 말씀드렸는데 수문 앞 광장에서 말씀을 들으며 눈물을 흘리며 울던 사람들, 그들에게 주어진 말씀이 무엇입니까? '오늘은 여호와의 성일이니 슬퍼하고 울지 말라. 여호와를 기뻐하는 것이 너희의 힘이니라.' 이 말씀을 듣고 백성들이 집으로 돌아가 먹고 마시고 크게 즐거워합니다. 기뻐했습니다. 그것이 바로 하나님께서 우는 자에게 베풀어주시는 위로였습니다. 하나님이 위로하신 것입니다. 앞에서 말한 세리는 하나님이여 나를 불쌍히 여기소서. 나는 죄인이로소이다고 애통했는데 바리새인은 자기 죄를 가지고 돌아갔습니다만 이 세리는 하나님 앞에서 의롭다 함을 받고서 돌아갔다고 했습니다. 이것이 바로 하나님의 위로를 받은 것입니다. 죄를 깨닫고 하나님께 애통하며 회개하는 자는 죄 용서함을 받습니다. 그 마음에 하나님이 주시는 평화와 위로와 은혜가 가득한 것입니다. 이것이 바로 위로함을 받는 것입니다. 이것이 복인 것입니다. 겉으로는 아무리 잘 살아도 죄를 범하면서 살고 그 죄를 떨어버리지 못하고, 용서받지 못하고 사는 자는 복된 사람이 아닙니다. 하나님 앞에서 죄인인 줄 알고 애통하고 주님 앞에 내 마음을 다 내어놓고 그럼으로 인해서 하나님께서 용서해주시는 사람, 그래서 의롭다고 인정을 받고 돌아가는 사람이 복이 있는 사람입니다.

**세 번째로 온유한 자가 복이 있다고 했습니다.**

여러분, '온유한'이라는 말은 아주 폭넓은 말입니다. 이 말은 나약함이나 유약함을 의미하지 않습니다. 그냥 착해빠져서 줏대도 없고 우유부단한 것을 말하지 않습니다. 한글의 의미를 생각해보십시오. '온'은 따뜻한 것이고, '유'는 부드러운 것입니다. 사납지 않고 포악하지 않고 젠틀한 것입니다. 강한 힘을 가지고 있지만, 남에게 친절하고 까칠하지 않은 것입니다. 남의 공격에 대해서 악에 대하여서 오래 참고, 인내하고 받아들입니다. 여러분, 여기서 말하는 온유는 타고난 성질이 아닙니다. 죄 많은 자신으로 인하여 하나님 앞에서 애통하고 하나님의 위로를 받음으로 인하여 성령께서 그 마음속에 지어주는 기질입니다.

여러분, 물어보겠습니다. 많이 운 사람이 독하게 됩니까? 온유하게 됩니까? 잘 생각해보십시오. 많이 운 사람이 독해지느냐, 온유해지느냐? 이럴 수도 있고 저럴 수도 있습니다. 분하고 억울해서 애통한 사람은 더 독해지고 복수의 칼을 갈게 되는 것입니다. 그런데 자기가 죄인인 줄 알고 자기의 의의 부족으로 인해서 하나님 앞에서 애통한 사람은 마음이 부드러워집니다. 온유하게 되는 것입니다. 애통함으로 하나님의 용서를 겪어본 사람은 온유합니다. 남에게 공격적이지 않습니다. 남이 모욕하고 남이 나에게 잘못을 하고 나를 공격한다고 할지라도 이에는 이, 눈에는 눈으로 갚으려고 하지 않습니다. 부드럽게 대합니다. 가만 보면 우리 신자라도 다 똑같은 것이 아닙니다. 사람들이 피하는 사람이 있습니다. 다가가기가 겁나고 옆에 가기가 싫고 함께 시간을 보내기가 싫은 사람이 있습니다. 그런가 하면 반대로 따뜻하고 겸손해서 가까이 하고 싶은 사람, 시간을 같이 보내고 싶은 사람이 있습니다. 같이 있으면 내 마음이 편하고 헤어져서 돌아갈 때도 내 마음이 뭔가 가득한 것 같은, 그런 사람이 있습니다. 여러분은 어떤 사람입니까?

여러분, 출애굽의 지도자 모세를 아실 것입니다. 모세가 본래 어떤 사람입니까? 모세는 애굽 궁궐에서 자라면서 어쩌다 자기가 히브리인, 이스라엘 사람인 것을 알았습니다. 기다렸습니다. 마흔이 되었을 때에 이제는 내가 일어날 때이다고 생각했습니다. 내가 이스라엘 사람을 구원할 자가 되어야 한다고 생각하고 일어났습니다. 자만했습니다. 그래서 어느 날 나와서 매를 맞는 이스라엘 사람을 보고 매를 때리는 애굽 사람을 쳐서 죽여버렸습니다. 성격이 아주 강했습니다. 급했습니다. 잔인했습니다. 근데 그 일로 인하여서 도망을 쳐서 미디안 광야에 가서 어느 집의 사위가 되어 양을 치면서 자랐습니다. 세월이 40년이 흘렀습니다. 40년이라는 긴 세월 동안 모세는 사람들의 뇌리에서 잊혀졌습니다. 전에는 자기가 큰 뭐가 된 줄 알았는데 자기가 아무것도 아닌 것을 알았습니다. 그럴 때에 하나님께서 그를 부르셨습니다. 출애굽의 지도자로 부르셔서 이스라엘 약 200만이나 되는 사람들을 광야에서 인도해서 40년을 가게 되었습니다. 그런데 한번은 모세의 형 아론과 누나인 미리암이 모세에 대해서 인신공격을 하는 것입니다. 다른 사람이 아닌 가족들이 '이스라엘 백성의 지도자가 되어서 얼굴이 검은 이디오피아의 여인을 아내로 삼으면 되겠냐'고 시비를 걸면서 '하나님이 모세만 만나주시고 모세에게만 말을 해주셨느냐, 우리에게도 해주시지 않으셨냐'며 사람들을 선동했습니다. 모세를 공격했습니다. 남도 아닌 형제자매가 공격하니 더 배신감을 느끼지 않겠습니까? 모세의 입장에서는 이 두 사람들의 직분을 뺏고 벌을 내리고 보복을 할 수도 있습니다. 누구 같으면 펄펄 뛸 수도 있지 않겠습니까! 그런데 아무 대꾸도 하지 않고 화를 내지 않았습니다. 하나님이 자기의 억울함을 알아주시고 처리해주실 줄 알고 참고 기다리고 기도했더니 하나님께서 다 처리해주셨습니다. 여러분, 그런 모습을 성경이 뭐라고 합니까? 민수기 12장 3장을 읽겠습니다.

**"이 사람 모세는 온유함이 지면의 모든 사람보다 더하더라"**

하나님께서 광야로 쫓아내서 그렇게 이름 없는 세월을 보내게 하시면서 온유한 사람으로 바꾸어놓았습니다. 온유한 사람이 되었기 때문에 그 수많은 사람들을 40년 동안이나 인도해서 갈 수 있었던 것입니다.

**왜 온유한 자가 복이 있다고 했습니까?** 땅을 기업으로 받기 때문입니다. 여러분, 이 역시 아주 역설적입니다. 세상에는 차지하는 사람들을 보십시오. 강하고 독하고 힘이 있어 인정사정없이 밀어붙이는 사람이 뭔가 성공도 하고 땅도 차지하지 않습니까? 그러나 힘과 무력으로 얻는 것은 일시적인 것입니다. 결국에는 온유한 자가 땅을 차지하는 것입니다. 로마는 칼과 권력을 가지고 온 세계를 정복하려고 했습니다. 그러나 결국 실패했습니다. 그런데 기독교는 온유했는데, 로마제국의 핍박을 받았는데 결국에는 그 로마제국을 기독교가 정복한 것을 볼 수 있습니다. 여러분, 온유한 자는 땅을 차지합니다. 이 세상에서도 땅을 차지하지만 맨 마지막에는 새 하늘과 새 땅을 차지하게 될 것입니다.

**오늘 복 있는 사람은 어떤 사람인지 보았습니다.** 첫 번째는 심령이 가난한 사람, 두 번째는 애통하는 사람, 세 번째는 온유한 사람이 복이 있다고 했습니다. 이것은 자신이 죄인인 줄 알고 구원자이신 하나님의 아들 예수 그리스도를 믿는 자에게 주어진 복입니다. 그러므로 이 자리에 계신 여러분들 한 사람도 빠짐없이 예수 믿어서 복된 사람이 되시기 바랍니다. 예수를 믿는데 이런 복을 누리지 못하신다면 그런 분은 좋은 크리스찬이 아닐 것입니다. 믿어도 이런 복을 누리지 못하시는 분은 자신을 점검해보시고 겸손히 하나님의 은혜를 구하시기 바랍니다. 그래서 천국 백성이 누리는 이 아름다운 복들을 날마다 누리면서 살아가는 저와 여러분이 다 되시기 바랍니다.

## 마태복음 5:6-7

의에 주리고 목마른 자는 복이 있나니 그들이 배부를 것임이요 긍휼히 여기는 자는 복이 있나니 그들이 긍휼히 여김을 받을 것임이요

# 16

# 복 있는 사람 2

우리는 지금 산상보훈 첫 부분에 있는 팔복의 말씀을 생각하고 있습니다. 성도 여러분, 복 있는 사람이 어떤 사람이겠습니까? 사람들이 복이 있다고 생각하고 복이 있다고 말하는 사람이 아니라 하나님께서 복이 있다고 말씀하시는 사람이 진정 복이 있는 사람이라고 믿습니다. 지난주일 팔복의 말씀 중에 첫 세 가지를 생각했습니다. 기억하십니까? 심령이 가난한 자는 복이 있습니다. 왜 그렇습니까? 천국이 저희 것이기 때문입니다. 애통하는 자는 복이 있습니다. 왜 그렇습니까? 저희가 위로를 받을 것이기 때문입니다. 온유한 자는 복이 있습니다. 왜 그렇습니까? 저희가 땅을 기업으로 차지할 것이기 때문입니다.

오늘은 넷째 복과 다섯째 복을 살펴보고자 합니다. 주님의 진리의 말씀, 은혜의 말씀이 오늘 이 가운데 가득하고 여러분의 마음에도 가득할 수 있기를 바랍니다.

여러분, 네 번째로 복 있는 사람은 의에 주리고 목마른 자라고 했습니다.

여러분, 의가 무엇입니까? 옳은 것, 바른 것이 바로 의입니다. 인간 속에 의로운 것이 있습니까? 타락 전에는 하나님의 형상으로 지음 받은 인간에게 의로움이 있었습니다. 의로웠습니다. 그런데 죄를 짓고 타락한 이후에는 우리 인간에게 아무 의가 없습니다. 그래서 이사야 64장에 보면 '우리는 다 부정한 자 같고 우리의 의는 다 더러운 옷과 같다'고 말씀했습니다. 로마서 3장에 바울은 '의인은 없나니 하나도 없다'고 말씀했습니다. 그리고 죄 많은 사람이 보기에 옳은 것이 진정한 옳음이라고, 의라고 볼 수 있겠습니까? 그렇지 못합니다. 의로우신 하나님이 보시기에 옳은 것이 진정한 의라고 볼 수가 있습니다. 하나님이 옳다고 여기는 것, 곧 하나님이 원하시는 것이 참된 의입니다.

성도 여러분, 이신칭의(以信稱義)를 기억하십니까? 이신칭의가 무슨 뜻입니까? '믿음으로 말미암아 의롭다 칭함을 받는다'는 뜻입니다. 로마서의 대(大)주제였습니다. 이 이신칭의는 우리가 어떻게 구원을 받는가를 보여주는 가장 짧고도 귀한 말씀입니다. 이것을 우리가 조금 더 줄여서 '칭의'라고 합니다. 의롭다 칭하여 주신다는 것입니다. 여러분, 이 칭의는 하나님의 선물입니다. 하나님이 믿는 자에게 주시는 것입니다. 여러분, 예수 믿어서 칭의된 사람은 의인이라 할 수 있습니다. 그런데 오늘 말씀에 예수님께서 '의에 주리고 목마른 자는 복이 있나니'라고 말씀하시는 것이 이상하지 않습니까? 예수 믿어서 칭의된 사람은 이미 의인인데 또 의에 주리고 목마른 자가 복이 있다고 하니 이상합니다. 우리가 알아야 할 것은 칭의는 법적인 선언입니다. 재판정에서 재판장 되신 하나님께서 어떤 사람을 향해 의롭다하는 것이 칭의입니다. 너는 죄가 있다 하는 것이 정죄입니다. 하나님께서 우리를 의롭다고 칭의하신 것은 예수 그리스도의 십자가의 공로를 기초로 해서 우리를 의롭다하시는 것이지 우리 자신이 정말로 마음도, 생각도, 행동도 의로워서 의롭다 하신 것이 아니지요. 하나님께서 우리를 예수 공로를 보고 법적으로 의롭다했습니다. 그렇기 때문에 의롭게 되어진 신자는 평생 이 땅에 사는 날 동안 실질적으로 의로워지기 위해서 힘써야 되는 것입니다. 그래서 오늘 말씀에 의에 주리고 목마른 자는 복이 있다고 했습니다. 오늘 찬양했지요. 예수님께서 '너희는 먼저 그의 나라와 그의 의를 구하라'고 말씀하셨습니다. 여기에 '의에 주리고 목마른 자'라고 했는데 '주린다'는 것과 '목마른' 것이 어떻게 다릅니까? 주린 것은 배가 고픈 것입니다. 영어로 hungry입니다. 우리나라 축구팀을 월드컵 4강에 올려놓았던 히딩크 감독이 처음 승리를 했을 때 "I am still hungry"라고 했습니다. 진짜 배가 고파서 그런 것입니까? 나는 이것으로 만족 못한다, 나는 우리 팀을 데리고 8강에도 올라가고, 4강에도 올라가야겠다는 의미로 나는 여전히 배가 고프다고 말했습니다. 여러분, 목마름이 무엇입니까? 마실 물이 없어서 갈한 것입니다. 시편 41편 1절에 보면 '하나님이여 사슴이 시냇물을 찾기에 갈급한 것같이 내 영혼이 주를 찾기에 갈급하나이다'고 했습니다. 이 사람은 의에 주리고 목마른 사람입니다.

요컨대 의에 목마른 자는 의를 갈망하는 자입니다. 이 세상 대부분의 사람들은 부자가 되기를 갈망합니다. 대박나기를 갈망합니다. 유명해지기를 갈망합니다. 이 세상 무엇보다도 하나님 앞에서 나 자신이 바른 사람이, 나 자신의 삶이 바른 삶이 되기를 갈망하는 사람, 원하는 사람이 바로 의에 주리고 목마른 사람입니다. 오늘날 우리 사회는 주리고 목마른 사람들이 너무 많습니다. 얼마 전에 게임 중독으로 폐쇄병동에 갇혀 있는 한 고등학생이 탈출을 했어요. 어떻게 탈출할까 고민하다가 병원에 불을 질렀어요. 모든 사람의 관심이 다 그쪽에 쏠릴 동안 병원을 탈출해 집으로 갔습니다. 사복으로 갈아입고 인근에 있는 PC

방에 가서 게임을 하다가 경찰에게 잡혔습니다. 이 친구는 게임 안 하고는 못사는 거예요. 게임에 주리고 목마른 자입니다. 하루에 3-4시간 게임을 하는 사람은 많다고 합니다. 신문에 보니 하루에 14시간씩 게임을 하는 사람이 있다고 합니다. 결혼을 해서 한 가정의 가장임에도 불구하고, 학생들을 가르치는 학교 교사임에도 불구하고, 교회에서 자녀들을 가르치는 성경 교사임에도 불구하고 아직 그런 중독에서 벗어나지 못하고 매여서 살아가는 사람들도 있습니다. 참으로 부끄럽고 비극적인 일입니다.

대한민국은 민주공화국인데 또 다른 말이 있습니다. 중독공화국입니다. 어느 나라보다도 중독된 사람이 많습니다. 게임과 핸드폰에 중독되고 알콜, 마약, 도박, 쾌락에 중독된 사람이 많습니다. 우리 성도들은 세상 무엇에도 중독되지 마시고 자유하시기 바랍니다. 자유함을 받은 사람인데 자유하지 못하고 매여서 살면 안 됩니다. 의에 주리고 목마른 자, 하나님께, 하나님의 은혜와 말씀에 주리고 목마른 자가 되시기 바랍니다. 공자의 논어에 '군자유어의하고 소인유어이한다(君子喩於義, 小人喩於利)'는 말이 있습니다. 군자는 의에 밝고 소인은 이에 밝다, 재물에 밝다는 것입니다. 또 다르게 말하면 군자는 의를 추구하며 살지만, 소인은 재물을 탐내면서 산다는 말입니다. 공자의 말에 군자 대신 성도를 넣으면 딱 맞겠다고 생각됩니다. 성도유어의하고, 성도는 의를 추구하며 의에 밝은 사람이 되어야 합니다. 여러분, 그런 사람 되시기 바랍니다.

작년에 윤동주 시인 탄생 100주년이었습니다. 그분은 신실한 크리스찬이었습니다. 그분의 시들은 그분이 얼마나 믿음이 깊고 맑고 깨끗한 사람인지를 우리에게 잘 보여줍니다. 특히 서시에 '하늘을 우러러 한 점 부끄러움이 없기를 잎새에 이는 바람에도 나는 괴로워했다'고 했습니다. 어느 날 산내에서 제가 아침에 눈을 떴는데 바람 한 점 없고 하늘은 너무 맑고 햇빛도 찬란했습니다. 그래서 앞을 가만히 보고 있는데 큰 버드나무 잎이 까딱까딱 움직이고 있어요. 바람이 없는데 왜 잎사귀가 흔들거리고 있겠어요? 그것은 거기에 작은 바람이 일고 있다는 거지요. 그것이 바로 잎새에 이는 바람입니다. 잎새에 이는 바람이 무엇을 말하겠습니까? 아주 작은 죄를 말합니다. 아주 작은 죄도 민감해서 괴로워하고 아파했다는 뜻입니다. 오늘날 큰 죄를 짓고서도 자각 증세가 없고 내가 무엇을 잘못했는지 느끼지 못하고 다른 사람 핑계만 대고 변명만 하며 살아가는 사람이 많지 않습니까? 그런데 그는 작은 죄에도 민감해서 아파하면서 한 점 부끄러움이 없기를, 하나님 앞에 의롭게 살기를 갈망했다는 것입니다. 제가 생각할 때 그는 진정 복 있는 사람입니다.

여러분, 의에 주리고 목마른 자는 복이 있다고 했습니다. 왜 복이 있겠습니까? 오늘 말씀에 '그들이 배 부를 것이다'고 했습니다. 비슷한 말씀이 시편에 많이 있습니다. 시편 107편 9절을 봅시다.

**"그가 사모하는 영혼에게 만족을 주시며 주린 영혼에게 좋은 것으로 채워주심이로다"**

시편 34편 10절에는

**"젊은 사자는 궁핍하여 주릴지라도 여호와를 찾는 자는 모든 좋은 것에 부족함이 없으리로다"**

여러분, 여기 '배부를 것이다'는 무슨 말입니까? '만족할 것이다'라는 뜻입니다. 의에 주리고 목마른 자는 이 세상 살 동안에 하나님께서 그 사람에게 만족함을 주신다는 것입니다. 성도 여러분, 여러분의 삶에서 순수한 기쁨과 내적 만족을 주는 것이 무엇인지를 생각해보십시오. 여러분이 살아가는데 진정한 기쁨, 넘치는 만족을 주는 것이 무엇입니까? 뭐가 있으면 참 좋겠다 싶어도 이 세상에 있는 것은 소금물과 같아서 마시면 마실수록 더욱 갈하게 되는 것입니다. 그런데 주의 날이 되어 교회에 나와서 사모하는 마음으로 하나님 앞에 나와서 예배를 드릴 때 하나님이 주시는 은혜가 있지 않습니까? 말씀의 생수가 있지 않습니까? 하나님의 은혜와 말씀의 생수를 인하여서 내 주리고 갈한 영혼이 만족을 얻게 되는 것 아니겠습니까! 그것이야말로 진정한 만족입니다. 마음으로 표현하기 어려운, 돈도 안 쓰고 즐겁게 운동을 한 것도 아닌데 잠잠히 하나님께서 내 영혼에 채워주시는 만족함이 있다는 것입니다. 이것이 바로 하나님께서 그들이 배부를 것임이요 한 말씀입니다. 이 세상 살 동안만 그러합니까? 마지막에 주님 앞에 설 때도 참된 만족이 있습니다. 시편 17편 15절 말씀을 읽어봅니다.

> "나는 의로운 중에 주의 얼굴을 뵈오리니 깰 때에 주의 형상으로 만족하리이다"

여러분, 우리가 주님의 얼굴을 뵈옵는 때가 언제겠습니까? 마지막 때이지요. 이 '깰 때에'가 무엇입니까? 죽음의 잠에서 깨어날 때입니다. 부활하는 때입니다. 죄 많던, 여러 가지 연약함이 많았던 이 육신이 옛날의 그 모습이 아니라 새로운 주의 형상으로, 영광스러운 몸으로 변화가 되는 것입니다. 그래서 '깰 때에 주의 형상으로 만족하리라'고 하는 것입니다. 의에 주리고 목마른 자는 이 세상에서도 하나님께서 그 사람을 배부르게, 만족케 해주시고 하나님 앞에 섰을 때에도 만족케 해주십니다.

### 다섯 번째로 복 있는 사람은 긍휼히 여기는 자라고 했습니다.

'긍휼'이라는 말은 요즘 잘 쓰지 않습니다. 그런데 성경이 한글로 번역될 때는 많이 쓰인 말입니다. 긍휼은 영어로 'mercy'입니다. '긍휼히 여긴다'(merciful)는 것은 '자비로운', '불쌍히 여기는', '동정하는'이라는 뜻입니다. 다른 사람들을 향해서 특별히 죄로 인해서, 병으로 인해서, 장애로 인해서, 어려움과 가난으로 인해서 불행하고 고통 가운데 있는 자들을 그냥 보고 대하는 것이 아니라 그런 사람들을 불쌍히 여기는 것이 자비입니다. 여러분, 긍휼과 사랑은 사촌지간입니다. 그래서 에베소서 2장 4절에 보면 **"긍휼에 풍성하신 하나님이 우리를 사랑하신 그 큰 사랑으로 말미암아 허물로 죽은 우리를 그리스도와 함께 살리셨다"**고 말씀했습니다.

쉽게 말하면 죄 가운데서 멸망할 수밖에 없는 우리지만 하나님께서 우리를 불쌍히 여겨주시고 우리를 구원하시기를 원하셔서 자기의 사랑하는 아들을 이 세상에 보내주시고 십자가에 죽게 하시고 부활하게 하셨습니다. 그리고 그 아들 예수를 믿는 자마다 구원해주시는 것입니다. 그러고 보면 우리의 구원의 출발점이 무엇입니까? 하나님의 긍휼하심입니다. 우리가 잘나서가 아닙니다. 하나님 앞에서 정식으로는 아무도 구원받지 못하는 죄인들이지만 하나님께서 우리를 불쌍히 여겨주셨기 때문에 하나님의 구원이 시작된 것입니다. 여러분, 신자는 하나님께 긍휼히 여김을 받은 자이기 때문에 우리 신자들은 당연히 다른 사람을 긍휼히 여기는 사람이어야 하고 또 긍휼히 여기면서 살아야합니다.

얼마 전에 장철호 미얀마 선교사의 글을 읽었습니다. 이분은 서울대 출신인데 의학을 공부해서 소아청소년과 전문의입니다. 기독교인이다 보니 아시아권에 자주 단기 의료선교를 나갑니다. 단기 의료선교를 나갈 때마다 마음에 부담이 되는 것이 있었습니다. 우리나라 같으면 쉽게 고칠 수 있는데 그것을 못 고쳐 고생하는 걸 보면서 단기선교로는 안 되겠다는 마음으로 기도하는 끝에 자기가 가진 것을 내려놓고 의료 선교사로 헌신하기로 결심했습니다. 그래서 한국생활을 정리하고 2006년에 압록강변 중국 단둥시에서 의료선교를 하다가 2011년에 미얀마로 갔습니다. '의료와 교육 사업을 통해서 하나님의 긍휼하심을 나타낸다'는 사명 선언을 하고 미얀마에서 사역을 하며 많은 사람의 병을 치료해주었습니다. 그리고 2016년, 2년 전에 양곤 외곽에서 베데스다 클리닉을 세워서 지금 봉사하고 있습니다. 그는 긍휼에 관심이 많았는데 이런 말을 했습니다. '긍휼은 단순히 불쌍히 여기는 마음이 아니라 고통 받는 사람들과 동행하며 그들의 짐을 나누어지는 것이라고 생각합니다. 만나는 이들에게 먹고 마실 것을 주고 입을 옷을 나누어 주고 병들었을 때에 돌보아주는 일이 긍휼의 삶이지요'라고 했습니다. 여러분, 긍휼의 대상이 저 캄보디아, 베트남, 라오스, 미얀마 같은 못 사는 나라에만 있는 것이 아닙니다. 긍휼의 대상은 우리 지구상의 어디에도 있습니다. 우리 주변에도 있습니다. 우리 가정에도 긍휼히 여길 자가 분명히 있습니다. 우리 교회에도, 우리 직장에도 사회와 이웃에도 긍휼의 대상이 많이 있습니다. 성도들이 불쌍히 여기고 도와줄 사람들이 많이 있습니다. 우리 하나님께서는 원수에게도 긍휼을 베풀라고 했습니다. 잠언 25장 21절을 함께 읽겠습니다.

**"네 원수가 배고파하거든 음식을 먹이고 목말라하거든 물을 마시게 하라"**

배고픈 자에게 음식을 먹이고 목마른 자에게 물을 마시게 하는 것이 긍휼입니다. 원수일지라도 긍휼을 베풀라고 말씀하십니다.

성도 여러분, 긍휼히 여기는 자는 복이 있다고 했습니다. 왜 복이 있습니까? 7절 끝에 보시면 '그들이 긍휼히 여김을 받을 것임이요'라고 했습니다. 쉽게 말해서 보답을 받는다는 것입니다. 긍휼, 자비를 베풀면 자기에게는 아무 유익이 없는 것 같아요, 내가 손해 보는 것 같고 내가 희생하는 것 같습니다. 하지만 그렇지 않다는 것입니다. 하나님은 심은 대로 거두게 하시는 하나님이십니다. 악을 심는 자는 나중에 더 많은 악을 거두도록 하십니다. 반면에 선을 심는 자는, 긍휼을 행하는 자는 또 다른 자를 통하여 긍휼을 얻도록 만들어주시는 것입니다. 긍휼을 베푸는 것은 다른 사람만을 위하는 것이 아닙니다. 자기를 위한 것입니다. 그것을 잊지 말아야 합니다. 긍휼을 베푼다면 이 세상을 살 동안뿐 아니라 마지막 날 하나님 앞에 설 때도 긍휼히 여김을 받을 것입니다. 야고보서 2장 13절을 읽겠습니다.

**"긍휼을 행하지 아니하는 자에게는 긍휼 없는 심판이 있으리라 긍휼은 심판을 이기고 자랑하느니라"**

긍휼을 행한 자는 어떤 심판을 받겠습니까? 긍휼 있는 심판을 받게 되겠죠? 여러분, 사도 바울이 로마 감옥에서 마지막으로 쓴 편지가 디모데후서입니다. 1장 끝에 보면 오네시보로라는 사람이 나옵니다. 오네시보로의 가정을 사도 바울이 언급합니다. 사도 바울이 로마 감옥에 갇혀 있을 때 다른 사람들이 잘 찾아오지 않습니다. 부끄럽고 혹시 자기가 망신을 당할까 싶어 잘 찾아오지 않습니다. 하지만 오네시보로 집의 가족들은 감옥에 있는 사도 바울을 부끄러워하지 않고 자주 찾아와서 위로하고 격려하고 옥바라지 해주고 한마디로 긍휼을 베풀어주었습니다. 그래서 사도 바울은 잊지 않고 기도했습니다. '원컨대 주께서 그날에 오네시보로 집에 긍휼을 베풀어주옵소서.' 여러분, 그날이 무슨 날이겠습니까? 심판날입니다. 마지막 심판날에 우리 하나님께서 저에게 많은 긍휼을 베풀었던 오네시보로의 집에 긍휼을 베풀어주옵소서라고 기도했습니다.

성도 여러분, 우리가 믿음으로 말미암아 구원을 얻었지만 우리가 믿고 나서 이 땅에서 살면서 지은 여러 가지 죄, 여러 가지 행위를 가지고 주님 앞에 서게 될 때 부끄러움 없이 설 수 있는 사람, '너는 됐다'

하고 하나님께서 천국으로 보내주실 만한 사람이 있을까요? 여러분, 그렇게 바르게 사셨습니까? 아니지요. 저도 부끄럽고 죄악된 것이 너무 많습니다. 만일 내가 행한 대로 하나님이 심판하신다면 저는 절대로 천국에 들어갈 수 없습니다. 우리 하나님의 심판대 앞에 설 때 저와 여러분은 무엇이 필요한 사람입니까? 하나님의 긍휼이 필요한 사람입니다. 하나님의 긍휼이 없이 설 수 있는 사람은 아무도 없습니다. 그런데 남을 긍휼히 여긴 사람들은 그때에 하나님의 긍휼히 여김을 받는다는 것입니다. 그래서 남을 긍휼히 여기는 것이 얼마나 큰 복인지 알 수 있는 것입니다.

내가 참다운 신자인지, 내가 참된 천국 시민인지를 어떻게 알 수 있겠습니까? 오늘 말씀이 우리에게 보여줍니다. 내가 정말로 의에 주리고 목마른 자라면 이 세상에 있는 좋아 보이는 어떤 것보다도 나는 의를 갈망하면서 사는 사람이라면 나는 천국 시민이요, 가장 복 있는 자입니다. 남을 긍휼히 여기며 사는 자라면 그는 진정 천국 시민이요, 복이 있는 사람입니다. 이런 복을 추구하면서 이런 복을 누리면서 이런 복을 나누어주면서 살아가시는 성도 여러분이 다 되시기 바랍니다.

## 마태복음 5:8-9

마음이 청결한 자는 복이 있나니 그들이 하나님을 볼 것임이요 화평하게 하는 자는 복이 있나니 그들이 하나님의 아들이라 일컬음을 받을 것임이요

# 17

# 복 있는 사람 3

성도 여러분, 신앙생활에서 묵상의 중요성을 생각해보신 적이 있습니까? 우리는 기도, 찬양, 예배 이런 것의 중요성은 많이 생각하는데 묵상의 중요성은 별로 생각지 않습니다. 묵상이란 것은 조용히, 깊이, 곰곰이 생각하는 것입니다. 오늘 제가 예배 시작 때에 읽은 시편 19편 끝에 '나의 입술의 모든 말과 나의 마음의 묵상이 주께 열납되기를 원하나이다'고 했습니다. 두 가지이지요. '내 입술의 모든 말', '내 마음의 묵상'이 주께 열납되기를 했습니다. 생각해보면 우리에게는 입술의 말, 곧 찬양도 감사도 기도도 많은데 마음의 묵상은 너무 부족하지 않은가 하고 느껴집니다. 저는 우리의 신앙생활에 꼭 필요한 것이 묵상이라고 생각합니다. 하나님의 말씀을 마음에 담고서 그것을 자주 생각해보고 되새김질해야 합니다. 예를 들어 우리가 팔복의 말씀을 생각하고 있습니다. 심령이 가난한 자는 복이 있나니, 애통하는 자는 복이 있나니, 온유한 자는 복이 있나니, 의에 주리고 목마른 자는 복이 있나니, 긍휼히 여기는 자는 복이 있나니……. 황금처럼 귀한 이런 말씀을 한 번 듣고 지나가는 것이 아니라 그 말씀을 내 마음에 새기고 그 말씀을 자주 되새김질 해봐야 한다는 것입니다. 그래야 그 말씀이 나의 일부가 될 것이요, 나 자신이 하나님의 말씀의 사람이 되어질 것입니다.

오늘은 제6복과 7복을 생각할 때에 나는 과연 복이 있는 사람인지 자기 자신을 살펴보고 또 복 있는 사람으로 변하는 은혜가 여러분에게 있기를 바랍니다.

여섯째 복은 8절에 기록되어 있습니다. 함께 읽습니다.

**"마음이 청결한 자는 복이 있나니 그들이 하나님을 볼 것임이요"**

여러분, 마음이 청결하다는 것은 무슨 뜻이겠습니까? 마음이 더럽지 않고 깨끗하다는 말입니다. 또 마음이 두 갈래로 나누어지지 않고, 이중적이지 않고 단순하다는 뜻을 가지고 있습니다. 한마디로 내적 청결입니다. 여러분, 예수님 당시의 사람들은 외적 청결, 겉으로 보이는 깨끗하게 하는 일에 신경을 많이 썼습니다. 그래서 음식을 먹는 것도 깨끗한 것만 먹었습니다. 여러분, 이슬람 사람들이 먹는 것을 '할랄'이라고 합니다. 그런데 유대인들도 지금 어떤 음식을 먹느냐면 '코셔'라고 해서 정결하게 된 음식을 먹습니다. 또 옷도 전염병자에게 갔다 오거나 초상집에 갔다 오면 즉시로 갈아입어야 됩니다. 바깥에 나갔다 들어오면 손을 씻는데, 손에서부터 팔꿈치까지 씻도록 정해져 있습니다. 식사를 하기 전에는 꼭 손을 씻도록 되어 있습니다. 위생적으로 보면 이 모든 것은 아주 좋은 일이지요. 문제는 금방 제가 말한 사항은 성경에 기록된 것은 아닙니다. 그런데 자기들이 규례를 만들어서 꼭 지키도록 하는 것입니다. 그래서 이 규례대로 지키는 사람은 깨끗한 사람이라고 하고 이것을 지키지 않는 사람을 부정하고 더러운 사람이라고 취급했습니다.

어느 날 예수님의 제자들이 손을 안 씻고 먹는 것을 보고 바리새인들이 '왜 당신의 제자들은 손을 안 씻고 먹습니까?' 하고 예수님께 따졌습니다. 그때 예수님께서 하신 말씀이 '안 씻은 손으로 입으로 들어가는 것이 사람을 더럽게 하는 것이 아니라 입에서 나오는 것이, 속에서 나오는 것이, 마음에서 나오는 것이 사람을 더럽히는 것이니라. 너희는 먼저 안을 깨끗이 하라, 그리하면 겉도 깨끗하리라'고 말씀하셨습니다. 마태복음 23장에도 보면 예수님께서 종교 지도자들에게 하신 말씀이 있습니다. '외식하는 서기관들과 바리새인들이여, 잔과 대접의 끝은 깨끗하게 하되 방 안에는 방탕과 탐욕이 가득하다'고 했습니다. '너희는 회칠한 무덤과 같도다' 했습니다. 회칠을 해서 겉은 하얗고 깨끗하게 보이지만 그러나 그 속에는 뼈와 썩은 더러운 것이 가득하다고 말씀하셨습니다.

요컨대 당시 유대인들, 특히 종교 지도자들은 내적 청결에는 관심이 없고 외적 청결에만 관심을 가졌습니다. 여러분, 겉을 청결케 한다고 그 사람이 깨끗한 사람이라고 할 수 있겠습니까? 그렇지 않습니다. 우리 하나님이 말씀하시기를 '사람은 외모를 보거니와 나 여호와는 중심을 보느니라'고 했습니다. 중심이 무엇입니까? 마음입니다. 우리 하나님은 안을, 마음을 보신다고 말씀하셨습니다. 그러므로 우리 성도들은 외모보다도, 겉을 깨끗하게 하는 것보다도 언제나 하나님 앞에서 내 마음을 깨끗하게 하는 자들이 되어야 합니다.

사실 성도는 예수 안에서 죄를 씻음 받고 깨끗하게 된 사람들이지요. 마음이 청결하게 된 사람입니다. 그러나 죄 많은 세상을 살다보면 자꾸 더러워집니다. 여러분, 아침에 우리의 손과 얼굴을 씻습니다. 깨끗하게 되었습니다. 그렇지만 하루를 지나는 동안에 깨끗하게 유지가 됩니까? 그렇지 않습니다. 자기도 모르는 사이에 더러워져서 저녁에도 또 손과 얼굴을 씻어야 합니다. 우리의 마음도 마찬가지입니다.

그러면 어떻게 하면 마음을 청결하게 할 수 있겠습니까? 소극적으로는 더럽혀지지 않도록 조심해야 합니다. 오늘날 세상에는 우리의 마음을 더럽히는 세속적인 문화가 가득합니다. 특별히 무엇을 보느냐, 무엇을 듣느냐가 아주 중요합니다. 우리 남자 성도들은 야한 동영상, 포르노 같은 영화를 보면 자주 마음에 그것이 상상으로 떠오르게 되고 그때마다 마음이 더러워집니다. 폭력적인 것을 자주 보면 자기도 모르게 마음이 사나워지고 폭력적이게 됩니다. 누구와 어울리느냐는 것도 중요합니다. 세상 친구들과 어울리다 보면 자기도 모르는 사이에 마음과 삶이 더러워집니다. 그래서 고린도전서 15장 33절에 보면 '악한 동무들은 선한 행실을 더럽히나니' 말씀했습니다. 그렇다고 해서 불신 친구들과는 관계를 다 끊어야 된다는 말씀이 아닙니다. 악한 영향을 받지 않도록 조심해야 되고 도무지 자신이 없으면 그 교우관계를 끊어야 합니다. 마음을 청결케 하기 위해서 적극적으로는 어떻게 해야겠습니까? 기도와 말씀에 힘써야 합니다. 여러분, 디모데전서 4장 5절에 보면 '하나님의 말씀과 기도로 거룩하여진다'라는 말씀이 있습니다. 하나님의 말씀과 기도로 거룩해집니다. 더러운 것을 가까이하면 그 사람은 더러워집니다. 그러나 거룩하고 깨끗한 것을 가까이하면 그 사람은 깨끗해집니다. 하나님의 말씀은 거룩합니다. 거룩한 하나님의 말씀을 가까이 하면 거룩해지고 깨끗해지는 것입니다. 또 기도를 통해서 거룩하신 하나님과 교제하고 내가 지은 죄를 회개할 때에, 더러운 것을 씻어 버릴 때에 내가 깨끗해집니다. 요한일서 1장에 보면 '만일 우리가 우리 죄를 자백하면 우리 죄를 사하시며 우리를 깨끗케 하신다'고 했습니다. 성도 여러분, 여러분의 삶에 말씀이 있는지 한 번 생각해 보십시오. 여러분의 삶에 기도가 있는지 생각해보십시오. TV는 있는데, 컴퓨터는 있는데, 신문은 있는데 내 삶에 혹시 말씀과 기도는 없이 살지 않습니까? 성도 여러분, 말씀과 기도에 더욱 힘써서 마음이 청결한 사람이 되시기 바랍니다.

마음이 청결한 사람은 복이 있다고 했습니다. 왜 그렇습니까? '하나님을 볼 것이다'고 했습니다. 여러분, 사람이 하나님을 볼 수 있습니까? 디모데후서 6장 16절에 보면 '아무도 하나님을 본 사람이 없고 또 볼 수도 없다'고 했습니다. 왜냐하면 우리 하나님은 영이시기 때문입니다. 우리처럼 육신을 가지신 분이 아닙니다. 뿐만 아니라 우리 하나님은 너무나도 거룩하시고 영광스러우시기 때문에 우리가 감히 볼 수가 없는 분이십니다. 그런데 오늘 본문에는 하나님을 본다고 했습니다. 이 말씀은 우리의 육체의 눈으로 하나님을 볼 것이라는 말이 아닙니다. 마음의 눈으로, 믿음의 눈으로 우리 하나님을 본다는 것입니다. 우리 성도들이 간혹 신앙간증을 할 때 '내가 언제 무엇을 할 때 하나님을 만났다'고 말합니다. 여러분 정말로 사람과 사람이 만나듯이 하나님을 만났겠습니까? 그것이 아닙니다. 하나님을 본다, 만난다는 것은 나의 삶에서 하나님을 깊이 알고 느끼고 경험하고 하나님의 임재 가운데서 하나님과 동행하며 사는 것을 말합니다.

안경을 쓴 사람은 불편한 것이 많습니다. 그중에 하나가 추운 날 밖에서 집 안으로 들어갈 때, 또 목욕탕에 안경을 쓰고 들어갈 때 김으로 인해서 흐려집니다. 앞이 하나도 안 보입니다. 그러나 김을 다 닦아내면 앞이 잘 보이게 됩니다. 여러분, 마음도 마찬가지입니다. 마음이 청결한 사람은 하나님이 보이는데, 느껴지는데 마음이 죄악의 김으로 더러워진 사람은 안 보입니다. 여러분 우리가 무엇에 '눈 먼 사람'이라고 이야기 합니다. '저 사람은 권력에 눈이 멀었다, 저 사람은 돈에 눈이 멀었다, 저 사람은 명예에 눈이 멀었다'고 말합니다. 얼마 전에도 돈에 눈이 먼 한 청년이 자기 할머니를 죽였어요. 그러고는 나중에 크게 후회하는 거예요. 돈에 눈이 멀어서 사람이 해서는 안 될 일을 하는 것이지요. 여러분, 세상 재미와 쾌락, 돈과 권력에 눈 먼 사람은 하나님을 볼 수가 없습니다. 그러나 마음이 청결한 사람은 하나님을 뵈옵습니다. 여러분, 우리 인간이 처음에 범죄 하기 전에 에덴동산에서 살 때를 생각해보십시오. 그때는 하나님과 교제하면서 하나님의 임재 가운데서 살았습니다. 하나님을 보면서 살았습니다. 모든 복락을 누리면서 살았는데 그것이 하나님을 뵈옵는 삶이지요. 그런데 우리 인간이 범죄 하여 하나님으로부터, 에덴동산에서 쫓겨났습니다. 쫓겨나고 나니 우리 인간이 누리던 모든 영광과 복락도 다 상실되었습니다. 그런데 이제 예수를 믿고 하나님 앞에서 바른 삶을 삶으로 인해 마음이 청결하게 되면 하나님을 보게 됩니다. 그러니까 하나님을 보게 된다는 것은 하나님 앞에서 누릴 수 있는, 하나님이 주시는 모든 복락과 영광을 다 누리게 된다는 말씀입니다. 그러니까 하나님을 본다는 것이 얼마나 큰일이며 복된 일인지를 알 수 있는 것입니다. 여러분, 하나님을 뵈옵는 것은 궁극적으로는 마지막 때에 새 하늘과 새 땅에서 이루어질 일입니다. 그래서 성경 마지막 장 계시록 22장에 보면 '우리가 그를 볼 것이요'라고 말씀했습니다. 뿐만 아니라 지금도 세상에 사는 동안에도 마음이 청결한 자는 하나님을 뵈옵고 사는 것입니다. 여러분, 날마다 마음이 청결해서 우리 하나님을 만나면서 하나님을 보면서 살 수 있기를 바랍니다.

### 일곱째 복 있는 사람은 화평케 하는 자입니다.

여러분, 세상에는 불화하고 다투고 싸우는 일이 많습니다. 우리 신자도 마찬가지입니다. 여러분 중에 혹시 한 번도 다른 사람과 다투어 본 적도, 싸워 본 적도 없는 사람이 있습니까? 아무도 없을 것입니다. 이 세상에는 그런 사람을 찾아보기 어렵습니다. 제3자와 불화하고 싸우기도 하지만 아는 사람 간에, 성도 간에도 불화하고 다투는 일이 있습니다. 나아가 가족 간에도, 부모와 자녀 간에도, 부부 간에도, 형제와 자매 간에도 싸우고 미워하는 일이 있습니다. 언젠가 책에 보니 '전쟁은 가장 가까운 나라와 한다'는 말이 있어요. 그 말을 보는 순간 깨달음이 있었습니다. 전쟁은 가장 가까운 나라와 하는 거예요. 그래서 우리나라 역사를 보면 어느 나라와 제일 전쟁을 많이 했습니까? 중국입니다. 조선시대, 고려시대, 고구려시대…… 시대마다 전쟁을 했어요. 두 번째로 어느 나라와 전쟁을 많이 했습니까? 일본입니다. 생각해보면 중국은 딱 붙어있어요. 일본은 바다가 있어서 조금 떨어져 있지요. 그러니까 가깝기와 비례합니다. 가까울수록 더 많이 싸웁니다. 우리 옆에 중국이 있는데 늘 주의해야 합니다. 나라와의 관계만 그런 것이 아닙니다. 사람과의 관계도 마찬가지입니다. 우리가 많이 싸울 가능성이 있는 사람은 제3자가 아니라 나와 가까이 있는 사람입니다. 우리 가족, 이웃, 성도들과 싸울 수 있는 가능성이 많은 것입니다. 성도 여러분, 이런 세상에서 우리 신자는 화평케 하는 자, peacemaker로 살아야 합니다. 우리를 구원하신 하나님께서 화평케 하는 자입니다. 우리가 죄로 인해서 하나님을 떠나서 하나님과 원수가 되었지만 하나님께서 우리를 그대로 내버려두시지 않고 우리를 사랑하셔서 우리와 화목하시기를 원하셨습니다. 그래서 아들 예수님을 이 세상에 보내어주시고 그 예수를 통하여 하나님께서 당신과 우리를 화목하게 하셨습니다. 뿐만 아니라 우리 예수님도 화목케 하는 자이십니다. 이사야 9장에 보면 예수님을 가리켜 '평화의 왕'이라고 말씀하셨습니다. 에베소서 2장에 보면 우리 예수님께서 세상에 오셔서 하나님과 우리, 또 사람과 사람들을 십자가로 화목케 하셨다고 했습니다. 여기 십자가가 있습니다. 수직적으로 평화를 이루셨습니다. 다시 말해서 하나님과 우리 인간과의 평화를 이루시고 뿐만 아니라 수평적으로 사람과 사람 사이를 화목하게 하시는 사역을 우리 예수님께서 하셨습니다. 그래서 에베소서 2장 14절에 보면 '그는 우리의 화평이신지라'고 했습니다. 예수님의 화평케 하시는 사역으로 구원 받은 신자는 당연히 화목케 하는 자가 되어야 하는 것입니다.

**여러분, 어떻게 화목케 하는 자가 되겠습니까?** 세 가지를 말씀드리겠습니다.

**첫째는 자신이 먼저 평화로운 사람이 되어야 합니다. 평화를 누리는 사람이 되어야 합니다.** 여러분, 온통 상처투성이고 모가 많이 난 사람은 화평케 하는 자가 될 수 없습니다. 어디를 가든지 문제를 일으키고 상처 내고 불화를 일으키는 자, troublemaker가 되는 것입니다. 성 어거스틴이 있었습니다. A.D 4C-5C에 산 아주 거룩한 성인입니다. 그분이 30세가 되기까지 마음에 참된 평화를 추구해도 찾지 못했어요. 그런데 30살이 넘어서 하나님께 돌아왔을 때 참 평안을 누렸습니다. 그의 참회록 첫 페이지에 보면 이런 말이 있습니다. '인간의 마음은 하나님 당신을 위해서 지어졌으니 당신의 품에 안기기까지는 참된 평안이 없나이다'고 했습니다. 어거스틴이 평화를 얻고 나서는 남에게 평화를 주고 또 은혜를 끼치는 사람이 되었습니다. 하나님의 지은 바 된 인생이 하나님을 떠나서 하나님과 원수 된 자리에 있을 때는 참된 평안을 누릴 수가 없습니다. 갓난 아기가 어머니를 떠나서 평안할 수 있습니까? 없습니다. 그와 같이 하나님의 지음을 받은 우리 인생은 우리를 창조하신 하나님 품에 안기기까지는, 하나님을 알고 믿기까지는 참된 평안이 없는 것입니다. 우리 교회에 출석한 지 얼마 되지 않는 새가족들 여기에 계시지요? 여러분들, 예수님을 믿음으로 하나님의 품에 안기기를 바랍니다. 그렇게 할 때 참된 평안이 있습니다. 그리고 예수 믿는다고 해서 참 평안이 늘 존재하는 것은 아닙니다. 그렇기 때문에 주일에 와서 늘 하나님 앞에 예배를 드릴 때마다 하나님이 주시는 은혜로 말미암아 하나님이 주시는 말씀을 통하여서 은혜를 받고 평안을 누릴 수 있어야 합니다. 그런 사람이 마음이 평안한 사람이 될 수 있습니다.

두 번째는 이렇게 하나님과 화목한 사람은 어디로 가든지 자신이 peacemaker가 되어야 합니다. 평화를 만드는 자가 되어야 합니다. 나 자신이 모든 사람과 평화롭게 지내야 하는 것입니다. 로마서 12장 18절을 같이 읽겠습니다.

**"할 수 있거든 너희로서는 모든 사람과 더불어 화목하라"**

모든 사람과 더불어 화목하라고 했습니다. 때로는 나의 원수와도 화목해야 될 일이 있습니다. 모든 사람에게는 원수도 들어갑니다. 특별히 우리 성도들은 자기와 가장 가까운 사람부터 화목할 수 있어야 합니다. 그러기 위해서는 먼저 화해하고 용서하고 희생하고 양보하고 인내하는 자세가 필요합니다.

세 번째는 사람과 사람 사이에 평화를 조성하는 이가 되어야 합니다. 어떤 사람은 이간질하는 말, 중상모략하는 말을 해서 사람 사이를 멀어지게 하는 사람도 있습니다. 마귀를 헬라어로 '디아볼로스'라고 하는데 그 뜻이 훼방자, 중상자입니다. 화평케 하는 자는 하나님의 아들이라 불리겠지만, 남을 중상하고 이간질하는 자는 마귀의 아들이라고 할 수밖에 없습니다. 사도행전 9장에 보면 기독교 신자를 체포해서 감옥에 가둬 들이는 사울이라는 사람이 다메섹 도상에서 부활하신 예수님을 만나서 새사람 바울이 되었습니다. 그런데 이 사람이 과거에 너무 기독교인들에게 독하게 했기 때문에 그 소문을 듣고서도 사람들이 반신반의하는 거예요. '그게 정말일까, 거짓말 아닐까? 우리를 다 잡아가려고 그러는 게 아닐까?' 하고 사울에게 가까이 오지를 않습니다. 그때에 바나바라는 사람이 사울을 데리고 사도들에게 갔습니다. 그리고 상황을 다 이야기하고 '이분이 하나님의 은혜로 새사람이 되었습니다' 하고 사도들과 사울이 손을 잡도록 만들어주었습니다. 바나바는 화평케 하는 사람이었습니다. 여러분, 신자는 어디로 가든지 이런 역할을 해야 합니다. 서로가 하나 되도록, 좋은 말을 해서 서로가 화목하도록 만들어주어야 합니다.

**화평케 하는 사람은 복이 있다고 했습니다. 왜 복이 있습니까? 저희가 하나님의 아들이라 일컬음을 받을 것이라고 했습니다.** 여러분, 부전자전이라는 말이 있습니다. 아들이 자기 아버지를 그대로 닮았다는 말이지요. 영어로 'like father, like son'입니다. '아버지 같이, 아들 같이'라고 표현합니다. '그 아버지에 그 아들'입니다. 여러분, 우리 하나님은 우리를 사랑해서 우리와 화목하기를 원하시고 예수님을 통해서 우리와 화목을 이루셨습니다. 그런데 이 하나님 아버지를 닮아서 우리가 어디로 가든지 화평케 하는 자가 된다면 우리는 하나님 아버지를 닮은 것입니다. 그러니까 화평케 하는 자는 복이 있나니 하나님의 아들이라 불릴 것이라고 했습니다. 성도 여러분, 여러분은 가정을 평화롭게 하는 사람이 되시기 바랍니다. 하나님의 교회를 평화롭게 하는 사람이 되시기 바랍니다. 직장에서, 이웃 가운데서 평화를 이루는 사람이 되시기 바랍니다.

오늘 여섯째 복, 일곱째 복 있는 사람을 보았습니다. 마음이 청결한 사람은 왜 복이 있습니까? 하나님을 볼 것이기 때문입니다. 화평케 하는 사람이 왜 복이 있습니까? 저희가 하나님의 아들이라 불릴 것이라고 했습니다. 여러분, 죄악 된 세상에 살지만 마음이 청결한 사람이 되어서 하나님을 보면서 살고 어디를 가든지 평화를 이루는 사람이 되어 서 하나님의 아들이라 불리는 복된 사람들이 다 되시기 바랍니다.

## 마태복음 5:10-12

의를 위하여 박해를 받은 자는 복이 있나니 천국이 그들의 것임이라 나로 말미암아 너희를 욕하고 박해하고 거짓으로 너희를 거슬러 모든 악한 말을 할 때에는 너희에게 복이 있나니 기뻐하고 즐거워하라 하늘에서 너희의 상이 큼이라 너희 전에 있던 선지자들도 이같이 박해하였느니라

# 18

# 복 있는 사람 4

성도 여러분, 오늘 팔복 중에 마지막 복에 이르렀습니다. 그동안 칠 복까지 오면서 여러분은 자신이 '복 있는 사람'이라고 여겼는지 모르겠습니다. 어떤 분은 '나는 어떤 면에서는 복 있는 사람이 틀림없는데 어떤 면에서는 아닌 것 같다'고 생각할 수 있습니다. 예를 들어서 '나는 심령이 가난한 자는 맞는데 온유하지는 못해'라고 생각할 수 있습니다. 그러나 그것은 복 있는 사람의 바른 모습이 아닙니다. 갈라디아서 5장에 보면 성령의 아홉 가지 열매가 나오는데 성령 충만한 사람은 성령의 아홉 가지 열매를 맺습니다. 그것은 한 사람의 아홉 가지 모습이지 이 사람은 사랑이, 이 사람은 절제가, 그런 것이 아닙니다. 이 팔복의 말씀도 마찬가지입니다. 진실한 성도는 여덟 가지 복을 모두 드러내면서 누리면서 살게 됩니다. 그 이유가 무엇이냐면 팔복은 살펴보면 각각 떼어서 생각할 수 없습니다. 서로 띠처럼 연결되어 있습니다. 그래서 심령이 가난한 자는 그 가난함으로 인하여 애통하게 되는 것이고 애통하게 된 자는 온유하게 되는 것이기 때문에 따로 떼어서 생각할 수가 없습니다.

여러분 여덟 가지 복이 나타나는 성도, 여덟 가지 복을 다 누리는 성도가 되시기 바랍니다.

오늘 우리는 여덟 번째 복 있는 사람을 살펴보게 됩니다. 어떤 사람이 복이 있다고 하십니까? 10절을 함께 읽겠습니다.

**"의를 위하여 박해를 받은 자는 복이 있나니 천국이 그들의 것임이라"**

여기에 보면 박해를 받은 자, 이미 박해를 받은 자처럼 말하고 있지만 문법적으로 말하면 박해를 받은 자가 아니라 박해를 받는 자라고 번역할 수 있습니다. 여러분, 박해를 받는 자가 객관적으로 볼 때 복 있는 사람이라고 할 수 있겠습니까? 없습니다. 박해를 받는 사람이 어떻게 복 있는 사람이겠습니까? 특히 자기의 죄와 잘못을 인하여 고난과 박해를 받는 사람은 절대로 복 있는 사람이 아닐 것입니다. 베드로 사도가 베드로전서 2장 20절에 "죄가 있어 매를 맞고 참으면 무슨 칭찬이 있으리요" 했습니다. 그리고 4장 15절에도 "너희 중에 누구든지 살인이나 도둑질이나 악행이나 남의 일을 간섭하는 자로 고난을 받지 말라" 말씀했습니다. 요컨대 자신이 죄 짓고 잘못해서 고난 당하는 것은 복이 아니라는 말씀입니다. 그러므로 예수님께서는 오늘 말씀에 보면 그냥 박해를 받는 자가 복이 있다고 하지 않으시고 앞에 무엇을 붙여 놓았습니다. 무엇입니까? 의를 위해 박해를 받는 자가 복이 있다고 하셨습니다.

그런데 그 다음 11절 끝에 보면 '너희에게 복이 있나니'라는 말씀이 또 나옵니다. 우리가 얼핏 보면 이것은 아홉 번째 복이 아닌가 하고 생각할 수 있지만, 11절의 내용을 자세히 읽어보면 그것은 10절에 나오는 여덟 번째 복과 다른 것이 아니라 10절 말씀을 더 자세하게 말씀해 주는 말씀입니다. 11절에는 나로 말미암아 너희를 욕하고 박해하고 심한 말을 할 때는 너희에게 복이 있다고 했습니다. 여러분, 10절과 11절의 차이를 아시겠습니까? 10절에서는 '의를 위해서'라고 했는데 11절에서는 의를 위해서가 안 나오고 대신 '나로 말미암아', 즉 예수님으로 말미암아 박해를 당하는 자가 복이 있다고 말씀합니다. 이것을 통해서 우리가 알 수 있는 것이 무엇입니까? 의를 위하여 박해를 받는 것이나 예수님을 위하여서 박해를 받는 것은 같은 것입니다. 비슷한 것입니다. 말은 다르지만, 겉은 다르지만 실제로는 같은 것입니다. 예수를 믿고 예수 따라가는 것, 예수님의 말씀대로 사는 것이 곧 의로운 삶이기 때문입니다. 그것이 의를 위하는 것이기 때문에 둘 다 같은 말씀입니다.

먼저 생각할 것은 천국시민이 된 기독신자가 왜 세상에서 고난을 받습니까?

우리가 성경을 보면 신자가 이 세상에서 고난을 받는다고 말씀합니다. 사도행전 13장에 보면 기독교 역사에서 최초의 선교사라고 할 수 있는 바울과 바나바가 안디옥 교회의 파송을 받고 지금의 터키 중남부 지역에 선교를 갔습니다. 비시디아 안디옥, 이고니온, 루스드라, 더베, 이 지역을 선교하는데 가는 곳마다 사람들이 믿고 구원을 받는 역사가 나타나는 반면에 가는 곳마다 박해도 있었습니다. 특히 루스드라에 갔을 때는 사람들이 사도 바울을 돌로 쳐죽였습니다. 죽은 줄 알고 사람들이 가버렸는데 하나님께서 바울을 살려주셨습니다. 얼마나 극심한 박해입니까? 그리고 바울이 그 성읍들에 복음을 다 전하고 나서 이제 다시 역으로 그 성읍들을 순방해서 돌아옵니다. 여러분, 바울만 박해를 받겠습니까? 바울이 전하는 복음을 듣고서 예수를 믿은 초신자들도 역시 미움을 받고 박해를 당합니다. 그런 초신자들을 향하여서 위로하고 격려합니다. '이 믿음 위에 굳게 머물러 있으라'고 격려하며 아주 중요한 말씀을 줍니다. 사도행전 14장 22절을 같이 읽습니다.

**"우리가 하나님의 나라에 들어가려면 많은 환난을 겪어야 할 것이라 하고"**

하나님의 나라에 들어가려면 많은 환난, 고난을 받아야 된다고 했습니다. 디모데후서 3장 12절도 같이 읽습니다.

**"무릇 그리스도 예수 안에서 경건하게 살고자 하는 자는 박해를 받으리라"**

여러분, 왜 천국시민에게 이렇게 고난과 박해가 있겠습니까? 그것은 천국시민들이 지금 천국에 살고 있는 것이 아니라 죄 많은 세상에 살고 있기 때문입니다. 불의한 사회구조 속에서 살아가고 있기 때문입니다. 이런 악한 세상에서 성경대로 하나님 말씀대로 의롭고 바르게 살아가려면 고난과 박해가 있게 됩니다. 비웃음을 당하고, 조롱을 당하고, 멸시와 손가락질을 당하고, 때로는 손해 보는 일도 있습니다. 그래서 나치 시대에 순교한 독일의 본 회퍼라는 유명한 목사님은 '고난은 참된 제자도의 배지이다'고 말씀했습니다. 고난이야말로 천국 백성 된 증거요, 표라는 것입니다.

여러분, 역사상 의로 인해서 박해를 받은 첫 번째 인물이 누구인지 아십니까? 성경에 보면 창세기 4장에 아벨이 나옵니다. 아벨과 가인은 형제였지요. 형 가인이 동생 아벨을 돌로 쳐죽여서 너무나도 억울하게 죽었습니다. 박해를 받았습니다. 왜 그런 일이 일어났습니까? 아벨이 큰 잘못을, 죄를 범했습니까? 그렇지 않습니다. 어느 날 함께 하나님 앞에 제사를 드리는데 가인은 형식적으로 성의 없이 하나님 앞에 제사를 지냈습니다. 하나님께서 그 제사를 받지 않았습니다. 그런데 옆에서 제사를 드리는 아벨은 믿음과 정성을 가지고 제사를 드리니까 하나님께서 그 제사를 기쁘게 받으셨습니다. 아마도 연기가 쭉 고르게 하늘로 올라갔는지 모르겠습니다. 두 사람이 알 수 있었던 것 같습니다. 그때부터 가인은 동생 아벨을 미워하고 질투했습니다. 가인이 아벨을 향해 언젠가는 죽이고 말겠다고 마음에 두고 있다가 어느 날 들판에서 뒤에서 흉기로 자기 동생의 머리를 쳐서 죽였습니다. 여러분, 아벨이 죄가 있어서, 나쁜 일을 해서 죽은 것이 아닙니다. 하나님이 받으시는 바른 제사, 바른 예배를 드리려고 했는데 괜스레 미움을 받아 박해를 당하고 죽었습니다. 요한일서 3장 12절을 읽겠습니다.

**"그 아우를 죽였으니 어떤 이유로 죽였느냐 자기의 행위는 악하고 그의 아우의 행위는 의로움이라"**

어떤 이유에서 죽였습니까? 자기는 악하고 동생 아벨은 의롭기 때문에 미워해서 죽였습니다. 요컨대 죄 있는 세상에서 의롭게 살려고 하면 색깔이 틀리기 때문에, 어두움은 빛을 싫어하기 때문에 우리 성도들이 고난을 받게 되어 있습니다. 그렇기 때문에 우리 성도들은 이 세상을 살면서 '하나님, 나는 바르게 성경적으로 살려고 하는데 왜 이렇게 어려움이 많습니까? 왜 일이 이렇게 안 됩니까?' 하고 이상하게 여기거나 투정할 게 없습니다. 왜냐하면 성경에서 우리 하나님께서 그런 일이 있게 될 것이다고 말씀하셨습니다. 성도가 고난 받는 것은 자연스러운 일이라고 생각하고 세상을 살아야 하는 것입니다. 여러분, 우리가 아무 어려움 없이 사회생활 잘하고 직장 생활 잘하는 것은 큰 복입니다. 형통하고 평탄한 것은 큰 복입니다. 그렇지만 때론 한번 자문해봐야 합니다. 내가 의를 포기하고 이 세상과 타협해서 세상 방식으로 적당하게 살기 때문에 나에게는 아무 어려움도, 문제도 없는 것은 아닌가 하고 말입니다.

다음으로 박해의 실례를 생각해봅니다.

여러분, 이미 역사상 첫 번째 박해, 아벨의 박해를 보았습니다. 그러데 그런 현상이 역사에 계속됩니다. 12절 끝에 보십시오. 박해를 받은 사람들이 나옵니다. 어떤 사람들입니까? '선지자들도 이같이 박해하였느니라' 했습니다. 엘리야, 엘리사, 이사야, 예레미야 선지자, 이런 분들이 박해를 많이 받았습니다. 이분들이 죄를 지어서 박해를 받은 것이 아니라 죄 많은 세상을 향하여 책망하고 회개할 것을 외쳤습니다. 그런다고 미움과 박해를 받았습니다. 이것은 의를 위한 고난입니다.

신약에서는 사도들과 제자들이 복음을 전하다가 고난을 많이 받았습니다. 사도행전에 나오는 대로 매도 맞고 감옥에도 갇히고 순교를 당하기도 했습니다. 사도 바울은 고린도전도 15장에 보면 '나는 날마다 죽노라'고 했습니다. 복음을 전하면서 다니는데 날마다 죽을 위기에 처한다는 것입니다. '아이고, 오늘도 겨우 살았네' 하는 일들이 날마다 있다는 것입니다. 우리가 평생을 살면서 '아이고 죽을 뻔했다' 하는 일들이 몇 번 있을까요? '그때 병에 걸려서 죽을 뻔했다', '그때 차 사고로 죽을 뻔했다', '그때 군에 가서 전쟁하다 죽을 뻔했다', 몇 번 정도인데 사도 바울은 날마다 죽는 삶을 살다가 마지막에 참수형을 당해 목이 잘려 순교를 했습니다. 여러분, 초대교회 시대에 기독교인들이 로마 제국에 의해서 얼마나 고난을 많이 받았습니까? 또 현대에 와서는 공산주의 세력에 의해서, 이슬람 세력에 의해서 많은 고난을 받았고 지금도 당하고 있습니다.

우리나라에서는 천주교가 처음에 전래되었을 때 조상 제사 문제로 인해 오랜 세월 동안 고난을 받았습니다. 정확하게는 알 수 없지만 만 명 이상 순교를 당했습니다. 얼마나 피를 많이 흘렸는지 모릅니다. 우리 개신교도 일제시대 신사참배 문제로 인해서, 6.25 동란 때에 북한에서 공산당들이 와서 많은 박해를 받았습니다. 기독교와 공산주의는 상극입니다. 종교를 아편이라고 하지 않습니까? 공산주의에서 말하는 종교는 기독교를 말합니다. 기독교는 아편이라고 이 세상에서 없애야 한다고 어디든지 기독교를 박해합니다. 그때 많은 주의 종들과 주의 백성들이 잡혀서 순교당하고 끌려갔습니다. 특히 일제강점기에 일본은 우리 종교, 우리 사상, 우리의 자유를 완전히 뿌리 뽑기 위해서 유명한 곳곳에 신사를 세웠습니다. 그 안에 일본의 조상들, 일본의 왕을 모셔놓고 우리 조선 사람들로 하여금 그곳에 참배케 했습니다. 절하게 했습니다. 예수 믿는 기독교 신자들, 교회에도 그것을 강요했습니다. 일반 사람은 몰라도 우리 기독신자들에게는 십계명 중 1계명과 2계명에 위배되는 일입니다. 절대로 할 수 없는 일입니다. 많이 버티다가 1938년에 평양 서문밖교회에서 장로회 총회가 열렸습니다. 지금은 장로회가 여러 개 있어서 총회도 여러 개이지만, 그때는 초기였기 때문에 하나밖에 없었습니다. 그것이 27차 장로회 총회였는데 거기에서 신사참배를 해도 된다고 가결했습니다. 그때에 일본 형사와 순경들의 삼엄한 경계 가운데서 가결이 되었습니다. 목사님들과 선교사들 중에 신사참배를 반대한다는 식의 의견을 내면 허락하지 않았습니다. 발언권도 주지 않았습니다. 가결할 때에도 '가하십니까?'는 묻고, 부에 대해서는 묻지도 않고 가결을 했습니다. 불법적인 가결이지요. 이 신사참배를 반대하다가 우리가 잘 알고 있는 주기철 목사님 외 여러 목사님들과 성도들이 순교를 당했습니다. 반대하던 선교사님들은 이 땅에서 추방을 당했습니다. 많은 목사님들, 장로님들이 투옥이 되었습니다. 대표적으로 고신교단 설립자라고 할 수 있는 한상동 목사님, 주남선 목사님, 그리고 여러 분도 아시는 안이숙 여사입니다. 이런 분들은 감옥에 투옥이 되어 고난을 당하다가 해방이 되어 출옥을 하게 되었습니다. 그래서 이런 분들을 '출옥성도'라고 합니다. 순교자 다음으로 참으로 영광스러운 이름입니다. 지금도 북한 지하교회 성도들은 발각이 되면 큰 박해를 받습니다.

지난 번 제주도 선교사 수련회에 가서 보니 중국에서 선교를 하다가 들켜서, 또는 북한 가까운 곳에서 탈북하는 사람들을 선교하고 도와주다가 발각이 되어서 추방당한 선교사들이 우리 교단에도 여러 분

있는 것을 보았습니다. 수련회 프로그램 중에 보니 보안교육 시간이 있었습니다. 공안에 발각되지 않기 위해 무엇을 조심해야 될지를 교육하는 것입니다. 지금 중국에서는 가정교회와 모임이 금지되어 있고 선교사들의 선교가 금지되어 있어 위험한 가운데 있습니다.

여러분, 오늘날 한국 사회는 박해하는 사회가 아닙니다. 그래서 오늘도 우리는 감사하게도 여기에 모여서 하나님 앞에 예배를 드릴 수 있습니다. 박해하는 시대가 아닙니다. 그러나 생각해보면 박해가 없는 것은 아닙니다. 물리적, 육체적인 박해는 없다고 할지라도 정신적인 박해, 스트레스는 많이 있지요. 안 믿는 집안에서 예수 믿고 살려면, 또 제사에 참석하지 않으려면 여러 가지 갈등이 있습니다. 불의한 환경 속에서 성경대로 바르게 살려고 하면 멸시당하고 미움당하고, 따돌림 받고 손해 보는 일들이 생기는 것입니다. 이 모든 것이 의를 위해서 박해를 받는 것입니다. 우리 예수님께서 무엇이라고 하십니까? 이런 사람은 불행하다고 말씀하시지 않고 의를 위해서 핍박받는 자는 복이 있다고 말씀하셨습니다. 그러므로 성도 여러분, 이 세상을 사는 동안에 어떤 어려움이 있어도 배교하지 마시기 바랍니다. 믿음을 저버리지 마십시오. 죽도록 충성하시기 바랍니다. 또 의를 위해 살기를 포기하지 마십시오. 우리 시대, 우리 사회가 너무 깊이 썩었기 때문에 나 한 사람 바르게 살려고 해도 안 된다고 포기해버리는 삶을 살지 마시고 비록 안 된다고 할지라고 내 삶의 현장에서 내 직장에서 의롭게 살기 위해서, 하나님 뜻대로 정직하게 살기 위해 힘쓰시는 여러분이 되시기 바랍니다.

### 의를 위해서 핍박을 받는 자는 복이 있습니다. 왜 복이 있습니까?

10절 끝을 보십시오. 복이 있는 이유가 무엇입니까? '천국이 그들의 것임이요' 했습니다. 여러분, 첫 번째 복 있는 사람이 어떤 사람이었습니까? 심령이 가난한 사람입니다. 왜 복이 있다고 했습니까? '천국이 그들의 것임이요.' 그래서 우리가 알 수 있는 것은 여덟 가지 복 중에 맨 첫 번째 복과 맨 마지막 복이 쌍을 이루고 있지요. 천국이 저희 것이다고 짝을 이루고 있습니다. 팔복은 천국으로 시작해서 천국으로 끝이 나고 있습니다. 성도 여러분, 천국, 하나님의 나라라고 하는 이 말만큼 모든 복을 아우르는 말은 없습니다. 천국이라는 말속에는 영생도, 복락도, 영광도, 평화도, 기쁨도, 모든 복이 그 속에 다 들어있습니다. 의를 위해서 박해를 받는 자는 복이 있나니 천국이 저희 것이요!

여러분 그뿐입니까? 12절에 보면 '기뻐하고 즐거워하라'고 말씀합니다. 박해가 있을 때에 잘 참고 잘 견디라는 정도가 아니라 적극적으로 기뻐하고 즐거워하라고 했습니다. 그래서 사도행전 5장에 보면 사도들이 복음을 전하다가 감옥에 갇혔습니다. 많은 고난을 당하고 출옥할 때에 그들이 예수님의 말씀대로 기뻐하였다고 했습니다.

기뻐하고 즐거워할 이유가 무엇입니까? 12절 둘째 줄을 보십시오. '하늘에서 너희의 상이 큼이라' 했습니다. 천국이 저들의 것임이라, 이것은 참 큰 복입니다. 그런데 천국에서 너희 상이 큼이라 했으니 이것은 영광 중에 더 큰 영광이라는 것을 알 수 있습니다. 로마서 8장 18절에 보면 '현재의 고난은 장차 우리에게 나타날 영광과 족히 비교할 수 없도다'고 했습니다. 이것이 무슨 말씀입니까? 우리가 현재 이 세상을 살 동안 주님을 위해서, 의를 위해서 작은 박해를 당하면 그것으로 인하여 우리가 천국에 이르렀을 때에 작은 고난과 비교할 수 없는 큰 영광과 상급을 받게 될 것이라는 것입니다.

2주 전에 제가 선교사 수련회 강사로 가서 말씀으로 봉사했습니다. 사흘 동안 저녁마다 1시간 반 동안 설교를 했습니다. 성도님들이 아니라 선교사들이기 때문에 제가 부담이 많았고 신경도 많이 쓰고 기도도 많이 했습니다. 그래서 거기에 갔다 오니 너무 피곤해서 눈에 실핏줄이 터졌어요. 그런데 선교사 수련회는 사례도 없고 교통비 정도만 줍니다. 그런데 돌아오니까 하나님이 저를 위해 큰 상급을 세 개나 준비해놓으셨어요. 두 가지만 말씀드리자면 하나는 돌아온 금요일 저녁에 딸 가족이 우리 집에 밥을 먹으러 왔는데 텔레비전이 오래되어 문제가 있다하니 딸이 '제가 하나 사드리겠습니다' 해서 새 텔레비전이 들어왔습니다. 다음 날 토요일 아침에 교회를 오니 새 컴퓨터가 저를 반기고 있었습니다. 하나님께서 다 갚아주십니다. 직접적으로 바로 갚아주시기도 하고 먼 훗날에 갚아주시기도 하고 또 이 세상에서 갚아주시지 않아도 하나님 나라 갔을 때에 갚아주시기도 합니다. 그때에는 족히 비교할 수 없도록 하나님께서 갚아주십니다. 여러분, 하나님이 보실 때에 하나님 위해서, 의를 위해서 '수고하는 것'이 더 크겠습니까? 고난과 박해를 받는 것이 더 크겠습니까? 예수님께서 자기를 위해서 수고 많이 하는 것을 더 크게 여기겠습니까? 자기를 위해서 감옥에도 가고 시련당하는 것을 더 크게 여기겠습니까? 박해당하고 시련당하는 것을 훨씬 크게 여기십니다.

사랑하는 성도 여러분, 우리가 의를 위해 고난당하면 비교할 수 없는 영광의 상급으로 하나님께서 갚아주실 것입니다. 이 땅에서, 교회에서, 사람들이 알아주고, 상 받는 것 가지고 비교하고 섭섭하게 여기고, 신경쓰고 할 필요가 아무것도 없습니다. 그것은 아무것도 아닙니다. 천국의 상급을 바라보고 추구해야 되는 것입니다. 그래서 빌립보서 3장에 사도 바울이 '나는 뒤에 있는 것은 잊어버리고 앞에 있는 것을 잡으려고 달려가노라, 위에서 부르신 부름의 상을 바라보고 달려가노라' 했습니다. 위에서 부르신 부름의 상, 하나님이 마지막 날에 나에게 주실 상을 향해 달려간다고 말씀했습니다. 사랑하는 모든 성도들도 영원한 천국의 상급을 바라보고 달려가시기 바랍니다. 요컨대 의를 위해서 핍박을 받는 자는 복이 있습니다. 왜 그렇습니까? 천국이 저희 것이요, 저희에게 천국의 상급이 주어지기 때문입니다.

오늘 마지막 여덟 번째 복을 보았습니다. 의를 위해서, 예수님을 위해서 박해를 받는 자는 복이 있다고 했습니다. 왜 그렇습니까? 천국이 저희 것이고 또한 하늘의 상급이 주어지기 때문입니다. 성도 여러분, 이 땅에서 믿음을 잘 지키고 우리의 삶의 현장에서 의를 위해서 살아가시기 바랍니다. 그래서 천국을 소유하고 하나님이 주시는 상급을 받는 복 있는 사람이 다 되시기 바랍니다.

## 마태복음 5:13-16

너희는 세상의 소금이니 소금이 만일 그 맛을 잃으면 무엇으로 짜게 하리요 후에는 아무 쓸 데 없어 다만 밖에 버려져 사람에게 밟힐 뿐이니라 너희는 세상의 빛이라 산 위에 있는 동네가 숨겨지지 못할 것이요 사람이 등불을 켜서 말 아래에 두지 아니하고 등경 위에 두나니 이러므로 집 안 모든 사람에게 비치느니라 이같이 너희 빛이 사람 앞에 비치게 하여 그들로 너희 착한 행실을 보고 하늘에 계신 너희 아버지께 영광을 돌리게 하라

# 19

## 천국시민의 사명

여러분, 여러분은 여러분의 사명을 잘 알고 그 사명을 잘 감당하고 있습니까? 저는 주변에 있는 분들이 세상을 떠날 때마다, 장례예배를 드릴 때마다 '저분은 자신의 사명을 알고 다 감당하고 떠난 것일까?' 하고 생각해봅니다. 성도 여러분, 여러분은 하나님이 여러분을 세상에 보내주시고 또 구원해주신 뜻과 사명을 알고 그 사명 다 감당하고 세상을 떠날 수 있기 바랍니다.

우리는 예수님을 믿는 자마다 천국시민, 하나님 나라의 백성이라고 알고, 믿고 있습니다. 그러면 천국시민의 사명, 곧 성도의 사명은 무엇이겠습니까? 어떤 분들은 천국시민의 사명을 예수 믿어서 세례 받고 교회생활, 신앙생활 잘하고, 또 교회에서 봉사생활도 잘하고, 전도도 잘하고, 착하게 사는 것이라고 생각합니다. 그러나 성도의 삶은 그 정도가 아닙니다. 오늘 본문 13절~16절은 천국시민의 사명을 보여줍니다. 예수님은 천국시민의 사명을 두 가지로 말씀하십니다. '너희는 세상의 소금이다, 너희는 세상의 빛이다'고 말씀하십니다. 물론 천국시민의 사명을 여러 가지 면에서 다르게 말씀할 수도 있겠지만, 오늘 예수님의 이 말씀만큼 천국시민의 사명을 분명하고 포괄적으로 보여 주는 말씀은 그 어디에도 없습니다.

여기 두 가지 우리가 주의할 것이 있는데 한 가지는 천국시민의 사명은 교회생활에 한정되는 것이 아니라는 것입니다. 우리 예수님께서 '너희는 소금이다', '빛이다'라고 말씀하시지 않고 '세상의 소금이다', '세상의 빛이다'고 하신 것을 유의해야 합니다. 우리 천국시민의 사명은 교회 또는 신앙생활에 한정되어 있는 것이 아니라 우리가 살고 있는 온 세상과 관련이 있다는 것입니다. 또 한 가지 주의할 것은 예수님께서 '너희는 세상의 소금이다, 빛이다'라고 진술하셨지 '너희는 세상의 소금이 되어라, 빛이 되어라'고 명령하신 것이 아닙니다. 예수 안에 있는 너희는 이미 소금이고 빛이니 너희는 소금과 빛의 역할을 잘 감당해야 된다는 말씀입니다. 성도 여러분, 예수 안에 있는 여러분들은 세상의 소금임을 믿으시기 바랍니다. 세상의 빛임을 믿으시기 바랍니다. 우리 자신을 바라보면 나 같은 존재가 어떻게 세상의 빛이 되고 세상의 소금이 되랴 싶지만, 너무 부족하지만 그러나 우리는 예수 그리스도로 말미암아 예수 안에서 세상의 빛이고 소금이 되는 존재라는 것입니다.

**먼저 예수님께서 '너희는 세상의 소금이라'고 말씀하셨습니다.**

여러분, **소금의 역할**을 생각해봅니다. 우리가 너무 잘 알고 있습니다. 무엇보다도 **소금은 방부제이지요.** 썩는 것을, 부패를 방지하는 것입니다. 육고기나 물고기, 냉장고가 없던 옛날에는 보관할 수 있는 방법이 소금밖에 없습니다. 소금은 우리 시대에도 필요하고 중요하지만 냉장고가 없던 옛날에는 절대적으로 필요하고 중요했습니다. 여러분, 우리가 샐러리맨이라는 말을 쓰지 않습니까? 월급쟁이 이지요. 월급 받는 사람입니다. 그런데 라틴어로 소금을 샐러리움이라고 했습니다. 샐러리움이라는 이 라틴어에서 샐러리, 월급이라는 말이 나왔습니다. 소금에서 월급이라는 말이 나왔다는 것입니다. 왜 그렇습니까? 옛날 로마시대 때에 소금이 너무 귀해서 소금을 월급으로 주었다는 것입니다. 그러다 보니 소금이라는 말에서 샐러리맨, 월급쟁이가 나온 것입니다. 소금이 옛날에 얼마나 중요했는지 우리가 알 수 있습니다.

소금은 또 맛을 냅니다. 곰국을 끓였는데 간이 안 되면 맛이 없지요. 곰국뿐이겠습니까? 다른 국도 그렇고 다른 음식도 간이 안 된 것은 맛이 없어서 먹기가 어렵습니다. 또 소금은 건강에도 중요합니다. 얼마 전에 저는 SNS에서 '싱겁게 먹는 것은 대재앙이다'라는 글을 읽었습니다. 요즘 누구든지 짜게 먹어서는 안 된다, 저염식으로 먹어야 한다는 시대인데 그 글을 읽고서는 내심 놀랐습니다. 읽어보니 소금을 적게 먹으면 혈액이 썩는다고 합니다. 폐혈증을 우리가 알고 있습니다. 폐혈증은 혈액 내에 세균이 번식해서 피가 썩는 병인데 그 병의 주요 원인 중 하나가 소금이 부족해서 그렇다는 것입니다. 보통 병원에 입원하면 환자에게 제일 먼저 하는 것이 링거를 꽂아 주지요. 왜 꽂아줍니까? 전해질과 나트륨의 농도를 높여 주기 위해서입니다. 그래서 링거는 맛을 보면 약간 짠 맛이 납니다. 0.9%가 소금, 나트륨이라고 합니다. 너무 짜게 먹는 것도 건강에 해롭지만, 너무 싱겁게 먹는 것도 건강에 좋은 것은 아니다는 글을 읽어보았습니다. 아무튼 소금의 용도가 여러 가지가 있겠지만 가장 중요한 것은 부패를 방지하는 방부제의 역할이라 할 수 있습니다.

예수님께서 너희는 세상의 소금이라고 말할 때에는 전제하고 있는 것이 있습니다. 이 세상은 어떠하다고 전제를 합니까? 이 세상은 부패하고 있다, 썩고 있다는 것을 전제로 합니다. 여러분, 19세기에 진화론이라는 것이 나왔습니다. 우리 역사의 사상세계와 교육, 문화 전반에 굉장히 많은 영향을 미쳤습니다. 진화론은 시간이 갈수록 모든 것이 더 좋게 진화된다고 말했습니다. 세상도, 인류도 더 좋아진다, 진보가 된다 했습니다. 인간성도 교육을 통해서 더 성숙해지고 완전해진다고 믿었습니다. 그런데 그 망상이 산산조각이 나버린 일이 있습니다. 바로 세계 1차 대전과 2차 대전입니다. 너무나도 무섭고 잔인한 전쟁을 통해서 진화론적 낙관론에 빠져 있던 우리 인류가 인간이 얼마나 악하고 잔인한 존재인지를 깊이 깨닫게 되었습니다. 진화론의 논리가 틀렸다는 것입니다.

성경 디모데후서 3장에는 말세의 현상들을 이야기하고 있습니다. 말세에 고통하는 때가 온다고 하며 사람들이 자기를 사랑하고 돈을 사랑하고 쾌락을 사랑하고 하나님을 사랑하지 않고 여러 가지 인간사회에서 악한 모습들이 나타날 것을 하나님께서 말씀하셨습니다. 그리고 우리가 멀리 갈 것도 없이 최근의 우리나라 10년만 생각해봐도 끔찍한 범죄들이 얼마나 많이 생겨났습니까? 몇 십 년 전에는 생각하지도 못했던 죄악들이, 인간성이 말살된 모습들이 많이 나타나지 않았습니까? 이런 부패해가는 세상에 예수님께서 우리를 향하여서 '너희는 세상의 소금이다'고 말씀하셨습니다. 신자는 이런 부패한 세상에 선한 영향을 끼쳐서 도덕적인 부패, 영적인 부패를 방지하고 지연시키는 역할을 하는 존재이다고 예수님이 말씀하신 것입니다. 우리 신자의 역할이 얼마나 귀한 역할인지 알 수 있습니다.

소금은 그 짠맛을 잃는 경우가 거의 없다고 합니다. 짠맛을 잃은 소금을 본 적이 있습니까? 보기 어렵습니다. 그런데 가정을 해봅시다. 만일에 소금이 짠 맛을 잃으면 사람이 어떻게 하겠습니까? 그래도 소금인데 하며 집에 모셔두겠습니까? 창고에 보관해놓겠습니까? 짠맛을 잃으면 필요가 없습니다. 소용이 없습니다. 저 길 밖에 버리게 되죠. 그러면 사람들이 그 위로 걸어가 밟게 됩니다. 그처럼 소금인 우리 기독신자가 소금의 역할을 못하면 가치 없는 존재가 됩니다. 버려져서 사람들에게 밟히는 존재, 멸시 받고 욕 듣고 손가락질 받는 존재가 된다는 것입니다. 제가 어릴 때만 해도 우리 기독교인들은 저희 동네에서 '교회 다니는 누구는 정직하다, 참 믿을 수 있다, 착하다'는 말을 들었습니다. 존경받는 그리스도인들이 많았습니다. 요즘은 그렇지 못한 것 같습니다. 안타깝게도 교회가, 또 목사님들이, 신자들이 비판의 대상이 되어서 손가락질 받는 경우가 많습니다.

여러분, 우리가 요즘 많이 듣는 말 중 하나가 'me too'입니다. '나 역시'라는 뜻입니다. 나도 당했다는 말이지요. 전에는 부끄러워서 그런 말을 못했는데 어떤 사건이 나니까 나도 그렇게 당한 적이 있다고 사람들이 이제는 터뜨리는 것이지요. 얼마 전에 서모 검사라는 여성이 2010년 한 장례식장에서 자기 상관인 선배 검사에게 성추행을 당했다고 폭로를 했지요. 이것이 도화선이 되어서 우리나라 문학계, 법조계, 영극계, 예술계 등 각 분야에서 'me too', '나도 그렇게 당했다', '누가 그렇게 했다'고 터지고 있습니다. 당시에 그 선배 검사를 향해서 유감을 표시해도 선배 검사인 안모 검사라는 분이 사과를 한 번도 안 했다고 합니다. 아마 그때 잘못했다고, 미안하다고 사과했다면 끝이 났을 거예요. 8년이 지나는 동안에 마음의 상처를 가지고 계속 오다가 결국은 터뜨린 것입니다. 방송에 나와서 터뜨리는 중에 안 검사라는 분이 서울에서 유명한 온누리교회에서 신앙간증하는 모습이 겹쳐서 나왔습니다. 얼마나 교회와 기독신자가 망신스러운 일입니까? 우리 하나님이 얼마나 욕을 받는 일이겠습니까? 저는 그런 생각을 해봅니다. 2010년도에는 예수를 혹시 안 믿어서 그렇게 했을지라도 이 사람이 예수를 믿고 회개하고 새사람이 되었다면 그렇게 공중 앞에 나가서 간증하기 전에 먼저 자기가 죄를 지었던 서 검사에게 가서 내가 잘못했노라고 진심으로 용서를 빌어야 되지 않겠습니까? 그렇게 했더라면 이런 일이 없었을 것입니다. 물론 지금도 사회 곳곳에서 이름 없이 소금의 역할을 감당하는 주의 종들, 성도들이 얼마나 많이 있습니까? 여러분, 어떻게 교회 다니는 성도들과 일반 불신자들과 같은 선에 놓을 수 있겠습니까? 차이가 많이 납니다. 그러나 삶의 모습이 불신자보다 다를 것이 없는 성도도 있고요, 어떤 경우에는 불신자보다 더 썩고 냄새나는 성도들이 있는 것입니다.

눈과 목련화는 공통점이 있습니다. 너무 순결하고 너무 깨끗해보인다는 것입니다. 근데 언젠가 충격을 받았습니다. 뭐냐 하면 겨울에 눈이 녹을 때를 보십시오. 한쪽에 치워놓은 눈이 녹을 때에 시꺼멓지 않습니까? 참 보기에 안 좋습니다. 목련화를 보십시오. 흰 목련이 한창일 때는 너무 좋은데 떨어져 시들어갈 때 보면 거무튀튀한 것이 너무 보기가 싫습니다. 순결한 것일수록 그것이 부패할 때는 안 좋은 모습입니다. 어떻게 보면 하나님을 믿지 아니하는 불신자들이 타락하는 것은 그저 그래요. 그런데 교회에 출석하면서 하나님의 이름을 가지고 있는 우리 성도가 부패, 타락하고 하나님의 종들이 타락하면 정말로 냄새가 나고 보기가 안 좋습니다. 여러분, 여러분이 소금인 것을 잊지 마시고 그 짠맛을 잃어버리지 마시고 썩어가는 세상에서 방부제 역할을 잘 감당하시기 바랍니다.

**다음으로 예수님께서 '너희는 세상의 빛이다' 라고 말씀하셨습니다.**

빛의 역할은 어둠을 밝히는 것입니다. **예수님께서 '너희는 세상의**

빛이다'라고 말씀하실 때는 '이 세상은 어두움이다'라는 전제를 가지고 말씀하십니다. '세상은 죄가 많고 악한 일이 많고 거짓이 많고 불의와 부조리가 많다, 어둡다'는 전제를 가지고 있죠. 그런 세상에서 성도는 어두움을 밝히는 빛이라는 것입니다. 성도 여러분, 우리 성도가 어떻게 빛일 수가 있겠습니까? 생각해보면 이 세상에서 빛이라고 할 수 있는 사람이 있겠습니까? 아무도 없습니다. 그런데 우리가 성경 요한복음 1장에 보면 '참 빛이 세상에 왔다'고 말씀하십니다. 우리 예수님을 참 빛이라고 말씀하지요. 요한복음 9장 5절에 가서 예수님께서 말씀하시기를 '내가 이 세상에 있는 동안에는 내가 세상의 빛이다'고 했습니다. 사람이 세상의 빛이 아니고 예수님이 세상의 빛이라고 했습니다. 그리고 우리가 저번에 보았던 마태복음 4장에 보면 예수님께서 갈릴리에 와서 사역을 시작하실 때에 '큰 빛이 비치었다'고 말씀하십니다. 반면에 세상 사람들은 어둠이라고 했습니다. 우리도 어두움이었습니다. 여러분, 에베소서 5장 8절에 보면 '너희가 전에는 어둠이더니' 했습니다. 우리 역시 어둠이었습니다. 그런데 어둠인 사람들이 어떻게 빛이 되겠습니까? 요한복음 8장 12절을 같이 읽습니다.

**"예수께서 또 말씀하여 이르시되 나는 세상의 빛이니 나를 따르는 자는 어둠에 다니지 아니하고 생명의 빛을 얻으리라"**

첫 줄에는 나는 세상의 빛이라고 말씀하셨는데 세상의 빛이신 나를 따르면 그 사람도 빛을 얻는다, 빛이 된다고 했습니다.

에베소서 5장 8절을 함께 읽어봅니다.

**"너희가 전에는 어둠이더니 이제는 주 안에서 빛이라 빛의 자녀들처럼 행하라"**

우리는 어둠이었지만 빛이신 예수에게로 나아와서 예수 믿고 예수 안에 거할 때에 그 예수님의 빛을 반사해서 빛이 된다는 말씀입니다.

여러분, 내가 남의 모범이 되기 위해서 노력하기 때문에 빛이 되는 것이 아니지요. 내가 사회적으로 훌륭한 신분, 교수가 되고 의사가 되고 법조인이 되고 사회적으로 유명한 지도자가 되어야 빛이 되는 것이 아닙니다. 금방 읽은 두 말씀을 보십시오. 세상의 빛이 되시는 예수님 안에 있을 때에, 예수님을 따를 때에 그 사람의 신분에 관계없이, 그 사람이 무엇을 하는지와 관계없이 그 사람은 세상의 빛이 된다는 것입니다. 여러분, 그렇게 믿으시기 바랍니다. 내가 어떤 사람인지 관계없이 내가 예수님을 믿는 사람이라면 나는 세상의 빛입니다.

**여러분, 이 빛은 숨길 수가 없습니다.** 14절에 보면 '너희는 세상의 빛이라 산 위에 있는 동네가 숨겨지지 못할 것이요'라고 했습니다. 저는 산 위에 있는 동네를 생각할 때에 제가 살고 있는 성안을 생각합니다. 전에는 성안은 완전히 산 위에 있었지 않습니까? 요즘 혁신도시가 개발되면서 상당히 그 구분이 약해졌어요. 건물이 사이에 많이 세워졌으니까요. 그럼에도 불구하고 동구 쪽에서 차로 아산로를 타고 오면서 성안을 보면 아직도 완전히 딴 동네입니다. 오늘 성경에 있는대로 산 위에 있는 동네입니다. 밤에 빛이 비치고 있는 그 성안 동네가 숨겨질 수 있습니까? 없습니다. 빛의 성질이 바로 그렇습니다. 빛은 숨겨질 수가 없습니다.

빛은 숨겨질 수가 없을 뿐만 아니라 **빛은 비추어야 됩니다.** 숨겨서도 안돼요. 여러분 15절을 보면 사람이 등불을 켜서 말 아래 두지 않는다 했습니다. 여기 말은 타는 말이 아니라 곡식을 되고 담는 도구입니다. 제가 어릴 때는 동그란 말도 있었고 네모로 된 말도 있었습니다. 곡식을 될 때도 썼지만, 높은 곳에 있는 것을 꺼집어낼 때도 사용하기도 했어요. 그런데 사람이 등불을 켜서 말 아래, 말 속에 넣는 법은 없어요. 그 속에 들어가 버리면 빛이 바깥으로 안 나오지요. 무엇 때문에 등불을 켰습니까? 비추려고. 그런데 그것을 말 아래에 두는 사람이 있겠습니까? 없습니다. 어디에 둡니까? 등경 위에다 두어서 방 안 전체를 비치게 하고 방 안에 있는 사람을 비추도록 합니다. 그처럼 세상의 빛인 성도들은 어두운 세상을 널리 비춰야 된다는 것입니다.

우리 기독교 역사에 보면 4C에 기독교가 로마제국에서 국교가 되면서 세속화되기 시작했습니다. 그 타락을 피해 세속의 영향을 받지 않고 경건하고 거룩하게 살겠다고 어떤 이들이 산이나 광야 동굴 등지에 가서 세상을 등지고 따로 살기 시작했습니다. 그게 수도원의 시작입니다. 여러분, 그렇게 고립되어 가지고 '세상의 빛'이 될 수 있겠습니까? 될 수 없습니다. 이 수도원의 규율은 'ora et labora'(기도하라 그리고 노동하라) 였습니다. 그래서 모든 수도사의 하루 일은 기도하고 노동하는 것이었습니다. 그러다 보니 어느새 수도원은 부자가 되었습니다. 부하게 되다 보니 타락하게 되었습니다. 세상의 빛인 성도가 세상을 등져서는 안 되며 세상과 등지고 산다고 해서 부패하지 않게 되는 것은 아니란 말입니다.

그러면 이 빛은 무엇을 의미할까요? 16절을 함께 읽어봅니다.

**"이같이 너희 빛이 사람 앞에 비치게 하여 그들로 너희 착한 행실을 보고"**

여러분 물어봅니다. 처음에는 이같이 너희 빛이 비치게 하라고 했어요. 그 다음 줄에는 빛이 안 나오고 '착한 행실'이지요. 이 말씀을 통해서 알 수 있는 것은 빛은 우리 성도들의 착한 행실입니다. 오늘 교독한 에베소서 5장 9절을 읽어봅니다.

**"빛의 열매는 모든 착함과 의로움과 진실함에 있느니라"**

무지개는 일곱 색깔이 있습니다. 빛의 열매는 세 가지가 있습니다. 모든 착함, 의로움, 진실함이라고 했습니다. 악한 세상에서 하나님의 말씀대로 착하게 살고, 불의한 세상에서 하나님 말씀대로 바르게 살아가고 거짓 많은 세상에서 진실하게 살아가는 것, 그것이 착한 행실입니다.

여러분, 착하게 살아간다는 것은 내가 하는 일, 내가 한 주간 동안 하는 일 말고 어떤 착한 일을 찾아서 하는 것을 의미하지 않습니다. 내 삶의 현장에서 나의 일을 선하게 착하게 하는 것이 바로 선한 행실입니다. 고용주가 예수 믿는 사람으로서 선하게 고용주로서의 일을 감당하고 거기에 고용된 사람은 예수 믿는 사람으로서 고용주가 맡긴 일들을 착하게 감당하는 것이 선한 행실인 것입니다. 시어머니가 며느리를 선대하고 며느리는 시어머니를 공경하는 것이 착한 행실입니다. 그러면 사람들은 신자의 이런 착한 행실을 보고 하나님 믿는 사람들은 역시 다르다고 감동하고 인정을 하지요. 그렇게 하나님 믿는 사람이, 하나님의 이름을 가진 사람이 칭찬을 들으면 결국 누가 영광을 받습니까? 위에 계신 하나님 아버지께서 영광을 받게 됩니다.

**말씀을 맺습니다.** 마태복음 5장 1절에서 12절 말씀을 기억하십니까? 팔복의 말씀은 천국시민의 특징, 천국시민의 성격을 말씀합니다. 그 천국시민의 특징과 성격을 가지고 있는 사람이 이 세상에서 무엇이 됩니까? 소금이 되고 빛이 됩니다. 그런 역할을 감당하면서 살아야 합니다. 여러분, 소금과 빛은 세상에서 없어서는 안 될 중요한 존재입니다. 소극적으로는 세상의 부패를 방지하는 것이 소금입니다. 적극적으로는 세상의 어둠을 밝히는 것이 빛입니다. 너무나도 중요합니다. 우리 신자가 그렇게 중요하고 이 세상에 필요한 존재라는 것입니다. 생각해보면 소금이 절대 될 수 없고, 빛이 될 수 없는 우리를 하나님이 사랑하시어서, 주님이 우리에게 은혜를 베풀어주셔서 우리를 불러 구원해주시고 소금되게 하시고 빛이 되게 하여 주셨습니다. 여러분, 날마다 소금으로 빛으로 살아서 하나님께 영광을 돌리는 저와 여러분이 될 수 있기를 바랍니다.

## 마태복음 5:17-20

사람이 등불을 켜서 말 아래에 두지 아니하고 등경 위에 두나니 이러므로 집 안 모든 사람에게 비치느니라 이같이 너희 빛이 사람 앞에 비치게 하여 그들로 너희 착한 행실을 보고 하늘에 계신 너희 아버지께 영광을 돌리게 하라 내가 율법이나 선지자를 폐하러 온 줄로 생각하지 말라 폐하러 온 것이 아니요 완전하게 하려 함이라 진실로 너희에게 이르노니 천지가 없어지기 전에는 율법의 일점 일획도 결코 없어지지 아니하고 다 이루리라 그러므로 누구든지 이 계명 중의 지극히 작은 것 하나라도 버리고 또 그같이 사람을 가르치는 자는 천국에서 지극히 작다 일컬음을 받을 것이요 누구든지 이를 행하며 가르치는 자는 천국에서 크다 일컬음을 받으리라 내가 너희에게 이르노니 너희 의가 서기관과 바리새인보다 더 낫지 못하면 결코 천국에 들어가지 못하리라

# 20

# 율법과 예수님 그리고 우리

성도 여러분, 우리는 지금 예수님께서 산 위에서 가르치시는 아주 특별한 말씀을 생각하고 있습니다. 이 말씀은 너무나도 귀하고 보배로운 말씀이어서 우리가 '산상보훈'이라고 말합니다. 이 귀하고 보배로운 말씀을 잘 이해하고 잘 지키는 사람은 보배로운 성도, 보배로운 천국시민이 될 것을 믿습니다. 산상보훈은 마태복음 5장에서 7장입니다. 여러분, 산상보훈의 내용이 무엇인지, 무엇을 말하는지 기억하십니까? 전에 말씀드린 적이 있었는데 그것은 **천국시민의 윤리**입니다. 쉽게 말하면 구원받은 하나님의 백성, 성도들이 어떻게 살아야 할 것인가를 우리에게 보여주는 말씀입니다. 그 점에서 볼 때 우리가 앞에서 생각했던 팔복의 말씀, 그리고 지난주일에 생각했던 소금과 빛의 교훈, 이러한 것은 너무나도 귀하지만 사실은 산상보훈의 본론은 아닙니다. 서론입니다.

그러면 산상보훈의 본론은 어디일까요? 오늘 읽은 본문 5장 17절부터 7장 12절, '먼저 남을 대접하라'는 말씀까지가 본론이 됩니다. 이 본론, 천국시민의 윤리를 말씀하는데 천국시민의 윤리를 한 단어로 말한다면 무엇이라고 할 수 있겠습니까? 그것은 바로 '율법'입니다. 오늘 본문을 통해서 예수님과 율법의 관계, 그리고 율법의 중요성, 천국시민 된 우리 성도와 율법의 관계를 말씀드릴 때에 은혜 받는 한 시간이 되기 바랍니다.

### 첫째로 예수님과 율법의 관계를 생각해봅니다.

율법이 무엇입니까? 율법이란 영어성경에 보면 그냥 'the law'라고 합니다. 'law'라는 것은 '법'이란 말이지요. 율법의 글자를 거꾸로 하면 법률이 되지요. 그래서 율법이라는 말은 특별히 어려운 말이 아니라 법률 또는 법이라는 말입니다. 그런데 성경에서 율법이라고 할 때는 모세의 율법을 말합니다. 모세의 율법은 다르게 말하면 하나님의 법이지요. 하나님께서 시내산에서 모세를 통하여서 자기 백성 된 이스라엘 백성에게 주신 법이 바로 율법입니다. 그 법은 그때부터 이스라엘의 절대법이 되었습니다. 이스라엘에는 국법이 따로 있는 것이 아니라 하나님께서 주신 그 법이 바로 그 나라의 법이었습니다. 그런데 예수님의 가르침은 정말 신적 권위와 능력이 느껴지는 놀라운 말씀이긴 했는데 때로 이 율법을 좀 무시하는 것 같고 폐하는 것 같은 인상을 사람들에게 주었습니다. 그런 오해를 불러일으켰습니다. 그렇기 때문에 예수님께서 오늘 이 17절에서 자기 변호를 하십니다. 17절을 같이 읽습니다.

> **"내가 율법이나 선지자를 폐하러 온 줄로 생각하지 말라. 폐하러 온 것이 아니라 완전하게 하려 함이라"**

17절 말씀은 아주 중요합니다. 산상보훈 본론 전체의 서론이 되는 말씀이고 산상보훈의 키(key)가 되는 말씀입니다. 여기 율법과 선지자가 나오는데 이것은 구약 전체를 가리키는 말씀입니다. 때로는 선지자를 떼어버리고 구약을 율법이라고 말씀하기도 합니다. 예수님은 율법을 폐하러 온 것이 아니라 완전하게 하려 왔다 했는데, 영어성경에는 'fulfill' 이라는 말을 써서 완성시키러, 성취하러 왔다고 말씀합니다.

그러면, 예수님이 율법을 완전케 하러 왔다, 성취하러 왔다는 의미는 무엇이겠습니까? 크게는 두 가지로 볼 수 있습니다.

하나는 구약의 절기들, 의식들, 제사들, 규례들, 이것들은 다 예수님의 삶과 사역을 상징합니다. 그림자적으로 보여줍니다. 그런데 드디어 예수님께서 이 세상에 오셔서 자신의 말씀과 자신의 삶과 죽음을 통해 이 모든 것들, 율법과 선지자들을 다 이루셨다는 것입니다. 예를 들어 예수님께서 십자가에서 피 흘려 죽어 주심으로 구약에 나오는 모든 제사들을 완성시켜 주셨습니다. 다 그림자인데 예수님은 실제입니다. 실제이신 예수님께서 오셔서 십자가에 죽음은 죽음이기도 하지만 우리 하나님 앞에 드리는 제사였습니다. 구약의 동물들과 비교가 되는 제사였습니다. 실제이신 예수님께서 자기 몸을 제사로 드리셨으니 더 이상의 제사가 필요 없습니다. 제사가 완성되었다는 것입니다. 이런 점에서 예수님께서 율법을 완전케 하러 왔다고 하신 것입니다.

또 한 가지는 율법의 심화(深化)입니다. '심화' 라는 것은 더 깊이 들어가는 것입니다. 당시 종교 지도자들이나 백성들은 율법을 표면적으로만 이해하고 형식적으로만 지켰습니다. 예를 들어, 6계명의 말씀인 '살인하지 말라'를 어떻게 이해했냐면 내가 실제로 어떤 사람의 목숨을 끊지 않으면 6계명을 잘 지켰다고 생각하는 것입니다. 그런데 예수님은 그 뒤에 나오는 말씀에 보면 '형제를 향하여서 노하는 자마다 심판을 받게 될 것이다'고 했습니다. 왜 노하면 심판을 받습니까? '노하는 것이 바로 살인하는 것이기 때문에 그 사람은 심판을 받게 될 것이다'는 것입니다. 우리가 잘 알고 있는 요한일서 3장 15절에는 '형제를 미워하는 자마다 살인하는 것이다'고 했습니다. 이런 말씀을 볼 때 우리 예수님께서는 구약의 율법의 의미, 사람들이 피상적으로 생각하는 율법 말씀의 깊은 의미를 다 드러내시고 보여주셨습니다. 심화시키셨습니다. 이렇게 예수님께서는 이제 구약의 것들을 다 성취하실 뿐만 아니라 계명의 의미를 더 깊이 드러내심으로써 율법을 완전케 하셨습니다.

여러분, 이런 말씀을 볼 때 예수님과 율법은 무관한 것입니까? 아닙니다. 예수님과 구약이 무관합니까? 아닙니다. 신약과 구약이 무관합니까? 아닙니다. 신약과 구약은 서로 조화를 이룹니다. 서로 일치되고 하나임을 알 수 있습니다. 흔히 우리는 구약을 약속이라 하고 신약은 성취라고 합니다. 약속과 성취는 하나이지 별개가 될 수 없습니다. 하나님께서 구약성경에서는 범죄한 죄인들을 사랑하사 구원하시기 위해 구원자를 보내주시겠다고 약속한 것이고 신약은 그 약속에 따라서 하나님의 아들 예수님께서 우리의 구원자로 이 세상에 오셔서 자신의 삶과 죽음을 통하여서 우리의 구원을 이루신, 완성하신 것입니다. 그러니까 예수님은 율법을 폐하러 오신 것이 아니라 완전케 하러 오신 것입니다. 구약은 꽃봉오리라고 한다면 신약은 활짝 핀 꽃이라 말할 수 있습니다.

그런데 교회 역사를 보면 잘못 생각하는 사람들이 많았습니다. 2C에 마르시온이라는 신학자가 있었습니다. 2C에는 아직도 신약성경이 27권으로 확정되지 않았습니다. 5C쯤 되어 27권으로 확정이 됩니다. 그래서 정경에 대해 다양한 주장이 있었습니다. 이 마르시온이라는 사람은 '영지주의'라는 잘못된 사상의 영향으로 누가복음과 사도 바울이 쓴 13가지 서신 중에 10가지만 성경이라고 주장했습니다. 구약을 인정하지 않았습니다. 그리고 20C에 불트만이라는 유명한 신학자가 있었는데 그는 '구약이 단지 신약에 대한 전제에 지나지 않기 때문에 성경신학의 일부가 될 수 없다'고 말했습니다. 요컨대 마르시온이나 불트만은 구약을, 율법을 하나님의 말씀으로 인정하지 않았다는 것입니다. 우리

나라에서도 이상한 현상들이 있습니다. 구원파라고 아시지요? 세월호의 회장이 유병언입니다. 유병언이 구원파의 수장이었습니다. 그 뒤로 이요한, 박옥수 등으로 갈리지만, 이 구원파는 '일단 구원 받은 자는 어떤 죄도 죄가 되지 않는다' 합니다. 이 말이 참 이상하지 않습니까? 우리는 영으로 구원 받았기 때문에 거짓말을 해도, 육체로 죄를 지어도 죄가 아니라고 말합니다. 이것은 말이 안 되는 소리입니다. 알고 보면 이것은 율법을 무시하는 무율법주의입니다. 구약을 인정하지 않는 것이지요. 또 어떤 목사와 성도들은 구약시대에는 율법을 지킴으로 인하여 사람이 구원을 받았지만, 신약시대에는 은혜로 믿음으로 구원을 얻는다고 말합니다. 그러나 그렇지 않습니다. 그렇게 되면 구약은, 계명은 필요가 없게 되는 것입니다. 이런 모습은 다 잘못된 것입니다. 로마서 3장 31절을 같이 읽겠습니다.

**"그런즉 우리가 믿음으로 말미암아 율법을 파기하느냐 그럴 수 없느니라 도리어 율법을 굳게 세우느니라"**

믿음에 있는 자는 율법이 필요 없는 자입니까? 아니지요. 도리어 율법을 굳게 세운다고 했습니다. 요컨대 신구약은 하나고 그 주인공은 예수님이고, 예수님은 율법을 폐하러 온 것이 아니라 완전케 하러 왔다고 했습니다. 그렇기 때문에 구약을 통해서도 율법을 통해서도 예수님을 발견할 수 있고, 또 하나님의 뜻을 발견해서 실천할 수 있는 성도가 되시기 바랍니다.

두 번째로 예수님은 도리어 율법의 중요성을 강조하십니다.

앞에서 본 17절에서 예수님께서 율법을 폐하기 위해서가 아니라 완전케 하기 위해서 왔다고 하시며 자기 자신을 변호하셨습니다. 그러나 이어서 나오는 18절, 19절에서는 변호하는 정도가 아니라 한층 더 나아가서 이 율법이 얼마나 중요한지 강조하십니다. 18절을 같이 읽겠습니다.

**"진실로 너희에게 이르노니 천지가 없어지기 전에는 율법의 일점일획도 결코 없어지지 아니하고 다 이루리라"**

여러분, 본래 구약성경은 히브리어로 기록되었습니다. 히브리어에 점 같은 것이 있습니다. '요드'라고 하는 조그마한 것이 있습니다. 다음에 획이라고 할 수 있는 작대기가 있습니다. 천지가 없어지기 전에는 율법의 일점일획도 없어지지 않는다는 것은 세상의 종말이 오기까지는 율법의 가장 작은 것도 사라지지 않는다, 폐하여지지 않는다는 말씀입니다. 율법은 구약시대에도 마찬가지이고 신약시대에도 마찬가지이고 나아가서 이 세상이 끝날 때까지 언제까지나 권위 있는 하나님의 말씀이라는 뜻입니다. 우리는 십계명을 잘 알고 있습니다. 십계명은 '도덕법'입니다. 도덕적으로 어떻게 살아야 될지를 보여주는 법입니다. 여러분, 영원합니까, 영원하지 않습니까? 영원하지요. 그래서 우리도 십계명을 읽고 그 말씀대로 살려고 합니다. 십계명과 같은 도덕법은 영원히 유효하고 우리에게 구속력이 있습니다. 그리고 이스라엘 백성에게만 적용되었던 법을 '시민법'이라고 하고 여러 가지 제사에 관한 법은 '의식법'이라고 합니다. 이런 것은 예수 그리스도의 삶과 죽음을 통해서 완성이 되었지만 그 뒤에 있는 정신과 원리는 계속됩니다. 여전히 유효합니다. 우리 하나님은 영원하신 하나님이십니다. 우리 하나님은 영원하시기 때문에 하나님의 말씀도 영원합니다. 율법은 하나님의 말씀입니까, 아닙니까? 하나님의 말씀이지요. 율법도 영원합니다. 폐하여질 수가 없습니다. 시대나 대상에 따라서 달라지거나 폐하여질 수가 없습니다. 그리고 중요한 것은 이 영원한 하나님의 말씀을 지키는 사람도 영원합니다. 여러분, 요한일서 2장 17절에 보면 '이 세상도 그 정욕도 지나가되 하나님의 뜻을 행하는 이는 하나님의 말씀, 율법을 행하는 이는 영원히 거하느니라'고 말씀했습니다. 여러분, 영원히 사는 사람이 되시기 바랍니다.

19절의 말씀은 18절의 말씀을 사람들에게 적용을 시킵니다. 19절을 다 같이 읽겠습니다.

> **"그러므로 누구든지 이 계명 중의 지극히 작은 것 하나라도 버리고 또 그같이 사람을 가르치는 자는 천국에서 지극히 작다 일컬음을 받을 것이요 누구든지 이를 행하며 가르치는 자는 천국에서 크다 일컬음을 받으리라"**

여러분, 하나님이 주신 계명을 보면 어떤 계명은 좀 더 크고 중요한 것 같고 어떤 계명은 좀 더 작고 시시한 것 같은 것이 있습니다. 사실은 그런 것이 아닌데 당시 유대인들도 구약 십계명 중에서도 우상을 섬기지 말라, 안식일을 거룩하게 지키라, 살인하지 말라 이런 계명은 크고 중요하다고 생각했어요. 그런데 희년이라든지, 텃밭의 채소, 허브의 십일조를 드리는 것은 작은 계명으로 시시하게 여겨서 어기는 일이 더러 있었습니다. 그러나 예수님께서는 계명이 크든, 작든 관계없이 다 중요하다고 말씀하십니다. 작아 보이는 계명도 하나님이 주신 것이요, 하나님의 뜻을 보여주는 하나님의 말씀이기 때문에 다 중요합니다. 그런데 어떤 계명은 작다고 버리고 지키지 않고 또 그렇게 사람에게 가르치는 자는 천국에서 지극히 작다 일컬음을 받을 것이라고 했습니다. 반면에 모든 계명, 작은 계명조차도 다 귀하게 여겨서 하나도 무시하지 아니하고 그대로 지키는 자는 천국에서 지극히 크다 일컬음을 받을 것이다고 말씀하셨습니다.

오늘날 우리는 이 점에서 아주 조심해야 합니다. 우리 성도들이 '우리 시대가 많이 달라졌지 않느냐', '다른 교단들은 어떻게 하지 않느냐', '세상 사람들은 이렇게 하고 세상 친구들은 이렇게 하는데' 하면서 하나님의 계명을 가볍게 여기고, 어기는 풍조가 만연해 있습니다.

요즘 우리나라가 잘 살게 되니까 외국 여행을 많이 갑니다. 좋은 일이지요. 그런데 우리 기독신자들이 때로는 주일을 끼워서 여행을 갑니다. 우리가 미국이나, 유럽, 성지순례를 갈 때는 열흘 넘게 가기 때문에 어쩔 수 없이 주일이 들어갑니다. 물론 거기 가서 예배를 드리지요. 그렇지만 동남아 같은 경우에는 주중에 얼마든지 갔다 올 수 있습니다. 그런데 꼭 불신 친구들과 함께 주일을 끼워서 여행을 가는 것은 하나님이 볼 때에 합당치 않고, 목사가 볼 때에 안타깝습니다. 여러분, 친구가 중요합니까, 하나님이 중요합니까? 하나님 우선으로, 하나님의 뜻을 먼저 세워가는 사람이 되어야 되지 않겠습니까? 그렇게 할 때에 하나님이 영광을 받으십니다. 하나님을 더 중시하고, 하나님의 계명을 더 중시하고 따르는 것을 보실 때 하나님께서 얼마나 마음이 뿌듯하겠습니까? 그러면 친구들조차도 '역시 하나님이 대단한 모양이다'고 생각하지 않겠습니까? 안식 계명 뿐만 아니라 다른 모든 것도 그렇습니다. 우리가 언제나 하나님의 계명들, 말씀들을 작은 것이라도 잘 지킬 수 있는 성도가 되어야겠습니다. 요한1서 5장 3절에

**"하나님을 사랑하는 것은 이것이니 우리가 그의 계명들을 지키는 것이라 그의 계명들은 무거운 것이 아니로다"**

여러분 하나님을 사랑하십니까? 그러면 하나님의 계명을 지키시기 바랍니다. 작은 계명이라도 잘 지키시기 바랍니다. 그래서 천국에서 크다 일컬음을 받는 성도가 되시기 바랍니다.

### 마지막으로 생각할 것은 천국시민과 율법의 관계를 생각해봅시다.

20절을 같이 읽습니다.

**"내가 너희에게 이르노니 너희 의가 서기관과 바리새인보다 더 낫지 못하면 결코 천국에 들어가지 못하리라"**

이 말씀을 보면 앞에는 다 율법이 나오는데 율법이라는 말이 안나옵니다. 대신에 '의'라는 말이 나옵니다. 이 의는 율법과 직결이 됩니다. 의가 무엇입니까? 바른 것, 옳은 것입니다. 무엇이 바르고 옳은 것입니까? 하나님의 율법을 따라 살 때 그것이 바로 옳은 것이고, 그것이 의입니다. 여러분, 예수님 당시에 자타가 인정하는 가장 의로운 사람이 있었습니다. 누구라고 생각하십니까? 성경에 나옵니다. 20절에 보니 서기관과 바리새인입니다. 서기관은 '스크라이브'(scribe)라고 합니다. 이것은 우리나라 공무원 사회에서 말하는 서기관이 아닙니다. 그때에는 인쇄술이 없었으니까 성경을 옮겨 써놓아야 했습니다. 이 원본이 나중에 썩으면 새것이 있어야 되니까요. 그래서 성경을 한 자도 안 틀리고 다 옮겨 썼습니다. 그렇게 성경만 필사하는 것이 아니라 성경을 연구하고 사람들에게 가르치는 율법학자가 서기관이었습니다. 바리새인들도 비슷한 사람이었습니다. 이 서기관과 바리새인들은 율법을 철저히 지킬 뿐 아니라 이 율법을 더 세밀하게 나누어서 613가지나 되는 규정을 만들었습니다. 248가지 '하라'고 하는 규정, 365가지 '하지 말라'고 하는 규정을 만들어서 철저히 지키면서 사람들에게도 지키라고 가르쳤습니다. 율법을 이렇게 세밀하게 나누어 지키니까 사람들이 볼 때 얼마나 의로워 보입니까? 요즘 말로 그들은 가장 잘 믿는 사람들입니다. 다른 사람들이 다 천국에 들어가지 못해도 이들만은 천국에 들어갈 것이라고 자타가 생각했습니다.

그런데 예수님께서 제자들과 무리들을 보시고 '너희 의가 이 서기관과 바리새인들 보다 낫지 못하면 천국에 들어갈 수가 없다'고 말씀하시니 아마도 이 말씀을 들은 군중들이 너무 큰 충격을 받았을 것입니다. '아니 세상에, 서기관과 바리새인들보다 의가 더 낫지 못하면 천국에 들어가지 못한다면 우리는 절망적이다'고 생각했을 것입니다. 여러분, 어떻게 성도의 의가 서기관과 바리새인보다 더 나을 수가 있겠습니까? 이 말씀은 로마서에서 말하는 이신칭의, 믿음으로 말미암아 의롭게 된다는 것을 말하는 것이 아닙니다. 서기관과 바리새인들은 철저하게 율법을 지켰지요. 그런데 치명적인 약점이 있었습니다. 앞에서도 말씀드렸듯이 그들은 표면적으로만, 겉으로만, 형식적으로만 지켰습니다. 사람에게 보이기 위해 지켰습니다. 하나님을 두려워하고 하나님을 사랑함으로 인해서 지킨 것이 아니라 인간적으로 그럴듯하게 보이기 위해서, 사람들의 존경을 받기 위해서 그렇게 했습니다. 그래서 예수님이 그들에게 '입술로는 나를 공경하되 마음은 내게서 멀도다'고 했습니다. 그들의 경건은 위선적이었습니다. 마태복음 23장 23절을 같이 읽겠습니다.

**"화 있을진저 외식하는 서기관들과 바리새인들이여 너희가 박하와 회향과 근채의 십일조는 드리되 율법의 더 중한 바 정의와 긍휼과 믿음은 버렸도다 그러나 이것도 행하고 저것도 버리지 말아야 할지니라"**

그들은 박하, 회향, 근채의 십일조는 아주 작은 계명에 속한다고 생각했습니다. 그런데 그 아주 작은 것까지도 철저하게 지키지만 속으로는 율법의 정신이라고 할 수 있는 의도 없고, 사랑과 긍휼도 없고, 믿음도 없다는 것입니다. 여러분, 개정 성경에는 '의(義)와 인(仁)과 신(信)은 버렸도다'고 했습니다. 그래서 우리 성도들이 이처럼 겉으로만, 형식적으로만 하나님의 말씀을 지키는 것이 아니라 하나님을 사랑하는 마음으로, 진실한 마음으로 하나님의 말씀대로 율법을 따라서 산다면 우리의 의는 서기관보다 나은 것입니까, 못한 것입니까? 더 나은 것이 되는 것입니다. 성도 여러분, 사람 앞에서 사람에게 보이기 위해서 사람 때문에, 체면 때문에 신앙생활을 하지 마시기 바랍니다. 그런 것 때문에 하나님 말씀에 순종하는 체하지 마시기 바랍니다. 진심으로 하나님 사랑함으로 신앙생활하고 말씀 순종하십시오. 그래서 여러분의 의가 서기관과 바리새인보다 더 나은 의가 됨으로 여러분은 천국에 들어가기에 합당한 성도, 천국시민이 되시기 바랍니다.

## 마태복음 5:21-26

옛 사람에게 말한 바 살인하지 말라 누구든지 살인하면 심판을 받게 되리라 하였다는 것을 너희가 들었으나 나는 너희에게 이르노니 형제에게 노하는 자마다 심판을 받게 되고 형제를 대하여 라가라 하는 자는 공회에 잡혀가게 되고 미련한 놈이라 하는 자는 지옥 불에 들어가게 되리라 그러므로 예물을 제단에 드리려다가 거기서 네 형제에게 원망들을 만한 일이 있는 것이 생각나거든 예물을 제단 앞에 두고 먼저 가서 형제와 화목하고 그 후에 와서 예물을 드리라 너를 고발하는 자와 함께 길에 있을 때에 급히 사화하라 그 고발하는 자가 너를 재판관에게 내어 주고 재판관이 옥리에게 내어 주어 옥에 가둘까 염려하라 진실로 네게 이르노니 네가 한 푼이라도 남김이 없이 다 갚기 전에는 결코 거기서 나오지 못하리라

# 21

## 살인하지 말라

성도 여러분, 주일마다 이 강단을 통해 전해지는 하나님의 말씀을 통해서 주 예수를 깊이 아는 은혜, 하나님의 뜻을 더 깊이 아는 은혜가 여러분에게 가득하시기 바랍니다. 여러분, 마태복음 5장 17절을 기억하십니까? 5장 17절의 말씀은 산상보훈의 열쇠가 되는 중요한 말씀이라고 했습니다. 지난주일에 우리가 생각했는데 예수님께서 '내가 율법을 폐하러 온 것이 아니라 율법을 완전하게 하려 함이라'고 말씀하셨습니다.

율법을 완전하게 하러 왔다는 말씀의 의미가 무엇입니까? 첫 번째는 예수님의 삶과 사역과 죽음을 통하여서 구약의 모든 율법과 예언을 다 성취하셨다는 점에서 '완전케 하러 왔다'는 것이고 또 한 가지는 구약의 율법의 말씀을 심화시키신다, 곧 그 율법이 가지고 있는 진정한 의미, 참된 의미를 다 드러내시기 위해서 오셨다, 그것이 바로 완전케 하려는 것이다고 했습니다.

오늘 본문 5장 21절에서 48절까지, 5장 끝까지에서는 예수님께서 율법의 말씀 여섯 가지를 예로 들어서 그 진정한 의미가 무엇인지 하나씩 설명을 해주십니다.

첫 번째 예가 살인하지 말라는 말씀입니다. 이 말씀은 십계명 중에 제6계명에 해당되는 말씀입니다. 인간 사회에서 일어나는 범죄 중에 살인만큼 끔찍하고 큰 죄가 없을 것입니다. 살인은 하나님의 형상인 우리 인간 존재 자체를 없애버리는 것, 말살하는 것입니다. 그런 점에서 가장 비인간적이고 가장 무서운 악이라고 할 수 있습니다. 저희 어릴 때만 해도 살인 사건은 아주 가끔 한 번씩 나는 것이어서 한번 나면 방송, 신문을 통해서 전국에 알려졌습니다. 그것을 보는 사람은 '아이구, 어디에 살인 사건이 났단다' 하고 놀랐습니다. 그런데 지금은 살인 사건이 얼마나 자주 나는지 웬만한 살인 사건에 대해서는 신문 방송에 보도가 되지도 않고 또 그것을 듣고 보는 사람도 별로 크게 여기지 않습니다. 아주 엽기적인 살인 사건이 일어나면 신문 방송에 보도가 될 뿐입니다. 지난 몇 달 동안에도 우리나라에 끔찍한 살인 사건들이 있었습니다.

어금니 아빠라고 불리는 '이영학'이라는 사람이 자기 딸의 친구를 죽였죠. 또 비슷한 시기에 전주에 사는 다섯 살 먹은 아이, '고준희 살인 사건'이 있었습니다. 나중에 알고 보니 살인범이 자기 아버지였습니다. 그리고 한 달 전에 제주도에서 게스트 하우스, 울산에 살던 여대생이 여행을 갔는데 거기서 죽임을 당했습니다. 알고 보니 그 게스트 하우스의 관리인이 자기 손님을 불러내서 그렇게 끔찍한 일을 했습니다. 무섭고도 끔찍한 사건들이죠. 그런데 이런 사건들의 범인들은 죄책감이나 양심의 가책도 별로 느끼지 않습니다. 우리 시대가 얼마나 인간성이 상실된 시대인가를 다시금 느끼게 됩니다. 하나님께서는 십계명에서 '살인하지 말라' 말씀하시고 살인하는 자에 대해서는 사형을, 죽음을 명하셨습니다.

그런데 예수님 당시 종교 지도자들은 이 6계명을 살인이라는 행위에만 제한을 시켰습니다. 즉, 실제로 사람을 죽이지 아니하는 한 나는 6계명을 지켰다고 생각했습니다. 이 세상에서도 보통 그렇게 생각하지 않습니까? 그러나 오늘 본문에 우리 예수님께서는 '나는 너희에게 명하노니', 구약에 이 말씀이 있지만, '나는 너희에게 명하노니' 하시며 신적 권위를 가지고 말씀을 하고 계십니다. 이 계명의 진정한 의미를 가르쳐주십니다. 여러분, 사람에게 율법을 주신 자, 율법 수여자(law giver)가 누구십니까? 하나님이시지요. 우리 예수님입니다. 지금 율법 수여자이신 예수님께서 이 율법의 진정한 의미를 드러내신다는 것입니다. 때로 학원을 광고하는 선전지나 학원 벽에 걸려있는 플래카드에 보면 '저자 직강'이라고 쓰여 있는 것을 볼 수 있습니다. 책을 쓰신 분이 직접 와서 강의를 한다는 것이지요. 그렇게 하면 실력도 있고 권위도 있어 보입니다. 지금 바로 율법 수여자이신 예수님께서 율법에 대한 오해를 다 걷어내시고 '내가 너희에게 말하노니' 하시며 그 율법이 의미하는 바가 무엇인지를 지금 말씀하십니다.

먼저 22절에서 무엇이라고 말씀하십니까? 22절을 같이 읽어봅니다.

> **"나는 너희에게 이르노니 형제에게 노하는 자마다 심판을 받게 되고 형제를 대하여 라가라 하는 자는 공회에 잡혀가게 되고 미련한 놈이라 하는 자는 지옥 불에 들어가게 되리라"**

여러분, 이 말씀을 보면 세 가지 경우가 나옵니다.

맨 처음에는 '형제에게 노하는 자는 심판을 받게 된다'고 했습니다. 여러분 중에 노했기 때문에 법정에 가서 재판을 받으신 분이 있습니까? 아마 그런 분은 없을 것입니다. 그런데 예수님께서는 '형제에게 노하는 자마다 심판을 받게 된다'고 말씀하십니다. 왜 노하는 자가 심판을 받게 됩니까? 여러분, 21절 둘째 줄에 보면, 어떤 사람이 심판을 받게 됩니까? '살인하면 심판을 받게 되리라'고 했습니다. 그런데 22절에서 '형제에게 노하는 자마다 심판을 받게 된다' 하는 이 말씀을 볼 때 형제에게 노하는 것은 살인죄가 된다는 것입니다. 형제에게 노하는 것은 살인죄가 되기 때문에 그 사람은 재판을 받게 된다고 말씀하십니다. 이를 볼 때 노하는 것은 넓은 의미의 살인죄입니다.

물론 분노한다고 해서 다 악한 것은 아닙니다. 재판을 받는 것은 아닙니다. 왜냐하면 성경에 보면 '하나님의 진노'라는 말이 많이 나옵니다. 하나님도 많이 진노하셨다는 것이죠. 예수님도 여러 번 진노하셨습니다. 그러나 우리가 보면 예수님께서 어떤 사람이 예수님을 모욕하고 여러 가지 못살게 군다고, 십자가에 못받는다고 노하신 적은 없습니다. 무엇 때문에 예수님은 노하셨습니까? 하나님의 영광이 가려워질 때에 노하셨지요. 요컨대 하나님의 진노나 예수님의 분노는 거룩한 분노였습니다. 의를 위한 분노였습니다. 심판자로서의 분노였습니다. 그것은 죄가 될 수가 없습니다.

여러분, 왜 살인이 일어나겠습니까? 동기가 여러 가지 있지만, 마음속에 분노가 있기 때문에 그런 경우가 많습니다. 참을 수 없는 분노 때문이지요. 이 점에서 볼 때에 분노는 살인의 뿌리, 근원, 시작이라고 할 수 있습니다. 살인을 유발하는 마음속의 살인이라고 할 수 있습니다. 그러나 사람의 마음을 살피시는 하나님께서 보실 때에는 마음의 분노, 증오심, 이것은 살인과 다를 바가 없습니다. 비록 겉으로 나타나는 살인 행위가 없을지라도 우리의 마음을 보시는 하나님께서 보실 때에 그 살인의 근거가 될 수 있는 분노가 그 사람 속에 있다면 그것은 살인에 해당한다는 말씀입니다.

그 다음에 보면 '형제를 라가라 하는 자는 공회에 잡히게 된다'고 했습니다. 이 '라가'라 하는 말은 공허함, 무가치함을 의미합니다. 굳이 우리말로 하자면, '골빈 놈', '쓸데없는 놈' 하고 상대방의 인격을 모독하는 하나의 욕설입니다. 라가라 하는 자는 공회에 잡히게 된다고 했는데 공회가 무엇입니까? 이것은 산헤드린 공회를 말합니다. 유대 나라에는 산헤드린 공회라고 하는 유대인의 지도자 72명으로 구성된 최고 재판기관, 의결기관이 있었습니다. 거기에 끌려가서 재판을 받게 된다는 것입니다.

그리고 '미련한 놈이라 하는 자는 지옥 불에 던지우리라' 했는데, 미련한 놈이라는 것은 앞에서 말하는 라가라 하는 것과 비슷합니다. 영어성경에서는 'fool'이라고 했습니다. '어리석은 놈', '멍청이', '바보'라는 뜻을 가지고 있습니다. 물어봅시다. 형제에게 노하는 자마다 어떻게 된다고요? 심판을 받게 됩니다. 라가라 하는 자는요? 공회에 잡히게 됩니다. 마지막에 미련한 놈이라 하는 자는 지옥 불에 던지우리라 했습니다. 알고 보면 심판을 받게 되는 것이나 공회에 잡히게 되는 것이나 지옥 불에 던지우는 것이나 이것이 말만 틀릴 뿐이지 같은 내용입니다.

요약하자면 제6계명 살인하지 말라는 말씀은 그냥 사람을 쳐서 피흘려 죽이는 것만을 의미하지 않습니다. 독극물로, 혹은 사람을 목 졸라 죽이는 것만을 의미하지 않습니다. 그 의미는 훨씬 넓습니다. 화를 내고 무시하고 멸시하여서 인격을 모독하는 것도 다 살인의 범주에 들어가고 그럼으로 인하여 그런 사람은 하나님의 심판을 받게 될 것이라고 말씀하십니다. 여러분, 이것이 제가 하는 말입니까, 예수님이 하신 말씀입니까? 예수님이 하신 말씀입니다. 제가 지어낸 말이 아닙니다. 우리는 더러 이렇게 생각할 수 있습니다. 십계명을 보면서 '내가 다른 계명은 다 자신이 없지만 그래도 제6계명은 자신이 있다. 살인하지 말라고 하셨는데 내가 지금까지 살면서 한 사람도 살인하지 않았으니까 나는 이 계명은 지켰다'고 생각할 수 있습니다. 그런데 여러분, 오늘 이 예수님의 말씀을 생각해보면 나는 살인한 적이 없다고 말할 수 있는 분이 우리 가운데 있겠습니까? 우리 가운데 살인 한 번 해본 적 없는 사람은 아무도 없습니다. 우리가 느끼지는 못할지라도, 우리가 보지는 못하더라도 우리 손에는 피가 가득 묻어 있습니다. 여러분, 자신을 돌아보면서 회개하고 살인하지 아니하고 살아가는 저와 여러분이 되기를 바랍니다.

여기서 한 가지 기억할 것이 있습니다. **여러분, 살인이 대개 무엇으로 이루어진다고 생각하십니까?** 우리가 생각해보면 살인은 총이나 칼이나 낫이나 어떤 흉기로 이루어집니다. 또는 농약이나 수면제 같은 극약을 통하여서, 또는 목을 졸라서 이루어지는 경우가 대부분이라고 생각합니다. 그런데 오늘 예수님의 말씀을 들으면 그렇지 않습니다. 우리 예수님이 금방 뭐라고 했습니까? '라가라 하는 자, 형제에게 미련한 놈이라고 하는 자' 이런 말씀을 볼 때 주님이 보시는 살인의 가장 보편적인 도구가 말, 입이라는 것입니다. 사람의 입과 말이 이 땅에서 살인의 가장 흔한 도구라는 말씀입니다. 시편 104편 3절에 "그 입술에 독사의 독이 있다"고 했습니다. 어떤 사람의 입 속에는 독사의 독이 있다는 것입니다. 그리고 잠언 12장 18절에는 "칼로 찌름같이 함부로 말하는 자가 있다"고 했습니다. 여러분, 칼만 사람의 마음을 찌릅니까? 그렇지 않습니다. 사람의 독한 말도 사람의 가슴을 깊이 찌를 때가 있습니다. 저는 칼로 찔린 적이 없습니다. 여러분, 칼로 5cm쯤 찔렸을 때 얼마나 쓰리고 아프겠습니까? 처음에는 아마 그것 때문에 움직이지도 못하고 며칠 집 안에서 가만히 조리를 해야 될 것입니다. 거기가 욱신욱신하고 쓰릴 것입니다. 칼만 그렇습니까? 독하고 오해하는 말을 들었을 때에 그 말이 도무지 소화가 안 되고 받아들일 수가 없어서 그 독한 말 때문에 끙끙 앓고, 며칠 동안 밥도 잘 못 먹고 잠도 잘 오지 않습니다. 아마도 나이가 많이 든 분들은 더러 그런 일들이 있었을 것입니다. 독한 말이 칼처럼 사람을 찌르는 것입니다. 악한 말이 사람을 죽입니다. 영혼을 파괴하고 인격을 파괴하고 마음을 파괴하여서 깊은 상처를 내는 것입니다.

오늘날 우리 사회에서는 말이 너무 극단적이고 악합니다. 여러분도 그런 것을 많이 느꼈을 것입니다. 재개발 단지에 가면 건축사와 사는 사람들 사이에 땅값 때문에 시비가 많습니다. 그곳에 붙은 플래카드에 보면 '누구누구 자폭하라', '할복하라'고 적혀있습니다. 세상 어디를 다녀 봐도 그렇게 무서운 말을 적어 놓은 나라가, 사회가 어디에 있겠습니까? 우리나라 사람들이 말을 너무 심하게 합니다. 너무 충격적인 말들을 합니다. 인터넷에 댓글을 보십시오. 자기 이름이 거기에 안 나온다고 사람들이 너무 함부로 상대방을 멸시하고 모욕하는 말을 그냥 써버립니다. 우리나라 언어를 다 망치는 것이 인터넷이 아닌가 하고 생각해 봅니다. 학생들이 지나가며 말하는 것을 들어보면 욕이 안 들어가면 한 문장도 이어지지 않아요. 어떤 악한 의도를 가지고 욕을 하는 것이 아니라 말 자체가 욕입니다. 습관이 되어 있는 것을 보게 됩니다. 우리 성도들은 조심해야 합니다. 악한 혀는 사람을 죽입니다. 여러분, 예수 믿어서 천국시민이 되셨습니까? 하나님 백성이십니까? 그렇다면 우리는 세상 법의 기준에 의해서 우리 자신을 재어서는 안 됩니다. 우리는 천국시민, 하나님의 백성이기 때문에 하나님 나라의 윤리, 하나님 나라의 법인 예수님의 말씀을 기억하고 이것을 명심하고 이것에 따라서 살아가고 실천하는 성도가 되어야 한다는 것입니다. 여러분, 그런 성도가 되시기 바랍니다.

**여러분, 이렇게 살인하지 않기 위해서 노하지도 미워하지도 모욕**

하지도 않기 위해서 어떻게 해야겠습니까? 미워하는 상대방에 대해서 나는 관심을 꺼버리겠다, 잊어버리겠다고 하는 것이 잘한 것입니까? 아닙니다. 그렇지 않고 본문 말씀에 보면 우리 예수님은 화해할 것을 말씀하십니다. 소극적인 자세가 아니라 적극적으로 그 사람과 좋은 관계를 맺도록 하나님께서, 주님께서 말씀하십니다. 23절에서 26절까지 예수님이 두 가지를 말씀하십니다. 먼저 23절, 24절을 보면 예물을 하나님께 드리는데 누구에게 원망들을 만한 일이 생각나거든, 다시 말해서 어떤 사람과 불화한 것이 생각나거든 나를 향하여서 이를 갈고 있을, 나를 향하여서 분노하고 있을 어떤 사람이 생각이 나면 하나님 앞에 예물을 드리고 예배를 드리다가 그냥 두고 빨리 나가서 그 사람을 찾아가 화해하고 나서 하나님 앞에, 다시 제단에 와서 예물을 드리라고 말씀하십니다. 여러분, 하나님께서 도둑이 와서 예물을 드리는 것을 기뻐하시겠습니까, 살인자가 와서 하나님 앞에 와서 예물을 드리면 기뻐하시겠습니까? 기뻐하지 않습니다. 형제를 향하여서 노하고 미움을 가지고 형제를 경멸하고 모욕하는 사람을 살인하는 자라고 했는데 그런 사람이 하나님 앞에 그대로 나와서 예물을 드리고 기도를 한다면 하나님께서 기뻐 받으실 수가 없다는 말씀입니다. 시편 66편 18절에 "내가 나의 마음에 죄악을 품었더라면 주께서 듣지 아니하시리라"고 말씀하십니다. 사람과 불화한 관계가 바르게 되기까지는 하나님께서 그 예물과 예배, 기도를 기쁘게 받으시지 않는다는 것입니다. 하나님과의 수직적인 관계를 맺기 전에 먼저 사람과의 수평적인 관계를 해결해야 한다는 말씀입니다. 사람에 대한 노함, 미움, 원한, 멸시를 품은 채 하나님께 나아가는 것은 합당치 아니하고 하나님께서 받지도 아니하신다는 것입니다. 여러분, 우리 주님께서 우리에게 가르쳐주신 주기도문에는 여섯 가지 간구가 있습니다. 그 중 하나가 '우리 죄를 사하여 주옵시고'입니다.

우리는 세상 살면서 알게 모르게 날마다 죄를 짓습니다. 그러니까 우리는 하나님 앞에 나아갈 때마다 '우리 죄를 용서해주옵소서' 하고 기도를 해야 하는데, 그 바로 앞에 '우리가 우리에게 죄 지은 자를 용서해 준 것 같이'라는 문구가 달려있어요. 이것은 수평적이에요. 우리가 '우리에게 죄 지은 어떤 다른 사람을 내가 용서해준 것 같이 하나님께서 우리의 죄도 용서해주옵소서' 하는 것입니다. 얼마나 귀한 진리입니까?

어떤 성도들은 이런 생각을 합니다. '사람과의 관계는 조금 불화하고 문제도 있지만, 나는 하나님만 붙잡고 살래. 하나님께 열심히 예배하고 기도하고 신앙생활 잘하면 된다'라고 생각하면 살지요. 그것은 잘못된 생각입니다. 기독교 신앙은 하나님과의 관계를 제일 중시하지만 사람과의 관계를 절대로 무시하지 않습니다. 그 다음 관계는 사람과의 관계입니다. 그래서 화해하고 내 마음 속에 분노와 원한과 미움을 가지고 신앙생활하지 않고 화해하고 사람들과의 관계가 바르게 된 다음에 하나님 앞에 예배드리고 예물을 드리는 것을 주님께서 기뻐하십니다. 여러분, 그런 사람이 되시기 바랍니다. 지금도 혹시 여러분 삶 가운데 '그 사람하고는 절대로 내가 풀지 않는다' 하면서 원한 관계가 있는 성도들이 있다면 그분을 이 시간에 한번 기억해보시고 빠른 시간 안에 화해하시고 하나님을 섬기시는 성도가 되시기 바랍니다.

23절, 24절은 화해의 필요성을 말씀하는 것이라면 다음에 나오는 25절, 26절은 화해의 긴급성을 말합니다. 25절 첫 문장만 읽어보겠습니다.

**"너를 고발하는 자와 함께 길에 있을 때에 급히 사화하라"**

'사화'라는 것은 '화해하라'는 말입니다. 요즘은 소송 당사자가 자기 집에서 자기 차 타고 법정에 가지요. 법정에서 당사자가 만나서 재판합니다. 그런데 2,000년 전에 예수님 시대에는 자가용도, 자전거도 없었습니다. 그래서 시간이 정해지면 원고와 피고가 비슷한 시간에 출발해야 됩니다. 그러다 보면 법정으로 가는 길에서 앞서거니 뒤서거니 하면서 함께 갈 수도 있는 것입니다. 그것이 어떻게 보면 두 사람이 법으로 해결하기 전에 풀 수 있는 마지막 기회입니다. 법정에서 재판이 내려지면 억울해도, 후회해도 그 재판대로 할 수밖에 없습니다. 그러니까 재판까지 가기 전에, 판사의 재판이 있기 전에 함께 갈 때에 빨리 화해하라는 것입니다. 그렇게 하면 훨씬 더 서로 편하게 된다는 것입니다.

여러분, 세상의 모든 일에는 기회가 있습니다. 교회에 봉사할 기회가 있습니다. 학생들은 공부할 수 있는 기회가 있습니다. 기회를 놓치면 안 됩니다. 자녀가 된 성도들은 부모님께 효도할 기회가 있습니다. 살아계실 때가 기회입니다. 그 기회를 놓치면 안됩니다. 히브리서 12장에 보면 야곱의 형 에서는 회개할 기회를 얻지 못했다고 했습니다. 회개할 기회가 주어졌지만 놓쳤다는 것입니다. 불행한 인생이 되었습니다. 화해하는 것도 기회가 있습니다. 그저께(2018.3.2) 빌리 그래함 목사님의 하관예배가 있었습니다. 그 목사님이 많은 편지를 받았는데 제가 한 두가지 읽어보겠습니다. 한 여성이 '어머니와는 항상 사이가 나빴지요. 지난 10년간 서로 한마디도 하지 않았으니까요. 그런데 막상 어머니가 세상을 떠나고 나니 단 1분이라도 어머니와 말을 나눌 시간이 있었으면 하는 마음이 간절했습니다.' 또 다른 여인은 '12년 간 아들과 연을 끊었어요. 그런데 지금은 과연 잘한 일인지 자신이 없네요. 너무 외로워요. 가족이라고는 그 녀석 하나밖에 없는데…' 이런 편지를 수백 통 받았다고 합니다. 다 깨진 관계로 남아 있음에 대한 후회, 화목한 시기를 놓친 것에 대한 후회의 편지가 엄청 많다는 것입니다. 내가 먼저 손을 내밀 걸, 내가 먼저 찾아가 볼 걸 하지만 때는 늦었다는 것입니다. 성도 여러분, 회복의 기회, 화해의 기회를 놓치지 마시기 바랍니다. 우리 하나님이 주시는 말씀, 로마서 12장 18절을 같이 읽어봅니다.

**"할 수 있거든 너희로서는 모든 사람과 더불어 화목하라"**

모든 사람과 더불어 화목하라고 했는데 앞에 조건이 있어요. '할 수 있거든'이란 말을 영어성경에 보면 'If it depends on you' 했습니다. 화해가 당신에게 달려있는 것이라면, 당신이 가서 손을 내밀고 당신이 가서 만나면 해결될 문제라면 모든 사람과 더불어 화해하라, 화목하라. 이것이 주님의 말씀입니다.

**오늘 우리는 살인하지 말라는 제6계명의 진정한 의미를 보았습니다.**

사람을 실제로 죽이지 않더라도 분노하고 미워하고 심한 말로 모욕한다면 상처 주는 것도 살인과 다를 바가 없다고 예수님께서 말씀하셨습니다. 살인하지 않기 위해서는 소극적이 아니라 적극적으로 화해하는 것이 필요합니다. 하나님께 나아가기 전에 먼저 사람과 화해하고 하나님 앞에 나아가라고 했습니다. 그리고 화해할 기회가 사라지기 전에 기회가 있을 때에 빨리 화해하라고 말씀하셨습니다. 성도 여러분, 오늘이 주님의 말씀에 해당되지 않는 사람, 걸리지 않는 성도가 우리 중에 누가 있겠습니까? 우리 주님의 말씀을 잘 기억하면서 성령의 도우심을 구하면서 천국시민으로서 이 계명을 잘 지켜가는 저와 여러분이 다 될 수 있기를 바랍니다.

## 마태복음 5:27-32

또 간음하지 말라 하였다는 것을 너희가 들었으나 나는 너희에게 이르노니 음욕을 품고 여자를 보는 자마다 마음에 이미 간음하였느니라 만일 네 오른 눈이 너로 실족하게 하거든 빼어 내버리라 네 백체 중 하나가 없어지고 온 몸이 지옥에 던져지지 않는 것이 유익하며 또한 만일 네 오른손이 너로 실족하게 하거든 찍어 내버리라 네 백체 중 하나가 없어지고 온 몸이 지옥에 던져지지 않는 것이 유익하니라 또 일렀으되 누구든지 아내를 버리려거든 이혼증서를 줄 것이라 하였으나 나는 너희에게 이르노니 누구든지 음행한 이유 없이 아내를 버리면 이는 그로 간음하게 함이요 또 누구든지 버림받은 여자에게 장가드는 자도 간음함이니라

# 22

# 간음하지 말라

성도 여러분, 지구상에 많은 사람들이 살고 있습니다. 사람이 세상을 사는 날 동안에 가장 중요한 일이 무엇이라고 생각하십니까? 빌립보 간수가 사도 바울에게 물었습니다. '내가 어떻게 하여야 구원을 얻으리이까?' 그 질문 속에 가장 중요한 일이 무엇인지 나타납니다. 무엇이겠습니까? 구원입니다. 죄와 사망에서, 영원한 심판에서 구원받는 것보다 사람에게 더 중요한 일이 어디에 있겠습니까? 출세하고 재산이 많아도, 권력이 있고 건강해도, 죽을 병에서 고침을 받았어도 구원받지 못하면 모든 일이 다 허사가 되는 것입니다. '내가 어떻게 해야 구원을 받을 수 있겠습니까?'라는 간수의 질문에 사도 바울이 '주 예수를 믿으라 그리하면 너와 네 집이 구원을 얻으리라'고 대답하였습니다. 구원은 어떤 다른 방법으로 받는 것이 아니라 하나님의 은혜로, 하나님의 아들 예수 그리스도를 믿음으로 말미암아 받게 된다고 했습니다. 우리 교회에 출석하는 모든 교우들은 죄인의 구원자 되시는 예수님을 믿어서 구원받는 복된 성도님이 되시기 바랍니다.

그러면 예수를 이미 믿어서 구원받은 자에게, 이제 천국시민이 된 자에게 무엇이 중요하겠습니까? 여러 가지 대답이 나올 수 있지만, 오늘 우리가 이 말씀을 통하여서 보게 되는 것은 하늘나라의 법, 천국의 법을 알아서 천국시민답게 사는 것, 그것이 중요합니다. 따라 하겠습니다. "천국시민답게 살자!", "천국시민답게 살겠습니다!" 예수를 믿어서 천국시민이 되었는데 삶은 천국시민 같지 않고 세상 사람들과 똑같다면 무슨 소용이 있겠습니까? 예수 믿어서 천국백성이 된 사람은 천국의 법을 알고 천국시민답게 살아야 합니다.

우리는 지금 예수님의 산상보훈을 살펴보고 있는데 이 산상보훈은 천국시민의 윤리와 법이 무엇인지 우리에게 가르쳐줍니다. 지난 주일에 우리는 제6계명인 '살인하지 말라'는 것을 살펴보았습니다. 그 계명의 진정한 의미가 무엇인지 예수님께서 가르쳐주셨습니다. 오늘 본문에 제7계명인 '간음하지 말라'는 계명의 참된 의미가 무엇인지 예수님께서 또 가르쳐주십니다. 이 계명 역시 당시의 종교 지도자들이나 랍비들은 잘못 이해하고 가르치고 있었습니다. 제6계명, '살인하지 말라'는 계명을 직접 사람을 죽이는 경우에만 제한시켜서 이해를 했듯이 이 7계명도 그 의미를 아주 제한시켰습니다. 그래서 결혼한 남녀가 자기의 배우자가 아닌 다른 사람과 성행위를 가진 것만 간음이라고 생각하고 가르치고 살았습니다. 그러나 성경을 읽어보면 하나님께서는 모든 종류의 음행을 이 간음의 범주에 넣고 계십니다. 말을 바꾸면 결혼관계를 벗어나는 모든 성적행위는 전부 다 7계명에 위배된다, 간음죄에 해당된다고 말씀하십니다. 요컨대 이 7계명은 그 범위에 있어서 아주 포괄적인 계명입니다. 구약의 율법에 보면 결혼한 자의 간음도 하나님께서 정죄하시지만 결혼하기 전의 음행도 정죄하십니다. 벌금을 내도록 말씀하셨습니다. 친척 간의 음행이 이루어지는 것, 근친상간이라고 하지요. 하나님께서 엄금하시고 그런 경우는 돌로 쳐죽이라고 말씀하셨습니다. 짐승과 사람이 성관계를 가지는 것, 수간이라고 하지요. 그것도 하나님께서 절대 금하시고 역시 그것을 범하는 자가 있으면 죽이라고 말씀하셨습니다. 우리 하나님께서 가장 미워하시는 행위는 동성애입니다. 하나님께서 주시는 남자와 여자의 자연적인 관계를 버리고 이 성을 역리로 바꾸어서 쓰는 이것을 하나님께서는 미워하십니다. 그리고 성경에 보면 이 죄가 있는 성읍마다 하나님의 심판을 받는 것을 보게 됩니다.

얼마 전에 행정안전부 장관이 발의한 혐오표현 규제 법안이 철회되었습니다. 무엇이 혐오표현입니까? 동성애나 이단에 대해서 비판하는 것입니다. 그러면 벌을 주겠다는 것입니다. 예를 들어 '남성 동성애자들 사이에 에이즈가 많이 전염되고 있다'고 말하면 혐오표현이기에 벌을 주겠다는 것입니다. 그동안 국가인권위원회와 정부가 차별금지법을 운운하며 이런 법을 줄기차게 주장해 왔지만 사회적으로, 종교적으로 반대가 워낙 거세니까 일단 철회를 하였습니다. 그런데 앞으로도 여건이 갖춰지면 재추진하겠다는 것입니다. 안타까운 일이지요. 우리 기독교 신자들은 정신을 차리고 이런 법이 정해지지 않도록 해야 합니다. 정해지면 하나님 앞에서 우리 땅과 나라가 아주 더럽게 되고 심판받게 됩니다.

이렇게 7계명의 범위에 있어서도 오해가 있었지만 7계명의 깊이에도 오해가 있었습니다. 유대인들은 실제로 육체적인 부정을 저지르지 않으면 간음이 아니라고 생각했습니다. 그러나 오늘 예수님께서 진정한 의미를 밝혀주십니다. 28절을 같이 읽겠습니다.

> **"나는 너희에게 이르노니 음욕을 품고 여자를 보는 자마다 마음에 이미 간음하였느니라"**

여자를 보는 것 자체가 문제가 아닙니다. 잘못이 아닙니다. 전에 제

선배 목사님께서 맞은편에서 여자가 오면 고개를 푹 숙이고 안 보고 지나갔다고 합니다. 하지만, 남자들은 아름답고 멋있는 여인이 지나가면 시선이 절로 갑니다. 못 말립니다. 저도 그렇습니다. 저는 하나님이 남녀를 그렇게 지어놓았다고 생각합니다. 또 자기를 봐달라고 그렇게 한 시간씩 공을 들여서 예쁘게 꾸미고 가는데 안 봐주면 실례하는 것 아니겠습니까? 여자들도 멋있는 남자가 지나가면 보게 되지요. 이런 것이 뭐가 잘못이겠습니까? 문제는 그 여자를 그냥 보는 것이 아니고 '음욕을 품고 여자를 보는 자마다 이미 간음하였느니라' 했습니다. 성욕의 대상으로 여자를 보는 것입니다. 베드로후서 2장 14절에 보면 '음심이 가득한 눈'이 나옵니다. 음심이 가득한 눈으로 이성을 바라보는 것은 간음하는 것입니다. 그리고 마음의 연상으로 음행의 죄를 저지르는 자는, 28절에서 그런 자는 마음에 이미 간음하였다고 했습니다. 사람이 볼 때는 눈으로 마음으로 했을 경우 간음을 했는지 안 했는지 모릅니다. 그러나 사람의 중심을 보시는, 마음을 보시는 하나님이 보실 때는 이미 그 사람은 간음했다는 것입니다. 그런 사람은 간음할 상황이 주어지면, 아무도 모르고 그리고 그 일로 인하여 벌이나 망신당할 일이 없으면 행동으로도 간음하게 되는 것입니다.

지금 우리사회의 초미의 관심사가 '미투(me too) 운동' 입니다. 나도 당했다는 말입니다. 법조계에서 시작한 me too 운동이 또 문학계로 가더니 연극, 영화계까지 전해지고 종교계, 지금은 정치권으로 움직이고 있습니다. 그러나 저는 지금까지 드러난 것은 진짜 빙산의 일각도 안 된다고 생각합니다. 여러분, 일반 사회에서, 직장에서 얼마나 이런 일이 광범하게 흔히 일어났겠습니까? 얼마전 TV에 보니 회사 사장이 불법 체류한 외국 여성을 자꾸 추근거립니다. 여자는 돈을 벌어야 하고 이겨낼 방법도 없어서 전전긍긍하는 거예요. 참 이겨내기가 힘들죠. 인터넷에 유명한 누구누구가 성폭행을 했다, 성추행을 했다는 기사 아래 댓글을 보면 엄청난 비난과 욕설이 쏟아집니다.

저는 생각해보았습니다. 그 비난의 댓글을 많이 올린 사람들, 악한 말을 하는 사람들 자신도 그 지위에 있으면 똑같은 죄를 저지르지 않겠습니까? 우리 자신들도 생각해보았습니다. 우리도 그런 위치, 그런 자리에 있었다면 그렇지 않겠습니까? 기독신자들이라면 자신을 잘 지켜서 실제로는 그리하지 않을지라도 마음으로는 얼마든지 같은 죄를 짓지 않겠는가 생각해보았습니다.

성도 여러분, 잊지 말아야 됩니다. 어떤 사람이 성폭행을 하거나 성추행을 했다는 것은 그 사람과 똑같은 사람인 나도, 그 사람과 똑같은 죄성을 가진 나도 똑같이 그렇게 할 수 있다는 것을 입증해줍니다. 저는 언제부터 그런 생각이 들었습니다. TV나 방송에서 이 세상에서 일어난 끔찍한 사건들을 보면 놀라면서도 저 사람이 저 일을 했다는 것은 똑같은 인간의 성정을 가진 나도 그렇게 할 수 있다는 가능성이 내 속에 있다는 것입니다. 우리는 이 사실을 잊어서는 안 됩니다. 누가 누구에게 돌을 던질 수가 있겠습니까? 성도 여러분, 결국 me too 운동은 남을 향하여서 우리가 놀라고 손가락질하고 욕하는 것이 아니라 자기 자신을 하나님 앞에서 돌아보고 경각심을 가지고 각성하면서 더욱 더 하나님 앞에서 '코람데오'의 삶을 살아가야 할 것을 우리에게 깨우쳐주는 것입니다.

이렇게 7계명의 의미를 밝히시고 나서 예수님이 주시는 교훈이 무엇입니까?

두 가지가 있는데, 첫째는 29절, 30절에서 말씀합니다. 같이 읽어봅니다.

"만일 네 오른 눈이 너로 실족하게 하거든 빼어 내버리라 네 백체 중 하나가 없어지고 온 몸이 지옥에 던져지지 않는 것이 유익하며 또한 만일 네 오른손이 너로 실족하게 하거든 찍어 내버리라 네 백체 중 하나가 없어지고 온 몸이 지옥에 던져지지 않는 것이 유익하니라"

29절에는 너의 오른 눈이 너로 범죄하고 실족케 하면 빼어버리라고 했고, 30절에 보면 너의 오른손이 너로 범죄케 하면 찍어 내버리라고 했습니다. 여러분, 그리할 수 있겠습니까? 무서운 말씀이지요. 이 말씀이 정말 내 눈을 뽑고 내 손을 찍어버리라는 말씀이겠습까? 우리가 생각을 잘 해봐야 됩니다. 교회 역사를 보면 실제로 그런 사람들이 있었습니다. 3세기에 오리겐이라는 유명한 신학자가 있었습니다. 이분은 극단적인 금욕주의자였습니다. 그래서 자기 속에서 끓어오르는 성적인 악한 욕망을 없애기 위해서 스스로 거세를 해서 고자가 되었습니다. 성적 욕망을 억누르기 위해서입니다. 그런데 고자가 되었다고 성적 욕망이 다 사라지겠습니까? 그렇지 않지요. 오른쪽 눈을 뺀다고 왼쪽 눈으로 범죄 하지 않겠습니까? 하지요. 오른쪽 손을 자른다고 해서 왼쪽 손으로 범죄 하지 않겠습니까? 범죄 하지요. 그러다 보면 우리에게 왼쪽 눈도 다 빼고 왼쪽 손도 자르고 하면 우리에게 있는 지체 전부를 잘라내야 될 형편입니다. 내가 없어야 됩니다. 그렇게 하면 다 끝이 납니까? 두 눈 다 빼고 두 손 다 잘라도 또 마음이 있습니다. 마음으로 범죄하지 않겠습니까? 오늘 예수님이 뭐라고 하셨습니까? 음욕을 품고 여인을 보는 자마다 간음했다고 했습니다. 그러면 내 마음을 찍어내 버리기 위해서는 어떻게 해야겠습니까? 내 자신이 죽어야 된다는 말입니다. 자살을 해야 됩니다. 그것이 하나님의 뜻이겠습니까? 어떤 죄를 끊기 위해서 내 지체를 상하게 하고 내가 자살하는 것은 하나님의 뜻이 아닙니다. 오늘 예수님의 이 말씀은 강한 금지를 나타내는 문학적인 표현

방법입니다. 과장법이라 할 수 있습니다. 우리를 시험을 들게 하고 죄에 빠지게 하는 것이 있다는 그것은 눈을 뽑고 손을 찍어내는 만큼의 강한 결단과 희생으로 가차 없이 제거하라, 끊으라는 말씀입니다. 여러분, 욥기에 나오는 욥은 정말로 의인입니다. 욥기를 다 읽어보면 놀라운 부분이 많습니다. 욥기 31장 1절을 같이 읽어봅니다.

**"내가 내 눈과 약속하였나니 어찌 처녀에게 주목하랴"**

여기, 욥은 '주목하랴?' 했습니다. 그냥 보는 것이 아니고 음욕을 품고서 지켜보는 것입니다. 그렇게 하지 않기로 자기 눈과 언약을 했다는 것입니다. 약속을 했습니다. 참 대단한 결단입니다. 요셉은 자기 부모와 형제자매들을 다 떠나서 이역만리 이집트에 끌려왔습니다. 보디발의 집에서 살면서 성실히 일하면서 그 집의 가정총무가 되었습니다. 워낙 미남이고 젊어서 그 집 주인 사모님께서 계속 집요하게 유혹합니다. 어느 날 사무를 보려고 그 집안으로 들어갔을 때 주인의 부인 외에는 아무도 없었습니다. 그러자 이 여인이 나와 동침하자고 요셉의 옷을 잡아 당깁니다. 여러분, 사람이 자기 가정이 있고 가족들이 있으면 어느 정도 강합니다. 그런데 저렇게 외롭고 젊고 미남이고, 또 아무도 없고 한데 여인이 적극적으로 잡아끌면 그것을 이길 수 있는 남자가 있겠습니까? 누가 장담할 수 있겠습니까? 그럼에도 요셉은 '내가 어떻게 하나님께 범죄할 수 있겠습니까?' 하고 그 옷을 뿌리치고 도망을 쳐버립니다. 초반에 끝을 냈습니다. 다윗은 어땠습니까? 낮잠을 자고 왕궁 지붕을 어슬렁거리고 다니는데 저쪽에 예쁜 여인이 옷을 벗고 목욕하고 있습니다. 그러면 그 장면을 빨리 피해야지요. 근데 그 장면을 즐기는 거예요. 마음속에 이미 간음을 했습니다. 마음으로 간음을 하다 보니 행동으로도 이어져 간음을 했습니다.

여러분, 오늘 우리 시대, 우리 사회가 역사 이래 성적으로 가장 문란하고 시험거리가 많은 시대요, 사회입니다. 음란한 영화, 만화, 야동, 소설 같은 것을 극장이나 TV, 인터넷이나 스마트 폰을 통하여서 언제든지 접근 가능합니다. 육체의 정욕, 안목의 정욕의 대상이 우리 주변에 가득 있습니다. 결단하고 끊어야 된다는 것입니다. 나쁜 습관을 하나 끊으려고 하면 아주 어렵습니다. 늘 술을 마시는 사람이 술을 끊으려 하면 힘들지요. 그보다 더 힘든 것이 담배를 끊는 것이라고 합니다. 정말 힘들어서 많은 사람들이 중간에 또 포기하고 또 결심하고 합니다. 그런데 담배를 포기하기 위해서 큰 결심을 해야 되고 희생을 해야 하듯이 성적인 죄악도 그렇습니다. 눈을 빼고 손을 끊는 것과 같은 고통과 희생을 가지고 결단하고 끊어야 합니다.

**둘째는 이혼하지 말 것을 말합니다. 왜냐하면 이혼은 또 다른 간음을 가져오기 때문입니다.**

31절을 같이 읽습니다.

**"또 일렀으되 누구든지 아내를 버리려거든 이혼 증서를 줄 것이라 하였으나"**

이 말씀은 신명기 24장에 기록되어 있습니다. 하나님께서 말씀에 보면 이혼증서를 주고 이혼하라고 했습니다. 이 말씀의 의미를 잘 알아야 합니다. 하나님께서 왜 사람들에게 이스라엘 자기 백성에게 이혼증서를 주고 이혼을 하라고 했겠습니까? 이 이유는 사람들이 너무 작은 문제를 가지고서도 다투고 쉽게 이혼을 해버리거든요. 그래서 이혼을 할 수 있으면 못하도록 하기 위해서, 방지하고 줄이기 위하여 행정절차를 밟도록 하신 것입니다. 귀찮은 행정절차, 이혼증서를 주고받도록 만들어서 조금이라도 이혼을 줄이기 위해서 하나님께서 하신 수단, 장치입니다. 그런데 이 법을 악용해서 사람들이 이유가 무엇이든지 이혼증서만 있으면 얼마든지 이혼의 수단으로 사용하는 것입니다. 하나님이 주신 의도와는 완전히 거꾸로 해석하고 적용하며 살았습니다. 하나님이 결혼을 제정하실 때는 창세기 2장에 '두 사람이 연합해서 하나가 될찌니라' 하셨습니다. 그러므로 결혼은 lifetime commitment 평생헌신입니다. 중간에 문제가 있다고 해서 헤어지고 깨어지는 관계가 아니라 평생헌신이라는 것입니다. 그래서 예수님께서도 마태복음 19장에 보면 '하나님이 짝지어 주신 것을 사람이 나누지 못할지니라' 말씀하셨습니다. 말라기에서도 하나님께서는 '나는 이혼을 미워하노라'고 말씀했습니다. 이혼은 하나님의 구상이 아닙니다. 그러므로 성도는 결혼생활의 어떤 어려움이나 문제해결의 돌파구로써 이혼을 사용하면 안됩니다. 또 내 남편이나 아내보다 더 좋은 사람과 살기 위한 방법으로 이혼을 해서는 안 됩니다. 부부는 좋을 때나 나쁠 때나 부할 때나 가난할 때나 병들었을 때나 건강할 때나 죽음이 두 사람을 갈라놓을 때까지는 언제나 하나로 살아야 합니다. 예수님 당시 사람들이 하나님의 법을 오해해서 이혼증서만 주면 이혼할 수 있다고 여기고 쉽게 이혼하는 것을 보고 예수님은 말씀하십니다. 32절 같이 읽겠습니다.

> **"나는 너희에게 이르노니 누구든지 음행한 이유 없이 아내를 버리면 이는 그로 간음하게 함이요 또 누구든지 버림받은 여자에게 장가드는 자도 간음함이니라"**

우리 예수님께서 다른 무엇으로는 이혼하면 안 된다, 단 한 가지 이혼이 허용되는 것이 있는데 그것이 음행입니다. 왜 음행죄만큼은 이혼할 수가 있습니까? 그것은 음행의 죄, 간음죄는 두 사람의 하나 됨을 깨뜨리는 것입니다. 그렇기 때문에 이 죄는 두 사람이 갈라설 수가 있습니다. 그리고 음행했다고 해서 무조건 이혼하라는 말씀이 아닙니다. 용서할 수 있으면, 참을 수 있으면 끝까지 결혼을 유지하라는 것입니다. 여러분, 음행한 연고 없이 이혼을 하면 32절 끝에서 보듯이 또 다른 간음으로 이어집니다. 우리 하나님께서 원하시는 것은 끝까지 하나 됨을 이루는 것입니다. 함께 사는 것입니다. 여러분, 부부관계가 헐거워지지 않고 멀어지지 않고 더 돈독해지도록 기도하고 노력하시기 바랍니다.

오늘 우리 교회에 부산에서 탐방오신 집사님들이 계십니다. 오실 때에 양산을 지나서 울산으로 가까워질수록 부산이 멀어집니다. 이와 같이 하나님께서 하나 되게 하신 부부관계가 가까워질수록 간음의 죄는 더 멀어지게 됩니다. 생각하지 않는 것입니다. 그러나 이것이 헐거워지고 부부관계가 멀어지면 거기에 무엇인가 틈을 타고 들어오게 됩니다. 오늘 하나님의 말씀을 듣는 사랑하는 성도 여러분들의 부부관계가, 가정이 더욱 더 돈독해지고 사랑으로 하나 되는 역사가 있기를 바랍니다.

**오늘 우리가 예수님이 7계명을 재해석하신 것을 보았습니다.**

**저는 이 말씀을 보면서 먼저 정말 우리 인간은 하나님의 은혜가 아니면, 믿음이 아니면 구원받을 수 없음을 절감하게 됩니다.** 여러분, 지난 주 살인하지 말라는 계명, 형제를 향하여서 노하는 자마다, 욕을 하고 경멸하는 자마다 지옥에 갈 것이라고, 심판을 받을 것이라고, 살인하는 것이라고 말씀하셨습니다. 우리 중에 그러지 않는 사람이 누가 있겠습니까? 오늘 말씀에 보면 음욕을 품고 여자를 보는 자마다 이미 간음했다고 했는데 우리 중에 하나님 보시기에 이 말씀을 한 번도 어기지 않는 사람이 어디에 있겠습니까? 이 말씀을 완전히 지켜서 하나님 앞에 의인으로 인정받고 천국에 갈 수 있는 사람이 이 땅에 누가 있겠습니까? 없습니다. 우리는 우리의 행위로는 하나님 앞에 절대로 구원받을 수가 없는 사람입니다. 우리 하나님께서 그것을 아시고 예수님을 보내주시고 십자가에 죽게 하시고 믿는 자마다 구원받도록 은혜를 베풀어주셨습니다. 할 수 없는 우리를 은혜로 구원해주신 하나님의 사랑과 은혜에 다시 한 번 감격하고 감사하는 저와 여러분이 되기 바랍니다.

또 우리가 예수 믿어서 천국백성이 되었다고 할지라도 하나님의 도움 없이 이 계명을 지킬 수 있겠습니까? 아무도 못 지킵니다. 그렇기 때문에 정말 이 말씀을 잘 아는 성도는 하나님 앞에 기도할 수밖에 없습니다. '성령이여 저를 도와주시옵소서. 저는 할 수 없는 연약한 자입니다'고 날마다 고백하면서 하나님 앞에 도움을 구하고 하나님 주시는 능력으로 이 법을 지켜나갈 수 있는 저와 여러분이 되기를 바랍니다.

나아가 우리 스스로 힘쓰고 노력해야 합니다. 어떤 사람은 이런 생각을 할 수 있습니다. '목사님, 때가 늦었습니다. 이미 이런 죄를 많이 지었습니다. 이미 이혼을 했습니다. 이미 음행을 많이 저질렀습니다. 셀 수가 없습니다. 그런데 이제 와서 어떡하라구요?' 그것은 인간적인 생각입니다. 우리 하나님은 용서하시는 하나님이십니다. 끊임없이 용서하시는 하나님이십니다. 그렇기 때문에 늦은 때가 없습니다. 내가 과거에 그런 많은 잘못된 삶을 살았을지라도, 간음했을지라도 하나님 앞에 나아가서 회개하면 우리 하나님께서 용서해주십니다. 또 다시 그 죄를 지을 수 있겠지요. 그때 되면 또 하나님 앞에 회개하십시오. 그러면 또 용서해주십니다. 그냥 '나는 끝났다' 하고 포기하는 사람과 때마다 하나님 앞에 나아가는 사람과는 틀립니다. 포기하고 있는 사람은 그 죄가 겹으로 쌓여서 올라가지요. 그러나 하나님 앞에 회개하고 용서받는 사람은 그때마다 죄가 사라지는 것입니다. 그리고 우리가 해야 될 것은 이 말씀을 바르게 지키기 위해서 자기 눈을 뽑고 자기 손을 자를 것 같은 강한 결단과 실천이 필요합니다. 하나님은 우리가 죄를 씻고 새 삶을 살기 원하십니다. 오늘 이 말씀을 기억하고 실천함으로 비록 우리가 유혹과 죄악이 많은 이 세상에 살고 있지만 천국시민다운 삶을 살아가는 저와 여러분이 다 될 수 있기를 바랍니다.

## 마태복음 5:33-37

또 옛 사람에게 말한 바 헛 맹세를 하지 말고 네 맹세한 것을 주께 지키라 하였다는 것을 너희가 들었으나 나는 너희에게 이르노니 도무지 맹세하지 말지니 하늘로도 하지 말라 이는 하나님의 보좌임이요 땅으로도 하지 말라 이는 하나님의 발등상임이요 예루살렘으로도 하지 말라 이는 큰 임금의 성임이요 네 머리로도 하지 말라 이는 네가 한 터럭도 희고 검게 할 수 없음이라 오직 너희 말은 옳다 옳다, 아니라 아니라 하라 이에서 지나는 것은 악으로부터 나느니라

# 23

# 맹세하지 말라

성도 여러분, 우리는 산상보훈의 말씀을 하나하나 살펴보고 있습니다. 산상보훈은 천국시민의 윤리요, 법이라고 했습니다. 그렇기 때문에 예수 믿고 천국백성, 천국시민이 된 우리에게는 이 말씀이 너무나도 귀하고 중요한 말씀입니다. 데살로니가 교회 성도들은 사도 바울이 그들에게 하나님의 말씀을 전할 때 그 말씀을 사람의 말로 받지 아니하고 하나님의 말씀으로 받았다고 했습니다. 그렇게 했더니 그 말씀이 그들 속에서 역사했다, worked 일했다는 말씀입니다. 그래서 여러 가지 열매가 데살로니가 교회와 성도들에게 맺혔습니다. 여러분도 제가 전하는 주님의 귀한 말씀을 그냥 흘려듣지 마시고 하나님의 말씀으로 받아서 이 말씀을 마음에 새기고 또 묵상하고 기도하고 애씀으로 인해 이 말씀이 여러분 속에 역사해서 천국시민답게 되는 아름다운 역사가 있기를 바랍니다.

**오늘 예수님께서는 맹세에 대해서 말씀하십니다.**

33절 '지키라'까지 함께 읽겠습니다.

**"또 옛 사람에게 말한 바 헛 맹세를 하지 말고 네 맹세한 것을 주께 지키라"**

여러분, 앞에 나온 '살인하지 말라', '간음하지 말라'는 말씀은 구약성경에 그대로 있습니까, 없습니까? 출애굽기 20장 십계명에 그대로 나옵니다. 그런데 이 33절 말씀은 꼭 이대로는 구약에 찾아볼 수 없습니다. 나오지 않습니다. 그러나 이 말이 구약에 없는 말씀이라고는 할 수 없습니다. 왜냐하면 이 33절 말씀은 구약에 나오는 맹세에 대한 여러 말씀을 종합하고 요약해주고 있기 때문에 우리는 이 말씀을 하나님 말씀으로, 구약의 말씀으로 받아들일 수 있습니다. 여러분, 구약성경 여러 곳에서 '맹세하라'고 말씀하고 있고 '그 맹세를 지키라'고 말씀합니다. 몇 구절 찾아보면, 신명기 6장 13절을 함께 읽어봅니다.

**"네 하나님 여호와를 경외하며 그를 섬기며 그의 이름으로 맹세할 것이니라"**

하나님께서 맹세하라고 하셨지요.

민수기 30장 2절을 함께 읽어봅니다.

**"사람이 여호와께 서원하였거나 결심하고 서약하였으면 깨뜨리지 말고 그가 입으로 말한 대로 다 이행할 것이니라"**

고 하셨습니다. 오늘 우리가 교독한 시편 24편에는 '하나님의 거룩한 산에 오를 자가 누구냐?'고 했습니다. 여러 가지가 나오는데 그중에 하나가 바로 거짓 맹세하지 아니하는 자라고 말씀했습니다.

그리고 성경을 보면 대표적인 믿음의 사람들이 맹세를 한 것을 볼 수 있습니다. 믿음의 조상 아브라함이 맹세를 합니다. 나이가 들어서 자기 아들, 이삭을 위해서 짝을 맞춰주어야 해서 자기의 충성된 종을 보냅니다. '너는 가나안 땅의 여인들 중에서 이삭을 위한 짝을 구하지 말고 멀리 가서 내 민족, 내 고향 땅에 있는 여인을 이삭의 짝으로 구할 것을 맹세하라' 하며 자기 종에게 맹세를 시킵니다. 아브라함의 손자 야곱은 죽을 날이 가까워오자 요셉에게 '너는 나를 이 애굽 땅에 장사하지 않기로 맹세하라'고 맹세를 시켰습니다. 또 우리가 잘 알고 있는 요나단과 다윗은 영원한 우정을 맹세했습니다. 바울 사도도 여러 곳에서 '하나님이 내 증인이시다'고 하며 맹세했습니다. 그리고 우리 예수님도 대제사장 앞에 서서 심문을 받을 때에 맹세를 인정하셨고 무엇보다도 하나님께서도 사람을 향하여서 맹세하신 일이 있습니다. 아브라함을 향하여 '내가 나를 가리켜 맹세하노니' 하셨습니다.

여러분, 이런 예들을 볼 때 맹세하는 것이 다 잘못이라고 할 수 있겠습니까? 할 수 없습니다. 맹세가 유익할 때가 많습니다. 불신과 거짓된 세상에서 나 자신과 상대방에게 좀 더 확신을 주기 위해서 맹세가 필요합니다. 그리고 어떤 중대한 일에서 엄숙성과 권위를 더하기 위하여 맹세가 필요합니다. 올림픽이나 대통령 취임식 때에 맹세하지요? 우리 교회에서도 학습과 세례, 입교식이나 권사, 장로, 안수집사가 되는 임직식, 또 위임 목사가 될 때에도 하나님 앞에서 서약을 합니다. 또 결혼식 때에도 하고, 법정에서도 합니다.

그런데 오늘 예수님께는 뭐라고 말씀하십니까? 34절 첫 부분만 같이 읽겠습니다.

**"나는 너희에게 이르노니 도무지 맹세하지 말지니"**

예수님은 '도무지 맹세하지 말라'고 하십니다. 이 말씀을 보면 예수님께서 구약을 인정하지 아니하시고 구약의 말씀을 뒤엎어버리는 것 같이 느껴집니다. 여러분, 정말 그러하겠습니까? 그렇지 않습니다. 구약과 신약의 저자는 한 분이십니다. 누구십니까? 하나님입니다. 하나님께서 자신의 영을 필요한 사람들에게 주셔서 성령의 감동으로 성경을

1,600년에 걸쳐서 기록하게 하셨습니다. 비록 기록한 사람은 많지만, 하나님의 감동으로 되었기 때문에 이것은 하나님의 말씀이요, 저자는 하나님이십니다. 구약과 신약은 한 권의 책입니다. 그러니 어떻게 서로 모순이 되겠습니까? 모순되지 않습니다. 이런 것을 생각해볼 때, 예수님께서 본문에 '도무지 맹세하지 말라'고 한 것은 아무 맹세도 절대로 해서는 안 된다는 뜻이 아닙니다.

물론 역사를 보면 예수님께서 하신 이 말씀을 문자 그대로 받아들여서 지킨 사람들이 있었습니다. 16세기 종교개혁 시에 칼빈은 스위스 제네바에서, 또 스위스 동쪽으로 가면 쮜리히라는 도시에서 츠빙글리가 목회를 하면서 종교개혁을 하였습니다. 이 쮜리히에서 '재세례파'라고 하는 극단적인 개신교의 한 일파가 생겼습니다. 그런데 이 사람들은 이 말씀을 문자 그대로 받아들여서 법정에서까지 절대로 맹세를 하지 않았습니다. 미국에 가면 '퀘이커파'라고 하는 극단적인 종파가 있는데 이 사람들도 마찬가지로 모든 형태의 맹세를 거부합니다. 법정에서도 결혼식에서도 맹세를 하지 않습니다. 그런데 이런 모습은 신구약 말씀을 전체로 조화롭게 이해하지 못한 것이고, 또 오늘 예수님이 말씀하신 이 본문의 참된 의미를 바르게 깨닫지 못했기 때문입니다.

**그러면 여러분, 왜 예수님께서 오늘 이 본문의 도무지 '맹세하지 말지니라'고 말씀하셨겠습니까?** 그 이유가 무엇이겠습니까? 그것은 예수님 당시에 맹세가 잘못 사용되고 있었기 때문입니다. 맹세라는 것은 말의 진실성을 더하기 위해서 하고, 또 중요한 일에 대해서만 해야 하는데 그 당시 사람들은 맹세를 가볍게, 사소한 문제까지도 했습니다. 맹세를 남발하니까 맹세를 지킬 수 없는 일들이 많이 생겨났습니다. 그러다 보니 진실을 더하기 위한 맹세가 진실을 약화시키는 결과로 많이 빚어졌습니다. 예를 들어봅시다. A와 B가 서로 대화를 합니다. A가 B에게 맹세를 하면 B가 속으로 'A가 나에게 맹세를 하는 것을 보니 이 말은 거짓말인 것 같구나' 하고 생각을 하는 것입니다. 믿기는커녕 오히려 의심을 하는 것입니다.

또 당시 유대인들은 맹세의 법을 왜곡시켜서 맹세의 대상에 따라 어떤 맹세는 꼭 지켜야하고 어떤 맹세는 안 지켜도 된다는 잘못된 생각을 했습니다. 하나님의 이름으로, 하나님의 이름을 걸고 맹세하면 반드시 지켜야 된다고 생각했습니다. 좀 더 거룩한 것에 맹세를 하면 그 맹세는 보다 더 구속력이 있다고 생각했습니다. 그렇지 않은 것은 깨뜨려도 된다고 생각했습니다. 예를 들어보겠습니다. 하늘, 땅, 예루살렘 성 같은 것은 생각해보면 하나님과 별로 관계가 없어 보입니다. 이런 것으로 맹세를 하면 깨뜨려도 괜찮다고 생각했습니다. 거기에 비해서 성전이나 교회당이나 강대상 같은 것은 하늘과 땅보다는 좀 더 거룩하고 하나님과 연관이 있는 것으로 생각을 해서 맹세하면 할 수 있으면 지켜야 된다고 생각했습니다. 하나님의 이름으로 맹세하면 반드시 지켜야 된다고 생각했습니다.

그런데 우리 예수님께서는 무엇이라고 말씀하십니까? 34절 후반에 보면 '하늘로도 말라' 했습니다. 그 이유가 무엇입니까? 하늘은 하나님의 보좌이기 때문입니다. 35절에 보면 '땅으로도 하지 말라' 했습니다. 땅은 하나님의 발등상이 되기 때문입니다. '예루살렘 성으로도 하지 말라' 했습니다. 왜 그렇습니까? 이는 큰 왕(great king), 곧 하나님 성이기 때문입니다. 그리고 '너희 머리', 여기서 말하는 머리는 머리카락을 말합니다. '너희 머리털로도 하지 말라' 했습니다. 그 이유가 무엇입니까? 너희가 하나도 희거나 검게 하지 못하기 때문입니다. 그러면 누가 그렇게 할 수 있다는 것입니까? 하나님께서 하신다는 것입니다. 우리가 이 말씀의 의미를 잘 알아야합니다. 이것은 비록 하나님의 이름으로 맹세하지 않고 하늘과 땅과 성전과 머리카락으로 맹세한다고 할지라도 그 모든 것이 하나님의 것이고 우리 하나님은 어디든지 계시면서 어떤 일이든지 다 보시고 들으시기 때문에 결국은 다 하나님 앞에서 하는 것이요, 하나님의 이름으로 맹세하는 것과 다를 바가 전혀 없다는 것입니다. 그러므로 하나님의 이름으로 맹세하든 다른 무엇으로 하든 맹세한 것을 깨뜨리면 하나님의 이름의 가치를 떨어뜨리는 것이 됩니다. 레위기 19장 12절 함께 읽어봅니다.

> **"너희는 내 이름으로 거짓 맹세함으로 네 하나님의 이름을 욕되게 하지 말라 나는 여호와이니라"**

여러분, 하나님의 이름을 욕되게 하는 것은 몇 계명을 어긴 것입니까? 제3계명입니다. '여호와의 이름을 망령되이 일컫지 말라'고 했습니다. 요컨대 헛맹세를 하거나 맹세의 대상에 따라 맹세를 지키고 안 지키고 하는 것은 하나님의 이름을 욕되게 하는 것이고 3계명을 깨뜨리는 것이 된다는 말씀입니다.

**그러면 예수님께서 '도무지 맹세하지 말지니라'고 말씀하시는 참된 의미가 무엇이겠습니까?** 두 가지로 생각해봅니다.

**첫째는 맹세한 것을 반드시 지키라는 말씀입니다.** 읽었던 민수기 30장 2절을 다시 읽겠습니다.

> **"사람이 여호와께 서원하였거나 결심하고 서약하였으면 깨뜨리지 말고 그가 입으로 말한 대로 다 이행할 것이니라"**

이 말씀대로 약속하고 맹세하고 서원한 것은 다 이행하라는 것입니다. 우리는 때로 중요한 일들에 관해서 맹세를 합니다. 맹세보다 조금 더 약한 것이 서약이나 선서입니다. 신성한 결혼식에서 손을 들고 서약을 하지요. 뭐라고 서약합니까? '기쁠 때나, 슬플 때나, 강건하거나 병들 때나, 부유하거나 가난하게 되는 모든 경우에서 서로 사랑하고 존중하고 도와주고 부부의 정조와 대의를 지키기로 서약하십니까?' 하고 물어봅니다. 그러면 앞에 서 있는 신랑과 신부가 '예' 하고 대답합니다. 부부가 평생을 함께하기로 한 서약이기 때문에 얼마나 중요한 서약인지 모릅니다. 그런데 그 서약을 마음속에 새겨놓고 기도하고 지키려고 노력하는 분은 별로 없는 것 같습니다. 참 잘못되었지요. 그래서 제 생각에는 결혼기념일이 오면 선물만 할 생각하지 말고 이 결혼 서약을 내놓고 두 사람이 읽어보고 외어보고 생각하면서 그것을 되새기면서 '앞으로 우리의 남은 길에도 결혼했던 이 서약을 따라서 잘 살아갑시다' 하는 것이 정말 좋은 모습이 아닐까 생각합니다. 어제 저녁에 TV를 보는 가운데 한 남편이 루게릭이라는 퇴행성 병에 걸린 자기 아내를 14년 동안 옆에서 지키는 것을 보면서 감동이 되었습니다.

세례를 받을 때도 서약을 합니다. 교인으로서의 의무와 책임을 다하고 교회의 덕을 세우기로 서약을 합니다. 그것을 새겨서 지키는 사람이 많지 않습니다. 죄송합니다만 집사가 되어서도 교인으로서의 의무를 감당치 못하고 덕을 세우지 못하는 경우가 더러 있지 않습니까? 반면에 또 잘 지키는 분이 있습니다. 우리 교회에 지금도 건축헌금을 하시는 분이 계십니다. 우리 교회에 건축이 없는데 건축헌금을 합니다. 교육관 건축이 14년 전에 있었어요. 그때 교육관 건축헌금을 약속했는데 일시에 내놓을 돈이 없어요. 그래서 지금까지 나누어서 하고 있어요. 귀한 일 아닙니까? 하나님 앞에서 한 약속은 끝까지 지켜야 아름다운 것이지요. 직분을 받을 때의 서약, 또 인생을 살아가는 가운데 위기의 순간에 하나님 앞에 서원을 하지요. 여러분도 아마 해보셨을 거예요. '하나님, 내 남편이 이 시험에 합격만 하면 내가 어떤 봉사를 하겠습니다'고 서원합니다. 제 딸이 이런 서원을 했는데 지금 지키고 있습니다. 우리가 급할 때는 그렇게 해놓고 지나가고 나면 그것을 가볍게 여기고 잊어버리고 지키지 않는 경우가 많이 있습니다. 아예 거짓 서약을 할 때도 있지요.

18C 신대륙 아메리카에는 프렐링하이즌(Frelinghusen)이란 유명한 목사님이 계셨습니다. 18C 대각성운동의 촉매자 역할을 하셨던 분입니다. 그는 한 독일 개혁자 목사의 아들로 태어났습니다. 대학에서 신학을 마치고 네덜란드어도 숙달하여 네덜란드에서 설교를 했는데 그의 목회는 첫 목회지에서 14개월이 지난 후에 끝이 났습니다. 그 지역이 심각한 홍수 피해로 성도들이 매우 가난해져 목회자를 부양할 수가 없게 되었기 때문입니다. 그는 '하나님이 보내시면 어디든지 가겠습니다' 하고 서원했습니다. 그는 라레탄스에서 목회해달라는 암스텔담 노회의 요청을 받아 이 청빙을 받아들였는데 그는 이곳이 네덜란드 어느 지방으로 착각했기 때문입니다. 알고 보니 먼 바다 건너 아메리카에 있는 지역이었습니다. 하지만 그는 시편15편 4절의 '그의 마음에 서원한 것은 해로울지라도 변하지 아니하고'의 말씀을 받아들여 신세계로 갔습니다. 처음에는 모든 형편이 열악했고 고생이 심하였으나 하나님은 당신의 나라를 위해 그를 아메리카에서 귀하게 사용하셨습니다.

일전에 부산 지역에 김광일 씨라는 변호사가 있었습니다. 인권변호사로 유명했는데 아마 국회위원을 몇 번 했을 것입니다. 정치계에 이름이 있는 분입니다. 그분의 책을 한 권 읽었는데 잊어버리지 않습니다. 그 책 제목이 '선서와 거짓말 대회'입니다. 이 분이 법조인이다 보니 법정에 자주 서거든요. 사람들이 증인석에 나와서 진실만을 말하기로 선서해놓고 그것이 끝나자마자 앉아서는 거짓말을 하기 시작한다는 것입니다. 자기의 손해나 이익과 관련되는 일이나 자기 신상과 이해관계가 물리면 무조건 거짓말을 한다는 것입니다.

여러분, 앞에서 본대로 우리가 하나님께 맹세한 것이 아니라고 해도 하나님은 어디든지 계셔서 우리의 말을 다 듣고 계십니다. '모든 대화에 말없이 듣는 이시라'고 했습니다. 그러므로 하나님에 대한 맹세도, 사람에 대한 약속이나 맹세도 결국 하나님 앞에서 하나님께 하는 것인 줄 알고 지켜야 됩니다. 내게 비록 손해가 될지라도 지켜야 한다는 것입니다. 하나님께 하는 것은 지키고 세상에서 사람에게 한 것은 깨뜨리고 해서는 안 됩니다. 약속에 신실하신 하나님이십니다. 신실한 하나님을 본받아 약속, 맹세, 서원을 잘 지키는 천국시민이 되시기 바랍니다.

**두 번째는 맹세가 필요 없는 사람이 되라는 것입니다.** 다시 말하면 언제나 진실만을 말하라는 것입니다. 성도들의 기본적인 신앙을 체크할 수 있는 것이 몇 가지 있습니다.

하나는 주일 성수입니다. 하나님 앞에 주일예배를 빠지지 않고 오전예배, 오후예배를 잘 드리는 것입니다. 둘째는 기도생활입니다. 하나님을 믿고 하나님을 의지하는 표시가 기도하는 것입니다. 끊임없는 기도생활이 그 사람에게 있느냐입니다. 셋째는 돈, 즉 헌금생활입니다. 저번에 경목 목사님 여섯 가정이 일본 오사카, 고베, 교토 지역을 돌았습니다. 같이 차를 타고 다니고 식사를 하고 차를 마시고 온천을 하고 하니 같이 하는 시간이 많았습니다. 많은 대화를 나누고 많이 웃었는데 성도의 신앙을 가장 정확하게 측정할 수 있는 것이 헌금이라는 것에 모든 사모님과 목사님들이 동의했습니다. 십일조의 헌금을 하나님께 드리느냐? 드리기는 하는데 과연 온전한 헌금을 드리느냐, 아니면 일부분만 드리느냐, 이것만큼 신자의 믿음을 잘 보여주는 게 없다는 것입니다. 하나님께서 이 문제만큼은 '나를 시험해 보라'고 말씀하시기까지

했습니다.

그런데 얼마 전에 어느 목사님의 책을 한 권을 읽는데 '언어는 신앙의 진정성을 나타낸다'고 한 글을 보았습니다. 그 말씀이 참 좋았습니다. 따라서 하겠습니다. "언어는 신앙의 진정성을 나타낸다!" 정말 성경적인 말이지요. 왜냐하면 예수님이 그 열매로 그 나무을 안다고 말씀하셨습니다. 그 문맥을 보면 열매는 그 사람에게서 나오는 말입니다. 그 사람의 말을 통해서 그 사람이 어떠한 사람인지를 알 수 있다는 것입니다. 사람이 마음에 가득한 것을 입으로 말한다고 했어요. 악한 자는 절대로 선한 말, 참된 말을 할 수 없다고 했습니다. 어떤 사람이 폭력적이고 악한 말, 거짓말을 한다면 그 사람이 그런 사람이고 믿음도 그렇다는 것입니다. 진실하고 선한 말을 하는 사람은 그 마음이 진실하고 선하고, 그 사람의 믿음도 진실하고 선하고, 그 사람의 됨됨이도 그렇다는 말씀입니다. 오늘 본문 37절을 같이 읽겠습니다.

"오직 너희 말은 옳다 옳다, 아니라 아니라 하라 이에서 지나는 것은 악으로부터 나느니라"

우리가 말할 때에 '예' 할 것은 그냥 '예'하고 '아니요' 할 때는 그냥 '아니요'라고 말하라는 것입니다. 굳이 '맹세코 아니다', '맹세코 내 말은 진실이다'고 말할 필요가 없이 단순하게 '예', '아니요'라고 말할 수 있는 사람이 되라는 것입니다. 때로 우리가 '예'라고 말해야 할 때에 '예'라고 분명하게 말하지 못하고 '아니요'라고 말해야 할 때에 '아니요'라고 말하지 못할 때가 있습니다. 두렵고 손해를 볼까 봐, 책임을 회피하기 위해서 말을 흐리거나 애매하게 말하는 경우들이 있습니다. 진실한 말을 하지 못하는 경우가 있습니다. 그러지 말고 모든 대화에서 늘 진실을 말하고 정직하게 행하고 약속을 지킴으로 인하여 맹세가 필요가 없는 사람이 되라는 것입니다. 사람들이 '저 사람의 말은 언제나 진실해. 언제나 믿을 수 있어'라고 할 수 있는 사람이 되라는 것입니다. 성도 여러분, 여러분의 말이 믿을 수 있는 신용장이 될 수 있기를 바랍니다. 여러분의 평범한 말 한마디가 정말 믿을 수 있는 것이 되어야 합니다. 에베소서 4장 25절을 같이 읽어봅니다.

**"그런즉 거짓을 버리고 각각 그 이웃과 더불어 참된 것을 말하라"**

'각각 그 이웃과 더불어 참된 것을 말하라' 이것이 우리 주 예수님께서 하신 말씀의 의미입니다.

오늘 예수님께서 맹세하지 말라고 말씀하신 것을 보았습니다. 이 말씀은 구약의 말씀과 반대되는 것이 아니라고 했습니다. 경솔한 맹세를 지적하신 것이지 꼭 필요한 맹세까지도 금하신 것이 아니라고 했습니다. 도리어 '맹세한 것은 반드시 지키라'는 뜻이고 나아가 '늘 진실한 말을 함으로 인해서 맹세가 필요 없는 사람이 되라'는 말씀입니다. 늘 참된 것을 말함으로 맹세가 필요가 없는 천국시민이 되시기 바랍니다.

마태복음 5:38-42

또 눈은 눈으로, 이는 이로 갚으라 하였다는 것을 너희가 들었으나 나는 너희에게 이르노니 악한 자를 대적하지 말라 누구든지 네 오른편 뺨을 치거든 왼편도 돌려 대며 또 너를 고발하여 속옷을 가지고자 하는 자에게 겉옷까지도 가지게 하며 또 누구든지 너로 억지로 오 리를 가게 하거든 그 사람과 십 리를 동행하고 네게 구하는 자에게 주며 네게 꾸고자 하는 자에게 거절하지 말라

# 24

# 눈은 눈으로 이는 이로

성도 여러분, 우리는 오랜만에 주님의 산상보훈으로 돌아와서 주님의 말씀을 생각하려고 합니다. 잘 듣고, 잘 깨닫고 실천함으로써 천국시민다운 하나님의 백성, 성도가 될 수 있기를 바랍니다.

아이를 키울 때에 내 아이가 밖에서 맞고 돌아오면 어떻습니까? 부모의 마음이 편합니까? 잘했다고 말합니까? 그렇지 않지요. '이 바보야, 뭐했냐? 너도 그대로 때려주지.' 그렇게 하지 않습니까? 오늘 성경에 비슷한 말씀이 나옵니다. 38절에 보면 '눈은 눈으로 이는 이로'라는 유명한 말씀이 나옵니다. 오늘 예배 설교 제목이기도 합니다.

여러분, 이 말씀은 본래 출애굽기 21장에 나오는 하나님 말씀입니다. 또 다른 몇 군데에서도 나옵니다. 출애굽기 21장에서는 좀 더 길게 말씀하고 있습니다. '생명은 생명으로, 눈에는 눈, 이에는 이, 손에는 손으로, 발에는 발로, 그리고 불에 덴 데는 데이는 것으로, 상함은 상하는 것으로, 때림은 때리는 것으로 갚으라'고 말씀하고 있습니다. 이 말씀을 줄여서 가장 대표적으로 쓰는 말씀이 바로 오늘 예수님이 인용하고 있는 이 말씀, '눈에는 눈으로 이에는 이로'라는 말씀입니다. 우리는 이 법을 가리켜서 '보복법'이라고 합니다. 좀 더 정확하게는 '동해보복법'(同害報復法)이라고 합니다. '동해'(同害)라는 것은 같은 해, 그 사람이 해를 끼쳤으면 나도 똑같은 정도의 해를 준다고 해서 동해보복법이라고 말합니다.

여러분은 이 하나님의 말씀을 어떻게 느낍니까? 참 공평한 말씀이라고도 느끼면서 뭔가 좀 자비가 없고 무정하다는 느낌도 받지 않습니까? 어째서 사랑의 하나님께서 이렇게 말씀을 하셨을까 궁금해지기도 합니다. 제가 영국에서 영어학교를 다닐 때에 영어교재에 이 말이 나왔습니다. 서로 토론을 하게 되었습니다. 그리고 조금 뒤에 사형제도에 대해 나오는 거예요. 그것에 대해 또 토론을 하게 되었습니다. 그래서 하나님을 믿지 않고 예수님을 알지 못하는 대부분의 학생들은 기독교 정신은 뭔가 잔인하다고 말을 해요. 그러나 그것은 하나님의 말씀을 오해한 것입니다. 알고 보면 '눈에는 눈 이에는 이'라는 오늘 이 말씀은 가장 사람들에 의해서 많이 오해되고 오용되는 말씀입니다.

여러분, 이 말씀을 바로 이해하기 위해서는 이 말씀이 처음 기록된 출애굽기 21장으로 돌아가야 합니다. 출애굽기 21장 앞 20장에는 십계명이 있습니다. 십계명은 하나님이 자기 백성에게 주는 도덕의 표준, 윤리의 표준입니다. 그리고 이어 나오는 21장에서 23장에는 이 십계명이 어떻게 적용되어야 하는가에 대한 조례, 법령, 또는 판례가 기록되어 있습니다. '눈에는 눈 이에는 이'라는 말씀도 하나의 판례에 속합니다. 하나님께서 이 법령을 주신 목적은 이중적이었습니다. 하나는 공정한 재판을 위한 기준으로 주신 것이고, 또 하나는 보복 또는 복수를 과격하지 않도록 제한하기 위해 주셨습니다.

여러분, 우리 인간은 죄악 된 본성으로 인해서 누가 나를, 또는 나의 가족에게 해를 끼치면 그것에 대해서 갚아주고자 하는 심리가 있습니다. 그런데 그 정도로 끝나면 좋은데 갚아주되 배로 갚아주기를 원하고 몇 배로 갚아주기를 원하는 경우도 있습니다. 예를 들어 누가 자기 동생의 손을 잘랐다면 그는 상대방의 양손을 자르려 하거나 아예 팔을 잘라버리려 하는 경우도 있습니다. 이런 것을 방지하기 위해서 주신 법이라는 것입니다. 요컨대 '눈은 눈으로 이는 이로'라는 이 말씀은 공정한 재판을 위한 원칙이 되고 지나친 보복을 방지하기 위한 말씀입니다.

그러므로 이 법은 말 그대로 '눈에는 눈, 이에는 이'로 갚으라는 것이 아닙니다. 상대방이 나의 눈을 다치게 했다면 나도 그 사람의 눈을 다치게 하고, 상대방이 나의 이를 다치게 했으면 나도 그 사람의 이를 다치게 하라는 말씀이 아닙니다. 그래서 출애굽기 21장 26절, 27절을 보면 사람이 그 남종이나 여종의 눈을 다치게 했으면 그 종이 주인의 눈을 다치게 해야 된다고 말씀하지 아니하고 주인은 그에 대한 보상으로 그 종을 놓아주어야 된다, 자유를 주어야 한다고 말씀하고 있습니다. 사람이 자기 남종이나 여종의 이를 쳐서 이를 빠지게 하면 그 주인의 이도 빠지게 하라고 하지 않고 그 주인이 그에 대한 보상으로 그 남종이나 여종을 놓아주어 자유를 줘야한다고 말씀합니다. 이런 뜻입니다. 그에 상응하는 벌을 받게 하고 보상을 받게 하라는 말씀입니다.

그런데 우리 예수님 당시의 서기관과 바리새인들은 이 말씀을 오해했습니다. 법정의 원리가 되는 이 말씀을 개인적인 보복을 정당화하는 말씀으로 생각하고 가르치고 사용했습니다. 그러나 과연 그것이 율법의 가르침이냐? 그렇지 않습니다. 레위기 19장 18절에 보면 하나님께서는 원수를 갚지 말라고 했습니다. 개인적인 보복을 금지했습니다. 그리고 오늘 본문에서도 예수님께서 39절에서 악한 자를 대적하지 말라고 말씀하십니다. 여러분, 구약에서 말하는 '원수를 갚지 말라'는 말씀이

나 예수님께서 하신 말씀, '악한 자를 대적하지 말라'는 말씀이 다른 말씀입니까? 그렇지 않지요. 같은 말씀입니다. 그러므로 그 율법에 기록이 되어 있는 '눈은 눈으로 이는 이로'라는 말씀과 '악한 자를 대적하지 말라'는 예수님의 말씀은 서로 모순이 되거나 반대되는 말씀이 아닙니다. 예수님이 구약의 말씀, 하나님의 말씀을 무시하고 새로운 법을 주시는 것이 아닙니다. 똑같은 말씀입니다. 유대인들이, 사람들이 곡해했을 뿐입니다.

예수님께서는 '눈에는 눈 이에는 이'라는 말씀의 진정한 의미를 보여주시기 위해서 오늘 본문에 보면 네 가지의 예를 들어 말씀해주십니다.

**첫 번째는 39절 후반부에 '누구든지 네 오른편 뺨을 치면 왼편도 돌려 대라' 했습니다. 유명한 말씀이지요.** 여러분 이 말씀도 우리가 주의해야 합니다. 우리가 하나님의 말씀을 주의하지 않고 생각하지 않고 그냥 읽어가는 바람에 오해하는 말씀이 참 많습니다. 이 말씀도 그런 말씀입니다. 정말 예수님 말씀대로 누가 화가 나서 내 오른 뺨을 쳤는데 예수님 말씀을 실천한다고 왼쪽 뺨을 돌려대면 상대방이 감동해서 그만 때리겠습니까? 아니지요. '아 요것 봐라' 하면서 더 크게 때릴 것입니다. 뺨을 맞는 것은 손바닥이나 엉덩이를 맞는 것과는 틀립니다. 저희 학생 때는 얼마나 많이 선생님께 맞았는지 모릅니다. 저는 학교 다닐 때에 특히 수학을 못했습니다. 못한 이유가 있습니다. 초등학교 2학년 때 학교 교감 선생님이 저희 담임 선생님이었습니다. 어느 산수 시간에 질문을 했는데 제가 답을 못했습니다. 그 초등학교 2학년 아이의 왼쪽 볼을 한 손으로 잡고 그 어른의 큰 손으로 두 대를 때리는데 얼마나 아팠든지요. 정신이 없었습니다. 저는 그 장면이 잊어지지 않고 가끔 생각이 납니다. 부끄럽고 아프고 자존심이 엉망이 되었습니다. 그때부터는 산수 산자도, 수학 수자도 보기 싫었습니다. 그래서 수학을 못했습니다.

누가 오른 뺨을 치면 왼뺨도 돌려 대라는 이 말씀도 문자 그대로 봐서는 안됩니다. 문자 그대로 하면 상황이 더 악화되는 것입니다. 이 말씀의 의미는 내 뺨 때린다고 대항하지 말라는 것입니다. 더 맞아줄 수 있는 마음의 여유를 가지라, 뺨 맞는 정도의 비슷한 모욕을 받더라도 보복하지 말고 참으라는 말씀입니다. 말씀의 의미를 잘 알아야 합니다. 이 말씀을 하신 분이 예수님입니다. 우리 예수님은 꼭 그렇게 하셨습니다. 예수님이 마지막에 겟세마네 동산에서 잡혀서 처음에 대제사장의 집에 끌러가서 심문을 받았습니다. 그때에 대제사장의 하인들이 예수님을 손바닥으로 쳤습니다. 종으로 있는 사람이 하나님의 아들의 뺨을 때리다니요. 얼마나 모욕적입니까? 그런데 예수님은 아무 말씀도 하지 않으셨습니다. 그 다음에 보면 예수님께서 사형언도를 받았을 때 로마 군인들이 머리를 치고 침을 뱉었습니다. 예수님은 가만히 계셨습니다. 예수님이 바보입니까? 예수님께서 그것을 대적할 수 있는 힘과 능력이 없습니까? 아니지요. 큰 능력이 있습니다. 베드로전서 2장 22절, 23절을 같이 읽겠습니다.

> **"그는 죄를 범하지 아니하시고 그 입에 거짓도 없으시며 욕을 당하시되 맞대어 욕하지 아니하시고 고난을 당하시되 위협하지 아니하시고 오직 공의로 심판하시는 이에게 부탁하시며"**

우리 예수님은 죄가 없으시다고 했습니다. 억울하게 고난을 받으셨습니다. 그러면 상대방이 자기에게 잘못하면 그것에 대해 맞대응하지 않았습니다. 성도 여러분, 이 예수님의 모습을 본받는 저와 여러분이 되기를 바랍니다.

두 번째 예는 40절에 '너를 고발하여 속옷을 가지고자 하는 자에

**게 겉옷까지도 가지게 하며'라고 했습니다.** 오늘날은 옷이 너무 흔하고 값도 쌉니다. 하지만 고대 시대에는 옷이 너무 귀했습니다. 속옷보다 겉옷은 훨씬 귀합니다. 왜냐하면 팔레스틴 지역이 반 사막지역이기 때문에 밤에는 기온이 굉장히 내려가버립니다. 그러면 이 겉옷은 이불 역할을 합니다. 밤에 잘 때에 덮고 자는 것이기 때문에 반드시 있어야 합니다. 성경에는 겉옷을 저당 잡았다면 해가 지기 전에 그 사람에게 돌려주라는 말씀이 있습니다. 그만큼 겉옷은 중요합니다. 상대방이 나를 고발하여서 내 속옷을 가지려고 하는데 오늘 예수님 말씀처럼 속옷도 주고 겉옷도 주면 어찌되겠습니까? 내가 어떻게 되지요? 나체가 되지요. 벌거벗고 맙니다. 예수님이 그렇게 하라고 가르치십니까? 그렇지 않지요. 예수님의 이 말씀도 문자 그대로 이해하면 안 됩니다. 이 말씀의 진정한 의미는 상대가 내게 요구하는 것, 그 이상으로 해주라는 말씀입니다. 양보하고 손해도 감수하라는 말씀입니다. 세상은 자기의 기득권을 조금도 잃지 않으려고 합니다. 자기 권리를 주장합니다. 남자들은 차를 운전할 때에 양보해주면 내가 지는 것 같아서 양보를 잘 안 합니다. 어떤 사람은 접촉사고가 나면 기회다 싶어서 그것을 꼬투리 잡아서 많은 돈을 뜯어내려고 합니다. 이것이 세상의 모습입니다. 그러나 우리 신자는 때론 정당한 권리조차도 포기할 수 있고 또 내려놓고 살 수 있어야 한다는 말씀입니다.

**세 번째 예는 41절에 '누구든지 너로 억지로 오 리를 가게 하거든 그 사람과 십 리를 동행하라'고 했습니다.** 여러분, 이 말씀은 그 당시의 사회적 배경을 잘 알아야 합니다. 그 당시 이스라엘은 로마제국의 압제 하에 있었습니다. 로마 군인들은 유대인들을 강제로 징집해서 그 사람으로 하여금 자기의 짐을 지고 어디까지 갈 수 있도록 되어 있었습니다. 그래서 예수님이 십자가를 지고 갈 때도 보면 예수님이 넘어지고 넘어지고 하니까 로마 군인이 그 옆을 지나가는 구레네 시몬이라는 사람에게 대신 십자가를 지라고 한 것과 같습니다. 로마 군인이 '내 짐을 지고서 오 리를 같이 가자'고 하면 같이 가줘야 합니다. 그렇지만 기분이 안 좋지요. 속으로 어떤 생각을 하겠습니까? '하필이면 내가 걸려가지고'하며 불평불만이 가득할 것입니다. 억지로 지고 갈 것입니다. 또 '내가 오 리만 지고가면 한 발이라도 더 가는가 봐라'고 속으로 생각하며 얼굴이 굳어서 가지 않겠습니까? 그런데 기독신자는 억지의 한계, 수동성의 한계를 넘어서야 한다는 것입니다. 자발적으로, 요구하는 것 이상으로 더 해주어라는 것입니다. 그것이 하나님 백성 된 모습이고 그렇게 할 때에 상대방이 감동하게 되고 상대방을 이기는 것이 된다는 말씀입니다.

**네 번째 예는 42절에 '네게 구하는 자에게 주며 네게 꾸고자 하는 자에게 거절하지 말라'고 했습니다.**

잠언 19장 17절을 같이 읽겠습니다.

**"가난한 자를 불쌍히 여기는 것은 여호와께 꾸어 드리는 것이니 그의 선행을 그에게 갚아 주시리라"**

힘들고 가난한 자가 내게 꾸고자 할 때 너무 인색하게 하지 말고 그것을 빌려주라는 것이지요. 그것은 곧 하나님께 빌려주는 것과 같습니다. 하나님이 갚아주신다고 했습니다.

여러분, 지금까지 네 가지 예를 보았습니다. 그 내용이 생각해보면 다 비슷하고 공통성이 있습니다. 악한 자를 대적하지 말고 도리어 더 관용하라는 말씀입니다. 그래서 우리가 알 수 있는 것은 겉으로 보면 '눈에는 눈, 이에는 이'라는 말씀과 '관용을 베풀라'는 말씀과는 완전히 반대되는 말씀 같지만 사실 알고 보면 이것이 반대되는 말씀이 아니라 도리어 통하는 말씀이요, 같은 의미라는 것을 알 수 있습니다.

성도 여러분, 이렇게 오늘 예수님 말씀대로 살고 싶으십니까? 한 번 생각해보셨습니까? '나는 이 말씀대로 살아야 되느냐, 말아야 되느냐?' 생각해보면 별로 마음이 안 끌리는 말씀입니다. 너무 이상적인 말씀인 것 같고 이 세상에서는 실천하기 어렵고 손해 볼 것 같습니다. 그러나 우리가 알아야 될 것은 우리 예수님의 말씀은 진리입니다. 하나님의 말씀은 진리입니다. 이렇게 예수님 말씀대로 사는 것이 잘 사는 것이고 승리하는 것입니다.

여러분, 우리는 지금 세계에서 제일 강한 나라, G2라고 하는 미국과 중국이라는 강대국을 지켜보고 있습니다. 지금까지 미국이 어떤 나라였습니까? 미국은 세계의 자유를 수호하기 위한 경찰국가로써 지금까지 존재해왔습니다. 그리고 아주 못 사는 가난한 나라들에게 경제적으로 무상 원조를 해서 일어날 수 있도록 많이 도와주었습니다. 대표적으로 우리나라입니다. 그런데 사업가 트럼프가 대통령이 되자 모든 것을 사업적으로 보기 시작했습니다. 사업가는 돈을 기준으로 해서 모든 것을 생각합니다. 손해 보는 일은 절대로 하지 않습니다. 돈을 기준으로 정치를 하고 조금도 손해를 보려고 하지 않습니다. 우리나라 FTA도 다시 하는 것 보십시오. 우리나라에서 미군이 주둔하는 것도 우리나라에 돈을 더 내놓으라고 하지 않습니까? 이렇게 하니까 미국의 위상이 더 올라갑니까? 아니지요. 지금까지는 무슬림 국가들과 공산국가들은 미국을 좋아하지 않았지만 다른 나라는 미국을 좋아하고 의지했습니다. 그런데 미국이 이런 식으로 하니 많은 나라들이 미국에 대해서 반감을 가지고 돌아서버리는 것을 보게 됩니다. 소탐대실이지요. 제가 이런 글을 보았습니다. '나라를 강하게 하는 것은 이기주의가 아니라 관용이다.'

중국을 보십시오. 지금 대단합니다. 몇 십 년 내에 미국을 앞지르기 위해 애를 쓰고 있습니다. 그렇게 될지도 모르겠습니다. 그런데 지금은 돌아가신 싱가포르의 총리 리콴유(이광요)라는 대단하신 분이 한 말이 있습니다. '중국은 일류 국가가 될 수가 없다. 왜냐하면 모든 것을 자기 중심적으로 보기 때문이다. 경제 규모와 군사력만으로 일류 국가가 될 수 없다'고 말했습니다. 저는 그것이 참 정확한 지적이라고 봅니다.

여러분, 나라만 그렇겠습니까? 사람도 마찬가지입니다. 상대방의 잘못을 그대로 내가 갚아주는 것이 잘하는 것이 아닙니다. 자기의 권리를 다 찾아먹는 것이 잘하는 것이 아닙니다. 조금의 손해도 안 보려는 것이 잘하는 것이 아닙니다. 악한 자를 대적하지 않고 참아주고 관용하고 선대하고 나누어주는 것이야말로 사람을 바꾸고 역사를 바꾸고 사회와 세상을 바꾸는 진리인 것입니다.

돌아가신 남아프리카 공화국 만델라 대통령은 흑인 인권을 위해 투쟁하다가 무기징역 형을 받고 감옥에 들어갔습니다. 26년 감옥 생활을 하고 나와서 국민들의 지지를 받아 대통령이 되었습니다. 대통령이 되자 진상규명 위원회와 화해 위원회를 만들고 조사를 했습니다. 과거의 잘못된 모든 것을 다 들추어내서 죄를 물었습니다. 그런데 그것이 끝이 아니라 죄를 물은 다음에 다 사면을 해버렸습니다. 백인 사회에도 어느 누구 한 명에게도 복수를 하지 않았습니다. 여러분, 그것이 바로 진정한 승리 아니겠습니까? 그렇게 할 때에 역사가 발전하는 것입니다. 저는 지금 우리나라에 아쉬움이 있습니다. 현 우리나라 정권도 과거의 잘못, 부정 적폐를 다 밝히고 나서 대통령이 나서서 '이렇게 죄가 많지만 다 사면한다'면 얼마나 좋겠습니까? 잘못한 대기업의 CEO들, 경제 사범들에게 '너희들 이렇게 잘못했지만 그러나 나가서 잘못한 만큼 국민과 나라를 위해서 공헌해라'고 하면 여기에 감동이 있고 여기에 하나

됨이 있고 대한민국의 역사에 발전이 있게 되는 것입니다. 그렇지 않겠습니까? 이것이 오늘 우리 하나님께서, 예수님께서 우리에게 가르쳐주시는 진리의 말씀입니다.

여러분, 오늘 예수님의 말씀대로 사는 것이 쉬워 보입니까? 굉장히 어렵습니다. 산상보훈 중에서 가장 실천하기 어려운 말씀이라고 합니다. 우리의 본성을 가지고서는 이 말씀대로 살아갈 수가 없습니다. 그러면 어떻게 하면 이 말씀대로 살아갈 수 있을까요? 두 가지를 명심해야 합니다.

**첫째 예수님을 바라보아야 합니다.**

히브리서 12장 2절 말씀을 같이 읽어보십시다.

**"믿음의 주요 또 온전하게 하시는 이인 예수를 바라보자 그는 그 앞에 있는 기쁨을 위하여 십자가를 참으사 부끄러움을 개의치 아니하시더니 하나님 보좌 우편에 앉으셨느니라"**

죄 없으시면서도 우리 죄인들을 구원해주시기 위해서 모든 수욕을 다 참으신 그 예수님을 바라보고 그 예수님을 닮아가자는 것입니다. 그렇게 할 때 가능해지는 것입니다.

**또 한 가지는 성령의 도우심을 구해야합니다.** 스가랴서 4장 6절 말씀입니다.

**"그가 내게 대답하여 이르되 여호와께서 스룹바벨에게 하신 말씀이 이러하니라 만군의 여호와께서 말씀하시되 이는 힘으로 되지 아니하며 능력으로 되지 아니하고 오직 나의 영으로 되느니라"**

나의 영, 하나님의 영, 누구십니까? 성령입니다. 성령으로 되느니라고 했습니다. 우리 예수님도 비슷한 말씀을 하셨습니다. '사람으로는 할 수 없으되 하나님으로는 다 하실 수 있느니라'고 말씀하셨습니다. 내 마음, 내 의지, 내 힘으로 못해도 성령님께서 내 마음에 충만하시고 성령님이 내 마음에 감동해주시고 내게 능력주시면 얼마든지 오늘 이 말씀대로 살 수 있다는 말씀입니다. 그러므로 성도는 성령의 충만과 도우심을 끊임없이 구해야 합니다. 예수님 바라보고 예수님 닮아가며 성령의 도우심을 받아 악한 자를 대적하지 말고 도리어 관용하면서 나누어주면서 살아가는 천국시민, 우리 모든 성도가 다 되시기를 바랍니다.

## 마태복음 5:43-48

또 네 이웃을 사랑하고 네 원수를 미워하라 하였다는 것을 너희가 들었으나 나는 너희에게 이르노니 너희 원수를 사랑하며 너희를 박해하는 자를 위하여 기도하라 이같이 한즉 하늘에 계신 너희 아버지의 아들이 되리니 이는 하나님이 그 해를 악인과 선인에게 비추시며 비를 의로운 자와 불의한 자에게 내려주심이라 너희가 너희를 사랑하는 자를 사랑하면 무슨 상이 있으리요 세리도 이같이 아니하느냐 또 너희가 너희 형제에게만 문안하면 남보다 더 하는 것이 무엇이냐 이방인들도 이같이 아니하느냐 그러므로 하늘에 계신 너희 아버지의 온전하심과 같이 너희도 온전하라

# 25

# 원수도 사랑하라

성도 여러분, 오늘은 어버이 주일입니다. 우리 교회에 어버이 되신 모든 성도님들에게 주님의 특별한 은혜가 함께 하기를 바랍니다. 그리고 자녀 된 모든 성도님들, 부모님의 은혜와 사랑을 다시 한번 기억하고 하나님 말씀대로 남은 생애 동안 부모 공경 잘 하시는 성도님들 되시기 바랍니다.

여러분, '눈에는 눈 이에는 이'라는 말씀을 기억하십니까? 하나님 말씀이지요. 그런데 예수님 당시 유대인들은 이 말씀을 오해해서 '자기가 당한 대로 보복하라, 갚아 주어라'는 식으로 이해했습니다. 그런데 예수님께서 이 말씀의 정신을 바르게 가르쳐주셨지요. '악한 자를 대적하지 말라'는 말씀이라고 가르쳐주셨습니다. 악한 자에게 대해서는 보복하지 말고 도리어 관용하고 참아주라고 말씀하셨습니다. 그런데 우리가 가만히 생각해보면 악한 자에 대해서 참아주고 관용하는 것은 조금 소극적이라고 할 수 있습니다. 이제 그 다음 말씀에 이어지는 오늘 본문 말씀에서는 예수님께서 보다 적극적으로 말씀해주십니다. 악한 자를 대적하지 않는 정도가 아니라 악한 자를, 원수를 사랑하라고 말씀해주십니다.

여러분, 원수를 사랑하라, 이것이 가능한 일이겠습니까? 이것은 인간 본성과는 맞지 않는 말씀입니다. 그러나 우리 주님께서는 원수를 사랑하라고 우리에게 말씀하십니다. 여러분, 이 말씀은 기독교 윤리의 절정을 보여줍니다.

인간의 본성에 맞는 가르침이 오늘 본문 말씀에 있습니다. 43절 첫 부분을 읽어봅니다.

**"또 네 이웃을 사랑하고 네 원수를 미워하라 하였다는 것을 너희가 들었으나"**

여러분, 이 말씀은 하나님 말씀이겠습니까? 한번 판단해보십시오. 그런 것 같기도 하고 아닌 것 같기도 하지요. 앞에 있는 '이웃을 사랑하라'는 말씀은 하나님께서 하신 말씀입니다. 그런데 뒤에 있는 '원수를 미워하라'는 말씀은 하나님 말씀이 아닙니다. 그럼 어디에서 이 말씀이 생겼겠습니까? 하나님께서 '너희 이웃을 사랑하라'고 말씀하셨는데 그러면 '내가 사랑해야 될 나의 이웃은 누구인가?' '우리가 사랑해야 할 이웃은 우리의 동족인 이스라엘 민족, 그리고 우리 이스라엘 민족에게 잘해주고 호의적인 사람들'이라고 생각했습니다. 하나님께서 이웃을 사랑하라고 했으니까 이웃은 사랑하고 이웃이 아닌 사람들, 특별히 대적들과 원수는 미워하라는 말씀이 아니겠느냐고 생각하고 '원수는 미워하라'고 정해서 가르쳤습니다. 그러니까 원수를 미워하라는 것은 하나님 말씀이 아닙니다. 이스라엘 백성들이, 유대인들이 자기들 판단에 따라서 정해서 가르치는 말이었지요. 하나의 전통이었습니다.

오늘 본문에서 예수님께서는 이 잘못된 말씀을 교정해주십니다.

진정한 하나님의 뜻이 무엇인지 말씀해주십니다. 네 원수를 미워하지 말고 도리어 사랑하라고 말씀해주십니다.

그런데 원수를 사랑하기 전에 우리가 먼저 사랑해야 될 사람이 있습니다. 누구입니까? 우리의 이웃입니다. 여러분, 우리가 초등학교에서 배우는 것을 산수라고 하고, 중·고등학교에서 배우는 것은 수학이라고 합니다. 그러기에 산수의 기초가 안 되어 있는 사람은 수학을 할 수가 없습니다. 그와 같이 이웃을 사랑하지 못하는 사람은 최고의 사랑인 원수 사랑을 할 수가 없습니다. 그렇기 때문에 먼저 이웃을 사랑할 수 있는 성도들이 되어야 합니다.

여러분, 이웃 중에서도 가까운 이웃이 있습니다. 우리에게 가장 가까운 이웃이 누구겠습니까? 우리의 가족입니다. 남편에게 가장 가까운 이웃은 누구입니까? 아내입니다. 아내에게 가장 가까운 이웃은 누구입니까? 남편입니다. 한 몸이기 때문에 촌수가 없습니다. 그래서 사랑의 제1단계는 부부 간의 사랑입니다. 부부는 누구보다도 자기 배우자를 깊이 자기 자신처럼 사랑해야 합니다. 에베소서 5장 28절 말씀을 같이 읽겠습니다.

**"이와 같이 남편들도 자기 아내 사랑하기를 자기 자신과 같이 할지니 자기 아내를 사랑하는 자는 자기를 사랑하는 것이라"**

여러분, 하나님이 허락하신 배우자는 하나님의 뜻이요, 하나님의 섭리요, 하나님의 선물입니다. 그래서 귀한 줄 알고, 족한 줄 알고 사랑하고 감사하면서 존중하면서 끝까지 신실하게 대하면서 살아가야 합니다. 자기의 배우자에 대해 되갚거나, 무시하거나, 포기하거나, 미워하는 모습으로 가서는 안 됩니다. 어떤 일이 있든지 자기 자신처럼 자기 몸처럼 사랑하라고 말씀하셨습니다. 이 가정의 달에 가장 가까운 이웃인 나의 배우자부터 진정으로 사랑할 수 있는 여러분이 되시기 바랍니다.

그 다음으로 가까운 이웃은 자식 또는 부모입니다. 자식이나 부모는 얼마나 가까운지 촌수로 1촌입니다. 오늘날 갈수로 재산 때문에 부모를 모시거나 또는 모시지 않는 경우들이 많습니다. 아무 받을 것이 없으면 모시려고 하지 않습니다. 그런 태도는 부모 공경, 부모 사랑의 태도가 아닙니다. 그런 것은 장사하는 것이고 사업하는 것입니다. 이익이 남으면 하고 이익이 안 되겠다 싶으면 하지 않는 것이 장사고 사업인 것입니다. 자기의 부모를 향하여서 장사를 하면 안됩니다. 우리 하나님은 그냥 '네 부모를 공경하라'고 말씀했습니다. 부모를 공경하라는 말씀 앞에 어떤 조건도, 아무것도 붙이지 않았습니다. 너의 부모가 너에게 잘했으면, 너를 귀하게 잘 키웠다면, 네게 이익이 된다면, 물려줄 재산이 있다면, 너의 아이를 봐주면 부모를 공경하라고 하시지 않았습니다. 어떤 사람들은 그런 생각을 합니다. '오늘 이 시대의 흐름을 보아라. 오늘 이 시대에는 자기의 부모를 모시는 때가 아니다.' 우리의 시대는 그렇습니다. 그러나 그것이 하나님 말씀입니까? 아닙니다. 하나님은 네 부모를 공경하라고 말씀하셨습니다. 그 말씀은 영원한 진리의 말씀입니다. 그렇기 때문에 이 시대가 어떠하든 이 시대를 본받지 말고 오직 하나님께서 우리에게 주신 말씀대로 부모를 사랑하고 공경할 수 있어야 합니다. 오늘 어버이 주일에 부모님을 향한 나의 태도가 어떤지 돌아보고 진정 사랑하고 공경하시는 성도님들이 다 되시기 바랍니다.

오늘 말씀의 핵심은 이웃만 사랑할 것이 아니라 원수도 사랑하라는 것입니다.

여러분, 원수 사랑의 한 모습이 44절에 있습니다.

**"너희 원수를 사랑하며 너희를 박해하는 자를 위하여 기도하라"**

나를 미워하는 자를 위하여 기도하는 것이 원수를 사랑하는 것입니다. 우리는 나에게 잘못한 사람에 대하여서 그 사람을 내가 용서한다, 갚지 않겠다, 그러나 지금부터 나는 그 사람 무시하고 살겠다, 상관없이 살겠다고 말하기도 합니다. 갚지 않는 것만 해도 잘 하는 것이라고 생각하면서 살 때도 있습니다. 그런데 예수님께서는 원수를 사랑하라는 말에 이어서 박해하는 자를 위하여서 기도하라고 말씀하십니다. 기도할 수 있는 것은 사랑하기 때문이지요. 그래서 사랑하라는 것과 기도하라는 말씀은 상호보충적으로 함께 가는 말씀입니다. 여러분, 우리 예수님께서 여기에 네 원수를 사랑하라고 말씀하셨는데 우리 예수님은 그렇게 가르치실 뿐 아니라 자신이 가르친 말씀대로 실천을 하신 분입니다. 누가복음 23장 34절을 같이 읽겠습니다.

**"아버지여 저들을 사하여 주옵소서 자기들이 하는 것을 알지 못함이니이다"**

예수님께서 십자가에 달리셨을 때 처음으로 하신 말씀입니다. '저들'이 누구겠습니까? 예수님을 십자가에 못 박는 사람, 십자가 밑에서 예수님을 조롱하고 손가락질하는 사람들입니다. 객관적으로 보면 예수님의 원수요 대적입니다. 그러나 예수님께서는 그들에 대해 진노하거나 저주하거나 욕하거나 하지 않으시고 그들을 향하여서 '아버지여 저들의 죄를 용서해 주시옵소서' 하고 하나님 아버지께 기도드렸습니다. 원수를 사랑하는 모습입니다. 여러분, 45절에 보면, 우리가 원수를 사랑하고 위해서 기도하면 하나님 아버지의 아들이 된다고 했습니다. 우리는 예수님을 믿을 때 하나님의 자녀가 되는 권세를 받습니다. 그렇기 때문에 '하나님 아버지의 아들같이 된다'는 이 말씀은 하나님 아버지의 자녀다운 모습이 된다는 말씀입니다. 우리가 생각해보면 예수님을 믿고 하나님의 자녀가 되었다고 해서 다 하나님의 자녀다운 모습, 하나님의 아들다운 모습입니까? 아닙니다. 예수님을 믿어 하나님의 자녀가 되었는데도 하나님의 자녀답지 못한 경우들이 많습니다. 그런데 원수를 사랑하고 또 그 원수를 위해서 기도한다면 정말 하나님 닮은 자녀, 자녀다운 자녀가 된다는 말씀입니다.

여러분, 우리 하나님은 어떤 분이시길래 그렇습니까? 45절에 보면 그 해를 선인과 악인에게 차별 없이 비추어주십니다. 그리고 비를 의로운 자와 불의한 자에게 골고루 내려주신다고 말씀했습니다. 여기에 '그 해를'이라고 했는데 영어성경에는 'his sun'이라고 했습니다. '하나님의 해'라는 말입니다. 하나님께서 세상을 창조하실 때에 넷째 날에 발광체를 지으셨습니다. 해, 달, 별을 지으셨습니다. 하나님이 창조하셨습니다. 하나님의 것입니다. 해의 주인이 누구십니까? 하나님이십니다. 하나님께서 해를 이 세상에 비춰주시는데 누구에게 비춰주십니까? 하나님을 알고 하나님을 사랑하고 잘 섬기고 예배드리고 순종하는 자에게만 비춰주십니까? 그렇지 않습니다. 선인에게 뿐만 아니라 악인에게도 비추어주십니다. 비도 그렇게 하십니다. 여러분, 이 해나 비는 하나님의 은혜요, 하나님의 선물입니다. 우리의 삶에 꼭 필요한 것입니다. 우리가 얼마 동안은 해와 비가 없이 살 수 있지만 오래가면 우리가 세상을 살아갈 수 없습니다. 너무나도 귀중한 것입니다. 그런데 하나님께서는 자신의 해와 비를 골고루 차별 없이 악인에게도, 의인에게도 다 내려주십니다. 해와 비와 같은 것을 신학적인 용어로 '일반은혜, 자연은혜, common grace'라고 합니다.

그런데, 하나님께서 특별히 더 사랑하는 사람들이 있습니다. 택하신 하나님의 백성들이지요. 이런 사람에게는 일반은혜가 아니라 특별은혜를 베풀어주십니다. '특별은혜'가 무엇이겠습니까? 구원의 은혜입니다. 어떤 사람에게, 어떤 때에 구원의 은혜를 베풀어주십니까? 하나님 앞에서 너무 빛나고 아름답게 살 때에 하나님이 그를 택하여 주시고 그를 불러서 구원해주시는 것이 아닙니다. 로마서 5장 8절에 보면, '우리가 아직 죄인 되었을 때에', 10절에 보면 '우리가 원수 되었을 때에 그리스도께서 우리를 위해서 대신 죽으사 우리를 구원하셨다'고 말씀하고 있습니다.

사랑하는 성도 여러분, 이 하나님을 모르고, 하나님을 거역하고, 하나님의 교회를 핍박하는 자에게도 비춰주시고, 비도 차별 없이 내려주시는 분이십니다. 우리 하나님은 이런 분이십니다. 그렇기 때문에 우리가 원수를 사랑하고 위하여서 기도하면 바로 하나님 아버지의 모습입니다. 그래서 우리는 하나님의 자녀다운 신자가 되는 것입니다. 저와 여러분은 하나님을 믿을 뿐만 아니라, 하나님을 아버지로 부를 뿐만 아니라 우리를 미워하는 자를 대하는 우리의 모습도 아버지 하나님의 모습을 닮는 귀한 성도가 될 수 있기를 바랍니다.

원수를 사랑하라 말씀하시고 하나님 아버지께서 어떻게 원수를 사랑하시는가를 보여주신 예수님이 이제는 46절 47절에서 우리 성도들에게 도전을 하십니다.

46절에 보면 **"너희가 너희를 사랑하는 자를 사랑하면 무슨 상이 있으리요 세리도 이같이 아니하느냐"**고 했습니다.

성도 여러분, 사람이 자기를 사랑하는 자를 사랑하는 것이 어렵습니까? 쉽습니다. 그것은 너무나도 자연스럽습니다. 그것은 인간의 본성적인 일이기 때문에 누구든지 할 수 있습니다. 불신자도 할 수 있습니다. 오늘 본문에는 세리도 그렇게 한다고 했습니다. 세리는 그 당시 유대 나라에서 매국노였습니다. 가장 대표적인 죄인이었습니다. 천국갈 수 없다고 단정 지어놓은 사람이 세리입니다. 그런데 세리도 자기를 사랑하는 사람은 사랑할 줄 안다는 것입니다. 그런데 하나님을, 예수님을 믿는다면서 자기를 사랑해주고 잘해주는 사람만 사랑한다면 도대체 세리와, 죄인과 다를 것이 무엇이 있겠느냐, 무슨 상이 있겠느냐고 예수님께서 도전하고 계십니다. 상이 없다는 말입니다. 더 나은 것이 없다는 말씀입니다. 47절에 보면

**"너희가 너희 형제에게만 문안하면 남보다 더하는 것이 무엇이냐 이방인들도 이같이 아니하느냐" 했습니다.**

여러분, '문안한다'는 것은 존중과 사랑의 표시입니다. 관심의 표현입니다. 그런데 자기 가족, 친척에게 문안하는 것 정도도 못하는 사람들이 있습니까? 이런 것은 어떤 악인도 할 줄 압니다. 불신자도 할 줄 압니다. 오늘 본문에는 이방인도 할 줄 안다고 했습니다. 우상을 섬기면서 하나님 거부하며 살아가는 사람들도 자기 형제에게 문안할 줄 안다는 것입니다. 그런데 하나님을 믿는 신자들이 자기 형제들에게만 문안한다면 불신자들보다 나은 것이 없다는 것입니다. 이 두 가지 도전은 원수도 사랑할 수 있어야 된다는 말씀입니다.

여러분, 원수도 사랑하라는 예수님의 이 말씀은 너무나도 귀하고 아름다운 말씀이지만 우리 인간하고는 너무 멀어 보이는 말씀이기도 합니다. 과연 지킬 수 있는 말씀인가? 그래서 '이 말씀은 도무지 지킬 수 없는 말씀이야' 하고 포기하고 살아갈 때가 많습니다. 그러나 기독교 역사를 보면 주님의 이 말씀대로 산 성도들이 더러 있습니다. 못 지키는 말씀이 아니라는 것입니다.

우리나라에 '사랑의 원자탄'이라고 잘 알려져 있는 손양원 목사님, 여수 순천 반란 사건으로 공산주의자들이 반란을 일으켰습니다. 그때에 예수 믿는 사람이라는 이유로 손양원 목사님의 두 아들이 잡혀서 총살을 당했습니다. 자기 아들을 죽인 청년이 경찰에게 붙잡혔습니다. 목사님께도 빨리 와보라고 했지만 딸을 보내서 그 두 사람 용서해달라고 하고, 나중에 직접 와서 그 사람의 죄를 용서하고 그 청년을 자기의

양자로 받아들였습니다. 바로 원수를 사랑하는 최고의 모습 아니겠습니까! 제가 몇 번 언급했던 코리 텐 붐 여사는 2차 대전 당시 나치 점령하에 네덜란드에서 살았습니다. 그 가족은 신실한 크리스찬 가정이었습니다. 나치가 유태인들을 잡아 죽이려고 할 당시에 나치들이 잘 찾지 못하도록 집의 구조를 만들어 유태인들을 자기 집에 숨겨주었습니다. 그런데 그것이 발각되어서 유태인들과 아버지, 언니, 코리 텐 붐, 다 잡혀서 수용소에 갇혔습니다. 그곳에서 너무나도 잔인하게 학대를 받아 아버지와 언니가 죽었습니다. 코리 텐 붐은 기적적으로 하나님의 은혜로 그곳에서 나와서 온 세계를 돌면서 '여러분, 우리 인생이 진정 피할 수 있는 안전한 피난처는 바로 하나님이십니다.' 하며 간증을 했습니다. '피난처'라는 책도 내고 영화도 만들어졌습니다. 그러면서 복음을 전하고 화해와 용서의 메시지를 전하면서 온 세계를 돌아다녔습니다. 한번은 미국에서 집회가 있었는데 거기서 언니가 수용소에 있을 때 언니를 너무 괴롭혀서 죽게 만든, 그 당시에 나치 병사였던 잔인한 남자를 마주치게 되었습니다. 그는 예수님을 만나서 자신의 끔찍한 죄를 청산하고 용서받았다고 간증하는 것이었습니다. 그리고 그 자리에 앉아 있는 코리를 알아보고 '코리, 나의 잔인한 죄를 용서해주시겠습니까?' 할 때 코리는 도저히 용서할 수 없었습니다. 언니의 최후가 떠오르면서 몸이 떨리고 분노가 치밀어 올랐습니다. 그 순간 하나님께 기도했습니다. '주 예수님, 로마서 5장 5절을 주신 것을 감사합니다.' 로마서 5장 5절을 같이 읽겠습니다.

> **"우리에게 주신 성령으로 말미암아 하나님의 사랑이 우리 마음에 부은 바 됨이니"**

예수 믿는 사람은 성령으로 말미암아 사람의 사랑이 아니라 원수도 사랑하시는 하나님의 사랑이 부은 바 되어진 사람이라는 것입니다.

저와 여러분은 이렇게 부족하고 연약할지라도 성령으로 말미암아 하나님의 사랑이 부어진 사람들입니다.

계속해서 기도하기를 '하나님의 사랑이 저의 원망을 없애 주심에 감사합니다.' 이렇게 기도를 하자 기적이 일어났습니다. 하나님의 사랑이 팔을 통해서 전류처럼 자기 자신에게 흘러 들어오는 것입니다. 들어오면서 분노의 마음이 일시에 사라지고 용서하는 마음과 사랑하는 마음이 생겼습니다. 그가 내미는 손을 잡고 '용서합니다.'라며 악수를 할 수 있었습니다.

여러분, 사람으로는 할 수 없으되 우리 하나님으로는 다 하실 수 있다고 했습니다. 그 하나님이 우리를 도와주시고 우리에게 능력을 주시면 원수도 용서할 수 있고 사랑할 수 있다는 말씀입니다.

이제 결론적으로 예수님이 주시는 말씀이 있습니다. 48절을 같이 읽겠습니다.

**"하늘에 계신 너희 아버지의 온전하심과 같이 너희도 온전하라"**

여러분, 여기에 온전하라는 말씀은 완전하라는 말씀입니다. 흠이 없고 부족함이 없으라는 것입니다. 사랑하는 문제에 있어서 부족함이 없으라는 것입니다. 만일 사람이 이웃은 사랑하는데 자기에게 잘해주는 사람에게는 잘해주는데 그렇지 않은 사람은 미워하고 멀리한다면 그것은 완전한 사랑이 아닙니다. 부족한 사랑입니다. 그런데 우리 하나님은 완전하시지요. 악인과 선인에게 햇빛을 차별 없이 내려주시고 비를 골고루 내려주시는 완전한 사랑의 하나님이십니다. 그래서 플러머(Plummer)라는 주석가는 이런 말을 했습니다. **'선을 악으로 갚는 것은 마귀의 일이요, 선을 선으로 갚는 것은 사람의 일이요, 악을 선으로 갚는 것은 하나님의 일이다.'** 마지막 부분만 따라합니다. "악을 선으로 갚는 것은 하나님의 일이다."

하늘에 계신 너희 아버지의 온전하심과 같이 너희도 온전하라 하신 말씀은 바로 이 하나님을 닮아서 악을 선으로 갚고 용서하고 원수까지도 사랑하라는 말씀입니다.

여러분, 이 일은 인간의 자연적인 본성이나 감정으로는 불가능합니다. 연약한 줄 알고 전적으로 하나님을 의지하고 기도하는 자에게 가능한 것입니다. 성령의 도우심으로 하나님을 닮아가는 자, 성화되어가는 자에게 가능한 것입니다. 성도 여러분, 오늘 이 시간 하나님 아버지를 바라보시기 바랍니다. 그분은 악인에게나 선인에게나 차별 없이 다 햇빛을 비춰주시고 비를 내려주시는 사랑의 하나님이십니다. 또한 우리 주 예수님을 바라보시기 바랍니다. 그분은 우리가 죄인 되었을 때에, 원수 되었을 때에 우리를 사랑하셔서 구원해주셨습니다. 또 무능한 우리에게 능력을 주시어서 사람이 할 수 없는 일을 할 수 있게 하시는 성령님을 바라보고 의지하시기 바랍니다. 그래서 이웃뿐만 아니라 원수도 사랑하는 저와 여러분이 다 될 수 있기를 바랍니다.

## 마태복음 6:1-4

사람에게 보이려고 그들 앞에서 너희 의를 행하지 않도록 주의하라 그리하지 아니하면 하늘에 계신 너희 아버지께 상을 받지 못하느니라 그러므로 구제할 때에 외식하는 자가 사람에게서 영광을 받으려고 회당과 거리에서 하는 것 같이 너희 앞에 나팔을 불지 말라 진실로 너희에게 이르노니 그들은 자기 상을 이미 받았느니라 너는 구제할 때에 오른손이 하는 것을 왼손이 모르게 하여 네 구제함을 은밀하게 하라 은밀한 중에 보시는 너의 아버지께서 갚으시리라

# 26

# 구제할 때에

우리는 지금 산상보훈을 통해서 천국시민의 윤리를 생각하고 있습니다. 여러분, 누가 천국시민입니까? 예수님을 믿어서 하나님의 백성이 된 사람이 천국시민입니다. 이 자리에 예수님을 믿는 성도들은 자신이 천국시민임을 한시도 잊지 말고 늘 감사하며 사시기 바랍니다.

여러분, 천국시민은 어떻게 살아야 되겠습니까? 천국시민의 윤리를 두 음절로 말한다면 '율법'이라고 할 수 있습니다. 그러면 한 음절로 말한다면 무엇이라고 하겠습니까? '의'라고 할 수 있습니다. 하나님의 말씀인 율법대로 살면 사람이 의롭게 되고 의로운 삶이 됩니다. 우리 성도는 삶의 모든 부분에서 의로워야 합니다. 우리의 신앙생활뿐만 아니라 사회생활과 가정생활을 할 때 우리의 마음과 생각, 행동도 전부 하나님 보시기에 바른 것, 의로운 것, 정직한 것, 속임과 거짓이 없는 것이 되어야 합니다. 특별히 우리 성도는 하나님과의 관계부터, 즉 우리의 신앙생활부터 참되고 의로워야 합니다. 하나님 앞에서 바른 모습이 되어야 합니다. 의로운 모습이 되어야 합니다. 왜냐하면 우리 성도에게는,

인간에게는 하나님과의 관계보다도 더 중요한 것이 없기 때문입니다. 하나님과의 관계야말로 우리의 삶에서의 모든 관계의 기초가 되기 때문입니다. 이것이 바르게 되지 못하면 다른 것들도 바르게 될 수가 없습니다.

여러분, 우리나라 교회에서 중요하게 여기는 신앙 행위가 무엇입니까? 주일성수, 십일조, 그리고 금주, 금연이지요. 그런데 이스라엘에서는, 유대 나라 사람들은 무엇을 중요하게 여겼을까요? 오늘 마태복음 6장 2절에서 18절을 보면 세 가지가 나옵니다. 맨 처음에는 구제가 나오고, 그 다음에는 기도가 나오고, 그 다음에는 금식이 나옵니다. 그 세 가지가 3대 경건생활이었습니다. 이 세 가지는 하나님과의 관계이기 때문에 이 일들부터 의로워야 된다, 참되어야 된다, 거짓이나 속임수가 없어야 된다는 것입니다. 성도 여러분, 모든 일을 참되고 바르게 하시되 무엇보다도 하나님을 섬기는 일, 여러분의 신앙생활에 있어서 참되고 의로운 사람이 되기 바랍니다.

**오늘 본문 2절에서 4절은 제일 먼저 구제에 대해서 말씀합니다. 2절에 보면 '구제할 때에'라고 말씀합니다.** 여기서 우리가 눈여겨봐야 할 것은 '만일 너희가 구제할 때에' 라든지, '혹시 너희가 구제할 때에' 라고 예수님이 말씀하시지 않습니다. 그냥 '구제할 때에'라고 말씀합니다. 이것은 무엇을 말하고 있습니까? 하나님의 백성, 천국시민 된 우리 신자에게 있어서 구제는 선택적인 것이 아니라 당연히 해야 될 일이라는 것을 말씀해줍니다. 하나님께서 구약과 신약 여러 곳에서 하나님의 백성에게 구제할 것을 말씀하십니다. 대표적인 말씀, 신명기 15장 11절을 같이 읽어봅니다.

"땅에는 언제든지 가난한 자가 그치지 아니하겠으므로 내가 네게 명령하여 이르노니 너는 반드시 네 땅 안에 네 형제 중 곤란한 자와 궁핍한 자에게 네 손을 펼지니라"

'너의 손을 펼지니라'는 무슨 말씀입니까? 손을 오그리지 말고 펼치라는 것은 가난한 자를 구제하라, 도와주라는 말씀이지요. 그래서 과일을 딸 때도 다 따지 말고 마지막에 조금 남겨두라고 했습니다. 곡식을 거둘 때도 다 거두지 말고 한쪽 구석에 있는 곡식은 놔두라고 했습니다. 새나 동물이 먹으라고 놓아둔 것이 아니라 가난한 사람들, 굶주린 사람들이 와서 과일도 따먹고, 구석에 있는 곡식을 거두어서 식량으로 삼도록 하기 위해 하나님께서 그런 제도를 마련해주셨습니다. 뿐만 아니라 3년에 한 번씩은 가난한 자를 구제하기 위해 십일조를 드리라고 했습니다. 하나님께서 모든 이스라엘 백성에게 그렇게 말씀하셨습니다. 이런 정신은 신약에도 계속 이어집니다.

오순절 날 성령이 강림하심으로 초대 예루살렘 교회가 시작되었지요. 그런데 멀리서 온 사람이 많기 때문에 먹을 것이나 쓸 것이 다 떨어진 사람들이 많았습니다. 어떻게 했습니까? 사랑과 성령이 충만한 예루살렘 성도들이 자기의 물건을 아무도 자기 것이라고 하지 아니하고 서로 통용하였다, 함께 나누어 썼다고 했습니다. 심지어 집도 팔고, 땅과 밭도 팔아서 그것을 사도들에게 갖다 주면서 이것으로 가난한 자들을 도와주라고 했습니다. 얼마나 사랑이 넘칩니까? 여러분, 혹시 집 세 채쯤 가진 사람들, 집 한 채 팔아서 가난한 자를 도와주겠습니까? 어렵지요. 그런데 하나님의 성령이 충만하고 사랑이 충만하니까 하나님이 기뻐하시는 대로 하나님 말씀대로 나누면서 살았습니다. 여러분, 사도 바울의 전도여행에도 보면 항상 따라다니는 일 한 가지가 있습니다. 바로 구제 연보였습니다. 구제 헌금이었습니다.

그런데 우리는 보통 여유가 있는 사람이나 부자들이 구제하는 것이라고 생각할 때가 많습니다. 그것은 잘못된 생각입니다. 우리 하나님께서는 모든 백성에게 그렇게 명하셨습니다. '가난한 자를 향하여서 손을 펼쳐라, 밭 한구석에 있는 곡식은 그대로 놔두어라, 과일 일부는 따지 말고 두어라'고 하나님께서는 말씀하셨습니다. 모든 성도는 자기의 경제생활이라고 하는 밭에서 곡식을 다 거두면 안 됩니다. 과일을 다 따면 안 됩니다. '이거 내가 번 내 돈인데 내가 다 써야지' 하는 생각으로 살면 안 됩니다. 하나님은 뭐라고 말씀하십니까? 과일을 다 따지 말고 두라, 밭에 곡식도 남겨 두라고 하십니다. 가난한 자를 위해서 무언가를 남겨 두어야 한다는 것입니다. 여러분, 우리 주변에 도움을 필요로 하는 사람들이 있습니다. 또 우리 성도들 중에도 있습니다. 물론 우리 교회는 어느 교회 못지않게 가난한 자, 도움이 필요한 자를 잘 살펴서 도우려고 지금까지 최선을 다해왔습니다. 이러한 일을 교회에만 맡겨 둘 것이 아니라 우리 성도 각자 한 사람 한 사람도 자기 삶에서 실천해야 됩니다. 여러분, 구제하는 일을 잊지 마시기 바랍니다.

일본에 위대한 크리스천들이 몇 분 있었습니다. 내촌감삼이라는 우찌무라 간조가 있습니다. 또 하천풍언이라는 사람이 있었는데 가가와 도요히꼬라고 하지요. 그리고 니시무라 히사조오라는 분도 계시는데 이 분은 사랑의 천재로 유명합니다. '사랑의 천재'라는 책으로도 널리 알려져 있습니다. 이분은 중고등학교 선생님을 했습니다. 그런데 중간에 교사직을 그만두고 빵집을 운영했습니다. 빵집이 잘 되어서 분점을 여러 곳에 내었습니다. 이것도 너무 잘 되어서 빵 공장도 세우고 빵회사도 차렸습니다. 그때가 2차 대전 직후라서 일본에는 과부와 고아들, 힘든 사람들이 너무 많았습니다. 그 사람들을 찾아다니면서 위로하고 자기의 물질을 가지고 도와주었습니다. 또 병원에 가서 환자들을 위로해주고 병원비가 부족한 사람은 자기가 대신 담당해주었습니다. 그리고 우리 조선에서 징용당해 일본에 가서 돌아오지 못하고 일본 땅에서 아주 가난하게 사는 사람들이 많았습니다. 자기 민족이 아닌 우리 조선 민족까지도 그분이 찾아다니면서 구제했다고 합니다. 정말 사랑의 천재이지요.

여러분, 그분이 늘 하던 말이 있습니다. '내가 알게 된 사람들은 모두 나의 책임이다.' 한 번 따라하겠습니다. "내가 알게 된 사람들은 모두 나의 책임이다." 가난한 사람을 내가 알게 되었다면 나의 책임이다, 주님께서 나에게 맡겨주신 사람이라고 생각했습니다. 얼마나 귀한 정신입니까? 물론 여러분, 우리가 다 니시무라 히사조오와 같이 잘 사는 사람이 아니기 때문에 이 사람처럼 할 수는 없습니다. 어떻게 해야겠습니까? 우리는 우리 수준에서 할 수 있는 만큼 하면 되는 것입니다. 구제를 효과적으로 하려면 정기적으로 하는 것이 좋습니다. 간헐적으로 하면 그냥 돈이 아까워서 하기가 싫어질 때가 많습니다. 우리가 TV에서 보면 세계에는 아주 가난한 사람들이 많고 굶주리는 어린 아동들이 많습니다. 가슴 아파하지만 말고 그들에게 얼마씩이라도 보낼 수 있으면 얼마나 좋겠습니까! 우리나라에는 NGO, 비영리단체들이 온 세계를 향해서 여러 활동을 하고 있습니다. 국제기아대책기구, 월드비전, 굿네이버스, 컴패션 등 이런 단체들이 기독교 단체입니다. 한 사람을 돕는데 2만원 내지 3만원입니다. 웬만한 성도들은 다 할 수 있습니다. 내가 지원해서 하면 됩니다. 나는 한 달에 2만원, 3만원도 힘들다면 만원이라도 내어서 누군가를 도와주는 것이 좋습니다. 가난한 자라고 해서 '나는 언제나 남에게 도움만 받아야 해, 나는 남을 도와줄 것이 없어, 지금 나는 돈 벌어서 겨우 우리 집 건사하기에 딱 맞아.' 그런 생각하는 사람은 평생 남을 돕거나 구제하지 못합니다. 가난한 사람은 가난한 중에서 나보다 더 가난한 사람을 기억하고 돌아보고 조금이라도 격려하고 도와줄 수 있어야 됩니다. 하나님께서 우리에게 원하시는 것이 그런 것입니다. 잘 살지도 못하는 내가 억만금을 내어서 구제하기 원하시는 하나님이 아닙니다. 지금 내 형편과 수준에서 할 수 있는 대로 조금이라도 하면 됩니다. 언제나 나의 수입을 다 나를 위해서 쓰는 것이 아니라 일부는 가난한 자를 위해서 쓰라, 이것이 하나님이 원하시는 뜻입니다.

다음으로 어떻게 구제할 것입니까? 어떤 동기 어떤 자세로 구제해야 되겠습니까? 1절을 보시기 바랍니다.

**"사람에게 보이려고 그들 앞에서 너의 의를 행치 않도록 주의하라"**

구제할 때도 마찬가지입니다. 구제할 때에 나팔을 불지 말라고 했습니다. 당시 유대인 종교 지도자들은 기도를 해도, 구제를 해도 어디서 하느냐? 기도를 집에서 하지 않고 정해진 시간에 맞춰 바깥에 나가 거리에서, 성전에서, 사람에게 보이기 위해서 했습니다. 구제를 할 때도 사람들에게 보여주는 식으로 했습니다. 그러나 오늘 예수님께서는 구제할 때 너희 앞에서 나팔을 불지 말라고 했습니다. 나팔을 불지 말라는 것은 실제적으로 나팔을 불지 말라는 말은 아닌 것 같습니다. 지금 우리도 나팔을 분다는 말을 사용합니다. 나팔을 분다는 말은 널리 알리는 것입니다. 이 사람 저 사람에게 떠들며 다니는 것입니다. 우리도 그런 말을 씁니다.

여러분, 구제를 사람들의 눈을 의식하고 사람들에게 보이게 한다면 누구를 위한 구제이겠습니까? 나팔을 불고 다닌다면 누구를 위한 구제이겠습니까? 자신의 영광과 만족을 위한 구제이지요. 이것은 잘못된 구제입니다.

그러면 우리가 어떤 동기로 구제를 해야 되겠습니까?

우선은 하나님을 섬기고 하나님을 기쁘게 하기 위하여 해야 됩니다. 하나님의 영광을 위하여 해야 됩니다. 여러분, 마태복음 5장에 예수님께서 팔복의 말씀을 마치시고 '너희는 세상의 소금이다, 너희는 세상의 빛이다'고 말씀하시면서 이같이 너희 빛이 사람 앞에 비치게 하여 그들로 너희 착한 행실을 보고 누구에게 영광을 돌리게 하라고 했습니까? 자기 자신에게 영광을 돌리라고 하지 않고 하늘에 계신 아버지께 영광을 돌리게 하라고 했습니다. 나의 착한 행실을 보고 사람들이 나에게 박수 쳐주고, 잘했다 하는 것이 아니라 하늘에 계신 아버지께 영광을 돌리게 하려 함이라 했습니다. 고린도전도 10장 31절에도 유명한 말씀이 있습니다.

> **"너희가 먹든지 마시든지 무엇을 하든지 다 하나님의 영광을 위하여 하라"**

그리고 성도는 하나님의 구원의 은혜에 대한 응답으로써 구제를 해야 합니다. 수많은 죄로 인해서 구원받을 수 없고 하나님 나라에 갈 수 없는, 멸망할 수밖에 없는 이 죄인에게 하나님께서 구원의 은혜를 베풀어주시고 뿐만 아니라 한 평생 살아가는 동안에 말할 수 없는 모든 은혜를 주시는 하나님, 그 하나님을 본받아서 나도 남에게 주겠다는 자세를 가지고 구제해야 됩니다. 그래서 구제를 통해서 하나님의 선하시고 자비하심을 나타내어야 한다는 것입니다. 나의 선함과 자비함을 나타내는 것이 아니라 하나님의 선하시고 자비하심을 드러내어야 합니다. 그것이 하나님께서 기뻐하시는 바른 구제입니다.

그리고 구제의 관심은 자신이 아닌 상대방에게, 가난한 자에게 있어야 됩니다. 그 사람을 사랑하고 불쌍히 여기는 마음으로 해야 된다는 것입니다. 예수님 당시 종교 지도자들은, 많은 사람들은 자기를 드러내고자 했습니다. 자기의 선함을 과시하고자 했습니다. 그래서 영광을 자기가 다 받았습니다. 이런 모습은 잘못된 구제입니다. 잘못된 동기로 하는 것입니다.

그러면 어떻게 하라고 하십니까? 4절 첫 줄을 읽어보겠습니다.

**"네 구제함을 은밀하게 하라"**

남이 모르게 하라, 비밀리에 하라는 말씀입니다. 3절도 읽어보겠습니다.

**"너는 구제할 때에 오른손이 하는 것을 왼손이 모르게 하라"**

여러분, 오른손이 하는 것을 왼손이 모르게 해보신 분이 있습니까? 그런 천재적인 분이 계십니까? 저는 그렇게 해본 적이 한 번도 없습니다. 그것은 불가능한 것입니다. 바둑판을 앞에 두고 나 혼자서 흑과 백, 두 개를 다 쥐고 바둑을 아주 신나게 흥미롭게 둘 수 있습니까? 안되지요. 한 뇌를 통하여서 모든 것이 지시를 받아 다 알고 있는데 어떻게 오른손이 하는 것을 왼손이 모르게 할 수가 있습니까? 이건 불가능한 것입니다. 그러면 이 말씀의 뜻이 무엇이겠습니까? 구제를 은밀하게 하라는 말씀을 아주 강조하는 말씀이지요. 그렇다고 해서 이 말이 언제나 절대적으로 은밀하게 해야 한다, 남에게 드러나게 해서는 절대로 안 된다, 내 이름을 가지고 해서는 안 되고 언제든지 무명으로만 해야 한다는 뜻은 아닙니다. 때로는 내 이름이 나타날 수도 있고 신문에, 또는 주보에, 또는 어디에 뜰 수도 있어요. 그렇지만 중요한 것은 남의 인정을 받기 위해서 그렇게 해서는 안 된다는 것입니다. 성도 여러분, 우리는 하나님의 인정도 받고 사람의 인정도 받고자하는 '혼합된 동기'(mixed motive)를 가지고, '반반 섞인 동기'를 가지고 구제와 선한 일을 하기가 쉽습니다. 그 역시 하나님께서 원치 않는 구제입니다. 그러므로 성도 여러분, 구제할 때 바른 동기, 바른 모습으로 구제하시기 바랍니다.

## 마지막으로 구제는 하나님의 상이 있습니다.

여러분, 1절에 보면 사람에게 보이려고 의를 행하면 너희 아버지께 상을 받지 못한다고 했습니다. 2절 끝에도 사람에게 보이려고, 사람의 영광을 얻으려고 구제하면 자기 상을 이미 받았다고 했습니다. 여러분에게 물어보겠습니다. 사람에게 보이려고 구제한 사람은 무슨 상을 받았습니까? 사람들이 알아주고 사람들이 박수 쳐주는 것이 바로 상입니다. 사람에게 이미 상을 받은 사람은 하나님의 상이 없다는 말씀입니다. 그런데 은밀한 구제, 참된 동기로 한 구제는 하나님이 갚아주십니다. 4절을 같이 읽습니다.

> **"네 구제함을 은밀하게 하라 은밀한 중에 보시는 너의 아버지께서 갚으시리라"**

사람은 못 봐도 하나님께서는 다 보고 계시고 다 알고 계시기 때문에 다 갚아주신다, 상을 주신다는 말씀입니다. 이와 관련된 말씀이 성경에 많이 있습니다.

잠언 11장 15절에는 **"구제를 좋아하는 자는 풍족하여질 것이요"** 했습니다.

어쩌다 보니 풍족하여지는 것이 아닙니다. 하나님께서 그 사람을 풍족하게 만들어주신다는 것입니다. 인간적으로 생각해보면 내게 있는 것을 남에게 주었으니까 나는 그만큼 가난해졌습니다. 없어졌습니다. 그런데 하나님께서는 도리어 더 많이 채워주신다는 것입니다. 잠언 19장 17절에는 **"가난한 자를 불쌍히 여기는 것은 여호와께 꾸어 드리는 것이니 그의 선행을 그에게 갚아 주시리라"** 했습니다. 누가 갚아주십니까? 하나님께서 갚아주십니다. 누가복음 6장 38절에는 **"주라 그리하면 너희에게 줄 것이니 곧 후히 되어 누르고 흔들어 넘치도록 하여 너희에게 안겨 주리라"** 했습니다. 주라는 것입니다. 주면 하나님께서 주시는데 하나님께서 주실 때는 내가 남을 도와 준 만큼만 도와주시는 것이 아니라 후히 되어서 누르고 흔들어서 넘치도록 해서 갚아주신다고 했습니다. 이 세상에 어떤 인간이 갚아주는 것보다 더 풍성하게 갚아주신다고 약속해주셨습니다.

여러분, 우리 하나님께서 어떻게 갚아주시겠습니까? 물질적으로 갚아주실 수 있습니다. 내 자녀에게 복을 주실 수도 있습니다. 영적으로 갚아주실 수도 있습니다. 이 세상에서 갚아주시든지, 이 세상에서 갚아주시지 않으면 내세에서 갚아주실 것입니다. 갚아주시는 하나님이심을 믿으시기 바랍니다.

대표적인 한 사람이 있습니다. 지난 번 오후예배 때에 고넬료에 대해서 설교한 적이 있습니다. 사도행전 10장에 보면 고넬료는 어떤 사람입니까? 자기 온 집과 가족들과 더불어 하나님을 경외하는 사람이라고 했습니다. 그의 하나님 경외, 그의 경건은 특별히 두 가지로 나타난다고 했습니다. 한 가지는 구제이고 또 하나는 기도입니다. 고넬료의 모습과 마태복음 6장에 나타나는 모습이 똑같습니다. 마태복음 6장에 세 가지 경건을 말하는데 처음에 구제, 두 번째는 기도입니다. 고넬료는 그렇게 구제하고 기도하는 사람이었습니다. 그런데 만약 고넬료가 사람들에게 보이려고, 사람에게 칭찬받기 위해서 신앙생활을 열심히 하고 구제와 기도를 했다면 하나님께 상달되지 않았을 것입니다. 그런데 그의 기도와 구제가 하나님께 상달되었다고 말씀합니다. 이 관계를 잘 보십시오. **그가 바르게 기도하고 바르게 구제하니까 그것이 하나님 앞에 상달이 되고 하나님께 상달되니까 하나님이 기억하시고 하나님이 기억하시니까 하나님이 상을 주십니다.** 하나님이 갚아주십니다. 여러분, 하나님이 고넬료에게 어떻게 갚아주십니까? 어느 날 기도 중에 환상 중에 천사를 보내주셔서 어디에 가면 베드로가 있으니 그를 청하라 해서 청합니다. 베드로에게 예수 그리스도의 복음을 듣게 됩니다. 고넬료는 하나님을 섬겼지만 예수 그리스도를 통한 구원의 복음은 모르고 있었습니다. 그런데 천사의 말대로 베드로를 청하여서 복음을 듣고 있는데 하나님의 성령이 고넬료와 그와 함께하는 사람들에게 내려오셨고, 성령이 충만하고 세례를 받고 하나님의 백성이 되는 놀라운 은혜를 받았습니다. 이것이 우리 하나님께서 갚아주시고 상을 주신 것입니다. 하나님이 사람에게 상 주시고 갚아주실 수 있는 것 중에 이것보다 귀한 것이 어디에 있겠습니까! 복음을 믿고 예수를 알고 구원받게 하신 것보다 더 큰 상은 없습니다. 그가 구제한 것에 비교가 안 되는 상급으로 하나님께서 갚아주셨습니다.

오늘 구제에 대한 예수님의 말씀을 보았습니다. 구제는 하나님의 명령입니다. 우리 성도들에게 옵션이 아니라 의무입니다. 사랑하는 성도 여러분, 지금부터는 내가 번 것은 내가 다 먹고 산다고 생각마시고 여러분의 밭에 남겨 두시고, 여러분들의 과일 나무에 과실을 남겨 두시기 바랍니다. 그것이 하나님의 뜻입니다. 구제는 사람에게 보이려고 해서도 안 되고 은밀하게 하나님 생각하면서, 가난한 자를 생각하면서 해야 합니다. 그리고 바른 동기로 하는 구제는 하나님의 상급이 있다고 했습니다. 이 말씀을 잘 새겨서 바른 동기로 구제에 힘씀으로 인해 고넬료처럼 하나님의 상급을 받는 복된 성도들이 다 되시기 바랍니다.

## 마태복음 6:5-8

너는 기도할 때에 네 골방에 들어가 문을 닫고 은밀한 중에 계신 네 아버지께 기도하라 은밀한 중에 보시는 네 아버지께서 갚으시리라 또 기도할 때에 이방인과 같이 중언부언하지 말라 그들은 말을 많이 하여야 들으실 줄 생각하느니라 그러므로 그들을 본받지 말라 구하기 전에 너희에게 있어야 할 것을 하나님 너희 아버지께서 아시느니라

27

# 너희가 기도할 때에

성도 여러분, 유대인들이 생각하는 대표적인 경건생활 세 가지가 있다고 했습니다. 기억하십니까? 첫 번째는 구제, 두 번째는 기도, 세 번째는 금식이라고 말씀드렸습니다. 지난주일에 우리는 6장 1절에서 4절까지를 통해서 예수님께서 구제에 대해서 하신 말씀을 살펴보았습니다.

오늘 본문은 기도에 대한 말씀입니다. 5절에서 8절까지 읽었지만 사실 이 기도에 대한 말씀은 15절까지 계속 이어집니다. 그래서 구제와 금식에 비해서 서너 배 이상 기도에 대해서 주님께서 많이 말씀하시는데 이것은 비록 순서상으로는 구제 다음에 기도가 와 있지만 우리의 신앙생활에 있어서 가장 핵심적이고 중요한 것은 바로 기도라는 것을 보여줍니다.

주님께서 구제에 대해서 말씀할 때도 '혹 너희가 구제하는 일이 있으면' 하고 말씀하시지 아니하고 그냥 '구제할 때에'라고 말씀하심으로써 구제하는 것은 우리 신자에게 선택적인 일이 아니고 필수적인 일, 당연한 일임을 보여주셨습니다. 기도도 마찬가지입니다. 오늘 5절 첫줄에 보면 '너희가 기도할 때에', 6절, 7절에도 '기도할 때에'라고 되어 있습니다. 이렇게 해서 하나님의 백성은 늘 기도하는 사람이며 늘 기도해야만 한다는 것을 전제로 해서 이 말씀이 주어지고 있음을 우리가 깨닫습니다. 이점에서 하나님의 백성인 우리 성도들은 늘 기도하는 사람이 되어야 합니다.

성도 여러분, 성경에서 하나님께서 우리 성도들에게 기도하라는 말씀만큼 많이 주신 말씀이 기억이 나지 않습니다. 가장 많이 주신 말씀입니다. 하나님께서, 주님께서, 또 신약에 나오는 사도들이 셀 수 없이 우리에게 기도하라고 말씀하셨습니다. 그래서 칼빈 선생은 **'하나님의 자녀들이 가져야 될 가장 중요한 훈련은 기도하는 것이요, 이것은 믿음의 참된 증거가 된다'**라고 말했습니다. 기도가 생활화되어 있지 아니하고 기도가 내 삶의 일부가 되어있지 않는 것은 신앙의 연수나 그 사람의 직분과 관계없이 아직도 신앙의 기초가, 신앙의 바탕이 제대로 되어 있지 않다는 것을 입증하는 것입니다.

**여러분, 기도가 무엇입니까?**

기도는 전능하신 하나님께 내 삶의 모든 필요를 맡기는 것입니다. 하나님 앞에 간구하는 것입니다. 다른 말로 하면 하나님을 의지하는 것입니다. 그리고 기도는 단순히 내가 필요한 것을 구하는 것만은 아닙니다. 하나님께 나아가서 교제하고 대화하는 것입니다. 그러기에 무슨 특별한 일이 있어야, 내 삶이나 가정에 무슨 큰 위험이 닥칠 때만 기도할 수 있는 것이 아니라 평범한 삶 가운데서 일어나는 모든 것을 가지고 우리는 하나님께 아뢸 수가 있는 것입니다. 여러분, 자녀가 꼭 무엇이 필요할 때만, 무엇을 달라고 할 때만 자기 아버지에게 나아갑니까? 말을 합니까? 그렇지 않습니다. 이런 저런 이야기를 다 하지 않습니까? 기도도 그렇습니다. 기도로 내 삶의 모든 것을 하나님께 의지하는 성도,

기도로 하나님을 가까이 하는 성도, 기도로 하나님과 교제하고 대화하는 성도가 다 되시기 바랍니다.

우리 교단에 박창제 장로님이라는 분이 계십니다. 울산에도 성산교회가 있지만 부산에도 우리 교단의 성산교회가 있습니다. 지금은 원로장로님이 되셨는데 그분은 초등학교 5학년 때부터 새벽기도를 시작하셨습니다. 무슨 계기가 있어서 그렇게 일찍 시작했는지 알 수 없지만 이 분이 그때부터 55년 동안 새벽기도를 해왔는데 자기 집 벽에다 '새벽기도가 끝나는 날, 내 인생도 끝난다'고 써 붙여놓고 기도한다고 합니다. 새벽기도가 끝나는 날 내 인생도 끝난다, 무슨 말이겠습니까? 내 인생이 끝나는 날까지, 죽는 날까지 새벽기도 하겠다, 기도하면서 살겠다는 말입니다.

여러분, 예수 믿고 교회는 다니지만 매일의 삶이 기도의 세계가 없는 분들이 계시지요? 그리고 전에는 내 삶에 기도의 삶이 있었지만 지금은 그것이 무너지고 없어져버린 성도님들도 계실 것입니다. 오늘 우리 하나님께서 저를 통해서 여러분을 권고하십니다. 성도 여러분, 자신의 삶에 기도의 세계를, 새벽기도의 세계를 재건하시기 바랍니다.

오늘 본문 말씀에서 예수님께서는 기도에 대한 두 가지 주의를 주십니다.

**첫째는 기도할 때에 외식하는 자같이 하지 말라고 했습니다.**

외식하는 자가 뭐하는 사람입니까? 외식이라는 말은 위선입니다. 겉과 속이 다른 것이죠. 여기에 외식하는 자는 누구를 염두에 두고 예수님이 말씀하셨냐면 종교 지도자들, 서기관과 바리새인을 두고 말씀하셨습니다. 여러분, 기도의 대상이 누구십니까? 하나님입니다. 좀 더 엄밀히 말하면 뭐라고 할 수 있습니까? 우리 주님께서 너희는 이렇게 기도하라고 하시면서 맨 처음에 '하늘에 계신 우리 아버지여'라고 했습니다. 그래서 엄밀히 말하면 우리의 기도의 대상은 하나님 아버지, 성부 하나님이십니다. 그런데 이 외식자들은 기도할 때에 하나님을 염두에 두지 않고 사람을 염두에 두고서 기도한다는 것입니다.

여러분, 경건한 유대인들은 언제부터인지 몰라도 하루에 세 번씩 시간을 정해놓고 기도했습니다. 제 3시, 6시, 9시. 우리나라 시간으로 옮기자면 플러스 6을 하면 됩니다. 9시, 12시, 오후 3시입니다. 세 번 하나님 앞에 기도를 드렸는데 이런 습관은 구약시대 때부터 있었던 것으로 보입니다. 다니엘서 6장에 보면 다니엘은 하루에 세 번씩 하나님께 기도했다고 되어 있고, 사도행전 3장에는 예수님의 제자 베드로와 요한이 제 9시 기도시간에 성전에 기도하러 가다가 나면서 앉은뱅이 된 자를 만나서 '일어나 걸으라' 말씀하셨지요. 그래서 고치는 역사가 일어났습니다. 사도행전 10장에 보면 이방인이지만 경건한 사람 고넬료는 항상 기도하는 사람이었다고 나오는데 그 사람이 어느 날 제 9시 기도시간에 하나님 앞에 기도할 때에 천사가 나타나서 시몬 베드로를 청하라 했습니다. 그때도 제 9시 기도시간이었습니다. 그 다음날에 베드로가 또 기도하는데 제 6시 기도시간에 기도를 하고 있었는데 보자기 환상이 보였지요. 그 안에 온갖 곤충과 새들과 먹을 수 없는 것들이 내려왔어요. 먹으라, 이방인들도 전도하라는 것이지요. 복음을 전하라는 말씀이었습니다.

오늘 제가 쓴 칼럼을 보셨는지 모르겠습니다. 칼럼의 제목이 '역사(役事)는 기도시간에 일어난다' 입니다. 금방 제가 몇 사람들을 보여주었습니다. 하나님의 역사는 다른 때가 아니라 기도시간에 일어나고 기도를 통하여서 일어나는 것입니다. 확신해야 합니다. 이렇게 정한 시간에 규칙적으로 기도하는 것은 얼마나 귀한 일입니까! 그런데 외식자들은 집에 있다가도 기도시간이 되면 일부러 밖으로 나와서 회당과 큰 거리 어귀에 서서 기도했습니다. 그런 곳이 어떤 곳입니까? 사람들의 왕래가 제일 많고 사람들의 눈이 제일 많은 곳입니다. 거기 와서는 경건한 자세로 하나님 앞에 기도하는 것입니다. 기도를 하면서 속으로 무슨 말을 하겠습니까? '나는 이렇게 경건하다, 나는 이렇게 기도한다, 나를 보아라.' 했습니다. 이 종교 지도자들, 외식자들은 바깥으로는 누구를 향하고 있습니까? 하나님입니다. 그러나 마음은 어디에 가 있습니까? 사람입니다. 이것이 바로 겉과 속이 다른, 외식하는 것입니다. 거짓 기도입니다.

여러분, 우리의 기도에도 이런 모습이 얼마든지 있을 수 있습니다. 어떤 이는 기도의 자리에 나와서 앉아 있지만 기도하지 않는 경우가 있습니다. 기도의 형식은 있지만 기도의 내용은 없다는 것입니다. 공중기도를 할 때에 '내가 실수 없이 해야 될 텐데, 망신을 당하지 않아야 될 텐데, 내가 은혜롭게 기도해야 될 텐데' 하면서 기도를 들으시는 하나님 보다 사람을 더 의식하고 신경을 쓰는 경우가 있지요. 기도 후에 사람들에게 좋은 말, 칭찬의 말, '은혜 받았습니다. 너무 은혜로웠습니다'라는 것을 기대하는 사람도 혹 있습니다.

그러나 우리 예수님은 어떻게 하라고 했습니까? 6절에 보면 너는 기도할 때에 '네 골방에 들어가 문을 닫고 은밀히 계신 아버지 하나님께 기도하라'고 말씀했습니다. 여러분 골방에 들어가 기도하라고 했는데 이 말씀은 기도 모임을 가지거나 공중기도를 하지 말라는 말씀이 아닙니다. 그리고 이 말씀은 예수 믿는 신자들은 자기 집에 조그마한 기도의 골방을 만들어서 기도하라는 말씀도 아닙니다. 말씀의 의미가 무엇이겠습니까? 사람을 의식하지 말고 오직 하나님만 의식하고서 기도하라는 말씀입니다. 그리고 골방에 들어가 기도하라는 말씀은 개인기도의 중요성을 우리에게 보여줍니다. 기도의 진수는 개인기도에 있습니다. 홀로 하나님께 기도하는 것입니다. 교회 나와서 하나님 앞에 예배드릴 때에 대표기도자의 기도와 함께 자기도 기도를 하고 기도회 할 때에 함께 기도하고 또 구역으로, 기관으로 모였을 때도 기도하지만 진작 자기 혼자 있을 때 홀로 하나님께 기도하는 시간이 없다면 참된 기도의 사람이라고 말하기가 어렵습니다. 기도의 진수는 개인기도입니다.

하나님 믿는 성도라고 하면 아침에 기상해서 하나님께 기도해야 합니다. 뭐라고 기도해야 되겠습니까? '하나님, 지난밤에 편안히 쉬게 해주신 것 감사합니다. 또 새로운 하루를 주신 것 감사합니다. 이 하루도 이런 일 저런 일이 이렇게 있는데 때마다 함께 하시고 저를 도와주시옵소서' 하고 주님께 맡겨야겠지요. 하루를 다 끝내고 잠자리에 눕기 전에 어떻게 기도해야 합니까? '하나님이 하루도 종일토록 함께 해주신 것, 하루 동안 제가 맡은 일 다 할 수 있도록 도와주신 것 감사합니다. 그리고 이 밤에도 하나님의 품 안에서 편히 쉬기 원합니다. 꿈에라도 죄 짓지 않기를 원합니다'고 기도하고 자면 얼마나 좋습니까? 그렇게 해야 합니다. 그리고 식사 할 때도 일용할 양식을 주신 하나님께 감사기도 해야 합니다. 어느 책에 보니까 '개와 돼지는 그냥 식사한다'고 해놨어요. 무슨 말씀인지 아시겠지요? 우리는 하나님의 자녀입니다.

제일 중요한 것은 다니엘과 고넬료처럼 규칙적인 기도시간을 갖는 것입니다. 처음에는 10분, 20분도 기도하기 힘들겠지요. 그러나 그렇게 하다보면 30분, 나중에는 1시간도 기도할 수 있게 됩니다. 또 하루의 삶을 사는 동안 누군가가 생각이 나고 어떤 일이 떠오르면 그것을 가지고 기도할 수 있어야 합니다. 꼭 기도의 자리를 찾아가서 눈을 감고 기도하지 않아도 일을 하면서, 사무를 보면서, 운전을 하면서도 하나님께 기도할 수 있습니다. 책상에 앉았다가 오늘 병원 예약 시간이 다 되어 가면 일어나면서 '하나님, 저 지금 병원 갑니다. 저와 함께 해주옵소서'라고 눈 뜨고 기도해도 그것이 참된 기도입니다.

여러분, 이렇게 규칙적으로 시간을 정해놓고 기도하고, 또 시시때때로 하나님 앞에 기도하는 것이 하나님께서 우리에게 말씀하신 '쉬지 말고 기도하라', 쉬지 않고 기도하는 것입니다. 요컨대 우리 주님께서는 기도할 때에 외식하는 자와 같이 사람에게 보이려고 하지 말라고 하십니다. 여러분, 기도할 때에 하나님만 의식하고 기도할 수 있기를 바랍니다. 그것이 참된 기도, 하나님이 들으시는 기도입니다. 하나님께서 갚아 주시는 기도인 것을 믿으시기 바랍니다.

**둘째로 7절에 보면 '또 기도할 때에 이방인과 같이 중언부언하지 말라'고 했습니다.**

당시에는 이스라엘 민족 외에는 다 이방인이라고 했습니다. 이방인을 다른 말로 이교도라고 했습니다. 왜냐하면 그들은 살아계신 하나님을 섬기지 아니하고 기도하지 아니하고 자기들 각자가 가지고 있는 신들에게, 다른 우상에게 절하고 섬기고 기도를 하기 때문입니다. 이 사람들은 중언부언(重言復言) 기도를 한다고 했습니다. 중언부언이 무슨 말입니까? '중'자와 '부'자는 똑같은 말입니다. '다시 중', '다시 부' 자입니다. 다시 기도하고 또다시 기도하는 거예요. 헛된 반복, 헛된 되풀이를 한다는 것입니다. 많은 말을 해야 신이 들을 줄 알고 똑같은 말을 시간 채우기 위해서 계속 하는 것이지요. 이런 기도를 하지 말라는 것입니다. 지금도 생각해보면 이교에는 중언부언 기도가 많습니다. 불교에도 가만히 스님이 하는 걸 들어보면 똑같은 것을 반복하지요. 회교에서도 얼마나 기도를 열심히 합니까? 하루에 5번, 시간이 되면 땅에 엎드려서 성지 메카를 향하여서 기도를 합니다. 그런데 기도할 때에 자기의 개인적인 심정을 알라 앞에 토하는 것이 아니라 다 정해진 기도, 암송된 기도를 합니다. 30번씩, 100번씩 반복해서 기도합니다. 천주교의 묵주기도도 이와 비슷하고 남묘호렌게쿄도 역시 똑같은 말을 계속 반복합니다. 이런 것이 중언부언 기도이지요.

그런데 우리 기독신자도 다른 종교의 영향을 받아서 혹간 중언부언 기도를 하시는 분들이 있더라구요. '지금부터 주기도문을 천 번 해라'고 해서 어떤 사람이 주기도문을 천 번 외우고 있어요. 그런 식으로 하는 것이 중언부언 기도이지요. 그런 기도를 하면 안 됩니다. 물론 우리가 중요한 기도는 반복하여서 기도할 수 있습니다. 어떤 때는 밤새도록 '하나님이여 저를 불쌍히 여기소서' 하고 기도할 수 있습니다. 그런 것은 좋은 기도입니다. 중요한 것은 마음이 없는, 의미가 없는 공허한 기도, 입술만의 기도를 해서는 안 됩니다. 또 어떤 이는 기도할 때에 똑같은 말들을 의미 없이 반복할 때가 있습니다. 우리 하나님의 이름조차도 의미 없이 급하게 반복하는 경우가 있지요. 아마도 그런 것은 습관이 돼서 그렇게 할 수도 있겠고, 마음이 너무 급해서 그렇게 할 수도 있겠다 싶어요. 조급하게 기도하다 보면 안 들어가야 될 말들이 반복이 되거든요. 여러분, 개인기도 할 때나 대표기도 할 때도 생각해보십시오. 성급하게 기도할 필요가 없어요. 잠언에 보면 하나님 앞에서 급하게 말을 떼지 말라고 했어요. 내 마음에 있는 것을 하나님 앞에 차분하게 고하면 되는 거예요. 그것이 기도입니다.

여러분, 이렇게 헛된 기도를 오래할 필요가 없는데 그 이유가 무엇입니까? 8절에 있습니다.

> **"구하기 전에 너희에게 있어야 할 것을 하나님 너희 아버지께서 아시느니라"**

우리가 기도하기 전에 우리에게 있어야 할 것을 하나님께서 다 알고 계십니다. 그러니까 오랜 시간 반복해서 중언부언 기도할 필요가 없다는 것입니다. 그것은 오히려 하나님을 성가시게 하고 귀찮게 할 수도 있습니다. 그런데 우리는 이 말씀 앞에서 두 가지 의문을 가지게 됩니다.

하나는 하나님께서 우리가 기도하기 전에 우리에게 있어야 할 것을 다 알고 계신다면 하나님이 그냥 우리에게 주시지 왜 우리에게 기도하라고 말씀하시느냐는 것입니다. 그렇지 않습니까? 칼빈은 이에 대해서 말하기를 '우리가 필요로 하는 것을 모두 다 알고 계시는 하나님께서 우리로 하여금 기도하라고 하시는 것은 첫째는 모든 좋은 것이 그분에게서 온다는 것과 둘째는 우리로 하여금 하나님만 의뢰하며 살게 하려 하심이다'고 말했습니다.

여러분, 가정에서도 부모는 자녀가 필요한 것을 하나님처럼은 몰라도 대략은 알고 있습니다. 주어야지 생각하고 있습니다. 그러나 자녀들의 예의와 감사하는 마음을 길러주기 위해서, 또 자녀와 교제하기 위해서 오히려 기다리고 있을 때가 있습니다. 달라고 할 때에 준다는 것입니다. 자녀가 아무 말도 없는데 부모가 그때마다 다 주면 감사하는 마음이 있겠습니까? 없습니다. 아버지에게 나아올 일이 일이 있겠습니까? 말을 붙일 일이 있겠습니까? 우리 하나님도 그렇습니다. 하나님은 기도시간을 통해서 사랑하는 성도들을 만나기를 원하십니다. 여러분과 교제하기 원하십니다. 여러분을 사랑하시고 여러분과 대화하기를 원하십니다.

또 한 가지는 우리가 구하기 전에 우리가 있어야 할 것을 다 아신다면 구태여 오래 기도할 필요가 있을까요? '하나님, 다 아시지요.' 이 한마디만 하면 다 될 것 같지요. 그런데 우리 하나님께서는 우리가 그렇게 한마디 하고 끝나는 것이 아니라 오래 기도시간을 갖기 원합니다. 하나님께서 다 아시고 계시는데 무슨 30분이나 1시간이나 기도할 필요가 있느냐 할 수 있지만 그 기도가 진실한 기도라고 하면 길수록 좋습니다. 하나님과의 교제는 길수록 좋습니다. 바닷가에서 수영을 하여 바다 가운데로 나가는데 조금 간 사람은 서보면 아직 낮은 데입니다. 그런데 멀리 들어가 수영을 하는 사람은 서봐도 발이 땅에 닿지 않습니다. 기도가 짧은 사람은 기도가 얕을 수밖에 없고 기도가 긴 사람은 그 기도가 깊어진다는 것입니다. 몇 분만 기도하면 기도할 말이 없고 조바심이 나는 사람이 있으면 내 기도가 얼마나 얕고 부족한지를 알아야 하고 하나님 앞에서 기도훈련을 많이 쌓아야 합니다. 시간을 정해서 교회에서 하든지 집에서 하든지 간에 아무도 신경 쓰지 말고 오직 하나님 앞에 자기의 삶과 마음과 문제를 토할 수 있어야 합니다. 우리교회 모든 성도들이 오랜 기도의 성도, 깊은 기도의 성도가 되시기 바랍니다.

### 말씀을 맺습니다.

성도 여러분, 우리 하나님은 우리에게 기도하라고 수없이 말씀하셨습니다. 심지어는 쉬지 말고 기도하라고 했습니다. 호흡처럼 끊어져서는 안 되지요. 쉬지 말고 해야 되지요. 그래서 기도를 가리켜서 영혼의 호흡이라고 말합니다.

기도는 하나님을 의지하는 것입니다. 필요한 것을 하나님께 간구하는 것입니다.

기도는 하나님과 교제하는 것입니다. 대화하는 것입니다.

기도할 때는 외식자처럼 사람에게 보이려고 기도해서는 안 됩니다.

그리고 기도할 때는 이방인들처럼 헛된 되풀이 기도를 하면 안 됩니다. 진실한 기도를 해야 됩니다. 여러분, 오늘 시편 116편을 교독했는데 2절에 '내가 평생에 기도하리로다' 했습니다. 얼마나 귀한 작정입니까? 한번 따라서 합니다. "내가 평생에 기도하리로다"

우리 교회 모든 성도들의 삶에 새로운 기도의 세계가 펼쳐지기를 바랍니다.

## 마태복음 6:9-13

그러므로 너희는 이렇게 기도하라 하늘에 계신 우리 아버지여 이름이 거룩히 여김을 받으시오며 나라가 임하시오며 뜻이 하늘에서 이루어진 것 같이 땅에서도 이루어지이다 오늘 우리에게 일용할 양식을 주시옵고 우리가 우리에게 죄 지은 자를 사하여 준 것 같이 우리 죄를 사하여 주시옵고 우리를 시험에 들게 하지 마시옵고 다만 악에서 구하시옵소서 나라와 권세와 영광이 아버지께 영원히 있사옵나이다 아멘

# 28

# 이렇게 기도하라 1

성도 여러분, 지난주에 주일 예배 시에 '너희가 기도할 때에'라고 설교를 했는데 기억하십니까? 예수님께서 '너희가 기도할 때에'라고 말씀하시면서 우리 성도는 기도하는 것이 마땅하다는 것을 보여주셨습니다. 그리고 기도할 때에 두 가지 주의를 주셨지요. 기도할 때에 외식자들처럼 사람에게 보이려고 기도하지 말라 하시고, 이방인들과 같이 중언부언 즉, 헛된 되풀이를 하지 말라고 하셨습니다. 이렇게 예수님께서는 '~하지 말라'는 소극적인 교훈을 주신 다음에 오늘 본문에 와서는 적극적으로 '이렇게 기도하라'고 하시면서 기도의 모델을 우리에게 말씀해주십니다. 여러분, 이 모델 기도를 뭐라고 합니까? '주기도문'이라고 합니다. 그러나 엄밀히 생각해보면 '주기도문'이 아니고 '주님이 가르쳐 주신 기도문'이라고 할 수 있습니다. 그냥 편하게 우리가 '주기도문'이라고 말합니다.

여러분, 이 주기도문은 기도의 모델로서 기도의 본질, 순서, 방법 등을 다 가르쳐줍니다. 주기도문을 가만히 읽어보면 아름다운 미사여

구로 아주 장엄하고 길게 나열하는 그런 기도가 아닙니다. 하나하나 끊어지는 아주 단순한 기도입니다. 짧은 기도입니다. 그러나 이 기도의 내용 속에 모든 것이 다 포함이 되어 있습니다. 위대한 기도이지요. 이 주기도문을 2주에 걸쳐 생각할 때에 기도하지 않으시는 성도들은 기도의 문이 열려서 기도하게 되고 기도하시는 성도들은 더욱 더 바른 기도를 할 수 있게 되기를 바랍니다.

**먼저 기도의 부름입니다.**

기도는 제일 먼저 기도를 들으실 기도의 대상을 불러야 됩니다. 예수님께서는 어떻게 부르라고 했습니까? '하늘에 계신 우리 아버지'라고 했습니다. 기도의 대상은 천사가 아닙니다. 마리아가 아닙니다. 성인이 아닙니다. 어떤 곳에 가보면 성인들에게 기도하고, 마리아에게 기도하고, 천사에게 기도하는 것을 볼 수 있는데 우리 하나님 외에는 어떤 피조물도 기도의 대상이 될 수 없습니다. 심지어 기도의 대상은 예수 그리스도 우리 주님도 아니고, 성령 하나님도 아닙니다. 누구십니까? 하늘에 계신 아버지 하나님입니다. 제 삼위 중에서 1위가 되시는 하나님 아버지가 기도의 대상자입니다. 한번 따라하겠습니다. **"기도는 성령 안에서 예수 이름으로 아버지 하나님께"** 이것이 바로 기도의 대원칙입니다. 물론 때로는 특별하게 예수님께나 성령님께 기도할 수도 있습니다.

여러분, 여기에 '하늘에 계신'이라고 했는데 무슨 의미입니까? 이것은 저 하늘 공간, 우주 공간 어디에 우리 하나님이 계신다, 하늘나라가 있다는 말이 아닙니다. 땅과 세상과 죄악과 구별되는 곳이 바로 하늘입니다. 그러니까 하늘의 아버지는 우리 죄인들과는 완전히 초월해 있는 분이심을 보여줍니다. 우리 하나님은 우리와 다르게 지극히 높으시고 거룩하시고 위대하신 전능하신 분이시다는 것을 말씀해줍니다. 그런 하나님께서 세상에 있는 낮고 천한 우리의 기도를 들을 수가 있겠습니까? 우리 하나님은 하늘에 계신데 영광스럽고 높으신 분이신데 낮고 천한 우리의 기도를 들을 수가 있겠습니까? 오늘 교독한 113편 5절을 읽겠습니다.

**"여호와 우리 하나님과 같은 이가 누구리요 높은 곳에 앉으셨으나"**

우리 하나님은 어디에 계십니까? 높은 곳, 오늘 본문에는 하늘에 계시는 하나님이라고 했습니다. 그런데 하나님은 우리 인간을 사랑하시어서. 6절을 다 같이 읽습니다.

**"스스로 낮추사 천지를 살피시고"**

스스로 낮추어서 천지를 살피시고 우리 인생을 살피시고 자기를 바라보면서 손들어 기도하는 자의 기도를 들어주시는 분이십니다. 그러므로 이 하나님께 기도하라는 말씀입니다.

그리고 우리의 기도 대상자는 하늘에 계시는 높은 하나님, 절대자 하나님, 전능하신 창조주만은 아닙니다. 여러분, 하나님은 우리 믿는 자의 무엇이 되십니까? '하늘에 계신 우리' 그 다음에 뭐라고 했습니까? '아버지' 했습니다. 하나님은 하늘에 계시나 우리의 아버지가 되시는 하나님이십니다. 우리가 잘 아는 요한복음 1장 12절에 영접하는 자 곧 그 이름을 믿는 자들에게는 하나님의 자녀가 되는 권세를 주신다고 했습니다. 예수를 믿으면 하나님께서 죄를 용서해주시고 구원해주시고 영원한 생명을 주십니다. 여러분, 믿습니까? 이것이 우리의 믿음입니다.

그런데 그뿐 아니라 영광스럽게도 하나님 아버지께서 자기의 자녀로, 아들로 삼아주신다는 것입니다. 구원 받아서 영생 얻는 것과 하나님의 자녀가 되는 것은 별개의 문제입니다. 그냥 구원받아서 영생 얻는 것으로 끝날 수 있어요. 그런데 그것을 넘어서 하나님의 아들이 되고, 자녀가 되는 것은 얼마나 영광스러운 일인지 모릅니다. 로마서 8장과 갈라디아서 4장에 보면 우리 하나님께서 예수님을 믿는 신자에게는 양자의 영을 주신다고 했습니다. 아들의 영을 주신다는 것입니다. 그래서 우리로 하여금 아바 아버지라 부를 수 있도록 하신다고 했습니다. 불신자들은 하나님을 아버지라고 못 부릅니다. 그런데 우리 신자들은 하나도 어색하지 않습니다. 너무나도 자연스럽게 하나님을 아버지라 부릅니다. 여러분 중에 하나님을 아버지라고 부르지 못하는 사람이 있습니까? 그 사람은 아직 예수님을 믿지 못하기 때문입니다. 참 신기한 일이지요. 우리는 어떻게 하나님을 그렇게 쉽게 아버지 하나님이라고 부를 수 있을까요? 그것은 하나님께서 우리에게 양자의 영, 아들의 영을 주셨기 때문에 그렇게 할 수 있는 것입니다.

서울의 모 교회는 교회 부지 안에 교회를 지으면서 북한에서 탈북한 청소년들을 위해서 '하늘 꿈 학교'를 신축했습니다. 그곳에서는 일반 학교에서 가르치는 과목도 가르치지만 성경도 가르치고 신앙훈련도 시켰습니다. 예수전도단에서 하는 DTS 훈련도 하는데 이 훈련을 마친 한 여학생이 간증을 합니다. 처음 탈북해서 서울에 왔을 때 너무너무 힘들었는데 어느 집사님의 인도로 교회를 다녔지만 지금까지 하나님을 아버지라고 한 번도 불러보지 못했다는 것입니다. '그러나 이제는 하나님이 제 아버지처럼 믿어져요. 이제는 그냥 하나님을 아버지라고 부를 거예요' 하더니 '아버지' 하고 울음을 터뜨렸답니다.

여러분, 피조물이 어떻게 창조주를 아버지라고 부를 수 있겠습니까? 죄로 더러워져서 누더기와 같은 우리 인생, 버러지와 같은 우리 인생이 어떻게 높고 거룩하신 하나님을 아버지라고 할 수가 있겠습니까? 할 수 없습니다. 그럼에도 우리가 하나님을 아버지라고 부르는 것은 예수 그리스도의 구속의 은혜, 우리 하나님의 은혜로 말미암아 되는 것입니다. 여러분, 기도할 때에 헛되이 의미 없이 '하나님 아버지' 하지 마십시오. 금방 보았듯이 '하늘에 계시는 우리 아버지' 라는 이 말이 가지고 있는 그 풍성한 의미를 알고 진실한 믿음과 감격과 감사함으로 '하늘에 계신 우리 아버지' 하고 부르시기 바랍니다.

기도의 대상인 하나님 아버지 이름을 부른 후에 여섯 가지 간구가 차례대로 나옵니다. 앞에 세 가지는 하나님과 관련된 것, 뒤에 나오는 세 가지는 우리 인생의 필요와 관계되는 것입니다.

오늘은 앞에 나오는 세 가지를 잠시 살펴봅니다.

여러분, 첫 번째 간구가 무엇입니까? 첫 번째 간구는 '이름이 거룩히 여김을 받으시오며' 입니다.

원문에는 당신의 이름이라고 되어 있습니다. 여러분, 생각해보십시오. 기도의 대상자를 '하늘에 계신 우리 아버지, 당신의 이름이'라고 했으니까 이 이름은 하나님 아버지의 이름입니다. 한 사람을 가장 잘 대표해주는 것이 그 사람의 이름입니다. 이름은 그 사람의 존재 자체입니다. 그 사람의 본질, 인격, 속성을 나타내는 것입니다. 신분증이나 여권, 이력서에도 제일 먼저 쓰는 것이 이름입니다. 그 사람의 키, 이름, 가족이 그 사람을 제일 잘 보여주는 것이 아니라 이름이 제일 잘 보여줍니다. 그러기에 하나님의 이름이라는 것은 하나님 자신을 의미하는 것입니다. '하나님의 이름이 거룩히 여김을 받기를' 하는 것은 하나님이 거룩히 여김을 받고 존경받고 영광받기를 원하는 기도입니다.

여러분, 하나님의 이름이 누구에 의해서 거룩히 여김을 받아야 되겠습니까? 예수 믿는 하나님의 자녀 된 우리에 의해서 거룩히 여김을 받아야 됩니다. 그래서 종교개혁자 마틴 루터가 쓴 교리문답에는 '하나님의 이름이 어떻게 거룩히 여김을 받을 수 있습니까?' '우리의 교리와 삶이 진정 기독교적인 것이 될 때에 가능합니다' 했습니다. 무슨 말입니까? 교리라는 것은 우리가 믿는 바입니다. 교리가 성경적이어야 됩니다. 하나님의 말씀이 보여주는 것을 그대로 믿어야 되고 우리 신앙인들이 성경대로, 하나님 말씀대로 살아가는 것, 이것에 의해서 하나님의 이름이 거룩히 여김을 받게 된다는 것입니다. 우리가 받는 웨스트민스터 소교리 제1문에 '사람의 제일 되는 목적이 무엇이뇨?' '사람의 제일 되는 목적은 하나님을 영화롭게 하는 것입니다' 했습니다. 그러므로 여러분, 믿는 우리가 하나님의 이름을, 명예를 더럽히지 말고 영광스럽게 할 때에 하나님의 이름이 거룩하게 됩니다. 안타깝게도 이 땅에서 지난 수십 년간 하나님의 이름이 무척 더러워지고 너무 불명예스럽게 되고 하나님의 이름이 땅에 떨어질 때가 너무 많았습니다. 하나님을 모르는 불신자들에 의해서 그렇게 된 것이 아니라 성도, 곧 하나님의 자녀들 때문에, 하나님의 백성들 때문에 그렇게 되었습니다. 그것도 지도자인 목사들의 성적 일탈, 명예와 물질에 대한 탐욕으로 인해서 이름이 더럽혀졌습니다. 성도 여러분, 이 땅에 목사, 장로, 성도들이 하나님의 이름을 더럽히지 아니하고 거룩하게 하도록 기도하시기 바랍니다. 나아가 여러분 각자가 말과 행동과 삶을 통하여서 주의 이름을 욕되게 하지 말고 명예롭게 빛나게 하도록 기도하고 노력하시기 바랍니다.

**두 번째 간구는 '나라가 임하옵소서' 입니다.** 역시 원문에는 나라 앞에 당신이 붙어있습니다. '당신의 나라가 임하옵시며' 입니다. 당신의 나라는 하나님의 나라입니다. 그런데 하나님의 나라라고 할 때에 이 나라는 country가 아닙니다. 그냥 어떤 땅덩어리를 말하는 것이 아니라 영어의 'kingdom'입니다. 왕이 있어서 왕이 통치하는 나라입니다. 이 하나님의 나라는 성경 전체를 흘러가는 아주 중요한 주제입니다. '하나님의 나라가 임하소서' 하는 것은 하나님의 통치가 이루어지기를 기도하는 것입니다. 어둠의 세력, 마귀가 지배하는 곳에, 인간의 죄악

된 욕심이 다스리는 그곳에 이제는 마귀의 통치도 다 사라지고 인간의 죄악 된 욕심도 다 사라지고 우리 하나님께서 왕이 되시어서 다스려주시기를 원하는 기도가 바로 이 기도인 것입니다. 무엇보다도 현재 우리의 삶에 하나님의 통치가 이루어지기를 간구하는 기도가 이 기도입니다. 우리가 예수를 믿고 교회를 다니지만 하나님이 다스리는 사람이 아니고 예수 믿기 전처럼 자기의 욕심과 고집과 판단이 자기를 다스릴 때가 얼마나 많이 있습니까? 그리고 대체로 하나님의 다스림을 받는 사람들도 온전히 하나님의 통치를, 다스림을 받지 못할 때가 있습니다. 그러기에 우리는 날마다 우리의 삶에서 하나님께서 다스려주시기를 기도해야 합니다. 우리 자신의 삶에서 가정에서 교회 공동체에서, 구역에서 기관에서 어떤 사람이 아니라 왕이신 하나님의 통치가 이루어지기를 기도해야 합니다. 여러분 하루하루를 살 때에 기억하십시오. "예나왕!" 예나왕이 무엇입니까? '예수 나의 왕'입니다. 내가 나의 왕이 아니라 예수님이 나의 왕임을 잊지 마시고 왕 되신 예수님의 뜻대로 통치 받으며 살려고 힘쓰시기 바랍니다.

여러분, 지난 한 주간 우리나라에는 큰일들이 있었습니다. 한반도 비핵화를 위해서 북미정상회담이 싱가포르에서 열리고 또 지방선거가 있었습니다. 여당의 압도적인 승리로 끝이 났습니다. 어떤 사람들은 다 끝났다, 망했다하면서 실망하고 비관합니다. 어떤 사람들은 이제 됐다, 우리 마음대로 하겠다고 너무 좋아합니다. 사랑하는 성도 여러분, 예수 믿는 우리 신자의 태도는 어떠해야 된다고 생각하십니까? 사람은 바뀌어도, 역사는 바뀌어도 역사의 주관자는 누구십니까? 하나님이십니다. 왕은 하나님이십니다. 사람이 아닙니다. 그렇기 때문에 우리는 모든 것이 바뀌었다고 할지라도 이 나라에서, 이 울산 땅에서 하나님의 나라가 이루어지기를 기도해야 됩니다. 하나님의 이름이 높아지도록 거룩해지기를 기도해야 되는 것입니다.

### 세 번째 간구가 무엇입니까?

세 번째 간구는 '뜻이 하늘에서 이루어진 것같이 땅에서도 이루어지이다'입니다. 이 뜻 역시 하나님 아버지의 뜻이지요. 오늘 세 가지 기도를 보면 아주 논리적이라는 것을 알 수 있습니다. 맨 처음에는 하나님의 이름이 거룩히 여김 받기를 기도 했는데 그렇게 하기 위해선 하나님의 나라가 이루어져야 해요. 하나님의 나라가 이루어지려고 하면 하나님의 뜻이 이루어져야 되는 것입니다. 역사를 보면 가끔 허수아비 왕이 있었습니다. 왕의 자리에 앉아 있지만, 아주 어리거나 무능해서 왕의 어머니나 친척들이 왕 노릇을 하거나 대리청정을 할 때가 있었습니다. 그럴 때는 왕은 왕이지만 아무 실권이 없어요. 진짜 왕이라고 할 수 없습니다. 왕의 뜻이 기록되어 온 백성에게 퍼져나가고 백성들이 그 뜻을 받아들이고 순종할 때 그 왕 됨이 분명히 드러나게 됩니다. 그처럼 하나님의 나라가 이루어지려면 왕 되신 하나님의 뜻이 이루어져야 하는 것입니다. 여기에 보면 '하나님의 뜻이 하늘에서 이루어진 것 같이' 했습니다. 하늘에서 하나님의 뜻이 이루어졌다고 했는데 누구에 의해서 하늘에서 이루어지겠습니까? 천사에 의해서 하나님의 뜻이 이루어집니다. 천사는 하늘 심부름꾼입니다. 천사들은 하나님의 뜻에 기쁘게 순종합니다. 온전히 순종합니다. 그래서 하나님의 뜻을 하늘에서 다 이루어왔고 지금도 이루고 있습니다.

여러분, 땅에서는 누구에 의해서 이루어지겠습니까? 땅에서는 예수 믿어서 하나님의 백성 된, 하나님의 아들 된 저와 여러분에 의해서 이루어집니다. 다시 말해서 우리가 이 땅에서 하나님의 뜻을 이루어가야 됩니다. 여러분, 우리가 하나님의 뜻을 이루어가려면 제일 중요한 것이 우리가 하나님의 뜻을 알아야 됩니다. 로마서 12장 2절을 같이 읽어 봅니다.

**"너희는 이 세대를 본받지 말고 오직 마음을 새롭게 함으로 변화를 받아 하나님의 선하시고 기뻐하시고 온전하신 뜻이 무엇인지 분별하도록 하라"**

마지막 부분에 하나님의 선하시고 기뻐하시고 온전하신 뜻이 무엇인지 분별하도록 하라고 했습니다.

여러분, 우리가 하나님의 뜻을 알려면 가장 중요한 것이 무엇입니까? 우리에게 주어진 하나님의 말씀, 성경입니다. 그래서 성도는 이 성경 말씀을 사랑하고 읽고 묵상해야 합니다. 그래서 하나님의 뜻을 알 수 있는 것입니다. 주일날 목사를 통하여서 하나님이 주시는 말씀을 하나님의 말씀을 듣듯이 귀를 열고 마음을 집중해서 들어야 합니다. 왜냐하면 거기에 하나님의 뜻이 있기 때문입니다. 그럼에도 불구하고 나를 향하신 뜻을 잘 모를 때가 있습니다. 무슨 사업이나 일을 시작해야 하는데 성경에 하나님의 뜻이 분명하지 않다면 하나님 앞에 간절히 기도해야 합니다. 기도를 통하여서 하나님의 뜻이 무엇인지 물어봐야 됩니다. 더러 성도들 중에는 무슨 일을 하려고 할 때에 그것이 바로 하나님이 기뻐하는 일인지 하나님의 뜻인지 하나님께 물어보지도 않고 자기가 이미 생각대로 다 계획 세워놓은 다음에 하나님 앞에 와서 '제가 이 일을 하려고 합니다. 저를 도와주십시오' 할 때가 있습니다. 목사가 보기에 저것은 하나님의 뜻이 아닌데 싶은 일을 합니다. 그러면 자기가 왕입니까 하나님이 왕입니까? 자기가 왕이지요. 자기 뜻대로 다 정해놓았잖아요. 그러면 하나님은 무엇입니까? 하나님은 종입니다. 자기가 다 정해놓았으니까 하나님은 도와달라고만 합니다. 그래서 복을 받아 잘 되고 크게 흥왕하도록 말입니다.

여러분, 이렇게 하나님의 뜻을 알았으면 실천해야 합니다. 순종해야 합니다. 순종이 제사보다 낫다고 했습니다. 행함이 없는 믿음은 죽은 것이라고 했습니다. 그래서 여러분 이렇게 날마다 기도하시기 바랍니다. '하나님, 저를 통해서 저의 뜻이 아닌 하나님의 뜻이 내 삶에서, 이 땅에서, 내 주변에서 이루어지기를 원합니다.' 이 기도를 하시면서 사시기 바랍니다.

**오늘 주기도문 전반부를 통해서 기도의 부름과 첫째, 둘째, 셋째 간구를 보았습니다.** 주기도문이 우리에게 가르쳐주는 것은 자신이 아닌, 땅의 문제가 아닌 하나님께 초점을 맞추고 있다는 사실입니다. 하나님의 이름과 영광, 하나님의 나라, 하나님의 뜻을 먼저 찾고 구하라고 말씀해주고 있습니다. 우리가 기도한다고 하지만 자기 문제, 자기 필요, 땅의 문제만 늘 붙잡고 있는 경우가 많이 있습니다. 그런 사람은 자기 문제가 해결되면 더 이상 하나님 앞에 기도하지 않습니다. 그러다 보니 우리 성도의 기도가 미신적이 되고 샤머니즘적이 되고 기복주의로 치우치게 됩니다. 재앙을 피하고 복 받고 건강하고 사업도 자식도 잘 되기만 기원하는 것이지요. 하나님의 영광이나 정의는 도무지 고려하지 않고 생각하지 않습니다. 그러면 점쟁이한테 가는 것이나 절에 가서 비는 것이나 무엇이 다르겠습니까? 이방인의 기도와 성도들의 기도가 무엇이 다르겠습니까?

오늘 이 말씀을 통해서 삶에 기도가 없고 정착이 되지 않은 분들은 이제부터 하나님 앞에 기도하시는 성도가 되기를 바랍니다. 그리고 기도는 하지만 목적과 방향과 순서가 잘못된 성도님들은 이제는 하나님의 뜻을 따라서 주님이 가르쳐주신 대로 더욱 더 올바른 기도의 삶을 살아가는 여러분들 다 되시기 바랍니다.

## 마태복음 6:11-15

오늘 우리에게 일용할 양식을 주시옵고 우리가 우리에게 죄 지은 자를 사하여 준 것 같이 우리 죄를 사하여 주시옵고 우리를 시험에 들게 하지 마시옵고 다만 악에서 구하시옵소서(나라와 권세와 영광이 아버지께 영원히 있사옵나이다 아멘) 너희가 사람의 잘못을 용서하면 너희 하늘 아버지께서도 너희 잘못을 용서하시려니와 너희가 사람의 잘못을 용서하지 아니하면 너희 아버지께서도 너희 잘못을 용서하지 아니하시리라

# 29

## 이렇게 기도하라 2

성도 여러분, 내일이 6.25 전쟁 68주년이 되는 날입니다. 북한 공산당의 침략으로 시작된 전쟁이 3년 1개월 동안 이 땅에서 지속되었습니다. 그 전쟁으로 인하여 이 땅이 폐허가 되고 수백 만 명이 목숨을 잃었고 그 전쟁의 쓰라림이 아직도 계속되고 있습니다. '용서하자, 그러나 잊지는 말자'라는 말이 있습니다. 과거가, 역사가 주는 교훈을 잊어버리면 똑같은 실수를 하게 됩니다. 그렇기에 우리는 6.25를 절대 잊어서는 안 될 것입니다.

절망적이었던 6.25전쟁의 반전을 가져온 것은 여러분이 잘 아시다시피 9월 달에 있었던 인천상륙작전이었습니다. 그 작전의 성공으로 인하여 수도 서울이 탈환되었습니다. 그때의 중앙 청사, 중앙청은 불로 그을려 있었고 건물 벽은 수많은 총탄 자국으로 말미암아 곰보가 되어 있었습니다. 청사 내에는 많은 시신이 있었습니다. 그 시체들을 다 끄집어내고 청소를 한 후 중앙청 앞에 태극기를 게양하고 맥아더 장군과 이승만 대통령, 미국과 한국의 고위 장교들이 모여서 예식을 갖게 되었습니다. 맨 처음 맥아더 장군이 "하나님의 자애로운 은총 속에 아군은 한국의 오랜 수도인 서울을 해방시켰습니다." 하면서 연설을 시작했습니다. 그 연설 마지막에 거기에 계시는 모든 분들을 향하여서 "우리 하나님께 주기도문으로 함께 기도합시다." 하고 제안했습니다. 그렇게 해서 어떤 사람들은 영어로, 어떤 사람들은 우리나라 말로 함께 주기도문으로 기도했습니다. '하늘에 계신 우리 아버지여' 하며 기도했을 때 얼마나 감격스러웠겠습니까? 여러분, 이때 주기도문으로 기도한 것은 수도 서울의 탈환이 하나님의 은혜요, 앞으로도 남아있는 전쟁 동안에 하나님께서 도와주시기를 바라는 것이요, 그 결과 한반도 이 땅에 하나님의 나라와 뜻이 이루어지기를 하나님 앞에 간구하는 것이었습니다.

지난 주일, 주기도문의 전반부에 있는 세 가지 간구를 살펴보았습니다. 이 시간에 후반부에 있는 세 가지 간구를 살펴볼 때에 은혜와 깨달음의 한 시간이 되기를 바랍니다.

**네 번째 간구는 11절에 기록되어 있습니다.** 11절을 함께 읽겠습니다.

**"오늘 우리에게 일용할 양식을 주시옵고"**

여기에 '일용할'이라는 말은 영어로 'daily'라고 합니다. 우리가 요즘 하루 견과, 봉지로 자그마하게 나오는데 거기에 보면 'daily nut'이라고 해놨어요. 일용할 양식이라는 것은 하루 먹을 양식을 말합니다. 일용할 양식을 달라고 기도하는 기도문은 무엇보다도 구약성경에 나오는 이스라엘의 광야생활을 연상시켜 줍니다. 광야가 어떤 곳입니까? 비 한 방울도 오지 않는 메마른 곳입니다. 그곳에서 무슨 농사를 지을 수 있습니까? 무슨 열매를 따 먹을 수 있습니까? 아무것도 없습니다. 많은 돈이 있어도 사 먹을 수 없는 곳입니다. 그래서 하나님께서는 38년 동안이나 하늘에서 아침마다 만나를 내려주셨습니다. 저녁이면 메추라기를 보내주셨습니다. 그래서 이스라엘 백성으로 하여금 먹고 살게 하셨습니다. 그때는 하루하루가 하나님께 달려있었습니다. 하나님을 전적으로 의지해야 했습니다. 말 그대로 '일용할 양식을 주옵소서' 하고 이스라엘 백성들이 기도하면서 살아야 했습니다. 그러나 우리는 만나를 먹고 사는 것이 아닙니다. 우리는 땅의 소산물을 먹고서 살아갑니다. 더욱이 도시에 사는 우리는 자신의 돈을 가지고 양식을 사 먹습니다. 하루하루 사 먹는 것이 아니라 한 달 치, 두 달 치를 사서 집에 재어놓고 그것을 가지고 먹고 살아갑니다. 그래서 일용할 양식을 달라고 하나님께 기도할 필요가 전혀 없어 보입니다. 기도 안 해도 먹고 살 수 있을 것처럼 보인다는 것입니다. 그러면 이 기도는 오늘날을 사는 우리에게는 필요가 없는 기도일까요? 그렇지 않습니다. 이 기도는 세상 끝 날까지 우리의 목숨이 끝나는 날까지 계속 필요한 기도입니다.

이유가 무엇인지 아십니까? 두 가지 이유가 있습니다. 하나는 우리가 먹는 양식을 생각해보면 하나님께서 햇빛과 비와 바람을 주시어서 자라게 하시고 열매 맺게 하십니다. 그것을 농부로 거두게 하시고 시장에 그것이 나와서 우리가 사서 먹을 수 있도록 해주십니다. 우리가 돈을 가지고 시장에서 그것을 사 먹지만 근본적으로 하나님의 은혜와 도움이 없이는 사서 먹을 수 없습니다. 그리고 때로는 우리가 먹을 수 있는 양식이 있다고 하더라도 중병이 들면 먹을 수 없습니다. 큰 재난이 닥치면 일시적으로 먹고 살기가 어려워질 때도 있습니다. 라면 하나 귀할 때가 생깁니다. 그러므로 우리는 일용할 양식을 하나님께 구하면서 살아야 합니다.

이 기도를 해야 할 두 번째 이유는 이 양식은 입에 들어가는 먹는 양식만 말하는 것이 아닙니다. 종교 개혁자 마틴 루터는 이 양식에 대해서 말하기를 양식 뿐 아니라 육체를 위한 모든 필요를 가리킨다고 했습니다. 쉽게 말해서 이 양식은 이 세상에서 우리가 사는 동안에 우리에게 필요한 모든 것을 대표하는 것입니다. 그러니까 꼭 이 양식만을 말하는 것이 아니라는 것이죠. 우리가 세상을 살면서 육체와 삶을 위해서 필요한 모든 것을 가리키는 것입니다. 그렇기 때문에 우리는 날마다 일용할 양식을 구하면서 살아야 합니다. 결국 이 네 번째 간구는 우리 삶에 필요한 모든 것이 다 하나님께 달려 있음을 알고 온전히 하나님을 의지하면서 하나님께 간구하면서 살아야 함을 보여줍니다. 성도 여러분, 하루를 시작할 때마다 그날에 필요한 모든 것을 하나님 앞에 간구하시기 바랍니다. 무엇보다도 일용할 양식을 하나님 앞에 간구하십시오. 그리고 한 끼의 식탁을 맞이할 때마다 이것이 하나님의 은혜인 줄 알고 하나님이 주신 줄 알고 진심으로 감사하고 식사하시기 바랍니다.

**다섯 번째 간구는 12절에 나옵니다.** 12절을 같이 읽어봅니다.

**"우리가 우리에게 죄 지은 자를 사하여 준 것 같이 우리 죄를 사하여 주시옵고"**

여러분 성경을 한글로 번역을 하다 보면 앞에 나와야 될 말이 뒤로 가버리고 뒤에 가야할 말이 앞에 나오기도 합니다. 오늘 본문도 그러합니다. 여러분, 이 다섯 번째 간구의 핵심이 무엇이겠습니까? 둘째 줄에 나오는 '우리 죄를 사하여 주시옵고' 하는 기도입니다. 죄를 용서해 달라는 기도입니다. 네 번째 간구는 육체적인 필요를 구하는 간구였습니다. 육체적인 필요를 구하는 네 번째 간구에서 영적 필요를 구하는 다섯 번째 간구로 바뀌고 있음을 볼 수 있습니다. 여러분, 죄를 용서해 달라는 기도는 정말 우리에게 필요합니다. 그것은 우리의 영적인 건강을 위해서 필요하고, 우리와 하나님과의 관계 회복을 위해서, 즉 교제의 회복을 위해서 필요한 것입니다. 여러분, 우리가 죄를 짓지 않고 사는 날이 얼마나 될 것 같습니까? 어떤 날은 하나님 앞에 너무 멋있게 살아서 내 행동에, 내 삶에 아무것도 부끄러운 것이 없는 날이 있기도 합니다. 그런 날은 마음이 즐겁고 너무 기쁩니다. 그러나 그런 날조차도 내가 알지 못하는 사이에 범죄 했을 수도 있는 것입니다. 그리고 행동으로는 죄를 짓지 않는다고 해도 우리의 마음과 말로 죄를 짓고 살아갈 때가 많습니다. 더 이상 열거하지 않더라도 예수님께서 '우리 죄를 사하여 주옵소서'라고 기도하라고 한 것을 보면 우리는 이 세상에서 늘 죄를 지으면서 살아가는 존재라는 것을 우리에게 보여주는 것입니다. 요한일서 1장 8절을 같이 읽어보겠습니다.

**"만일 우리가 죄가 없다고 말하면 스스로 속이고 또 진리가 우리 속에 있지 아니할 것이요"**

이 말씀은 우리 신자에게 주어지는 말씀입니다. 우리가 '죄가 없다'고 말하면, '나는 처음 예수 믿을 때 죄 용서 받았기 때문에 지금 나는 죄가 없어'라고 말한다면 그것은 스스로 속이는 것이요, 거짓입니다. 우리는 다 죄가 있다는 것입니다.

여러분, 최후 만찬 석에서 예수님이 제자들의 발을 씻기신 일을 생각해보십시오. 한 사람 한 사람 씻겨서 드디어 베드로 차례가 되었을 때에 베드로가 '안 됩니다. 내 발은 절대 못 씻깁니다'고 너무 죄송해서 그렇게 말했습니다. 그렇게 하니까 예수님께서 '내가 너의 발을 씻기지 않으면 너와 내가 서로 관계가 없다, 상관이 없다'고 말씀하시니까 베드로가 하는 말이 '그렇다면 저의 손도 머리도 씻겨 주시옵소서' 하니까 예수님이 '이미 목욕한 자는 발 밖에 씻을 필요가 없느니라' 했습니다. 여러분, 그것이 무슨 말씀이겠습니까? 이미 목욕했다는 것은 예수 믿어서 의롭게 된 자는, 구원 받은 자는 발밖에 씻을 필요가 없다, 날마다 짓는 죄만 하나님 앞에 회개하고 용서받고 씻음 받으면 된다는 말씀입니다. 다르게 말하면 발은 씻으면서 살아야 한다는 것입니다. 매일 죄로 더러워진 것은 그때마다 회개하고 용서받고 살아야 한다는 것입니다. 죄는 하나님과 우리 사이의 교제를 막습니다. 갈라놓습니다. 끊어버립니다.

어느 성도가 교회를 안 나와요. 전에 집사까지 했던 분인데 교회를 나올 형편인데 왜 안 나오는지 모르겠어요. 그런데 알게 된 것이 뭐냐면 그분이 남모르는 큰 죄와 연루가 되어 있었습니다. 그러니까 못 나오는 거예요. 여러분, 성경에 보면 '어둠은 빛을 싫어하고 미워한다'고 했습니다. 죄 가운데 있는 사람은 빛이신 하나님 앞에 나오는 것을 꺼린다는 것입니다. 목사의 눈도, 사모의 눈도 바로 쳐다보지를 못하는 거예요. 우리는 알지 못해도 자기 속에 찔리는 죄가 있으면 그렇게 되는 것입니다. 아담과 하와가 죄 짓고 난 후에 어떻게 했습니까? 하나님을 피해 숨었지 않습니까? 그래서 그분이 교회를 안 나오는 거예요. 죄는 하나님과 성도 사이를 가로막는 장애물입니다. 그래서 성도는 이 땅을 사는 동안에 날마다 자기를 성찰하고 자세히 살피고 하나님께 죄를 회개하면서 살아야 합니다.

회개하면 어떻게 됩니까? 요한일서 1장 9절을 같이 읽어봅니다.

**"만일 우리가 우리 죄를 자백하면 그는 미쁘시고 의로우사 우리 죄를 사하시며 우리를 모든 불의에서 깨끗하게 하실 것이요"**

하나님 앞에 내 죄를 내어놓고 회개하고 용서를 바라면 하나님께서 '너는 안 되겠다. 이게 몇 번째냐?' 하며 거절하는 법이 없이 우리 하나님은 미쁘시고 의로우사 우리의 죄를 용서해주신다고 했습니다. 얼마나 좋습니까! 그렇기 때문에 날마다 우리의 죄를 자백하면서 살아야 합니다.

오늘 이 말씀을 보면 '죄를 용서해 달라'는 간구에는 덧붙여진 구절이 한 가지 있습니다. 무엇입니까? '우리가 우리에게 죄 지은 자를 사하여 준 것 같이 우리 죄를 사하여 주옵시고' 이 말씀이 14절과 15절에서는 더욱 더 강조된 형태로 나타나고 있습니다. '너희가 사람의 잘못을 용서하면 하늘 아버지께서도 너희 잘못을 용서하시지만, 너희가 사람의 잘못을 용서하지 않으면 하늘 아버지도 너희의 잘못을 용서치 않을 것이다'고 되어 있습니다. 이것은 아주 강한 강조의 말씀입니다. 그러나 우리의 용서가 우리가 하나님께 용서받는 조건이 될 수가 없습니다. 우리가 남의 잘못을 용서하지 않았다면 나도 하나님께 용서받지 못합니까? 그렇다면 우리가 하나님께 용서받지 못할 죄가 많을 것입니다. 왜냐하면 남이 내게 잘못한 것을 우리가 다 용서했다고 할 수 있습니까? 그렇지 못할 때가 있잖아요. 그런데 내가 용서해야 하나님께서 내 죄를 용서하신다면 어떻게 되겠습니까? 우리는 용서받지 못할 것이 많이 생긴다는 것입니다. 이 다섯 째 간구를 자세히 보면, 우리가 우리에게 죄 지은 자를 사하여 준 것 같이, 영어로 as입니다. 우리가 우리에게 죄 지은 자를 사하여 주었기 때문에, because가 아니라는 것입니다. 이것이 중요합니다. 다시 말해서 조건이 아니라는 것입니다. 내가 하나님 앞에 죄 용서 받는 조건이 내가 남을 용서해야 된다는 것이 아니라는 말씀입니다.

여러분, 이 말씀의 의미가 무엇이겠습니까? 우리는 예수 믿음으로 이미 하나님께 지옥 갈 큰 죄를 용서받았습니다. 그렇기 때문에 다른 사람이 내게 지은 작은 죄, 잘못을 용서하면서 사는 것이 너무나도 자연스럽고 조화롭습니다. 그리고 우리가 이 땅에 사는 동안에 죄를 짓기 때문에 하나님 앞에 계속 죄를 용서 받아야 됩니다. 그렇기 때문에 다른 사람이 내게 잘못한 것을 용서하면서 살아야하는 것이 너무나도 마땅하다는 것입니다. 나는 남의 죄를 용서하지 못하면서 어떻게 하나님께 나의 죄를 용서해달라고 할 수 있겠습니까? 그것은 너무나도 어울리지 않습니다. 너무나도 뻔뻔스러운 일입니다. 우리는 하나님께 큰 죄를 용서받은 자입니다. 앞으로도 죄를 용서받아야 됩니다. 그러므로 날마다 다른 사람이 여러분에게 잘못한 것을 용서하면서 사시기 바랍니다. 그러면서 하나님께 '내 죄도 용서해주옵소서' 기도하십시오. 그러면 우리 하나님께서 웃으시면서 자비한 얼굴로 우리의 잘못도, 죄도 기쁘게 용서해주실 것입니다. 여러분, 우리가 하루를 마치면 세면을 하고 세수도 하고 샤워도 하지 않습니까? 육체만 그렇게 해서는 안 됩니다. 우리의 영혼도 우리의 마음도 돌아보고 씻어야 됩니다. 그냥 '죄를 용서해주시옵소서' 하고 추상적으로 기도할 것이 아니라 하루를 돌아보면서 잘못된 것 하나하나 구체적으로 용서해달라고 기도하고 깨끗함 받고 잠자리에 드시는 성도님들 되시기 바랍니다.

마지막 여섯 번째 간구, 13절에 있습니다. 둘째 줄까지 다 같이 읽어봅니다.

**"우리를 시험에 들게 하지 마시옵고 다만 악에서 구하시옵소서"**

얼핏 보면 두 가지 기도 같지만, 한 가지 기도입니다. '시험에 들게 하지 마시고' 이것이 부정적인 기도라면 '악에서 구하소서'는 긍정적인 기도입니다. 동전의 양면과 같은 것입니다.

먼저 '시험에 들게 하지 마시고' 했습니다. 여러분, 야고보서 1장에 보면 우리 하나님은 친히 어떤 사람도 시험하지 않는다고 했습니다. 그러나 욥과 같이 때로는 우리를 시험에 노출되도록, 시험을 허용하실 때가 있습니다. 생각해보면 시험은 누구에게나 있는 것입니다. 그러므로 시험 자체가 없도록 기도하라는 것이 아니라 시험에 빠지지 않도록 기도하라는 것입니다. 루터는 말하기를 '우리는 머리 위에 새가 날아다니는 것은 어떻게 할 수 없다. 그러나 새가 우리 머리 위에 집을 짓지 못하게는 할 수 있다'고 했습니다. 할 수 있습니까? 없습니까? 할 수 있지요. 새가 와서 자기 머리 위에 집을 짓는데 그것을 그냥 놔두는 사람이 어디 있겠습니까? 그와 같이 마귀가 집을 지으려고 우리 주변을 항상 엿보고 있어요. 그래서 우리는 늘 깨어서 마귀의 시험에 들지 않도록 노력을 해야 될 뿐만 아니라 그것을 가지고 하나님 앞에 기도해야 된다는 것입니다. '시험에 들지 않게 해주십시오'라고 기도해야 합니다.

예수님께서 겟세마네 동산에서 기도하러 가실 때에 제자들에게 처음에 뭐라고 했습니까? '시험에 들지 않게 깨어 있어 기도하라'고 했습니다. 그러고 나서 예수님께서 한쪽에 가서 기도하고 돌아오니 제자들이 다 졸고 있습니다. 예수님께서 '어찌하여 자느냐? 시험에 들지 않게 깨어 있어 기도하라'고 두 번이나 그렇게 하셨습니다. 그날 밤에 기도하지 아니한 제자들은 어떻게 되었습니까? 예수님이 잡히니까 예수님을 버려두고 다 도망가 버렸습니다. 베드로는 세 번이나 부인했습니다. 밤새 기도하신 예수님은 어찌 되었습니까? 자기의 욕심을 따라서 하지 아니하고 하나님 아버지의 뜻을 따라서 십자가의 길을 가시고 우리의 구원을 이루셨습니다. 기도하지 않으면 시험에 들게 되어 있습니다. 그래서 시험에 들지 않게 깨어 기도하라고 했습니다.

여러분, 여기 이 시험이라는 말은 시련 또는 고난이라고 번역할 수 있습니다. 성도는 고난에 처하지 않도록 기도해야 합니다. 왜냐하면 성도가 고난에 처하면 시험에 들기도 하고 낙심하기도 하고 교회에서 멀어지기도 하고 하나님의 사랑을 의심하기도 하고 문제가 많이 생깁니다. 그래서 할 수 있으면 고난에 처하지 않게 해달라고 기도해야 하는데, 가만히 생각해보면 고난은 결과적으로 보면 성도들에게 많은 유익을 끼치기도 합니다. 우리로 하여금 겸손하게 만들지요. 하나님을 의지하게 만듭니다. 우리의 신앙과 인격을 더욱 더 연단시켜서 온전하게 만들어 줍니다. 그래서 17세기에 청교도들은 '하나님, 우리에게 고난을 주옵소서'라고 기도를 했습니다. 그러나 그들은 역사상 가장 위대한 신앙인들이었기 때문에 그런 기도를 할 수 있었지 우리도 꼭 그렇게 기도해야 하는 것은 아닙니다. 이 고난으로 인해서 여러 가지 어려움에 처할 수 있고 시험에 들 수 있기 때문에 우리는 그렇게 기도하지 말고 어떻게 기도해야 되겠습니까? '하나님, 저를 의의 길로 인도해주시옵소서. 평탄한 길로 인도해주시옵소서'라고 기도하며 살아야 합니다.

그리고 '다만 악에서 구하옵소서' 했는데 여기에 '악'은 '악한 자', 곧 '마귀'라고도 번역할 수 있습니다. 마귀가 하는 것은 다 악한 것입니다. 마귀가 날마다 우리의 마음 밭과 우리의 삶의 밭에다가 이런저런 종류의 악한 씨를 뿌려댑니다. 악한 자의 손아귀에 들어가면 어떻게 됩니까? 불평하게 되고 원망하고 시기하고 악을 저지르고 죄를 짓게 되는 것입니다. 그렇기 때문에 우리 성도는 날마다 악에서, 악한 자에게서 구해달라고 기도해야 되는 것입니다.

성도 여러분, 기도하는 것을 하나님 앞에서 반성해보십시오. 돌이켜보십시오. 여러분은 무엇을 위해서 기도하고 있습니까? 우리 대부분의 성도들은 이 세상에서 자기에게 필요한 것을 위해서 기도합니다. 자기의 건강을 위해서, 남편을 위해서, 직장을 위해서, 자녀들의 공부와 건강을 위해서 기도합니다. 그런데 가만히 생각해보면 주님께서 마지막에 가르쳐주신 죄를 용서해달라는 기도, 시험에 들지 않게 악에서 구해달라는 기도는 잘 드리지 않습니다. 왜 오늘날 성도는 쉽게 시험에 들고 죄를 지을까요? 이런 기도를 하나님 앞에 드리지 않기 때문입니다.

**오늘 주님이 가르쳐주신 기도문 후반부를 보았습니다.** 예수님께서는 우리에게 '일용할 양식을 주옵소서'라고 기도하라고 했습니다. 그리고 '죄를 용서하여 달라'고 기도하라고 했습니다. '시험에 들지 않고 악에서 구원해 달라'고 기도하라고 했습니다.

이 말씀들을 종합해보면 우리 육신의 삶이나 영적인 삶 모두 다 하나님의 도움과 은혜 없이는 하루도 살아갈 수 없음을 보여줍니다. 오직 하나님 의지하면서 살아야 됨을 보여줍니다. 그렇기 때문에 오늘 이 말씀을 들은 사랑하는 성도 여러분들은 날마다 하나님을 의지하면서 저 천국에 이르는 날까지 기도하면서 믿음의 길을 굳세게 걸어가는 모든 성도가 되시기 바랍니다.

## 마태복음 6:16-18

금식할 때에 너희는 외식하는 자들과 같이 슬픈 기색을 보이지 말라 그들은 금식하는 것을 사람에게 보이려고 얼굴을 흉하게 하느니라 내가 진실로 너희에게 이르노니 그들은 자기 상을 이미 받았느니라 너는 금식할 때에 머리에 기름을 바르고 얼굴을 씻으라 이는 금식하는 자로 사람에게 보이지 않고 오직 은밀한 중에 계신 네 아버지께 보이게 하려 함이라 은밀한 중에 보시는 네 아버지께서 갚으시리라

# 30

# 금식할 때에

설교를 통해서 하나님의 말씀을 듣는 복된 시간이 되기를 바랍니다. 그동안 우리는 기도에 대해서 보아왔습니다. 우리 예수님께서 말씀하시기를 '외식하는 자들처럼 남에게 보이려고 기도하지 말아라, 그리고 이방인들처럼 중언부언하는 기도를 하지 말아라'고 먼저 주의를 주시고는 '너희는 이렇게 기도하라' 하시면서 주기도문을 가르쳐주셨습니다.

이제 오늘 본문은 금식에 대해 말씀을 하십니다. 16절에 보면 '금식할 때에'라고 말씀합니다. 이것은 예수님께서 '금식은 성도들에게 자연스러운 것이다'는 사실을 전제로 해서 우리에게 말씀하고 있습니다. 그런데 오늘 본문을 읽어보면 예수님이 금식에 대한 모든 말씀을 하고 있는 것이 아닙니다. 그저 금식할 때에 주의할 것 한두 가지 말씀하고 있습니다. 그래서 저는 이 시간에 말씀의 폭을 넓혀서 금식에 대한 전반적인 말씀을 성경을 통해서 여러분에게 전하고자 합니다.

### 첫째로, 금식은 언제 하는 것이겠습니까?

금식은 말 그대로 식사를 하지 않는 것입니다. 먹을 것을 끊는 것입니다. 우리 인간에게는 여러 가지 욕구가 있습니다만 제일 가는 욕구, 가장 강한 욕구가 어떤 것이겠습니까? 식욕입니다. 다른 여러 가지가 있지만 식욕이 가장 강한 것은 인간의 생존과 관련이 되기 때문입니다. 안 먹으면 죽거든요. 그러니까 먹고자 하는 본능이 가장 강한 것입니다. 그러기에 금식을 한다는 것은 정말 비장한 일입니다. 자기를 희생하는 일입니다. 힘든 일입니다. 때로는 위험한 일이 되기도 합니다. TV 드라마에 보면 청년들, 특히 아가씨들이 금식하는 것을 보게 됩니다. 언제 합니까? 살 빼려고 하기도 하지만 많은 경우에는 자기가 사귀는 남자하고 결혼을 해야겠는데 부모가 반대하면 그 승낙을 받아내기 위해서 자기 방에 들어가서 문 잠그고 그냥 두문불출, 아무것도 먹지 않지요. 그래서 뜻을 이루어내는 경우를 봅니다. 그러나 기독교의 금식은 하나님께 떼를 쓰는 그런 것이 아닙니다.

보통 금식은 기도와 직결이 됩니다. 하나님께 더 겸손히 더 집중해서 자신의 최선을 다해서 하나님 앞에 기도로 나아갈 때에 성도가 금식을 하는 것입니다.

구약 성경에 보면 하나님께서 당신의 백성 이스라엘에게 금식하라는 경우가 한 번 있습니다. 1년에 한 번, 7월 10일이었는데 그날은 속죄일입니다. 이스라엘 백성이 1년 동안의 모든 죄를 하나님 앞에 내어놓고 회개하고 용서받는 날입니다. 그날은 아무 일도 하지 말고 성회로 모여서 이스라엘 백성에 속한 모든 사람들은 하루를 종일 금식하면서 자기를 괴롭게 하라고 하나님께서 말씀하셨습니다.

그 외에는 하나님께서 공적으로 금식하라고 한 날이 없지만 하나님의 백성들을 보면 공적으로나 사적으로 금식한 경우를 우리가 성경에서 많이 보게 됩니다.

여러분, 출애굽기 34장에 보면 모세가 처음에 십계명 돌판을 받아와서 우상숭배하는 백성의 모습을 보고 화가 나서 던져서 깨어졌지요. 그래서 하나님 말씀대로 두 돌판을 또 만들어서 다시 시내산 위로 십계명을 받기 위해서 올라갔습니다. 그때에 성경에 보면 40일간 금식기도를 했습니다. 40일간 금식하는 것은 굉장한 것입니다. 물도 마시지 않았다고 했습니다. 왜 금식했겠습니까? 확실히는 모르겠지만 높고 거룩하신 하나님을 만나는 때였기 때문에 식사 같은 것은 별로 중요하지 않았던 것 같습니다. 그래서 배고픈 줄도 모르고 40일 동안 금식기도를 했고 하나님께서는 그런 모세의 건강을 지켜주셨습니다.

사무엘상 7장에 보면 사무엘의 지도로 이스라엘 백성이 미스바라고 하는 성에 모여서 민족적인 회개 운동을 합니다. 그때도 모든 백성이 금식하면서 회개기도를 했습니다. 다윗은 밧세바와 간음을 저질렀지요. 그래서 아기를 낳았는데 하나님께서 벌을 주셔서 그 아기가 죽을 병에 걸렸습니다. 그럴 때 다윗이 금식하면서 여러 날을 기도했습니다. 에스더는 왕후이지요. 페르시아 제국의 왕후 에스더는 유대 민족을 살리기 위해서 아하수에로 왕에게 나아가야 하는데 왕이 부르지 않았는데 왕 앞에 나아가면 왕이 용서를 해주면 살지만 안 하면 죽는 규칙이 있습니다. 그러니까 왕 앞에 부르지도 않았는데 나아가는 것은 얼마나 두려운 일이겠습니까? 목숨을 거는 일입니다. 그래서 에스더 왕후가 자기와 함께 한 시녀들과 사흘을 금식하면서 바깥에 있는 모르드개에게 '당신도 유다 백성들을 모아서 사흘 동안 금식하면서 기도해주십시오' 라고 부탁을 합니다. 그렇게 해서 결국 유대 민족을 살리는 것을 볼 수 있습니다. 다니엘서 9장에 보면 다니엘은 '하나님께서 이스라엘 백성의 죄를 용서해주시고 전에 예레미야 선지자를 통하여서 약속하신 대로 포로 70년이 이제 지나가니까 하나님께서 우리 유다민족이 포로 귀환

할 수 있도록, 돌아갈 수 있도록 해 주십시오'라고 민족을 위해서 금식하면서 기도했습니다.

우리 예수님은 공적 구원 사역을 시작하기에 앞서서 광야에서 40일 동안 친히 금식하며 기도하셨습니다. 사도행전 13장에 보면 첫 이방인 교회, 여러분 아십니까? 첫 이방인 교회가 어디입니까? 안디옥교회이지요. 그런데 안디옥교회의 성도들이 자꾸 늘어나고 교회가 커져갑니다. 그래서 지도자들이 금식하면서 기도했습니다. 뭐 하려고 기도했겠습니까? 안디옥교회를 향하신 하나님의 뜻이 무엇인지를 알고 싶어서 금식기도 했습니다. 그럴 때 성령께서 '바나바와 바울을 따로 세워서 선교사로 보내라'고 말씀했지요. 그 말씀을 듣고 바나바와 바울을 따로 세워서 금식기도하고 안수하고 선교사로 보냈습니다. 바울과 바나바가 전도 여행을 하면서 한 지역에 교회가 세워지면 그 교회에 자기들을 대신해서 성도들을 가르치고 지도할 장로들을 뽑을 때도 금식기도를 하고 뽑았습니다.

그 외에도 성경에 보면 금식기도를 하는 예가 많습니다. 어떤 경우에 금식하면서 기도했습니까? 민족적인 중대사가 있을 때에 금식하며 기도했습니다. 그리고 하나님 앞에 깊은 회개를 할 때에 금식하면서 기도했습니다. 하나님의 특별한 은혜와 도움과 능력을 구할 때에 금식하며 기도했습니다. 또 어떤 영적인 훈련을 위해서 금식하며 기도하기도 했습니다. 그럴 때에 우리 하나님께서 그 기도를 다 응답해주셨습니다.

18세기 북아메리카에 데이비드 브레이너드라는 경건한 사람이 있었습니다. 이 사람은 특별히 아메리카 인디언들에게 들어갔습니다. 그 사람 중에는 식인종도 있는데 그들에게 들어가서 복음을 전하는 인디언 선교사였습니다. 이분은 깊은 기도의 사람이었습니다. 그래서 종종 날을 정해서 '이 하루는 내가 하나님 앞에서 금식하고 기도하겠다' 하여 더 큰 은혜를 누리기 위해서 금식하고 기도하는 날을 정해놓고 숲에 들어가서 종일토록 금식하면서 하나님과 친밀한 교제를 누렸습니다. 특별한 회개를 위해서 한 것도 아니고 큰 문제가 있어서 한 것도 아니고 하나님의 특별한 도우심을 위해서 한 것도 아니고 하나님과 친밀한 교제를 위해서, 자신의 영적인 성장을 위해서 한 것이니까 브레이너드의 금식은 수준이 높은 금식기도라고 말할 수 있습니다.

여러분, 금식기도를 해보면 육신은 정말 연약해지지만 영혼은 맑아집니다. 자기에게 있는 세상의 욕심들이 다 물러가는 것을 느낄 수 있습니다. 하나님께서 능력 내려주심을 경험할 수 있습니다. 수십 년 전만 해도 금식은 좀 흔한 것이었습니다. 그런데 오늘날 갈수록 금식하는 성도를 보기가 어렵습니다. 이유가 무엇이겠습니까? 옛날보다 금식하면서 기도할 일이 없어졌기 때문에 금식기도를 하지 않느냐? 여러분 그렇게 생각하십니까? 저는 그렇게 생각하지 않습니다. 도리어 말세가 될수록 우리에게 금식하면서 기도해야 될 중요한 문제들이, 어려운 일들이 더 많아집니다. 그런데도 금식을 못하는 것은 삶이 너무 분주해서입니다. 그런 것도 있지만 가장 큰 문제는 믿음이 부족한 탓이요, 열심이 부족한 탓이 아닐까 생각합니다. 맛있는 음식이 많고 그 음식을 먹음이 삶에 얼마나 큰 기쁨이요, 즐거움입니까? 그런데 그것을 희생하고 절제하며 먹지 않고 기도한다는 것은 생각하기도 싫거든요. 그것이 너무 힘드니까 안 한다는 것입니다.

사랑하는 성도 여러분, 여러분은 지금까지 살면서 몇 번이나 금식하면서 기도해보셨습니까? 어려움을 당할 때에 자포자기하거나 낙심하기보다도 하나님을 바라보면서 금식하면서 간절히 기도하시기 바랍니다. 그래서 하나님께로부터 문제 해결의 은혜를 받고 경험하는 여러분이 되기를 바랍니다.

### 두 번째, 진정한 금식은 어떤 것이겠습니까?

경건생활, 다시 말해서 하나님을 바라보고 하나님께 예배를 드리고 기도하는 신앙생활은 정말 귀하고 선하고 아름다운 일입니다. 그런데 죄가 이 세상에 들어오고 나서부터는 언제나 어떤 일에나 거짓이 있기 마련입니다. 사람에 대한 것은 물론이고 하나님을 향하여 예배드리고 금식하는 이런 문제도 거짓이 틈을 타고 들어온다는 것입니다. 구약시대 때 하나님께서 이사야 선지자를 통하여서 그 시대 사람들에게 하신 말씀이 있습니다. '이 백성이 입술로는 나를 존경하여도 그 마음은 내게서 멀도다' 했습니다. 무슨 말씀입니까? 하나님 앞에 나와서 예배를 드릴 때, 찬송을 할 때, 기도를 할 때에 보면 너무 좋은 신자 같습니다. 입술로는 하나님을 존경하는데 하나님을 높이는 마음이 없다는 것입니다. 완전히 형식적인 것이지요.

놀랍게도 우리 예수님도 이 말씀을 인용하셨어요. 이사야 선지자보다 700년 후에 이 땅에 태어난 예수님도 '이 백성이 입술로는 나를 존경하여도 그 마음은 내게서 멀도다'는 그 말씀을 인용했습니다. 그것이 무엇을 의미합니까? 예수님 당시의 사람들도 겉으로는 하나님을 잘 섬기는데 속으로는 하나님을 경외하지 않았다는 것입니다. 여러분, 생각해보십시오. 진정으로 죄를 회개하고 자기를 낮추고 희생하는 표로써 금식을 하게 된다면 그 사람의 마음이 어떻게 되겠습니까? 그 사람의 태도가 어떻게 될까요? 다른 사람을 향한 자세가 어떻게 될까요? 겸손하게 되지 않겠습니까? 모든 욕심을 다 내려놓게 됩니다. 다른 사람을 향한 악한 마음을 버리게 되고 도리어 불쌍하게 여기게 되고 용서하는 마음, 온유한 마음, 자비로운 마음을 가지게 됩니다. 그런데 오늘 우리가 교독한 말씀인 이사야서 58장을 보면 사람들이 금식을 하면서도 오락을 즐깁니다. 여러분, 절제와 희생의 최고 모습이 무엇입니까? 금식입니다. 그런데 금식을 하면서도 자기가 하고 싶은 것은 다 즐긴다는 것입니다. 우스운 일 아닙니까? 심지어 논쟁을 하고 사람들과 다투고 폭력을 행사하기까지 한다고 했습니다. 그런 모습은 금식의 정신과는 완전히 반대가 되는 모습입니다. 여러분 이것이 참된 금식이라고 할 수 있습니까? 참된 금식이 아닙니다. 겉으로 밥 안 먹고 식사 안하는 것은 금식하는 것인데 속으로 보면 금식하는 것이 아니지요. 굶식이지요.

이에 비해 하나님이 기뻐하시는 참된 금식이 어떤 것입니까? 오늘 교독문 이사야 58장을 보십시오. 내가 기뻐하는 금식은 금식하면서 남을 압제하지 아니하고 남을 풀어주고 자유를 주고 쉼을 주고 또 가난한 자, 주린 자를 보면 불쌍히 여겨서 나누어주는 것이라고 했습니다. 참된 금식을 하면 하나님께서 어떻게 하시겠다고 합니까? 이사야 58장 8절~9절을 다 같이 읽어보겠습니다.

> **"그리하면 네 빛이 새벽 같이 비칠 것이며 네 치유가 급속할 것이며 네 공의가 네 앞에 행하고 여호와의 영광이 네 뒤에 호위하리니 네가 부를 때에는 나 여호와가 응답하겠고 네가 부르짖을 때에는 내가 여기 있다 하리라"**

놀라운 약속이 주어집니다. 특별히 두 가지가 감동적입니다.

하나는 너희 치유가 급속할 것이라고 했습니다. 어떤 이가 중병에 걸려서 하나님 앞에 치유를 위해서 금식하면서 기도를 하는데 금식의 정신대로 교만하고 까칠한 모습은 다 사라지고 겸손하고 자비롭고 남을 도와주고 구제하면 하나님께서 신속하게 그를 고쳐주시겠다는 말씀입니다. 저는 때로 그런 모습을 봅니다. 의사가 고칠 수 없는 병을 가지고서 금식기도를 하는데 남을 대하는 모습이 하나도 바뀐 것이 없이 거칠게 남을 대하는 것을 봅니다. 참된 금식자는 그렇게 될 수가 없거든요. 생각이 달라지고 마음이 달라지게 되어있습니다. 하나님이 보시기에 아름다운 금식을 할 때에 하나님께서 그 사람을 신속하게 고쳐주신다는 말씀입니다. 또 한 가지는 마지막에 보면 '네가 부를 때에 내가 응답하리라' 했습니다. 하나님께서 소원을 가지고 참되게 금식하면서 기도할 때에 하나님이 그 기도를 들어 응답해주시겠다는 말씀입니다.

금식은 어렵고 힘든 일입니다. 그렇지만 살다보면 하나님께서 '금식하면서 기도하라'는 마음을 주실 때가 있습니다. 저는 목회하면서 그럴 때가 여러 번 있었습니다. 하나님께서 금식하면서 기도하라는 마음을 주실 때, 그리고 나의 삶에 사방이 꽉 막혔을 때에, 앞길이 보이지 않고 캄캄할 때에 어떻게 해야겠습니까? 그때는 하나님 앞에 생명을 걸고 금식하면서 기도해야 된다는 말씀입니다. 그래서 참된 금식기도를 통해서 하나님께서 이사야 58장에 약속하신 약속들, 은혜들, 기도의 응답을 받아 누리시는 여러분들이 꼭 되시기 바랍니다.

### 마지막 세 번째 금식할 때에 주의점은 무엇입니까?

예수님 당시에 서기관, 바리새인 같은 종교 지도자들이나 경건한 유대인들은 한 주에 두 번이나 금식했습니다. 참 놀랍지요? 월요일에도 금식하고 목요일에도 금식했습니다. 그런데 그들 대부분은 사람들에게 그들의 경건함을 과시하기 위해서, 사람들의 인정과 칭찬을 받기 위해서 금식했습니다. 더욱이 자기 자신이 금식하는 것을 남에게 잘 보이기 위해서 거친 베옷을 입거나 얼굴을 찡그리거나 힘없는 표정을 짓거나 슬픈 표정을 짓거나 했습니다. 세수도 안하고 머리 빗질도 안 하고 도리어 머리에 재를 뿌리고 했습니다. 그래서 모두에게 자신이 금식 중임을 알렸습니다. 그래서 은근히 자신의 경건함을 자랑하였습니다. 하나님께서 기뻐하시지 않지요. 우리가 신앙생활을 할 때 이런 모습을 하기 쉽습니다. 꼭 금식이 아닐지라도 기도하는 모습도 그렇습니다. '나는 기도하는 사람이다', '내가 기도해보니까 어찌하더라' 하는 것은 자기 자신을 나타내는 것 아니겠습니까? 참으로 하나님 앞에 진실한 기도의 사람은 그런 말을 하지 않습니다. 이렇게 사람에게 보이기 위해서 금식하는 자에게 예수님께서 무엇이라고 말씀합니까? 오늘 말씀에 '그들이 자기 상을 이미 받았느니라' 했습니다. 어떤 상을 받았습니까? 사람들에게 보이려고 금식했는데 사람들이 그것을 보고 알아봐주고 칭찬해주고 존경해주거든요. 그것이 바로 자기 상입니다. 사람에게 이미 상을 받았으니까 하나님의 상은 없습니다. 그것으로 끝입니다. 그러면서 예수님은 무엇이라고 말씀하십니까? 17절을 같이 읽어봅니다.

**"너는 금식할 때에 머리에 기름을 바르고 얼굴을 씻으라"**

무슨 말씀입니까? 할 수 있으면 내가 금식하는 것을 알아채지 못하고 눈치채지 못하게 하라는 것입니다. 그렇게 해야 하는 이유가 18절에 나옵니다.

**"이는 금식하는 자로 사람에게 보이지 않고 오직 은밀한 중에 계신 네 아버지께 보이게 하려 함이라 은밀한 중에 보시는 네 아버지께서 갚으시리라"**

내 금식하는 것을 아무도 못 보고 몰라도 하나님이 보고 계시고 하나님이 아시고 하나님이 갚아주시고 상을 주시고 나의 기도에 응답해주신다는 것입니다.

한 가지 성경 이야기를 하고 말씀을 맺겠습니다.

어느 날 예수님께서 세 제자를 데리고 산에 기도하러 가셨습니다. 며칠 기도하시고 나서 산에서 내려오십니다. 그때 산 밑에 상황이 어떠했냐면 어떤 귀신 들린 아이의 아버지가 자기 아들을 데리고 예수님께 귀신을 쫓아달라고 왔습니다. 예수님이 기도하러 가셔서 안 계시니 제자들에게 고쳐달라고 했습니다. 제자들도 전에 예수님이 능력을 주사 둘씩 짝지어 보내심으로 병도 고치고 귀신들을 쫓아낸 경험이 있습니다. 그래서 자신들이 이번에도 잘할 줄 알았습니다. 그런데 귀신이 안 나가는 겁니다. 당황스러운 상태입니다. 그때에 예수님이 산에서 내려오셨죠. 그 모습을 보시고 '믿음이 없는 세대여' 하며 안타까워하시며 탄식하시는데 그 아이의 아버지가 예수님 앞에 나왔습니다. 뭐라고 하는지 아십니까? 제자들이 못 고치니까 예수님까지도 의심을 하는 거예요. 그래서 '할 수 있거든, 혹 하실 수 있으면 저희를 불쌍히 여기사 고쳐주옵소서' 했습니다. 그러니까 예수님이 '할 수 있거든 이라니! 그게 무슨 말이냐? 믿는 자에게는 능치 못함이 없느니라' 하며 귀신을 쫓아내어 주셨습니다. 시간이 지나서 사람들이 다 집에 갔습니다. 제자들이 예수님께 묻습니다. '선생님, 우리는 왜 못했습니까? 우리는 왜 귀신을 쫓아낼 수가 없었습니까?' 하니 예수님께서 **'기도 외에는 이런 유가 나갈 수 없느니라'**(막9:29) 말씀하셨습니다. 그런데 놀라운 것은 다른 사본에 보면 **'기도와 금식 외에는 이런 유가 나갈 수 없느니라'** 말씀하고 있습니다.

여러분, 우리가 오늘 이 세상을 살아나갈 때에, 또 성도로서 믿음으로 살아나갈 때에 때로는 내 힘으로는 도무지 감당 못할 태산 같은 문제들이 우리 앞을 가로막을 때가 있습니다. 어떻게 해야 되겠습니까? 믿음으로 하나님 앞에 기도하시기 바랍니다. 특별히 금식하면서 생명을 걸고 하나님 앞에 나아가십시오. '기도와 금식 외에는 이런 유가 나갈 수 없느니라'고 말씀하신 대로 금식기도를 통해서 어떤 난관, 역경, 어려운 문제일지라도 다 해결 받고 응답받는 역사가 여러분에게 있기를 바랍니다.

## 마태복음 6:19-21

너희를 위하여 보물을 땅에 쌓아 두지 말라 거기는 좀과 동록이 해하며 도둑이 구멍을 뚫고 도둑질하느니라 오직 너희를 위하여 보물을 하늘에 쌓아 두라 거기는 좀이나 동록이 해하지 못하며 도둑이 구멍을 뚫지도 못하고 도둑질도 못하느니라 네 보물 있는 그 곳에는 네 마음도 있느니라

# 31

# 보물을 하늘에

성도 여러분, 유대인들의 세 가지 경건 행위가 무엇인지 기억하십니까? 첫 번째는 구제, 두 번째는 기도, 세 번째는 금식입니다. 우리가 지금까지 봤습니다. 우리 예수님께서는 이 세 가지에 대해서 말씀하시면서 이런 경건 행위를 사람에게 보이려 하지 말고 오직 하나님만 의식하고 하라고 말씀하셨습니다.

오늘 본문에서부터 6장 끝까지는 예수님께서 우리의 경제생활에 대해서 말씀을 주십니다. 주제가 경건에서 소유로 바뀌고 있습니다. 생각해보면 경제생활은 우리의 삶에서 너무나도 중요합니다. 대부분의 사람들은 돈과 재산을 자신의 가장 귀한 가치로 여깁니다. 누가 돈이 많거나 많이 벌면 최고라고 생각하고 성공한 사람이라고 생각합니다. 그러기에 돈을 위해서는 못할 일이 없다고 생각합니다. 경제생활은 우리의 삶에서 너무나도 중요하고 또 우리 삶의 대부분을 차지하고 있기 때문에 신자는 무엇보다도 경제생활을 하나님 뜻대로 할 수 있어야 합니다. 그래야 하나님께 영광을 돌리는 삶이 될 수가 있기 때문입니다.

**우리 예수님께서 우리의 경제생활, 물질생활에 대해서 주시는 말씀을 한 마디로 말하면 '보물을 하늘에 쌓아두라'는 말씀입니다.** 따라서 합니다. "보물을 하늘에 쌓아두라."

**예수님은 먼저 이 말씀을 '보물을 땅에 쌓아두지 말라' 하는 부정적인 말씀으로 시작합니다.** 보물을 땅에 쌓아둔다는 것이 무슨 의미이겠습니까? 돈 번 것을, 또는 나에게 있는 진짜 보물을 땅을 파고서 거기에 묻어둔다는 것일까요? 그런 뜻은 아닙니다. 이기적인 욕심으로 보물을, 돈을, 재산을 모으고 쌓아두는 것을 말합니다. 예를 들어서 어떤 사람은 아무 목적 없이 무조건 많이 모으기만 하고 쌓기만 하는 경우가 있습니다. 돈 많다는 소리, 부자라는 소리, 성공했다는 소리를 듣고 싶고 그리고 다른 사람에게 뭔가 자랑하고 싶고, 그 재산을 의지하면서 마음 든든해하며 살아가는 것입니다. 그것이 보물을 땅에 쌓는 것입니다. 또 자기만을 위하여 자기 재산과 물질을 쓰는 것 또한 역시 보물을 땅에 쌓는 것입니다. 어떤 이는 남을 위해서 쓰는 것은 한 푼도 아까워하지만 자기를 위해서는 그냥 써버립니다. 아낌없이 사용합니다. 이 역시 보물을 땅에 쌓는 것입니다.

물론 우리 신자도 노후를 위해서, 자녀의 교육을 위해서, 자녀의 결혼을 위하여 저축을 할 수 있습니다. 해야 합니다. 집을 살 수도 있고 땅을 살 수도 있고, 또 사업에 투자할 수 있습니다. 적당한 소비를 하는 것은 좋은 일입니다. 그런 것을 예수님께서 금하시는 것이 아닙니다. 도리어 규모 없이 살고 저축도 하나도 하지 않고 자기 분수에 넘치게 소비하면서 사는 것은 잘못된 모습이요, 하나님께서 그런 삶은 기뻐하시지 않습니다. 예수님께서 '보물을 땅에 쌓아두지 말라'는 것은 재산이 삶의 목적이 되어서는 안 되고 그 재산을 의지하면서 살아서도 안 되고 그것을 자기만 위해서 사용해서도 안 된다는 말씀입니다.

여러분, 보물을 땅에 쌓아두지 말아야 할 이유가 무엇이겠습니까? 19절을 보십시오. '거기는 좀과 동록이 해한다' 했습니다. 지금은 옷이 얼마나 많습니까? 그러나 2,000년 전 이때만 해도 옷은 보물이었습니다. 큰 재산이었습니다. 그러나 좀이 파먹어버리면 쓸 수가 없습니다. 좀이 해하지 못하는 금속류는 어떻게 되겠습니까? 동록이 해한다고 했습니다. '동록'이란 구리의 녹, 곧 녹을 말합니다. 그래서 '땅에 쌓아두면 좀과 동록이 해하며 도둑이 구멍을 뚫고 도둑질 하느니라' 말씀했습니다. 이 말씀은 땅에 쌓는 보물은 안전하지 않다는 것입니다. 언젠가는 사라진다는 말입니다. 특히 우리 인생이 이 세상을 떠날 때는 하나도 가져가지 못합니다. 다 남겨놓고 남의 것이 됩니다. 그러기에 보물을 땅에 쌓아두지 말고 하늘에 쌓아두라는 것입니다.

여러분, 어떻게 하는 것이 하늘에 쌓는 것입니까?

바로 우리가 머리에 떠올릴 수 있는 것 두 가지가 있습니다. 하나는 바른 헌금생활을 하는 것입니다. 하나님께서 말씀하시는 헌금의 기준을 우리는 알고 있습니다. 무엇입니까? 십일조입니다. 오늘 우리가 교독한 말씀은 다윗 왕이 하나님께 찬양한 찬양입니다. 다윗 왕은 하나님을 위해 성전을 지어드리기 원했지만 하나님께서는 그가 피를 너무 많이 흘렸기 때문에 성전을 짓지 말라고 했습니다. 너의 아들 솔로몬이 지을 것이라 했습니다. 그렇게 했을 때 섭섭했지만 '성전 건축 준비는 내가 다 할 수 있지' 하는 마음을 가지고 자기 사유재산의 엄청난 부분을 하나님께 성전건축을 위해 드렸습니다. 그 모습을 보고 지도자들도 감동을 받아 크게 하나님 앞에 드리고 지도자들의 모습을 보고 온 백성들도 똑같이 그렇게 했습니다. 그 모습을 보는 다윗의 마음이 얼마나 즐겁고 기뻤던지 하나님 앞에 찬양과 감사를 돌렸습니다. 그것이 오늘 교독문 본문입니다. 교독문 역대상 29장 14절을 같이 읽겠습니다.

"모든 것이 주께로 말미암았사오니 우리가 주의 손에서 받은 것으로 주께 드렸을 뿐이니이다."

이것이 바로 헌금입니다. 헌금은 주께 받은 것으로 그 일부를 다시 주께 돌려드리는 것입니다. 우리가 다 이 세상에 태어날 때는 옷 한 벌도 없이 빈손으로 왔지만 하나님께서 우리에게 많은 것을 주심으로 누리며 살게 해주셨고 지금도 매달 우리에게 필요한 것들을 채워주시고 계십니다. 하나님은 그 가운데에서 하나님의 일을 위해서 소득의 십분의 일을 하나님께 드리라 말씀하셨습니다.

성경을 보면 하나님께서 그렇게 말씀하시기 전에 창세기에 나오는 믿음의 조상 아브라함, 그의 손자 야곱은 자발적으로 하나님 앞에 십일조를 드렸습니다. 이렇게 하는 것이 합당하겠다고 느꼈기 때문이 아닐까 싶습니다. 그러다가 모세가 시내산에서 율법을 받을 때에 하나님께서는 드디어 거기에 명시를 했습니다. 소득의 십일조, 땅의 소산의 십일조를 주께 바칠 것을 말씀하셨습니다. 그리고 구약의 마지막 선지자 말라기도 말하기를 '너희의 온전한 십일조를 드려 하나님의 창고를 채워라'고 재삼 확인을 했습니다.

십분의 일을 드림은 십분의 일만 하나님의 것이라는 의미가 아닙니다. 내게 있는 모든 것이 하나님의 것이요, 내게 있는 모든 것을 하나님께 드리는 표로서 십분의 일을 드리는 것입니다. 여러분, 우리 하나님은 사람이 하나님을 시험하는 것을 아주 싫어하십니다. 그래서 하나님을 시험치 말라고 여러 군데서 말씀하셨습니다. 그러나 이 십일조 문제에 있어서는 '나를 시험하여 보라'고 말씀하셨습니다. 내가 복을 주는지 안 주는지 나를 시험해보라고 했습니다. 그렇게 십일조를 드림으로 해서 삶이 힘들어지고 가난해졌다고 하는 사람을 주변에 본 적이 있습니까? 없을 것입니다. 하나님께서 그렇게 약속해주셨기 때문입니다.

헌금은 우리가 하나님께 직접 우리의 보물을, 재물을 드리는 것입니다. 하늘에 보물을 쌓는 가장 확실한 방법입니다. 사람이 하나님께 바른 헌금을 드림보다 자기의 재물을 더욱 값있게 쓸 수 있는 방법은 없습니다. 우리가 세상에서 투자할 수 있는 최고의 투자가 바른 헌금입니다. 더러 우리 성도들 중에는 십일조를 드리는 것이 아까워서 못 드리는 분도 있고, 드리기는 하지만 인색해서 반 정도를 드리면서 십일조를 드린다 하시는 분도 있습니다. 간혹 성도들 중에는 넘치고 풍족하게 하나님 앞에 드리는 경우도 있습니다. 그런 모습을 보면 마음에 참 감동이 됩니다. 여러분, 하나님이 어떤 모습을 기뻐하시겠습니까? 풍성하게 드리는 모습, 기쁨으로 드리는 모습을 하나님께서 기뻐하십니다. 저는 생각합니다. 헌금만큼 그 사람의 믿음을 잘 보여주는 것은 없다고 말입니다.

우리 어른들은 자신도 십일조를 하나님 앞에 드려야 되고 자기 자녀들에게도 이것을 잘 가르쳐야 합니다. 우리가 살고 있는 20세기, 21세기에 부자들이 많이 있지만, 최고의 부자가 누군지 전문가들이 따져보니 미국의 록펠러라고 합니다. 그는 가난한 집에서 태어나서 고등학교도 잘 다니지 못하고 중퇴를 했습니다. 그러나 최고의 부자가 된 것은 어릴 때 어머니와 약속한 세 가지를 잘 지켰기 때문인데 그 첫 번째가 십일조를 하나님께 드리는 것입니다. 놀랍게도 록펠러는 여섯 살 때부터 십일조를 드렸다고 합니다. 그 어머니는 그가 주일 날 교회에 갈 때에 교육을 시킵니다. 한 달에 용돈이 20센트인데 20센트의 10분의 1인 2센트는 하나님께 십일조로 드리라고 교육을 시키고 그렇게 약속을 했습니다. 그리고 돈을 넣는 주머니도 하나가 아니라 두 개를 만들어서 하나는 십일조를 넣는 주머니, 다른 하나는 용돈을 넣는 주머니로 분리해서 쓰도록 가르쳤습니다. 이 습관은 억만장자가 되어서도 계속 이어졌습니다. 최고의 부자가 되었을 때는 십일조를 계산하기가 너무 힘든 거예요. 그래서 정확하게 십일조를 계산하기 위해서 회사에다 40명으로 구성이 된 십일조 전담 부서를 만들었어요. 그래서 하나님께 십일조를 철저하게 드렸습니다. 여하튼 우리 모든 성도들이 믿음으로 소득의 십일조를 기쁨으로 하나님 앞에 드릴 수 있기를 바랍니다. 선지자가 말한 대로 온전한 십일조를 드릴 수 있기를 바랍니다. 인색함으로가 아니라 자원해서 풍성하게 드릴 수 있는 성도가 되시기 바랍니다.

**그리고 보물을 하늘에 쌓는 두 번째 방법은 구제입니다.**

이미 우리가 마태복음 6장 초두에서 예수님께서 구제에 대해서 말씀하신 것을 보았습니다. 우리가 성경을 보면 하나님께서 가난한 이웃을 돕는 것을 가장 좋아하시고 기뻐하시는 것을 볼 수 있습니다. 잠언에서는 아예 하나님께서, 가난한 자를 돕고 구제하는 것은 나에게 하는 것이다, 내가 갚아 줄 것이다고 말씀하시기까지 했습니다. 이것이 하늘에 보물을 쌓는 것입니다. 관련되는 성경구절을 찾아봅시다. 누가복음 12장 33절 같이 읽겠습니다.

> "너희 소유를 팔아 구제하여 낡아지지 아니하는 배낭을 만들라 곧 하늘에 둔 바 다함이 없는 보물이니 거기는 도둑도 가까이 하는 일이 없고 좀도 먹는 일이 없느니라"

이 말씀을 보면 첫 줄에 '구제하라'고 말씀하시지요. 둘째 줄에는 '그것은 곧 하늘에 둔 바 다함이 없는 보물이라' 그것은 곧 하늘에 쌓는 것이라 말씀하고 있습니다. 디모데전서 6장 18~19절을 같이 읽겠습니다.

> "선을 행하고 선한 사업을 많이 하고 나누어 주기를 좋아하며 너그러운 자가 되게 하라

이것이 장래에 자기를 위하여 좋은 터를 쌓아 참된 생명을 취하는 것이니라"

18절은 '선을 행하고 많이 나누어주고 구제하라'고 말씀하는데 19절에서는 '장래에 자기를 위해서 좋은 터를 닦는 것이라' 했습니다. 장래가 언제이겠습니까? 우리가 하나님 나라에 갈 때에 그것이 좋은 터가 되어 있다는 말씀입니다. 이런 말씀은 구제가 하늘의 보물을 쌓는 일임을 우리에게 잘 보여줍니다.

여러분, 만사에는 하나님의 뜻이 있습니다. 우리가 대한민국에 태어난 것도 하나님 뜻이 있고 이 시대에 태어난 것도 그렇고 여러분의 가정에 남편과 아내로 결혼해서 함께 사는 것도 하나님의 뜻이 있습니다. 우연히 되는 것은 하나도 없습니다. 만사에는 하나님의 뜻이 있는데 남보다 비교적 여유가 있게 사시는 분들, 그것에도 하나님의 뜻이 있습니다. 그냥 자기 잘 먹고 잘 살고 자랑하고 으시대며 살도록 하나님께서 많이 준 것이 아니지요. 그래서 하나님 앞에 기도해봐야 합니다. '하나님, 남보다 저에게 많이 주신 하나님 감사합니다. 그렇게 하신 하나님의 뜻이 무엇입니까?' 그 뜻을 발견해서 구제하고 선을 행하는 일에 많이 사용하시라는 것입니다. 존 크리소스톰은 누가복음 16장의 부자와 나사로 비유에서 '부는 가난한 사람을 관리하라고 부자에게 주어지는 것'이라고 했습니다. 그렇게 하는 것이 하늘에 보물을 쌓는 것입니다.

**여러분, 보물을 하늘에 쌓을 이유가 무엇입니까?**

20절 둘째 줄을 보십시오. 거기에 좀이나 동록이 해하지 못하며 도둑이 구멍을 뚫지도 못하고 도둑질도 못하느니라. 한 마디로 말하면 안전하고 영원하다는 말씀입니다. 베드로전서 1장 4절을 같이 읽겠습니다.

**"썩지 않고 더럽지 않고 쇠하지 아니하는 유업을 잇게 하시나니 곧 너희**

를 위하여 하늘에 간직하신 것이라"

하늘에 간직한 것이라 했는데 하늘에 간직한 것의 특징이 그 앞에 나옵니다. 썩지 않고 더럽지 않고 쇠하지 않는다는 말입니다. 다른 말로 하면 하늘에 쌓은 것은 안전하고 영원하다는 것입니다. 하늘에 쌓은 보물은 영원히 사라지지 않음으로 인해서 영원한 영광과 풍성함을 우리에게 주는 것입니다.

오래 전에 책에서 읽은 이야기 입니다. 한 교회에 홀로 사시다가 하늘나라에 간 두 분의 권사님이 계셨는데 한 분은 생전에 자신이 살던 집을 자기가 죽고 나면 교회에 1/3, 문중 장학재단에 2/3를 주기로 말씀을 해놓았습니다. 때가 되어서 권사님이 죽고 나서, 교회에서는 그 집값의 2/3를 문중 장학재단에 드리고 그 집을 교회로 등기 이전했습니다. 그리고 그것을 수리하고 개조해서 그 건물을 학사관으로 만들었습니다. 그래서 대학생 10명 정도를 충분히 수용할 수 있는 곳으로 만들어서 시골에서 도시로 올라온 가난한 대학생들, 또 믿음을 지켜야 되는 신자 대학생들을 뽑아서 거기에서 거할 수 있도록 했습니다. 이 권사님은 보물을 하늘에 쌓은 것이지요. 다른 한 분의 권사님은 역시 자식 없이 홀로 사셨는데 재산은 앞에서 말한 권사님보다 많았습니다. 그런데 이 권사님은 재물에 대하여 욕심이 많았습니다. 그래서 돌아가실 때까지 이것을 손에 꽉 쥐고 놓지 못했습니다. 그러다가 그냥 돌아가시니까 촌수도 먼 사람들이 서로 다투며 다 나누어 가졌습니다. 붙잡을 수 없는 것을 끝까지 붙잡고 계셨던 것입니다. 그래서 하늘의 보화를 많이 쌓지 못했습니다. 성도 여러분은 얼마나 하늘에 쌓아두신 것 같습니까? 우리가 하늘나라에 가면 내가 세상에 살 동안 하늘에 얼마나 쌓아두었는지 다 보게 될 것입니다. 바른 헌금생활, 구제생활, 선한 일을 통해서 하늘에 보물을 쌓아가는 성도가 되시기 바랍니다.

이제 마지막 21절을 같이 읽겠습니다.

**"네 보물 있는 그 곳에는 네 마음도 있느니라"**

이 말씀은 우리가 보물을 하늘에 쌓아두어야 될 이유를 우리에게 보여줍니다. 우리가 옛날이야기나 TV 드라마를 보면 자기 돈을 땅을 파고 숨겨놓고 그것이 궁금해서 잘 있는지 자주 확인하고 안심하고 돌아오는 것을 볼 수 있습니다. 그런데 어떤 사람이 그 모습을 보고 수상하게 여겨서 그 사람이 없을 때 땅을 파서 가져가버리지요. 여러분, 보물을 숨겨둔 곳에 자주 찾아간다는 것은 무엇을 말합니까? 보물 있는 곳에 마음이 있다는 것이지요. 그러면 여러분, 보물을 땅에 쌓는 사람은 그 마음이 어디에 있겠습니까? 땅에 있게 되지요. 마음이 땅으로, 세상으로, 세상살이에 자꾸 기울어지게 됩니다. 그것이 마치 전부인 것처럼 자꾸만 땅을 향한 삶을 살게 되지요. 삶이 세속적이게 됩니다. 불신앙적이게 됩니다. 예수는 믿는데 삶은 불신자와 다를 바 없는 삶을 살게 된다는 것입니다.

반대로 보물을 하늘에 쌓는 사람은 그 마음이 어디에 있습니까? 하늘에 있습니다. 일시적인 세상에 있는 것이 아니라 영원한 하나님의 나라에 있습니다. 하늘나라에 소망을 두고 하늘나라에 관심을 두고 거기에 합당하게 살아가게 됩니다. 골로새서 3장 1절에 보면 '너희가 그리스도와 함께 다시 살리심을 받았으면 위에 것을 찾으라. 위에 것을 생각하고 땅에 것을 생각하지 말라'고 했습니다. 예수 믿어서 살리심을 받고 영생 얻은 성도는 이제 세상만 바라보고 세상을 위해서만 사는 것이 아니라 하늘을 바라보고, 천국을 바라보고 살아야 된다고 했습니다. 우리가 그렇게 살도록 하기 위해서 하나님께서 오늘 본문에 좋은 지혜를 주셨어요. 여러분, 하늘에 마음을 두고서, 위에 것을 찾으면서 살 수 있는 중요한 방법이 오늘 말씀에 있지요. 무엇입니까? 보물을 하늘에 쌓는 것입니다. 그렇게 하면 보물이 있는 곳에 마음도 있기 때문에 그 사람의 마음이 하늘에 있게 되지요. 그런 사람은 영적인 사람이 됩니다. 참된 신앙의 사람이 되는 것입니다. 다시 말하면 그 보물을, 재물을 어디에 쌓느냐 하는 것이 그 사람의 삶을 결정짓습니다. 세상의 사람으로 만들기도 하고 하늘의 사람으로 만들기도 합니다.

오늘 본문 말씀에 우리 주 예수님께서 보물을 땅에 쌓아두지 말라, 보물을 하늘에 쌓아두라고 하셨습니다. 그리고 '네 보물 있는 곳에 네 마음도 있느니라' 하심으로 어디에 보물을 쌓느냐가 그 사람과 그 사람의 삶을 결정짓는다는 것을 보여주셨습니다.

성도 여러분, 지금까지 살아온 삶, 힘들게 수고하면서 돈 벌면서 살아온 내 삶, 내 경제생활을 오늘 이 시간 하나님의 말씀을 가지고 한번 생각해보시고 돌아보실 수 있기를 바랍니다. 나는 어디에 내 보물을 쌓아왔던가? 땅인가, 하늘인가? 남은 생애는 하늘에 더 많은 보물을 쌓으면서 사시는 지혜롭고 복된 성도들이 다 되시기 바랍니다.

## 마태복음 6:22-24

눈은 몸의 등불이니 그러므로 네 눈이 성하면 온 몸이 밝을 것이요 눈이 나쁘면 온 몸이 어두울 것이니 그러므로 네게 있는 빛이 어두우면 그 어둠이 얼마나 더하겠느냐 한 사람이 두 주인을 섬기지 못할 것이니 혹 이를 미워하고 저를 사랑 하거나 혹 이를 중히 여기고 저를 경히 여김이라 너희가 하나님과 재물을 겸하여 섬기지 못하느니라

# 32

# 두 눈, 두 주인

성도 여러분, 지난주일 설교 제목을 혹시 기억하십니까? '너희 보물을 하늘에 쌓아두라'입니다. 오늘 이 자리에 있는 모든 성도들은 보물을 하늘에 쌓아두는 지혜롭고 복된 성도들이 되시기 바랍니다.

그런데 오늘 본문 22절, 23절에는 두 눈에 대한 말씀이 나오고 24절에는 두 주인에 대한 말씀이 나옵니다. 앞의 말씀과는 좀 맞지 않게 갑작스럽게 다른 말씀들이 나오는 것 같습니다. 그렇지만 깊이 생각해보면 보물을 하늘에 쌓아두라는 말씀과 다 통하는, 물질에 대한 말씀인 것을 알 수 있습니다. 그래서 이 시간 두 눈, 두 주인을 생각할 때에 우리의 생각과 삶이 새롭게 변화되는 은혜가 성도 여러분에게 있기를 바랍니다.

### 먼저 두 눈을 생각해봅시다. 22절에 보면

**'눈은 몸의 등불이니 그러므로 네 눈이 성하면 온 몸이 밝을 것이요 눈이 나쁘면 온 몸이 어두울 것이다'**

했습니다. 여러분, '눈은 몸의 등불이다'고 할 수가 있겠습니까? 눈이 등불처럼, 후레쉬처럼 빛을 내어서 온몸을 밝게 합니까? 우리가 아무리 생각해봐도 눈에서 빛이 나와서 몸을 밝게 한다든지 길을 밝게 하는 것은 아닙니다. 그런데 생각해보면 우리가 몸으로 행하는 모든 삶이 눈에 의해서, 시력에 의해서 좌우가 됩니다. 우리가 걸어가고, 달리고, 점프를 하고, 축구하고, 골프를 하고, 운전하고, 길을 건너고, 요리하고, 장식하고, 페인트칠을 하는 모든 것이 다 무엇에 달려있습니까? 눈에 달려있습니다. 눈이 밝으면 하는데 눈이 캄캄하면 그것을 할 수가 없습니다. 그런 점에서 보면 '눈은 몸의 등불이라'고 말을 할 수 있습니다. 눈이 좋으면 온 몸으로 행하는 모든 것이 다 밝고 문제가 없습니다. 그런데 눈이 나쁘면 어떻습니까? 눈이 나쁜 경우나 안 보이는 경우를 생각해보십시오. 눈만 답답합니까? 그렇지 않지요. 손도 발도 전체가 다 안 보이고 답답하고 행동하기가 어려워집니다.

저희 집 거실에 다리 근육 운동을 하는 운동표가 붙어있습니다. 그 중 하나가 한 쪽 다리를 기역 자로 올리고 한 발로만 서 있는 것입니다. 쉬운 일이지요? 그런데 그것이 익숙하면 눈을 감고 서 있으라고 되어 있습니다. 눈을 감고 서 있으면 어떻게 되겠습니까? 신기할 정도로 몸이 균형을 잃고 흔들립니다. 비틀거리고 넘어지려고 합니다. 오늘 집에 가서 한번 실험해보십시오. 정말입니다. 그것이 무엇을 뜻하겠습니까? 눈이 나쁘면 온 몸이 어두워진다는 것을 입증하는 하나의 예입니다. 우리의 삶도 그렇습니다.

하늘에 보물을 쌓는 사람, 그래서 하늘에 마음이 있는 사람은 성한 눈을 가진 사람입니다. 바른 안목, 바른 가치관을 가지고 세상을 바르게 보고 바르게 살아갈 수 있습니다. 그런데 탐욕으로 인해서 땅에 보물을 쌓고 이기심으로 인해 자기만 위해서 물질을 사용하는 사람은 나쁜 눈을 가진 사람과 같습니다. 그 사람은 안목이 흐려지고 가치관이 잘못되어서 인격과 삶 전체가 어두워집니다. 자기도 모르게 왜곡된 삶을 살아가게 됩니다. 우리 사회를 생각해보면 옛날에 비해 살인 사건이 많이 일어납니다. 저희 어릴 때는 살인 사건이 별로 없었거든요. 그 많은 살인 사건의 주된 이유가 돈, 물질, 재물입니다. 돈이 무엇이길래 다른 사람을 죽이고, 심지어 자기 부모도, 남편과 아내도 죽이는 것을 보게 됩니다. 그러다 체포되어 제정신이 들면 '제가 한 순간 돈에 눈이 멀어서 그랬다'고 후회하며 반성합니다. 중요한 말이 '돈에 눈이 먼다'는 것, '재물에 눈이 먼다'는 것입니다. 눈이 멀면 제정신이 아니에요. 보통 때는 할 수 없는 끔찍한 일을 저지르고 만다는 것입니다.

올 4월 말에 국민일보에서 아말테라는 루터신학대학 교수에 대한 기사를 읽었습니다. 이 사람은 독일 사람인데 독일에 유학 온 우리나라 아가씨를 만나서 결혼을 했습니다. 결혼을 하기 전에 아가씨가 결혼하면 대한민국에 가서 최소한 몇 년은 살 것을 약속해달라고 했습니다. 왜 그런 제안을 했겠습니까? '나는 유학을 와서 독일 문화를 알고 당신을 이해할 수 있는데, 당신은 한국에서 안 살아봐서 한국 문화를 잘 몰라서 나를 이해할 수 없으니 한국에 가서 몇 년 같이 살자'고 했습니다. 그래서 아내와 함께 한국에 왔는데 그만 한국에 와서 주저앉아 지금까지 살고 있다는 것입니다. 근데 그는 신학대학을 졸업해서 목사 안수를 곧 받아야 되는데 십일조 헌금생활을 하지 않고 있었습니다. 우리나라 같으면 있을 수가 없는 일이잖아요. 서리집사, 세례신자만 해도 십일조 헌금을 다 해야 하는데 말입니다. 자기 한국인 아내는 유학생활을 하면서도 하나님 앞에 십일조를 드렸는데 남편은 곧 목사가 될 텐데 안 드리고 있으니 아내는 답답하지요. 남편에게 십일조를 내라고 해도 거부합니다. '내 도움이 필요한 사람을 만나면 내가 직접 그 사람한테 주겠다'고 했습니다. 그런데 한 번도 도움을 필요로 하는 사람을 만나지 못했다는 것입니다. 그제야 돈이 너무 아까워서, 돈 욕심이 자신을 맹인으로 만든 것을 깨닫고 하나님 앞에 십일조를 내기 시작했습니다. 그 때부터 그의 눈이 열려서 자기의 도움을 필요로 하는 사람들을 볼 수 있었다고 합니다. 무슨 말씀인지 이해가 되시지요? 돈에 눈이 멀고, 욕심에 눈이 멀었을 때는 눈이 감겨서 잘 안 보여요. 그런데 하나님 앞에 드려야 할 것을 바르게 드리니까 봐야 될 사람을 볼 수 있더라는 것입니다.

여러분, 기억하십시오. 재물에 대한 탐욕, 보물을 땅에 쌓아두고자 하는 것은 영적인 눈, 믿음의 눈, 마음의 눈, 도덕의 눈을 어둡게 하여 우리로 하여금 이 세상에서 잘못 살아가도록 만들어버립니다. 그러므로 하늘에 보물을 쌓으므로, 위에 것을 구하고 위에 것을 생각함으로 성한 눈을 가지셔서 바른 삶, 밝은 삶을 살아가는 여러분이 되시기 바랍니다.

**다음으로 두 주인을 한번 생각해봅시다.** 23절을 함께 읽어봅니다.

**"한 사람이 두 주인을 섬기지 못할 것이니 혹 이를 미워하고 저를 사랑하거나 혹 이를 중히 여기고 저를 경히 여김이라"**

여러분, 여기 24절 첫 줄에 '한 사람이' 했는데 어떤 사람이겠습니까? 이름은 안 나와 있지만 신분은 성경을 보면 알 수 있습니다. 어떤 신분이겠습니까? 종입니다. 왜냐하면 두 주인을 섬긴다고 했으니까요. 섬기는 사람은 종, 노예입니다. 그러니까 여기에 '한 사람'은 오늘날의 피고용인이 아닙니다. 회사원이 아닙니다. 노예입니다. 예수님 당시에 노예는 주인의 소유물, 재산이었습니다. 오직 자기 주인에게만 충성을 다 바쳐야 되었습니다. 그런데 노예제도를 보면 일반적으로 노예는 한 주인을 섬깁니다. 그런데 아주 드물게 주인이 여러 사람인 경우도 있습니다. 그 드문 예가 사도행전에 나옵니다. 사도행전 16장에 보면 사도 바울이 2차 전도여행을 할 때 터키 북서쪽에서 배를 타고 유럽으로 건너와서 유럽의 첫 성, 그 지역의 가장 큰 성인 빌립보에 가서 복음전도 사역을 합니다. 그런데 귀신 들린 여종이 따라다니면서 자꾸 귀찮게 하지요. 그래서 나사렛 예수의 이름으로 귀신을 쫓아냅니다. 그 여종에 대해서 성경이 기록하기를 이 여종은 점을 친다고 했어요. 귀신의 능력으로 점을 쳐서 그 주인들에게 큰 이익을 주는 자라고 했어요. 그 말씀을 보면 한 주인이 아니라 '그 주인들에게' 했습니다. 그 여종은 주인이 여러 사람인 것을 볼 수 있습니다. 그럴지라도 그 여종이 자기의 주인들을 똑같은 사랑과 충성으로 대할 수 있겠습니까? 그것은 불가능합니다. 그래서 오늘 24절 둘째 줄을 보면 '혹 이를 미워하고 저를 사랑하거나 혹 이를 중시 여기고 저를 경히 여기느니라' 했습니다. 사람은 그런 것입니다. 똑같은 사랑과 충성을 가지고 두 주인을, 세 주인을 섬길 수 가 없다는 말씀입니다. 그러면서 주님께서 하신 위대한 말씀이 있습니다.

**"너희가 하나님과 재물을 겸하여 섬기지 못하느니라"**

우리가 마음에 꼭 담고 살아가야 하는 말씀입니다. 따라합니다. "너희가 하나님과 재물을 겸하여 섬기지 못하느니라."

여러분, 여기에 재물은 원어에서 '맘몬'이라고 합니다. '맘몬'이라는 말은 돈, 재물을 의미하는 말입니다. 그런데 오늘 본문에서는 이 말이 의인화되어서 '재물의 신'이 되어 있습니다. 그래서 '하나님과 재물의 신을 겸하여 섬기지 못하느니라'고 기록하고 있습니다. 오늘 말씀을 다 덮어놓고 객관적으로 한번 생각해봅시다. 우리 하나님은 신이지만 재물이, 여러분의 주머니 안에 있는 돈이 신입니까, 아닙니까? 신이 아니지요. 그런데 실제로 사람들의 삶을 보면 많은 사람들에게 재물이 신이 되어 있습니다. 왜냐하면 많은 사람들이 재물을, 돈을 자기의 최고로, 가장 귀한 것으로 여깁니다. 많은 사람들이 재물과 돈을 위해서 살아갑니다. 한 평생 돈을 벌기 위해서 살아가고, 돈을 모으고 쌓아가기 위해서 살아갑니다. 그리고 재물을 중심으로 살며 재물에 매여서 살아가는 것입니다. 돈에 집착하다 보니 자기도 모르게 돈에 노예가 되어서 살아가는 것입니다. 돈을 섬기면서 살아갑니다.

성도 여러분, 우리는 하나님이 참 신인지 알고, 유일한 신인 줄 알고 믿고 섬깁니다. 우리의 주인은 하나님입니다. 우리는 하나님과 재물을 겸하여 섬길 수가 없습니다. 섬겨서도 안 되는 것입니다. 그런데 여러분, '나는 오직 하나님만 나의 신으로 나의 주인으로 섬긴다'고 솔직하게 고백할 수 있겠습니까? '재물은 나의 주인이 전혀 아니다, 나는 하나님만을 나의 주인으로, 나의 신으로 섬긴다'고 말할 수 있겠습니까? 몇 가지 테스트를 해보면 분별할 수 있습니다.

· 주일에 돈 버는 일이 더 중요해서 하나님 앞에 예배를 드리지 못한다면 누가 그 사람의 주인입니까? 하나님입니까, 돈입니까? 돈입니다.
· 아까워서 하나님이 명하신 십일조를 드리지 못한다면 누가 그 사람의 주인입니까? 하나님입니까, 돈입니까? 돈입니다.
· 월급이 적어도 주일성수할 수 있는 직장을 구한다면 누가 주인입니까? 하나님입니까, 돈입니까? 하나님입니다.
· 반대로 주일을 잘 못 지켜도, 예배를 잘 못 드려도 월급이 많은 직장을 택한다면 누가 주인입니까? 하나님입니까, 돈입니까? 돈입니다.

이 밖에도 우리가 자기 자신을 향하여서 여러 가지 테스트를 할 수 있습니다. 하나씩 따져보면 나의 주인이 누구인지, 나의 참 신이 누구인지 알 수 있습니다. 성도 여러분은 누구를 주인으로, 신으로 섬기면서 살고 있습니까?

열왕기상 18장에 보면 대단히 극적인 사건을 기록하고 있습니다. 갈멜산에서 바알과 아세라 선지자 850명, 여호와 하나님의 선지자인 엘리아 선지자 한 명이 참 신이 누구인지 가려내기 위한 대결을 합니다. 여러분, 그런 대결을 봤습니까? 보기 어려운 대결입니다. 대단히 극적이고 중요합니다. 흥미 있습니다. 많은 사람들이 구경을 하기 위해 올라옵니다. 올라온 백성을 보고 엘리야 선지자가 말했습니다. "너희가 언제까지 머뭇머뭇 하겠느냐? 여호와가 만일 신이면 그를 섬기고 바알이 만일 신이면 그를 섬기라." 백성을 보고 도전을 한 것이지요. 이스라엘은 하나님의 언약 백성입니다. 지금 시대가 잘못되어서 아합 시대, 여호와 하나님은 섬기지 않고 여호와 하나님의 선지자들은 잡아 죽이고 바알 숭배가 가득한 상황입니다. 이런 백성을 향해 도전하는 질문을 엘리야가 한 것입니다. '여호와가 참 신이면 여호와를 섬기고 바알이 만일 참 신이면 바알을 섬기라, 택하라'고 했는데 반응이 어땠습니까? 이스라엘 백성들이 아무 말도 안 하고 아무 행동도 하지 않습니다. 바알 선지자 쪽으로 가든지, 또는 엘리야 선지자 쪽으로 오든지 해야 되는데 말입니다. 얼마나 답답합니까?

그래서 결국 바알 선지자들도 단을 쌓고 송아지를 잡아서 각을 뜨고 자기들 신한테 하늘에서 불이 내리도록 합니다. 불로 응답하는 신이 참 신이다 하며 대결을 합니다. 바알 선지자가 하루 종일 기도해도 안 되고 단을 돌아도 안 되고, 나중에는 창과 칼로 자기 몸에 피를 내도 아무 응답이 없었습니다. 저녁 시간에 엘리야 선지자가 나와서 단을 쌓고 나무를 놓고 그 위에 송아지를 잡아 각을 뜨고 물을 12통이나 부었습니다. 불이 잘 붙겠습니까, 안 붙겠습니까? 불이 안 붙으라고 그렇게 했습니다. 그렇게 해놓고 하나님 앞에 기도합니다. '여호와여 응답하옵소서. 여호와여 응답하옵소서. 그래서 이 백성들로 하여금 여호와가 참 신인 줄을 알게 하옵소서.' 그러니 하늘에서 하나님의 불이 내려와서 그 송아지 제물, 나무, 단, 흙, 물이 흐르는 도랑까지도 다 불이 핥아 버렸다고 했습니다. 그제야 백성들이 '여호와 그는 하나님이시로다' 하면서 하나님이 참 신인 것을 깨닫게 되었습니다. 마지막에 그렇게 깨달은 것은 좋지만, 그전에 엘리야 선지자가 '너희가 어느 때까지 머뭇머뭇하려느냐? 여호와를 택하든지 바알을 택하든지 하라' 할 때에 이 백성들은 여호와 하나님을 택해야 되었습니다. 그런데 머뭇거렸어요.

여러분, 오늘날은 이런 현상이 없습니까? 오늘날도 똑같은 현상이 있습니다. 오늘날은 바알의 자리에 맘몬이, 재물이 있습니다. 그래서 하나님과 재물을 겸하여 섬기는 이러한 일들이 없겠습니까? 있지요. 많습니다. 하나님도 섬기고 재물도 섬기는 자가 많습니다. 성도 여러분, 하나님께서 구약시대 때 엘리야 선지자를 통해서 백성을 보고서 '언제까지 너희가 여호와와 바알 사이에서 머뭇거리겠느냐, 주저하겠느냐?'고 도전하셨듯이 오늘날도 당신의 백성을 향하여서 하나님과 재물 사이에서 머뭇거리는, 두 가지를 겸하여 섬기려고 하는 당신의 백성들을 향하여서 하나님께서 물으십니다. 도전하십니다. '언제까지 주저하겠느냐?'

성도 여러분, 우리 하나님은 여러분들이 하나님과 돈을 겸하여 섬기면서 어중간하게 신앙생활하는 것을 원치 않습니다. 하나님을 따르고 하나님만 섬기는 성도가 되시기 바랍니다.

우리가 세상을 사는 데는 물질과 재산, 돈이 필요합니다. 이는 유익한 것입니다. 재물 자체가 악하거나 잘못된 것이 아닙니다. 돈이 일만 악의 뿌리입니까? 아닙니다. 무엇이 일만 악의 뿌리입니까? 돈을 사랑함이 일만 악의 뿌리라고 했습니다. 돈을 벌고 모으고 잘 쓰는 것은 유익한 일입니다. 필요한 일입니다. 하나님이 말씀하시는 것은 돈을 사랑하지 말라는 것입니다. 돈은 우리가 이용해야 되는 하나의 수단입니다. 우리가 돈의 주인이 되어서 써야 되는 것인데 돈을 사랑해서 탐심에 빠져들면 안 된다는 것입니다. 물질주의의 함정에 빠져들면 안 됩니다. 그러면 그 사람은 물질의 노예가 되는 것입니다. 성도 여러분 자문해보십시오. '나는 하나님을 위해서 물질을 사용하고 물질을 다스리는 사람인가?' 아니면 '물질을 위해서 하나님을 이용하는 사람인가?' 아니면 '하나님과 물질을 겸하여 섬기는 사람인가?'

말씀을 맺습니다. 지난주일 예수님께서 보물을 땅에 쌓아두지 말고 하늘에 쌓아두라는 주제가 되는 말씀을 하시고 그 뒤로부터 오늘 본문 24절까지는 보물을 하늘에 쌓아두어야 되는 근본적인 이유를 세 가지 말씀하셨습니다. 지난 주일에는 보물이 있는 곳에 마음이 있다고 했습니다. 성도의 마음이 하늘에 있도록 하기 위하여 우리는 보물을 하늘에 쌓는 사람이 되어야 합니다. 두 번째는 어두운 삶이 아닌 밝은 삶을 살기 위해서입니다. 탐욕과 이기심으로 돈에 눈이 어두우면 바른 삶을 살 수 없습니다. 그러므로 우리가 하늘에 보물을 쌓음으로 우리의 눈이 성한 눈이 되어서 모든 것을 밝히 보고 밝히 판단하고 바르게 살아갈 수 있기를 바랍니다. 세 번째는 하나님만을 주인으로 섬기기 위하여 보물을 하늘에 쌓으면서 살아야 합니다. 우리는 하나님과 재물의 신 맘몬을 겸하여 섬길 수 없다고 했습니다. 이 물질만능의 시대에 하나님만을 나의 주인으로 나의 신으로 믿고 고백하고 섬기고 물질은 하나님을 섬기는 하나의 도구로 사용하는 모든 성도들이 될 수 있기를 바랍니다.

## 마태복음 6:25-34

그러므로 내가 너희에게 이르노니 목숨을 위하여 무엇을 먹을까 무엇을 마실까 몸을 위하여 무엇을 입을까 염려하지 말라 목숨이 음식보다 중하지 아니하며 몸이 의복보다 중하지 아니하냐 공중의 새를 보라 심지도 않고 거두지도 않고 창고에 모아들이지도 아니하되 너희 하늘 아버지께서 기르시나니 너희는 이것들보다 귀하지 아니하냐 너희 중에 누가 염려함으로 그 키를 한 자라도 더할 수 있겠느냐 또 너희가 어찌 의복을 위하여 염려하느냐 들의 백합화가 어떻게 자라는가 생각하여 보라 수고도 아니하고 길쌈도 아니하느니라 그러나 내가 너희에게 말하노니 솔로몬의 모든 영광으로도 입은 것이 이 꽃 하나만 같지 못하였느니라 오늘 있다가 내일 아궁이에 던져지는 들풀도 하나님이 이렇게 입히시거든 하물며 너희일까보냐 믿음이 작은 자들아 그러므로 염려하여 이르기를 무엇을 먹을까 무엇을 마실까 무엇을 입을까 하지 말라 이는 다 이방인들이 구하는 것이라 너희 하늘 아버지께서 이 모든 것이 너희에게 있어야 할 줄을 아시느니라 그런즉 너희는 먼저 그의 나라와 그의 의를 구하라 그리하면 이 모든 것을 너희에게 더하시리라 그러므로 내일 일을 위하여 염려하지 말라 내일 일은 내일이 염려할 것이요 한 날의 괴로움은 그 날로 족하니라

# 33

# 염려하지 말라

성도 여러분, 여러분 중에 염려할 것이 하나도 없는 분이 혹시 계십니까? 아마 그런 분은 없을 것입니다. 이 세상에 문제없는 사람이 없기 때문입니다. 겉으로 보면 저런 사람 같으면 염려할 것이 뭐가 있겠나 싶어도 파고 들어가 보면 또 나름대로 염려가 있기 때문입니다. 생각해보면 염려한다고 일이 잘 되느냐? 문제가 해결되느냐? 그렇지 않습니다. 좋아지는 것이 하나도 없습니다. 염려는 도리어 육신의 건강도 해치고 정신적인 건강도, 영적인 건강도 해칩니다. 신앙에도 장애가 됩니다. 그러면 염려해도 소용없으니까 '에라 모르겠다, 될 대로 되라' 하고 자포자기해야 되느냐, 아니면 불신자들처럼 술을 많이 먹고 취해서 잊으려고 해야 되느냐? 아니지요. 빌립보서 4장 6절에 보면 '아무것도 염려하지 말고 오직 모든 일에 기도와 간구로 하나님께 아뢰라 그리하면 하나님의 평강이 임한다'고 했습니다. 베드로전서 5장 7절에도 '너희 염려를 다 주께 맡겨 버리라'고 말씀합니다. 여러분, 염려할 거리가 있어도 염려하지 말고 기도로 다 하나님께 맡기시기 바랍니다. 그러면 하나님이 맡아주시고 하나님께서 평강 내려주실 것입니다.

오늘 본문에 예수님께서 세 번이나 염려하지 말라고 말씀하십니다. 특별히 무엇을 먹을까, 무엇을 마실까, 무엇을 입을까 염려하지 말라 하십니다. 말을 바꾸면 의식주 문제로 염려하지 말라 하십니다. 사람이 이 땅에 살 동안에 가장 기본적인 염려 거리가 무엇이겠습니까? 의식주 문제입니다. 옛날에는 더 그랬고 오늘날도 마찬가지입니다. 홈쇼핑이나 잡지에 보면 먹는 것, 입는 것, 그리고 가구나 가전제품 광고가 제일 많습니다. 예수님께서는 이런 문제를 염려하지 말라고 하십니다. 염려하지 말라 하시고는 먼저 염려하지 말아야 될 이유가 무엇인지 말씀하시고 그 다음에는 염려에 대한 해결책이 무엇인지 우리에게 말씀해주십니다. 오늘 이 주님의 말씀을 통해서 물질 문제, 세상 문제, 의식주 문제로 염려하지 않고 사시는 은혜가 여러분에게 있기를 바랍니다.

먼저 염려하지 말아야 될 이유가 무엇이겠습니까? 25절을 보십시오.

**"그러므로 내가 너희에게 이르노니 목숨을 위하여 무엇을 먹을까 무엇을 마실까 몸을 위하여 무엇을 입을까 염려하지 말라"**

그런 다음 염려하지 말아야 될 이유가 하나 나옵니다.

'목숨이 음식보다 중하지 아니하며 몸이 의복보다 중하지 아니하냐' 했습니다.

목숨이 중요합니까, 음식이 중요합니까? 목숨이 중요합니다. 몸이 중요합니까, 의복이 중요합니까? 몸이 중요합니다. 우리가 하나님의 창조하심을 가만히 보면 하나님께서 무턱대고 창조하신 것이 아닙니다. 거기에는 하나님의 지혜가 들어있습니다. 지혜롭고 계획적이고 순서대로 질서 있게 되어 있습니다. 그래서 하나님께서 창조하신 것을 보면 제일 앞에는 무생물, 생명 없는 것들을 지으시지요. 그러고 나서 생명 있는 것을 지으십니다. 생물 중에서 하급 생물들을 먼저 지으시고 마지막에 고등 생물들을 지으십니다. 다르게 말하면 물도 풀도 아직 없는데 물고기와 새들을 만드시지 않았습니다. 필요한 모든 환경을 다 지으시고 준비해놓으시고 그것들을 창조하셨습니다. 우리 인간도 그렇습니다. 엿새 동안에 모든 것을 지으셔서 인간이 호흡하고 먹고 살기에 부족함이 없도록 해놓으시고 인간을 지으셨습니다. 요컨대 인간에게 생명을 주시고 몸을 주신 하나님, 그 생명과 몸을 유지하는데 필요한 것을 주신다는 것입니다. 먹이시고 입히십니다. 그러므로 염려하지 말라는 것입니다.

그리고 주님께서는 염려하지 말아야 될 두 가지 예를 말씀해주십니다.

먼저 공중의 새를 보라고 하십니다. 공중의 새는 심지도 않고 거두지도 않고 창고에 모아들이지도 않지만 하나님이 먹이시고 기르신다고 말씀합니다. '너희는 이 새들보다 귀하지 아니하냐', 답이 무엇이겠습니까? 새들보다 귀합니다. 훨씬 더 귀하지요. 새들을 먹이시는 하나님께서 너희를 먹이시지 아니하시겠느냐? 먹이신다는 말씀입니다. 이런 이야기가 있습니다. 어느 날 물새가 참새에게 말했습니다. '저 인간들 좀 보게. 허둥지둥 대면서 돈 때문에 아우성을 치고 이리저리 뛰어다니는 꼴을 좀 보게.' 하니까 참새가 하는 말이 '음, 그래. 아마 저 인간들은 우리처럼 돌보아주시는 하나님 아버지가 계시지 않는 모양이야'라고 했습니다. 자기들은 하나님 아버지가 계시는데 인간들은 안 계셔서 저렇게 걱정하고 염려하고 허둥대면서 사는 게 아니겠느냐는 말입니다. 여러분, 우리 하나님께서는 우리를 먹여주십니다. 그러므로 무엇을 먹을까 염려하지 말고 살아가시기 바랍니다.

그리고 두 번째는 들의 백합화를 보라고 했습니다. 백합은 어떤 꽃입니까? 백합은 희고 청순하고 아름다운 꽃입니다. 그런데 성지순례를 가보니 차창 밖으로 빨강 색, 하얀 색 들꽃이 많이 있어요. 가이드가 하는 말이 성경에서 말하는 백합화는 저렇게 들에 많이 피어있는 모든 꽃을 가리킨다고 했습니다. 그러니까 이해가 돼요. 이름 없는 들꽃, 수고하고 길쌈도 하지 아니하지만 솔로몬 왕이 입었던 화려하고 아름답고 영광스러운 왕복보다 더 아름답다는 것입니다. 그 솔로몬의 왕복도 이 꽃 하나만 같지 못하였느니라고 했습니다. 오늘날 과학이 많이 발달했지만 꽃잎의 부드러움을 어떤 직물도 따라가지 못합니다. 꽃의 고운 색깔은 어떤 염료도 흉내 내지 못합니다. 오늘 있다가 내일 아궁이에 던져지는 보잘 것 없는 들풀도 하나님께서 이렇게 입히시는데 하물며 너희일까보냐, 입혀주신다는 것입니다. 그러니까 '무엇을 입을까 염려하지 말아라'고 말씀하셨습니다.

본문에 나오는 '너희'가 누구겠습니까? 일차적으로는 우리 사람을 가리킵니다. 인간은 창조 순서상 맨 끝에 창조되었습니다. 그것은 인간이야말로 창조의 하이라이트, 창조의 최고 걸작품임을 보여주는 것입니다. 뿐 아니라 하나님께서는 자기 영광을 위해서 하나님의 형상을 따라서 지어주셨습니다. 다른 어떤 피조물도 하나님의 형상이 없습니다. 그러나 우리는 너무나도 특별히 지어주셨습니다. 하나님의 형상대로 지어서 우리 하나님과 교제할 수 있도록, 하나님께 예배도 드리고 기도도 드릴 수 있도록 하셨고 또 하나님께서 지으신 모든 것을 하나님을 대신해서 다스릴 수 있도록 만드셨습니다. 인간이 얼마나 귀한 존재입니까! 그런데 하나님이 이렇게 귀하게 지은 인간을 먹이시지 않고 입히시지 않겠습니까? 먹이시고 입히십니다.

인간 중에서도 하나님의 사랑과 은혜를 입어서 구원받은 성도는 하나님의 자녀입니다. 예수님께서 앞에 주기도문을 가르쳐주실 때 하나님을 어떻게 부르라고 했습니까? '하늘에 계신 우리 아버지'라고 하셨습니다. 'Heavenly Father', '하늘 아버지'라고 부르라고 했습니다. 여러분, 오늘 본문 26절 셋째 줄을 보시기 바랍니다. '하늘 아버지'라고 했습니다. 저번 성경에는 '천부'라고 했습니다. 똑같은 말입니다. 32절에도 하나님을 '하늘 아버지'라고 말합니다. 누구의 하늘 아버지입니까? 신자의 하늘 아버지입니다. 이 자리에 있는 성도 여러분들의 아버지, 하늘 아버지가 되십니다. 우리의 하늘 아버지는 전능하십니다. 천지의 창조자이십니다. 만물의 섭리자이십니다. 우리의 구원자시고 보존자시고 공급자가 되십니다. 그러니 염려하지 말라는 것입니다. 로마서 8장 32절을 함께 읽겠습니다.

> **"자기 아들을 아끼지 아니하시고 우리 모든 사람을 위하여 내주신 이가 어찌 그 아들과 함께 모든 것을 우리에게 주시지 아니하겠느냐"**

여러분, 우리 하나님께 가장 귀한 존재가 무엇입니까? 하나님의 아들이지요. 하나님께서 우리를 위해서 가장 귀한 아들도 내어주셨는데 하나님께서 다른 무엇을 아끼시겠느냐, 다 선물로, 은사로 주시지 아니하시겠느냐는 것입니다. 결국 염려는 누가 하는 것이겠습니까? 32절 첫 줄을 보면 염려는 이방인들이 하는 것이라고 말씀하십니다. 이방인들은 불신자를 말합니다. 이들은 하나님을 믿지 않습니다. 하늘 아버지가 없습니다. 하나님의 보살핌을 믿지 않습니다. 그러니까 의식주 문제로 염려를 하는 것입니다. 30절 끝을 보십시오. 무엇이 작은 자들이라고 했습니까? '믿음이 작은 자들아' 했습니다.

결국 염려의 원인은 무엇입니까? 믿음의 부족입니다. 하나님을 하늘 아버지로, 나의 아버지로 믿지 못하고 의심하는 작은 믿음이기 때문에 무엇을 먹을까, 마실까, 입을까 염려하면서 살아간다는 것입니다. 성도 여러분, 전능하신 하나님께서 우리의 아버지가 되심을 믿으시기 바랍니다. 하나님의 선하시고 은혜로우신 돌보심을 믿으시기 바랍니다.

우리에게 있어야 될 모든 것을 알고 계심을 믿으시기 바랍니다. 이 믿음으로 인해서 염려 많은 세상에서도 염려 없이 평안을 누리면서 살아가시는 여러분들 되시기 바랍니다.

한 가지 주의 할 것이 있습니다. 의식주를 염려하지 말라는 것은 천하태평이 되어서 책임감도 없고 준비도 없고 일도 열심히 안 하고 게으른 것을 의미하지 않습니다. 개미와 베짱이 이야기가 있지 않습니까? 베짱이와 같이 살라는 것이 아닙니다. TV를 보면 새들이 그냥 놀고먹는 것이 아니거든요. 새들이 어떻게 합니까? 얼마나 열심히 일하는지 모릅니다. 먹을 것을 찾아서 날아다니지요. 특별히 새끼를 낳으면 자기도 먹고 새끼에게 먹이기 위하여 여기저기 다니며 음식을 물고 와서 새끼에게 먹이는 것을 볼 수 있습니다. 새들은 그렇다 치고 들의 꽃은 어떻습니까? 들의 꽃은 우리가 겉으로 보면 진짜 아무것도 안하고 가만히 있는 것 같습니다. 정말 그렇습니까? 그렇지 않습니다. 뿌리가 어떻게 합니까? 가만히 있지 않고 계속해서 수분을 빨아올립니다. 살기 위해서 일을 합니다. 잎은 어떻게 합니까? 잎은 햇빛, 광선을 받아들이고 이산화탄소를 받아들여서 탄소동화작용을 합니다. 그래서 탄수화물을 만들어내지요. 다르게 말하면 살기 위하여 이 작은 들꽃도 나름대로 열심히 일한다는 것입니다. 그래서 데살로니가후서 3장에 보면 사도바울이 '일하기 싫어하는 자는 먹지도 말게 하라'고 말씀했습니다. 일은 안 하면서 '하나님께서 새도 먹여주시고 들의 꽃도 입혀주시니까 나도 가만히 있어도 하나님이 다 해주실 거야' 그것이 아니라는 것입니다. 하나님께서는 우리가 열심히 성실히 일하면서 하나님을 믿고 의지하면서 염려하지 말라는 말씀입니다.

그러므로 성도 여러분, 여러분들이 하나님 앞에서 부끄러움 없이 성실히 날마다 일하시기 바랍니다. 그러면서 염려하지 말고 하나님 앞에 다 맡기고 하나님이 주실 것을 믿으면서 염려 없이 살아가는 복된 성도가 되시기 바랍니다. 지금까지 염려하지 말아야 될 이유를 살펴보았습니다.

그러면 염려에 대한 해결책이 무엇이겠습니까? 33절을 다 같이 읽어봅니다.

**"그런즉 너희는 먼저 그의 나라와 그의 의를 구하라 그리하면 이 모든 것을 너희에게 더하시리라"**

여기 그의 나라와 그의 의라고 했는데 '그'가 누구겠습니까? 32절 둘째 줄에 보면 '하늘 아버지'가 나오지요. 그러니까 여기의 '그의 나라'와 '그의 의'는 '하나님의 나라'와 '하나님의 의'를 가리키는 것입니다. 세상 사람들, 이방인들은 무엇을 구한다고 했습니까? 무엇을 먹을까 입을까를 염려하지만 하나님을 아버지로 믿고 있는 우리는 그렇게 구해서는 안 된다는 말입니다. 우선순위가 다릅니다. 먼저 무엇을 구하라고 했습니까? 하나님의 나라와 의를 구하라고 했습니다. 여러분, 하나님의 나라가 무엇입니까? 전에도 여러 번 말씀했지만 하나님의 나라는 하나님의 다스리심, 하나님의 통치를 의미하는 것입니다. 그러니까 하나님의 나라를 구하라는 것은 하나님의 뜻이 내 삶에서, 내 가정에서, 내 직장에서 이루어지도록 기도하고 노력하라는 말씀입니다. 또 하나님의 의를 구하라고 했는데 여기 하나님의 의는 우리가 구원받을 때에 칭의되는데, 그 의를 구하라는 말씀이 아닙니다. 우리 삶에서 하나님이 보시기에 바르게 의롭게 살아가라는 것입니다.

주의해야 할 것이 있습니다. 하나님의 나라와 하나님의 의를 먼저 구하는 것이란 가정생활, 직장생활보다 기도하고 전도하는 일, 예배하는 일에 힘쓰라는 말이라기보다는 모든 일에 하나님을 첫 자리에 두고 하나님의 영광에 첫째 관심을 두고 살아가라는 것입니다. 다시 말해서 각자가 처한 삶의 자리에서 하나님의 통치를 추구하고 하나님 보시기에 의로운 것을 바른 것을 추구해가라는 것입니다. 그렇게 살면 이 모든 것, 먹고 마시고 입는 의식주 문제를 주님께서 더하여 주시리라 약속하십니다. 요컨대 사람이 하나님이 원하시고 기뻐하시는 모습으로 살면 하나님께서 그 삶을 책임져주신다는 것입니다.

여러분 중에 무척 인생을 바쁘게 열심히 살아왔음에도 불구하고 살기가 어렵다면 한번 돌아봐야 됩니다. 나는 일하면서 하나님 나라를 먼저 구하면서 일을 했는지, 그리고 하나님 보시기에 바르게 살기를 추구하면서 노력하면서 살아왔는지를 돌아봐야 됩니다. 시편 84편 11절을 같이 읽어봅니다.

**"여호와께서 정직하게 행하는 자에게 좋은 것을 아끼지 아니하실 것임이니이다"**

'정직하게'라는 말은 '의롭게'라는 말입니다. '의롭게 사는 자에게 좋은 것을 아끼지 아니하신다, 좋은 것을 주신다'고 하나님께서 약속하셨습니다. 우리는 솔로몬 왕을 알고 있습니다. 솔로몬이 젊은 나이에 아버지 다윗을 이어서 왕이 되었습니다. 그런데 그때 정치 상황이 불안정했습니다. 왕위가 위태로웠습니다. 솔로몬은 젊습니다. 염려가 되고 걱정이 되지요. 그래서 하나님을 전적으로 의지하였습니다. 하나님을 의지하는 표시가 뭐였습니까? 기브온에 가서 일천번제를 드렸습니다. 일천번제를 드리며 하나님 앞에 기도하는 거예요. '하나님 도와주십시오. 저는 어린 아이에 불과 합니다' 할 때 마침내 하나님께서 솔로몬에게 말씀하시지요. '내가 너에게 무엇을 줄꼬?' 그럴 때에 그 상황에서 솔로몬이 무엇을 구해야 되리라고 생각합니까? 일반적으로 생각하면 '지금 제 왕위가 너무나도 불안하니 하나님께서 저의 대적자들, 라이벌들을 막아주시고 물리쳐주십시오. 그래서 저의 왕권이 탄탄하게 해주십시오. 그리고 저의 나라에 많은 재산과 보화를 주셔서 부강하게 해주십시오. 그리고 저도 오래오래 살도록 도와주십시오.' 그런 기도를 하는 것이 당연하지 않겠습니까? 그런데 솔로몬은 그렇지 않았어요. 무엇을 구합니까? '저에게 맡겨주신 하나님의 백성들을 잘 다스릴 수 있도록, 잘 판단할 수 있도록 저에게 지혜를 주시옵소서.' 여러분, 솔로몬이 구한 것이 하나님의 마음에 듭니까, 안 듭니까? 들지요. 하나님이 기뻐하셨습니다. 그래서 하나님께서 무엇이라 답변하십니까? '네가 이렇게 내 백성을 잘 다스리기 위해서 지혜와 지식을 구하니 내가 너에게 지혜와 지식도 주고 네가 구하지 아니한 부와 재물과 명예도 주겠다'고 약속하시고 모든 것을 다 주셨어요. 그래서 솔로몬 왕 하면 두 가지로 유명합니다. 하나는 지혜로 유명하고, 또 하나는 부귀영화로 유명합니다. 이것은 무엇을 보여줍니까? 솔로몬이 먼저 무엇을 구했습니까? 자기를 위한 것이 아닌 하나님의 나라와 의, 하나님 마음에 드는 것을 구하니까 이 모든 것도 다 덤으로 허락해주시더라는 것입니다.

신약에 나오는 빌립보교회는 물질로 바울의 전도 사역을 많이 지원했습니다. 바울이 로마 감옥에 갇혔을 때도 교회 대표자를 보내서 감옥에서 쓸 여러 가지 물품을 대주었습니다. 사도 바울이 얼마나 고마웠겠습니까? 그래서 그들에게 답장을 씁니다. 그것이 빌립보서입니다. 빌립보서 4장 19절을 같이 읽어봅시다.

> **"나의 하나님이 그리스도 예수 안에서 영광 가운데 그 풍성한 대로 너희 모든 쓸 것을 채우시리라"**

하나님의 나라와 의를 구한 빌립보교회 성도들을, 모든 것에 풍성하신 하나님께서 빌립보교회 성도들의 모든 쓸 것을 채우실 것이라는 것입니다. 따라서 합시다. '너희 모든 쓸 것을 채우시리라'.

**말씀을 맺습니다.** 성도 여러분, 무엇을 먹고 마시고 입고 살까? 의식주 문제, 세상살이 문제로 염려하지 마시기 바랍니다. 우리의 창조주 하나님, 섭리자 하나님, 나아가 우리의 구원자 되시는 하나님 아버지께서 우리가 필요로 하는 모든 것을 이미 알고 계시고 때가 되면 우리에게 공급하여 주십니다. 이것을 믿고 염려 없이 살아가시기 바랍니다.

그리고 먼저 하나님의 나라와 의를 구하시기 바랍니다. 무슨 일을 하든지 하나님의 이름과 영광을 위해서 하나님의 뜻대로 일하려고 노력하고 하나님 보시기에 의롭게, 바르게 하면 하나님께서 이 모든 것을 더하여 주실 것입니다. 이 믿음을 가지고 살아감으로 하나님께서 의식주 문제 뿐 아니라 모든 것을 더해주시는 여러분의 삶이 되시기 바랍니다.

## 마태복음 7:1-5

비판을 받지 아니하려거든 비판하지 말라 너희가 비판하는 그 비판으로 너희가 비판을 받을 것이요 너희가 헤아리는 그 헤아림으로 너희가 헤아림을 받을 것이니라 어찌하여 형제의 눈 속에 있는 티는 보고 네 눈 속에 있는 들보는 깨닫지 못하느냐 보라 네 눈 속에 들보가 있는데 어찌하여 형제에게 말하기를 나로 네 눈 속에 있는 티를 빼게 하라 하겠느냐 외식하는 자여 먼저 네 눈 속에서 들보를 빼어라 그 후에야 밝히 보고 형제의 눈 속에서 티를 빼리라

# 34

## 비판하지 말라

성도 여러분, 비판하면 유명한 나라가 있습니다. 혹시 떠오르는 나라가 있습니까? 바로 북한입니다. 북한에서는 사람들이 농장에서 하루의 일을 마치고 마지막에 회의를 하고 흩어지는데 그 회의를 할 때에 사람마다 자아비판을 먼저하고 그 다음에는 호상비판, 상호를 북한에서는 호상이라고 하지요. 상호비판을 합니다. 남을 비판한다는 것입니다. 그런데 전에는 자아비판보다도 호상비판이 많았지만, 지금은 모두 호상비판을 꺼려한다고 합니다. 잘 안 하려고 합니다. 어떻게 그렇게 되었겠습니까? 북한에 있는 주민들이 마태복음 7장 앞에 있는 이 말씀을 읽어보고 나서 '비판하지 말라'는 예수님의 말씀을 생각하고 그렇게 하겠습니까? 그것은 아니겠지요. 자기들이 다른 사람을 비판해보니 별로 안 좋아요. 서로 얼굴 붉히고 목소리 높이고 하니 인간관계가 이상해지고 괜한 갈등을 일으키거든요. 그래서 남에 대한 비판은 적게 하고 자기에 대한 비판은 많이 하는 추세가 되었다고 합니다.

여러분, 우리가 산상보훈을 살펴보고 있습니다. 마태복음 5장은 천국시민의 특성과 윤리와 법에 대해서 말씀을 주고 있고, 마태복음 6장은 하나님께서 우리의 아버지 되심을 말씀해주고, 오늘 시작하는 7장은 하나님께서 우리의 심판자 되심을 보여주고 있습니다. 그래서 오늘 본문을 보면 예수님께서 '비판을 받지 아니하려거든 비판하지 말라'고 말씀하셨습니다. 하나님께 심판을 받지 않으려면 남을 쉽게 비판해서는 안 된다는 말씀입니다. 왜 예수님께서 이 말씀을 하시겠습니까? 사람들이 남을 많이 비판하기 때문에 그렇습니다. 사람들이 남을 비판하다 보면, 성도들이 다른 성도들을 비판하다 보면 서로 형제요 똑같은 천국시민인데 이 관계들이 다 무너지게 됩니다. 그래서 예수님께서 '비판하지 말라' 말씀하셨습니다.

여러분, 누가 많이 비판을 하겠습니까? 생각해보면 비판을 안 하는 사람은 없는 것 같습니다. 그럼에도 비교적 다른 사람들보다 비판을 잘하는 사람이 있습니다. 천성적으로 타고난 성격상 남을 비판 잘하는 사람이 있습니다. 말이 많은 사람은 남을 비판하기가 쉽습니다. 말이 많으면 허물도 많다는 성경말씀도 있지 않습니까? 말이 많으면 남의 허물을 비판하기 쉽다는 것입니다. 젊은 세대는 비판의식이 강합니다. 그래서 비판하기 쉽습니다. 또 신앙적으로 열심이 있는 사람들, 자기는 스스로 모범맨으로 살아간다고 생각하는 사람도 다른 사람에 대해 비판의 날을 세우기가 쉽습니다. 그렇지만 예수님께서는 비판하지 말라고 오늘 말씀하십니다. 오늘 이 예수님의 말씀으로 인해서 저와 여러분이 더 진정한 천국시민, 참된 신앙인이 될 수 있기를 바랍니다.

**먼저 비판하지 말라는 말씀의 의미를 생각해봅니다.** 여러분, '비판하지 말라'고 되어 있는데 대부분의 영어 성경들을 보면 'Do not judge.', '판단하지 말라, 심판하지 말라'고 말씀합니다. 그래서 한글이 의미하는 '비판하지 말라'는 의미보다 '남을 판단하지 말라'는 의미가 더 강한 말씀입니다.

여러분, 예수님의 이 말씀이 비판, 판단을 무조건 하지 말라는 말씀이냐? 그렇지 않습니다. 생각해보면 정치도, 학문도, 예술도, 신앙도 다 비판을 통해서 발전을 합니다. 비판적인 사고는 하나의 지혜라고 할 수 있고, 성장과 발전을 위한 원동력이라고도 할 수 있습니다. 사복음서에 나타난 예수님의 모습을 보십시오. 예수님이 한 번도 비판하지 않으셨습니까? 예수님은 남을 비판한 적이 없습니까? 있지요. 특히 종교 지도자들, 서기관과 바리새인들의 잘못된 신앙, 그들의 외식하는 모습에 대해 무섭게 질책하시는 모습을 성경에서 볼 수 있습니다. 우리 개신교가 어떻게 시작되었는지를 생각해보십시오. 약 500년 전에 마틴 루터가, 교황청에서 나와서 면죄부를 파는 모습을 보고 그것에 대항하여 95개조를 만들어 독일 비텐버그에 있는 성벽교회 문에 붙였습니다. 그것은 교황과 면죄부를 비판하는 글이었습니다. 비판으로 인해서 우리 개신교가 시작했습니다. 잘못된 신앙생활이나 사이비한 교리나 우리 주위의 이단들을 어떻게 구분해 낼 수 있습니까? 성경과 정통 교리의 기준에 입각해서 판단하고 비판할 때에 가능한 것입니다. 요컨대 건설적인 비판, 남을 위하는 비판은 필요한 것입니다.

그러면 '비판하지 말라'의 진정한 의미가 무엇이겠습니까? 부정적인 비판, 비판을 위한 비판, 파괴적인 비판, 사랑과 관심을 가지고 하는 것이 아니라 그저 다른 사람을 헐뜯고 흠집을 내기 위한 비판을 하지 말라는 것입니다. 아무 유익도 없고 덕을 세우지 못하는 비판을 하지 말라는 것입니다. 여러분, 예수님 당시 서기관, 바리새인들은 어떤 편견에 사로잡힌 잘못된 신앙 기준을 가지고, 인간이 만든 인간적인 신앙 기준을 가지고 자기 백성들을 판단하고 '저 사람은 죄인이야, 지옥 갈 거야' 하며 판단하고 정죄하였습니다. 오늘날도 자기 기준, 자기 잣대,

자기 생각을 가지고 남을 판단하고 비판하는 일이 많고 그 결과 남에게 상처를 주고 남을 낙심하게 만들고 실족하게 만드는 일들이 더러 있습니다. 성도 여러분, 자기중심적인 비판, 남을 흠집 내는 비판을 하지 마시고 덕이 되고 긍정적으로 세워가는 비판을 할 수 있는 사람이 되시기 바랍니다.

다음으로 비판치 말아야 되는 이유가 무엇이겠습니까? 사실 남을 비판하지 말아야 되는 이유는 여러 가지로 말할 수 있습니다. 그러나 오늘 본문 성경이 한 가지 말씀해줍니다. 여러분, 1절 처음을 보십시오. '비판을 받지 아니하려거든 비판하지 말라' 했습니다. 그러니까 내가 남을 판단하고 비판하면 나도 어떻게 된다는 말입니까? 나도 비판을 받게 된다는 것입니다. 누구의 비판과 판단을 받게 될까요? 사람들의 판단도 받게 되겠지만 가장 중요한 것은 하나님의 판단을 받게 되는 것입니다.

그러면 판단 받는 기준이 무엇이겠습니까? 2절 첫 줄에 보면 '너희가 비판하는 그 비판으로 너희가 비판을 받을 것이라' 했습니다. 또 2절 둘째 줄에 보면 '너희가 헤아리는 그 헤아림으로 너희가 헤아림을 받을 것임이라' 했습니다. 여러분 여기에 '헤아림'이라는 말을 생각해 보셨습니까? 영어로는 'measure'라는 말인데 이것은 무엇을 측정하는 도구입니다. 우리 주변에 많이 있지요. 잣대는 길이를 측정합니다. 말이나 되는 콩이나 곡식의 양을 측정합니다. 저울은 무게를 측정합니다. 이런 것을 가리켜서 measure, 헤아림이라고 말해 놓았습니다. 우리가 다른 사람을 판단하고 비판할 때에 나름 척도가 있고 잣대가 있는데 내가 사용한 그 척도로 하나님께서 나를 판단할 것이다, 나를 잴 것이다, 측정할 것이라는 말입니다.

지난번에 22명의 성도가 그리스와 지중해 성지순례를 갔습니다. 가

보니 예상 외로 그 지역은 신들의 세계였어요. 신화의 세계라는 말이지요. 그리스의 올림푸스 산에 있는 열두 신을 비롯해 온통 모든 문화에 신화가 얽혀있어요. 그래서 그리스 신화를 잘 모르면 그쪽 문화를 이해하기가 좀 어렵겠다는 생각이 들었습니다. 그리스 신화 중에 이런 이야기가 있습니다. 아테네 근처에 산이 있는데 그 산에 '프로크루스테스'라는 키도 크고 힘도 센 노상강도가 있었어요. 이 사람은 자기 집에 큰 철로 된 침상과 또 작은 철로 된 침상도 두었습니다. 지나가는 나그네가 피곤하니 집에 와서 쉬라고 침상을 만들어 놓았느냐? 그것이 아니에요. 나그네가 이 집 앞을 지나가면 무조건 들어오라고 해서 그 사람을 억지로 침대에 눕혀요. 큰 사람은 작은 침상에 눕혀요. 키가 커서 튀어 나오는 만큼 칼을 가지고 베어버려요. 어떤 사람은 머리를 베고 어떤 사람은 다리를 베어 죽이는 거예요. 키가 작은 사람은 큰 침상에다 눕혀요. 그러면 모자라는 만큼 다리를 잡아 당겨서 늘여요. 그러면 사람이 죽지요. 정말 악인입니다. 그러던 어느 날 '테세우스'라고 하는 한 영웅이 그 길을 지나가다가 이 집에 들르게 되었습니다. 프로크루스테스가 테세우스를 우습게 여겨 테세우스에게도 그렇게 하려고 했어요. 하지만 테세우스에게 제압이 되었습니다. 테세우스가 프로크루스테스에게 어떻게 벌을 주는지 아십니까? 프로크루스테스는 장대하니까 작은 침대에 눕혔어요. 그러니까 머리 하나만큼이 남아요. 그래서 머리를 칼로 쳐서 죽였다는 이야기입니다. 참 끔찍한 이야기이지만 그 악인은 자기가 남을 측정한 대로 당했다는 것입니다. 남을 그렇게 죽인 것처럼 자기도 죽었어요. 남에게 했던 대로 당했습니다.

그처럼 우리가 남을 판단하고 비판할 때에 나름 척도가 있고 잣대가 있지 않겠습니까? 내가 사용한 그 척도로 하나님께서 나를 판단하신다는 것입니다. 참으로 두려운 것입니다. 이 말씀을 기억하고 남을 판단하지 아니하는 성도가 되시기 바랍니다.

그러고 나서 예수님께서 아주 탁월한 예화를 말씀하십니다. 바로 티와 들보 이야기입니다. 3절을 같이 읽겠습니다.

> "어찌하여 형제의 눈 속에 있는 티는 보고 네 눈 속에 있는 들보는 깨닫지 못하느냐"

티는 눈 속에 들어갈 수 있지만 들보는 못 들어가지요. 말도 안 됩니다. 그래서 예수님께서 말씀하신 비유는 하나의 과장법이라고 할 수 있습니다. 여러분, 티와 들보는 무슨 관계에 있습니까? 티와 들보는 사실 다른 것이 아닙니다. 같은 것입니다. 동일 물질입니다. 여기서 들보라는 것은 대들보 또는 통나무를 말하는데, 톱을 가지고 이 대들보를 쓱싹쓱싹 자르면 톱밥이 떨어집니다. 그 톱밥의 작은 부스러기를 '티'라고 합니다. 사실은 같은 곳에서 나왔습니다. 여러분 예수님이 뭘 하면서 30년 자랐습니까? 아버지가 목수이니까 목수 일하면서 지냈습니다. 그래서 통나무를 자르는 일도 많이 하셨고 거기에서 떨어지는 톱밥도 많이 봤고 때로는 자기 눈에 티끌이 들어가는 경험도 하셨어요. 그래서 예수님은 자기 경험을 가지고 이런 예화를 말씀하신 것입니다. 우리나라에도 이와 비슷한 속담이 있습니다. '검정이 숯 나무란다', 검정이 검습니까, 숯이 검습니까? 검정이 검습니다. 검정은 새까맣습니다. 숯은 그래도 조금 잿빛도 있습니다. 검정은 자기가 훨씬 더 검으면서 숯을 보고 '이 시껌둥이야, 왜 이리 검어?' 하면서 손가락질 한다는 것입니다. '똥 묻은 개가 겨 묻은 개 나무란다'는 속담도 마찬가지입니다. 겨라는 것은 털털 털어버리면 되지요. 별거 아닙니다. 똥 묻은 것이 훨씬 더럽지요. 그러면서 똥 묻은 개가 겨 묻은 개를 보고 '넌 더럽다, 저리 가라'고 얘기한다는 것입니다.

근년에 우리나라 정치계에서 흘러 다니는 사자성어가 있습니다.

'내로남불'입니다. 전에는 그런 말이 없었는데 지난 1-2년에 그 말이 엄청 회자했습니다. '내가 하면 로맨스, 남이 하면 불륜'이라는 뜻입니다. 야당으로 있을 때는 정권이 이렇게 한다고 막 비난을 하고 죽일 것처럼 하다가 자기들이 정권을 잡고 나니까 그렇게 비난했던 일을 자기들이 다 하고 있어요. 어떻게 보면 다 비슷한 일이 아닌가 생각합니다.

여러분, 이에 비하면 예수님의 비유는 얼마나 탁월하고 핵심을 찌르는지 모릅니다. 티와 들보는 검정과 숯의 차이 정도가 아닙니다. 비교가 안 될 만큼 엄청난 차이입니다. 들보는 너무 큰데 티는 너무 작습니다. 남의 눈 속에 있는 티는 보고 자기 눈 속에 있는 들보를 보지 못한다는 것이 무슨 말이겠습니까? 큰 죄를 가진 자가 작은 죄를 가진 자를 판단하고 비판한다는 것입니다. 자기는 여러 가지 허물을 가지고 있으면서 허물 한두 개 있는 사람의 허물에 대해서 안 좋은 말을 많이 한다는 것입니다. 자기는 엄청난 결점을 가지고 있으면서 남의 작은 결점을 봐주지 못하고 지적하고 비난하고 남의 눈에 있는 티를 빼라 하고 빼주지 못해서 안달한다는 것입니다. 이것이 남의 이야기입니까? 사실 우리가 그렇게 살아갈 때가 많습니다. 성경에 보면 가장 적합한 예가 다윗 왕입니다. 다윗 왕은 정말로 거룩한 사람입니다. 우리가 따라갈 수 없는 신앙인이지요. 그리고 훌륭한 임금이었습니다. 그럼에도 불구하고 한 번씩 타락하고 잘못할 때가 있었습니다. 남의 아내를 왕의 위력(威力)으로 궁에 불러서 강간하고 자기 아내로 삼았거든요. 그래서 하나님이 보내신 나단 선지자가 이야기합니다. '왕이여, 한 곳에 양을 많이 가진 부자가 살고 그 옆에 암양 한 마리만 가진 가난한 사람이 있었습니다. 부자에게 손님이 오니까 이 부자가 자기가 가진 많은 양 중에 한 마리를 잡아 대접하지 아니하고 옆집에 한 마리밖에 없는 양을 빼앗아 죽여 자기 손님을 대접했습니다.' 하니 다윗 왕이 듣고 '맹세코 이 사람은 죽어야 마땅하다, 그 악인은 죽어야 마땅하다'고 하면서 죽이려고 했습니다. 그때에 나단 선지자가 '당신이 바로 그 사람이오'라고 말했습니다. 그때서야 다윗이 자기 눈에 있는 들보를 깨닫고 하나님 앞에서 얼마나 많이 울고 눈물을 흘리면서 회개했는지요. 자기의 눈에 있는 들보를 빼게 되었습니다.

생각해보면 우리도 이런 잘못을 저지를 때가 많습니다. 자신은 교회에서 겸손히 섬기지도 않고 열심히 섬기지도 아니하고 교회를 위해서 많이 기도하지도 아니하고…… 직분자가 감당해야 할 제일 큰 사명이 교회를 위해서 기도하는 것인데 중요한 사명을 잘 감당하지도 않으면서 교회에 대해서, 지도자에 대해서 비판의 각을 세우는 그런 분들이 있지 않습니까? 또 어떤 이는 다른 성도의 허물에 대해 열을 올리면서 비판하는데 목사가 볼 때는 자기도 비슷하면서, 자기는 더 많은 잘못을 가지고 있으면서 저렇게 열을 낸다 싶으면 마음이 편치 않습니다. 여러분, 사람은 자기 자신을 잘 아는 것 같지만 잘 모릅니다. 그러면서 자기 생각과 판단, 잣대가 옳다고 생각하고 남을 잘못 비판하곤 합니다.

### 마지막으로 우리는 어떻게 해야겠습니까?

첫째는 자기를 살펴서 자기 눈 속에 있는 들보부터 빼야합니다. 5절 앞부분을 같이 읽겠습니다.

**"외식하는 자여 먼저 네 눈 속에서 들보를 먼저 빼어라"**

갈라디아서 6장 1절을 같이 읽겠습니다.

**"형제들아 사람이 만일 무슨 범죄한 일이 드러나거든 신령한 너희는 온유한 심령으로 그러한 자를 바로잡고 너 자신을 살펴보아 너도 시험을 받을까 두려워하라"**

참으로 귀한 말씀입니다. 형제가 무슨 죄를 범한 일이 드러나면 너희는 악한 마음으로 독한 마음으로 날카롭고 냉정한 마음으로 그 사람을 바로 잡는 것이 아니라 온유한 심령으로 바로 잡으라고 했습니다. 사랑의 마음으로, 부드러운 마음으로 그 사람을 바로 잡아주라고 했습니다. 그 다음에 더 중요한 말씀이 '너 자신을 살펴보아 너도 시험을 받을까 두려워하라'고 했습니다. '나도 똑같은 사람인데 얼마든지 저 사람처럼 할 수 있어'라고 생각하며 조심하라는 것입니다.

남의 죄와 허물이 보이면 자기부터 살펴보라는 것입니다. 자기 성찰의 삶을 살아가라는 것입니다. 요한복음 8장에 사람들이 간음하다가 현장에서 잡힌 여인을 예수님께 데려왔습니다. 율법에는 이런 여자는 돌로 쳐죽이라고 했는데 예수님, 우리가 돌로 쳐죽일까요, 말까요?' 물었습니다. 예수님께서 뭐라고 하십니까? '너희 중에 죄 없는 자가 먼저 쳐라'고 했습니다. 그러니 사람들이 돌을 쥐고 있다가 생각을 하는 거예요. 가만히 생각해보니 자기들 중에 죄를 안 지은 사람이 없어요. 음란한 죄는 더 그래요. 나이든 사람들이 더 많이 지었겠지요. 나이든 사람들부터 젊은이에 이르기까지 한 사람씩 다 떠나고 그 여자만 홀로 남았어요. 사람이 정말 자기를 돌아보고 살펴보면 다른 사람을 향해 비판할 수 없음을, 돌을 던질 수가 없음을 깨닫게 되는 것입니다.

두 번째는 그러고 나서 형제 눈 속에서 티를 빼라고 했습니다. 5절 후반부를 읽어보겠습니다.

**"그 후에야 밝히 보고 형제의 눈 속에서 티를 빼리라"**

내가 눈 속에 들보를 가지고 있으면 남의 눈의 티를 볼 수 있겠습니까? 눈이 막혀서 볼 수 없습니다. 그런데 내 눈 속에 들보를 빼면 내 눈이 맑아져서 다른 사람의 눈 안도 살펴볼 수 있고 다른 사람의 눈에 있는 티도 뽑아줄 수 상태가 된다는 것입니다. 즉 자신부터 먼저 살펴서 회개하고 겸손하게 된 사람은 진심으로 남을 위해서 충고해 줄 수 있다는 말씀입니다.

이야기 하나 하고 마치겠습니다. 저희 집은 8남매입니다. 그래서 위에 있는 누님들이 남자 동생들을 다 키웠는데 저는 셋째 누님이 저를 업어서 키웠습니다. 셋째 누님은 지금 일본에 사시는데 남편이 목사입니다. 한인 목회를 하시다 지금은 은퇴한 지가 상당히 되었습니다. 그런데 한인 교회는 좀 별납니다. 특별해요. 사회에서, 세상에서 받은 모든 스트레스를 교회에 와서 풉니다. 그러니까 목사님들이나 사모님들은 사실 힘이 듭니다. 제 자형은 키도 크고 인물도 잘 생기고 사람도 싹싹해서 교회에서 인기가 많았어요. 제 누님은 키도 좀 작고 얼굴도 보통이었어요. 이 교회에 왕초 권사님이 계시는데 이분은 불고기 식당을 두 개나 가지고 있고 대도 아주 센 사람이었어요. 자기 주변에 있는 여성도들을 똘똘 뭉쳐서 사모님을 왕따시키기 시작하는 거예요. 왕따를 시키는데 우리가 이해할만한 웃어넘길 수 있는 일 정도가 아니에요. 주중에 여성도들이 소풍을 가기 위해 차를 타는데 자리가 하나 모자란다 하면 앉아있는 제 누님에게 '사모님, 나오세요.' 하고 쫓아보내고 자기들이 타고 갑니다. 이런 식으로 이해가 안 되는 일들을 저질러서 제 누님이 너무 상처를 많이 받아 육신적으로, 정서적으로 무너졌어요. 건강이 너무 안 좋아서 고생을 많이 했습니다. 그런데 제 자형이 은퇴하기 직전에 그 권사님이 풍이 들어서 넘어져 일어나지 못하고 걸어 다니지도 못하게 되었어요. 권사님이 움직이지 못하고 자기 집에 가만히 있으니까 제 누님 부부가 설, 추석, 생일에도 선물을 들고 찾아갑니다. 이전에 잘못했던 것에 대해 한 마디도 말하지 않고 비판하지 않고 용서해버리고 가서 손잡고 기도해주고 하면 자기를 용서해주고 이렇게 하는 모양이라고 생각하고 감동해서 눈물을 흘린다고 합니다. 재임 시에도 그렇게 했고, 지금도 계속 그런 관계를 유지하고 있다고 합니다. 그렇게 하니까 그 권사님이 너무 감사한 마음으로 누님 부부에게 1년 먹을 쌀을 다 대준다고 합니다. 얼마나 아름다운 모습입니까! 비판 받을 일을 했을지라도 그것을 갚지 아니하고 용서하고 선대하면 서로 관계가 좋아지고 정말 천국시민다운, 성도다운 아름다운 모습이 된다는 것입니다.

사랑하는 성도 여러분, 주님께서 '비판받지 않으려면 비판하지 말라, 네가 사용한 그 판단 기준으로 너도 판단을 받게 될 것이다, 네 눈 속에 있는 들보부터 먼저 빼고 남의 눈에 있는 티를 사랑으로 빼주어라'고 말씀하셨습니다. 오늘 이 주님의 말씀을 마음에 새기고 이 말씀대로 살아서 우리가 하나님의 천국시민임을 온 세상에 보여주고 교회 가운데서 다른 성도들에게 보여주는 복된 성도가 되시기 바랍니다.

## 마태복음 7:6

거룩한 것을 개에게 주지 말며 너희 진주를 돼지 앞에 던지지 말라 그들이 그것을 발로 밟고 돌이켜 너희를 찢어 상하게 할까 염려하라

# 35

# 영적 분별력을 가지라

성도 여러분, 지난주일 이 시간에 우리는 마태복음 7장 1절에서 5절의 말씀을 보았습니다. 기억하십니까? 제목이 무엇이었지요? '비판하지 말라'였습니다. 그렇습니다. 성도는 말도 행동도 천국시민다워야 되지요. 하나님의 자녀, 하나님의 백성다워야 하는 것입니다. 남을 헐뜯기 위해서 고의로 남을 판단하고 비판해서는 안 됩니다. 자기의 똑똑함과 날카로움을 과시하기 위해서 남을 비판해서도 안 됩니다.

그렇다고 아무것도 판단하지 말라는 말씀은 아닙니다. 지난주 본문 5절 끝에 있는 말씀에 보면 '먼저 자기의 눈 속에 있는 들보를 빼 낸 사람은 이제는 밝히 보고 다른 사람의 눈에 있는 티를 빼리라' 말씀했습니다. 여기에 티를 빼리라는 말씀은 바른 판단을 해준다는 말입니다. 그러므로 바른 판단, 건설적인 판단은 필요하고 유익하다는 뜻이 됩니다. 그리고 오늘 본문 6절이 나옵니다. '거룩한 것을 개에게 주지 말며 너희 진주를 돼지 앞에 던지지 말라'는 말씀인데, 이 말씀은 앞에 나온 비판에 대한 말씀과는 전혀 상관이 없어 보이는 말씀입니다. 그리고 그 뒤에 나오는 말씀, 7절부터 보면 구하라, 기도에 대한 말씀인데 기도와도 전혀 관련이 없어 보이는 말씀입니다. 그래서 말씀의 논지가 완전히 바뀌는 느낌을 가지게 됩니다. 어떻게 보면 어려운 말씀입니다. 그러나 우리가 깊이 생각해보면 5절 끝에 '형제의 눈 속에 있는 티를 빼리라'는 말씀과 6절 처음에 나오는 '진주를 돼지에게 던지지 말라'는 말씀과는 서로 통하고 있습니다. 어떻게 통하고 있습니까? 형제에게 바른 판단과 충고를 하는 것이 필요하지만 그 가치를 전혀 알지 못하고 도리어 반대하는 사람에게는 줄 필요가 없다는 것입니다. 그것을 분별하기 위해서는 영적인 분별력이 필요합니다. 그래서 오늘 설교 제목이 '영적 분별력을 가지라'입니다.

**첫째로 생각할 것은 오늘 본문이 말하는 '거룩한 것은 무엇이며 또 진주는 무엇인가' 하는 것입니다.**

이 둘은 다르게 볼 수도 있지만 일반적으로 같은 것으로 봅니다. 거룩한 것과 진주를 합쳐서 생각하면 '거룩한 보화'라고 말할 수 있습니다. 기독교의 보화가 무엇인지 생각해보신 적이 있습니까? 여러분의 보화는 무엇이며 우리 기독교의 보화는 무엇인가? 먼저 세 가지를 생각할 수 있습니다.

첫째는 오늘 이 본문의 문맥에서는 올바른 판단, 올바른 비판이라고 말할 수 있습니다. 두 번째는 하나님의 말씀, 율법을 가리킨다고 할 수 있습니다. 시편에 보면 율법에 대해서 말하기를 '많은 순금보다 사모할 것이다'고 했습니다. 세 번째는 복음을 말합니다. 저는 반지 끼는 것을 안 좋아해서 안 낍니다. 커플링 같은 것은 그냥 밋밋하고 단순합니다. 그런데 결혼반지 같은 특별한 반지는 밋밋하지 않고 한쪽에 보석이 달려 있습니다. 하나님의 말씀이 반지라고 하면 보석은 어느 부분이며 무엇이라고 할 수 있겠습니까? 바로 복음입니다. '복된 소식'입니다.

지난 2월에 돌아가신 세계적인 부흥사 빌리 그래함 목사님이 설교를 하실 때에 두 말을 자주 사용하셨습니다. 'Bible says' '성경이 말씀하십니다' '지금 내가 말하는 것은 내 말이 아니라 성경, 곧 하나님의 말씀이다'고 말하면서 자기 설교의 권위를 높였습니다. 또 한 가지는 'Jesus died for your sin' '예수님께서 당신의 죄를 위하여 죽으셨습니다.' 이 말을 풀어서 말하자면 '예수님이 당신의 죄를 위하여 죽었기 때문에 당신이 이 예수를 믿으면 죄 용서받고 구원을 얻습니다'라는 말이 됩니다. 이것을 가리켜 복음이라고 합니다. 복된 소식이라고 하는 것은 예수 그리스도로 말미암은 구원을 말하는 것입니다.

여러분, 왜 복음이 기독교의 보화이겠습니까? 로마서 1장 16절에 보면 '복음은 모든 믿는 사람들에게 구원을 주시는 하나님의 능력이 됨이라'고 했습니다. 이 세상에 무슨 선한 일을 한다고 해서, 돈이 많다고 해서 사람이 구원을 받을 수 있습니까? 그렇지 않습니다. 오직 복음, 오직 예수뿐입니다. 복음은 모든 믿는 사람에게 구원을 주시는 하나님의 능력이라는 것입니다. 타락하고 죽을 인생, 영원히 멸망할 인생에게 가장 중요한 것이 무엇이겠습니까? 무슨 돈이겠습니까, 건강이겠습니까, 집이겠습니까? 다 사라지고 없어질 것 아닙니까? 잠시 뿐이지요. 중요한 것은 죄에서 벗어나서 구원받는 것, 죽음의 문제, 멸망의 문제를 해결 받는 것 아니겠습니까? 그것보다 중요한 일은 없습니다.

지난주간에 미국에서 소식이 왔습니다. 제 고종 사촌 남편이 장로님이신데 이제 80이 넘으셨는데 돌아가셨어요. 그래서 사진과 동영상을 찍어 보내주셨는데 사촌 누님은 울고 계시고, 다른 사촌 누님은 그 누님을 위로한다고 안고 계시고, 또 묘지에 가서 준비된 관이 우리나라와 다르게 자동으로 내려가더라구요. 관이 내려가고 예배드리는 모습을 보면서 '어째서 우리 인생이 이렇게 늙어서 죽음의 길을 가는가?' 생각했습니다. 어떻게 보면 참 안타깝고 답답한 일이에요. 그게 모든 인생이 가는 길 아니겠습니까? 누가 거기에서 면제가 되겠습니까? 이 죽음의 문제, 멸망의 문제를 해결해주는 것이 바로 복음입니다. 이점에서 복음은 값으로 계산할 수 없는 최고의 보화인 것입니다.

500년 전에 종교개혁이 있었지요. 마틴 루터는 교황청이 면죄부를 만들어 판매해서 돈을 거둬들이는 것을 보고 분개해서 자기가 있던 독일에 비텐버그 성벽교회당 문에 95개조의 반대하는 조항을 붙였습니다. 그로 인해서 종교개혁이 시작되었는데, 그 중 62조에 보면 **'교회의 진정한 보화는 하나님의 거룩하고 은혜로운 복음이다'**고 해놓았습니다. 무엇에 빗대어 그런 말을 했겠습니까? '이 면죄부를 살 때 돈이 상자에 떨어져 땡그랑 소리와 함께 연옥에서 고생하는 여러분의 조상들이 천국으로 올라갑니다.' 하면서 면죄부가 아주 큰 보화인 것처럼 이야기를 하며 팔아먹으니까 '면죄부 같은 것이 아니라 하나님의 거룩하고 은혜로운 복음이야말로 기독교의 보화입니다'고 한 것입니다.

여러분은 이 복음의 보화를 받아들여서 여러분들이 소유하고 계십니까? 여러분들은 이 복음의 보화를 믿습니까? 여러분이 교회에 등록하고 여러 해 교회에 다녔다고 할지라도, 세례를 받았다고 할지라도, 집사가 되었다고 할지라도 만일 복음이야말로 최고의 보화라는 것을 알지 못하고 믿지 못한다면 지금까지 교회에 다닌 것은 헛된 것입니다. 다시 시작해야 합니다.

미국의 닉슨 대통령의 특별 보좌관이자 최측근이었던 찰슨 콜슨은 닉슨을 대통령으로 만들기 위해서 어떤 수단도 가리지 않는 철인이었습니다. 닉슨 대통령이 되고 나서 워터게이트 사건으로 소송 중이었던 아주 암울한 때에 친구 톰이라는 자가 찰슨 콜슨에게 복음을 전했습니다. 그러면서 C.S 루이스의 '순전한 기독교'라는 책을 소개해주었습니다. 그 책을 읽고 나서 그의 마음에 변화가 일어났습니다. 며칠 후에 한적한 바닷가에 홀로 앉아서 하나님께 기도를 합니다. '주 예수님, 당신을 믿습니다. 당신을 영접합니다. 제 삶에 들어와 주시옵소서. 당신께 제 삶을 드립니다.' 그 순간을 통해서 그의 삶이 완전히 변화되었습니다. 저는 그 기도가 너무 멋있습니다. 우리도 자기 자신의 고백으로 한 번 따라서 해보겠습니다.

**"주 예수님, 당신을 믿습니다.**

**당신을 영접합니다.**

**제 삶에 들어와 주소서.**

**당신께 제 삶을 드립니다."**

많은 사람들이 예수는 믿는다고 하면서 자기의 삶을 하나님께 드리지 않는 모습이 많이 있습니다. 그러나 이 사람은 예수를 믿으면서 자기 삶을 예수님께 온전히 드렸습니다. 우리 교회 모든 교우가 이렇게 되시기를 바랍니다.

다음으로 생각할 것은 거룩한 보화를 개에게나 돼지에게나 주지 말라는 의미가 무엇이겠습니까?

이 말씀은 분명히 개 사육자나 돼지를 키우는 사람들에게 주시는 말씀이 아닙니다. 누구에게 주시는 말씀입니까? 천국시민 된 자들에게, 하나님의 자녀 된 성도들에게 주시는 말씀입니다. '거룩한 것을 개에게 주지 말라'고 했는데 여기에 나오는 개는 애완용 개가 아니라 반야생적인 들개같은 것입니다. 사납고 더럽고 자기가 토한 것을 다시 집어 먹는 아주 부정한 것입니다. 부정한 것의 반대가 무엇이겠습니까? 거룩한 것입니다. 그러니까 거룩한 것은 더러운 개와는 조화가 되지 않습니다. 이것은 상반된 것입니다. 그러니 '거룩한 것을 부정한 개에게 주지 말라'는 말씀입니다. 빌립보서 3장 2절에 보면, 사도 바울이 빌립보교회에 편지하면서 '개들을 삼가고 행악하는 자를 삼가라'고 말씀합니다. 개들을 삼가라는 말씀이 진짜 개를 말합니까? 아닙니다. 교회에 문제를 일으키는 악한 사람들을 말합니다.

'진주를 돼지에게 던지지 말라'고 했는데 여기에 나오는 돼지 역시 집에서 키우는 돼지라기보다 야생의 멧돼지라고 보는 것이 좋습니다. 멧돼지에게 진주를 던져봤자 그 가치를 전혀 모릅니다. 우리 속담에도 '돼지 발에 진주'라는 말이 있습니다. 그 가치를 모르면 아무리 귀한 것도 쓸데가 없다는 말입니다. 돼지도 유대인들에게는 부정한 것이었습니다. 그래서 돼지를 키우지 않고 돼지고기를 먹지도 않았습니다. 그런 부정한 자, 곧 진주의 가치를 모르는 자에게 진주같이 귀한 교훈을 던져주지 말라는 말씀입니다.

어떤 사람이 산길을 걸어가고 있는 중에 굶주린 멧돼지나 들개를 만났다고 합시다. 이 사람이 얼마나 두려웠겠습니까? 그래서 자기가 갖고 있는 진주 한 줌을 던져주었습니다. 어떻게 할까요? 진주가 색깔이 하얗고 빛이 나니까 맛이 있어 보입니다. 그래서 개나 돼지가 와서 냄새를 맡았는데 맛있는 냄새가 나지 않아요. 물어서 입에 넣어 씹어보았는데 딱딱하고 못 먹는 것이에요. 그래서 진주를 뱉어 짓밟아버립니다. 그것으로 끝내면 좋은데 못 먹을 것을 준 사람에게 돌아서서 덤벼들 수도 있습니다. 잘못하면 찢겨 죽을 수도 있습니다. 오늘 말씀이 그것을 말씀하고 있습니다. 그러니 거룩한 것을 개에게 주지 말고 진주를 돼지에게 던지지 말라는 말씀입니다.

**이 말씀의 의미를 넓은 의미와 좁은 의미, 두 가지로 생각해봐야 합니다.**

이 말씀의 넓은 의미는 자기 눈 속에 들보를 꺼낸 사람, 그래서 이제 밝히 보는 사람은 형제의 눈 속에 있는 티를 끄집어낼 수 있다고 했습니다. 그 티를 빼주려고 할 때에, 다시 말해서 먼저 자기를 돌아보고 자기의 잘못과 죄를 회개한 자가 겸손한 마음으로 사랑을 가지고 형제의 잘못을 바로 잡아주려고 할 때에 상대방이 그것을 받아들이지 않고 오히려 적대심을 품는다면 구태여 좋은 말을 해줄 필요가 없다는 것입니다. 서로의 관계만 악해질 뿐입니다. 잠언 9장 7절, 8절을 같이 읽겠습니다.

> **"거만한 자를 징계하는 자는 도리어 능욕을 받고 악인을 책망하는 자는 도리어 흠이 잡히느니라 거만한 자를 책망하지 말라 그가 저를 미워할까 두려우니라"**

여러분 이 말씀과 오늘 말씀이 통하지 않습니까? 같은 말씀입니다. 개나 돼지에게 진주를 던지지 말라는 말씀과 일맥상통하고 있습니다.

그러면 이 말씀의 좁은 의미는 무엇이겠습니까? 복음이라고 하는 진주를 단호하게 거부하고 나아가서 적대하는 자에게는 전해줄 필요가 없다는 것입니다. 예수님께서 열두 제자를 부르셨습니다. 부르시고 이들을 훈련시키기 위해서 어느 날 두 사람씩 짝을 지어서 전도하러 보내십니다. 보내시면서 하시는 말씀이 '이방인의 집에도 사마리아 인의 집에 들어가지 말고 이스라엘의 잃어버린 양에게로 가라'고 하시면서 특별히 주신 말씀이 있습니다. 마태복음 10장 14절을 같이 읽어봅니다.

> **"누구든지 너희를 영접하지도 아니하고 너희 말을 듣지도 아니하거든 그 집이나 성에서 나가 너희 발의 먼지를 떨어 버리라"**

발의 먼지를 떨어버린다는 것이 무엇이겠습니까? '나는 너희에게 할 책임을 다했다, 나머지는 너희들 책임이다, 이제부터는 나와 너희는 상관이 없다'는 뜻입니다. 그런데 이 전도 원리가 예수님의 부활, 승천 이후에 시작된 초대 교회에서도 그대로 적용되고 나중에 이방인들에게 복음을 전할 때도 이 원리가 적용이 됩니다. 바울과 바나바가 1차 전도여행을 갔을 때에 터키 중남부 지역에 갔습니다. 거기에 비시디아 안디옥이라고 하는 성이 있어 그곳에서 복음을 전하는데 유대인들이 시기하고 반박하고 비방을 합니다. 끝내는 사람들을 선동해서 이 두 사람을 이 성에서 쫓아내버립니다. 그때 바울이 뭐라고 말하느냐면 사도행전 13장 46절을 같이 읽어봅니다.

**"바울과 바나바가 담대히 말하여 이르되 하나님의 말씀을 마땅히 먼저 너희에게 전할 것이로되 너희가 그것을 버리고 영생을 얻기에 합당하지 않은 자로 자처하기로 우리가 이방인에게로 향하노라"**

안 받아들이니까 '이제 우리는 너희들 상관 안 한다. 우리는 돌아선다.' 하고 이방인들에게로 돌아섰습니다. 51절도 같이 읽어봅니다.

**"두 사람이 그들을 향하여 발의 티끌을 떨어버리고"**

떨어버리고 다른 성으로 갔습니다. 유대인들을 생각해보십시오. 유대인들은 이방인들과 다릅니다. 이방인들은 하나님에 대한 지식이 전혀 없습니다. 그러나 유대인들은 하나님의 택하심을 받아서 하나님의 부르심을 받고 하나님의 특별한 은총 속에서 지금까지 살아왔습니다. 하나님의 언약 백성입니다. 메시아를 알고 있고 율법을 가지고 있고 하나님의 뜻도 알고 있습니다. 그러기에 사도 바울과 바나바는 전도하러 다닐 때에 어디를 가든지 제일 먼저 유대인들에게 복음을 전했습니다. 유대인들은 특별한 하나님을 아는 백성이기에 유대인들에게 전했는데 그러면 그들은 마땅히 이 복음을 기쁨으로 받아들여야 되지 않겠습니까? 그런 상황인데 복음을 전하는 자를 박해하고 메시아를 거부했습니다. 그럴 때는 더 이상 상관할 필요가 없다는 것입니다. 복음의 진가를 알지 못하고 거부하고 반대하는 자들, 영적으로 보면 이들이야 말로 오늘 성경에 나오는 진주를 짓밟는 개와 돼지와도 같은 자들입니다. 그러므로 복음의 진주를 그런 자들에게는 전해줄 필요가 없다는 것입니다.

이단에 속한 자들에게는 어떻게 해야겠습니까? 디도서 3장 10절을 같이 읽어봅니다.

**"이단에 속한 사람을 한두 번 훈계한 후에 멀리하라"**

**그런데 이점에서 우리는 아주 신중해야 하고 분별력이 있어야 합니다.** 이 말씀이 우리가 불신자들에게 전도할 때 두세 번 전도해보고 안 되면 돌아서고 끝을 내라는 말씀일까요? 오늘 교독문 시편 126편 5절에 보면 "눈물을 흘리며 씨를 뿌리는 자는 기쁨으로 거두리로다" 말씀했습니다. 눈물을 흘리며 씨를 뿌리는 자는 어떤 사람을 말하겠습니까? 씨를 뿌리는 상황이 너무 힘들다는 것입니다. 힘든 상황에서 인내하면서 참아내면서 씨를 뿌리는 자입니다. 복음에 적용을 해보면 복음 전하는 것이 어렵고 눈물 나는 것이지만 참고 씨를 뿌리면 기쁨으로 거두게 된다는 것입니다. 갈라디아서 6장 9절에 보면 "우리가 선을 행하되 낙심하지 말지니 포기하지 아니하면 때가 이르매 거두리라"고 말씀했습니다.

사무엘 즈웨머 선교사라는 분이 있는데 이분은 기독교에 적대적인 무슬림 지역에 가서 70년 동안 선교했는데 7명의 열매를 거두었습니다. 10년에 한 사람을 구원시켰습니다. 이 일이 필요하겠습니까? 필요합니다.

1956년에 미국에 다섯 명의 유망한 젊은이들이 대학을 졸업하고 남미에 있는 에콰도르의 식인종 아우카 인디언들에게 복음을 전하러 갔습니다. 이들은 다른 사람들과 단절되어서 살고 있습니다. 그런데 이 사람들에게 복음을 전하려고 하면 먼저 어떻게 해야 되겠습니까? 자꾸 접촉을 해서 좋은 인상을 주어야합니다. 그래서 경비행기를 타고 가면서 먹을 것과 생활용품들을 던져주고 시간을 보내다가 이제는 우리가 다가가도 우리를 죽이지 않을 것이다 생각하고 기도를 하고 어느 날 그들을 찾아갔습니다. 어떻게 되었을까요? 가자마자 아우카 식인종에게 칼과 창으로 아주 비참하게 죽임을 다 당했습니다. 여러분 생각에 오늘 본문에 의하면 이런 사람들에게 계속 복음을 전해야 되겠습니까? 오늘 말씀에 보면 이런 사람들에게서 돌아서야 되지 않겠습니까? 티끌을 떨어버려야 될 것 같아요. 그런데 놀랍게도 이 순교자들의 아내들이 '우리 남편들이 죽은 그곳에서 우리가 물러나면 헛된 죽음이 되고 만다. 우리가 그곳에 가서 복음을 전하자' 해서 남편들이 죽은 그 땅에, 원수의 땅에 또 들어갔어요. 그래서 결국은 아우카 종족이 예수님을 믿게 되는 역사가 일어났습니다.

요컨대 하나님께서는 한편으로는 개나 돼지에게 던지지 말라고 하시면서 돌아서라고 하시면서 티끌을 떨어버리라고 하시면서, 또 한편으로는 그들에게 어떤 일이 있어도 복음을 전해주어야 한다는 것을 보여줍니다. 어떻게 해야 하는 것입니까? 불신자들에게 복음을 전하는 것은 중단하지는 말아야 합니다. 그러나 지혜롭고 분별력 있게 해야 합니다. 지금 제주도에 예멘 난민 문제도 참 어렵습니다. 진짜 분별력을 가져야 합니다. 그럴 때는 어떻게 해야 하겠습니까? 하나님께 겸손히 묻고 하나님의 인도하심과 뜻을 구해야 합니다. 분별할 수 있어야 합니다.

**말씀을 맺습니다.** 오늘 주님께서 말씀을 통해서 건설적인 판단, 건설적인 비판의 가능성을 말씀하시면서 분별력 있게 해야 됨을 우리에게 말씀해주십니다. 나아가 특별히 복음을 전하는 일에서도 분별력 있게 지혜롭게 해야 할 것을 보여주십니다. 분별하는 것이 결코 쉬운 일이 아닙니다. 잠언 3장 6절을 따라해봅니다.

**"너는 범사에 그를 인정하라 그리하면 네 길을 지도하시리라"**

작은 일이나 큰일이나 모든 일에 하나님을 인정하고 하나님께 맡기고 하나님의 도움을, 하나님의 분별력을 구하라, 그리하면 너의 길을 지도하시리라고 약속했습니다. 여러분, 스스로 지혜롭게 여기지 말고 모든 일에 하나님을 인정하고 기도함으로써 영적 분별력을 가지고 살아가시고 하나님의 지도를 받아서 살아가는 저와 여러분이 다 될 수 있기를 바랍니다.

## 마태복음 7:7–11

구하라 그리하면 너희에게 주실 것이요 찾으라 그리하면 찾아낼 것이요 문을 두드리라 그리하면 너희에게 열릴 것이니 구하는 이마다 받을 것이요 찾는 이는 찾아낼 것이요 두드리는 이에게는 열릴 것이니라 너희 중에 누가 아들이 떡을 달라 하는데 돌을 주며 생선을 달라 하는데 뱀을 줄 사람이 있겠느냐 너희가 악한 자라도 좋은 것으로 자식에게 줄 줄 알거든 하물며 하늘에 계신 너희 아버지께서 구하는 자에게 좋은 것으로 주시지 않겠느냐

# 36

## 구하라 주실 것이요

성도 여러분, 오늘 말씀에 우리 예수님께서 '구하라, 찾으라, 두드리라' 말씀하십니다. 세 가지로 말씀하시지만 뜻은 하나입니다. 어떻게 하라는 말씀입니까? 기도하라는 말씀입니다. 오늘 이 본문이 산상보훈에서 기도에 대해서 처음 나오는 말씀입니까? 아니지요. 마태복음 6장에서 예수님께서 기도에 대해서 상당히 길게 말씀하셨습니다. 그러면 왜 7장에 와서 또 기도에 대해서 말씀하시느냐? 6장에서 기도에 대해서 말씀하실 때 예수님께서 좀 빠뜨린 것이 있어서 여기에서 보충하는 것이냐? 그런 것이 아닙니다. 6장에서 기도에 대해서 말씀하실 때에 예수님께서 잘못된 기도에 대해서 지적을 하시고 나서 '너희는 이렇게 기도하라' 하시면서 모범 기도, 모델 기도, 즉 주기도문을 가르쳐주셨습니다. 그런데 오늘 본문에서는 기도생활에 힘쓸 것을 말씀하고 있습니다. 똑같은 기도에 대한 말씀이지만 관점이 다르다는 말씀입니다.

우리는 지금까지 산상보훈을 살펴왔습니다. 어떤 성도들은 마음속으로 '정말 산상보훈은 말 그대로 보훈(寶訓)이다. 보배로운 말씀이다. 그렇지만 누가 이 말씀대로 살 수 있겠어? 이 말씀은 너무 어려워'라고 생각하실 수가 있습니다. 사실 살인에 대한 말씀 보셨지요? 형제를 향하여서 욕을 하면 살인한 것이라 했습니다. 간음에 대한 말씀, 여자를 보고 음욕을 품으면 이미 간음한 것이다 했습니다. 원수를 사랑하라는 말씀, 보물을 하늘에 쌓으라는 말씀… 지키기 쉬운 말씀이 하나라도 있습니까? 없습니다. 이 7장에 와서도 맨 처음에 비판하지 말라, 먼저 너의 눈 속에 있는 들보를 끄집어내어라, 그리고 합당치 않은 자에게는 나누지 말라, 이런 말씀도 역시 순종하기가 대단히 어려운 말씀입니다. 죄성을 가지고 있는 우리 인간이 자기의 힘으로, 자기의 의지로는 지킬 수가 없습니다. 다르게 말하면 천국시민의 삶은 우리 스스로의 능력만을 가지고는 살아낼 수가 없다는 말씀입니다. 오직 하나님께 기도해서 하나님의 도우심으로 살아낼 수가 있습니다. 그래서 오늘 본문에 '구하라 주실 것이요'라는 기도에 대한 말씀이 나오는 것입니다.

**오늘 본문을 통해서 주 예수님께서 우리에게 어떤 교훈을 주십니까?** 세 가지로 살펴보겠습니다.

**첫째는 '항상 기도하라'고 하십니다.**

오늘 본문에 기록된 '구하라, 찾으라, 두드리라'라는 말씀이 시제에 있어서 현재형으로 다 기록되고 있습니다. 헬라어에서 현재형은 반복 또는 계속을 말합니다. 그래서 이 말씀은 '계속 기도하라, 항상 기도하라, 끈질기게 기도하라'는 말씀입니다. 생각해보면 성도들이 기도한다고 하지만 많은 성도들이 어떤 특별한 일이 있을 때만 하나님 앞에 기도하고 그 문제가 지나가면 더 이상 기도하지 않는 경우가 많이 있습니다. 어떤 분들은 영적인 상태가 좀 좋아질 때는 하나님 앞에 날마다 기도하는데 그렇지 않고 삶이 피곤하면 기도가 끊어지기도 하지요. 그렇지만, 그것은 하나님의 뜻이 아닙니다. 예수님께서 무엇이라고 말씀하십니까? '계속 기도하라, 항상 기도하라'고 우리에게 말씀하십니다. 말을 바꾸면 **'기도생활이 너희의 삶의 일부가 되고 너희의 삶의 습관이 되게 하라'**는 말씀입니다.

그리고 '구하라, 찾으라, 두드리라'는 이 세 가지 말씀이 다 기도하라는 말씀이지만 자세히 살펴보면 조금씩 차이가 납니다. 구하라는 것은 내가 내 자리에 앉아서도 구할 수 있습니다. '뭐 주세요'라고 구할 수가 있습니다. 그 다음에 나오는 '찾으라'는 자리에 앉아서 구하는 것이 아니고 자리에서 일어나서 돌아다니면서 찾는 것입니다. 행동하는 것입니다. 그리고 마지막에 나오는 '두드리라'는 말씀은 가장 강하게, 열렬하게 기도하라는 말씀이지요. 여러분, 오늘 9시쯤 되어서 엄청나게 소낙비가 퍼부었습니다. 지금도 우리가 빗소리를 듣습니다. 비도 이슬비가 있고, 그냥 보통 소낙비가 있고 우르르 쾅쾅하며 장대같이 쏟아붓는 폭우가 있지요. 그와 같이 오늘 주님의 그 세 마디 말씀이 그렇게 되어 있습니다. '구하라, 찾으라, 두드리라'라고 점점 더 강하게 나온다는 말씀입니다. 우리가 이 말씀을 조금 더 쉽게 말하자면 '기도하라, 더 기도하라, 더 간절하게 기도하라'는 표현으로 바꿀 수 있습니다.

여러분, 항상 기도해야 할 것은 성경 여러 곳에서 말씀하십니다. 에베소서 6장에는 영적전투에 대해서 말씀하십니다. 우리 성도들의 싸움은 혈과 육에 대한 것이 아니라고 했습니다. '혈과 육'이 무엇입니까? 사람입니다. 그래서 우리 성도들은 다른 사람에 대해서 말싸움 하고 드잡이를 하면 안 됩니다. 우리 성도들의 싸움은 혈과 육이 아니라 하늘에 있는 영들에 대한 것이라고 했습니다. 마귀에 대한 것이라고 했습니다. 그래서 이 영적전투를 하려면 전신갑주, 영적인 완전 군장을 해야 됩니다. 완전 무장을 해야 하는데 거기에 보면 구원의 투구도 있고, 의의 흉배인 가슴막이도 있고 성령의 검도 있습니다. 그런데 맨 마지막에 나오는 것이 '모든 기도와 간구를 하되 항상 성령 안에서 기도하라' 했습니다. 다른 무기들이 다 갖추어져 있어도 기도하지 않으면 이 도구들이 힘을 쓸 수가 없습니다. 그래서 항상 기도하라고 했습니다. 골로새서 4장 2절에도 '기도를 계속하라'고 말씀했습니다. 우리가 잘 아는 데살로니가전서 5장 17절에도 '쉬지 말고 기도하라'고 했습니다. 이렇게 쉬지 않고 항상 기도하려면 기도가 생활화되어야 합니다. 아침에 일어나서 내가 아침 식사를 하듯이 자기 전에 양치질을 하고 씻고 자듯이 내 삶의 일부가 되어야 우리가 계속 기도할 수 있는 거예요. 여러분, 자신을 한번 살펴보십시오. 기도가 여러분의 매일의 삶의 일부가 되어 있습니까?

저는 1976년에 신학 대학에 들어가면서 새벽기도를 시작하였습니다. 40년 넘게 새벽기도를 했기 때문에 새벽기도가 제 삶이 되었습니다. 군목을 할 때도, 외국에 가서 유학을 할 때도, 또 일주일에 한 번 산내에 가서 하루 밤을 쉴 때도 6시, 7시까지 잠이 안 옵니다. 5시가 되면 자동적으로 몸이 일어납니다. 일어나면 하나님 앞에 기도하지요. 그것이 저에게 짐이 되거나 스트레스가 되는 것이 아니고 저의 기쁨이고 저의 삶입니다. 그러면서 느끼는 것이 제 혼자 기도하는 것보다는 교회에서 새벽기도회에 나가서 찬송도 부르고 말씀도 듣고 성도들과 함께 기도할 때가 더 좋고, 그럴 때에 더 많이 기도할 수 있다는 것을 느꼈습니다. 성도 여러분, 오늘 주님의 말씀대로 쉬지 않고 날마다 기도하며 살기 원하시면 힘이 들어도 새벽기도를 하시기 바랍니다. 밤늦게까지 일하시는 분은 다른 낮 시간을 정해서라도 기도하는 것을 쉬지 말고 계속 기도하라는 것입니다. 이보다 더 귀하고 좋은 습관은 없습니다. 하나님이 우리 성도에게 주시는 최고의 특권은 전능하신 아버지 하나님, 은

헤로우신 하나님 앞에 나아가서 그 하나님과 교제하며 그 하나님께 나의 모든 문제를 가지고 기도하고 간구하고 하나님의 도움과 능력을 구하는 것입니다. 우리 삶에 이것보다 더 큰 특권이, 영광이 어디에 있겠습니까? 생각해보면 하나님께서는 우리에게 필요한 것이 무엇인지 아시기에 우리가 기도하지 않아도 많은 것을 주십니다. 그러나 우리가 기도하지 않았는데 주시면 우리는 귀한 줄도 모르고 감사할 줄도 모르고 마땅한 것으로 여깁니다. '호의가 계속되면 권리라고 생각한다'는 말이 있지 않습니까? 그리고 기도는 구하고 주시고 하기 이전에 하나님과 만나고 교제하는 것입니다. 하나님은 그것을 더 기뻐하십니다.

여러분 연약한 우리가 어떻게 천국시민답게 살겠습니까? 어떻게 주님의 말씀에 순종하면서 살아갈 수 있겠습니까? 오직 기도가 열쇠입니다. 기도를 생활화하시기 바랍니다. 기도가 생활화되어 있지 않은 사람은 아무리 신앙의 연수가 길고 직분이 어떠하든지 간에 저는 신앙의 아마추어로 봅니다. 아직도 프로가 아니에요. 오직 하나님 앞에서 기도하면서 기도가 생활화될 때에 진정한 신앙의 삶을, 성도의 삶을 살아갈 수가 있는 것입니다.

두 번째는 '응답의 확신을 가지고 기도하라'고 말씀하십니다.

본문 7절에는 '구하라 주실 것이다, 찾으라 찾을 것이다, 두드리라 열릴 것이다' 했는데 그 다음 8절에는 '구하는 이마다 받을 것이요 찾는 이는 찾아낼 것이요…' 똑같은 말씀이 역으로 또 말씀되고 있습니다. 결국은 기도하라, 응답하겠다는 말씀이 총 몇 번 나오는 것입니까? 잘 세어보십시오. 7절에 3번, 8절에 3번, 총 6번이 나왔습니다. 응답에 대한 약속이 얼마나 강하게 주어지고 있습니까?

응답에 대한 약속은 여기 뿐 아니라 성경 여러 곳에서 나옵니다.

야고보서 1장 6절에 보면 '오직 믿음으로 구하고 조금도 의심하지 말라' 했습니다. 무엇을 의심하지 말라는 것입니까? 응답입니다. 하나님께서 들어주실 것을, 응답해주실 것을 의심하지 말라고 했습니다. 다윗은 시편 5편 3절에 '아침에 내가 기도하고 바라리이다' 했습니다. 여러분, 이 말씀이 참 의미 있는 말씀입니다. 아침에 내가 '기도했습니다'로 끝나지 않고 '바라리이다'고 했습니다. '바라리이다'가 무슨 말입니까? 이것은 응답을 기다린다는 것입니다. 응답을 바라고 있다는 것입니다. 다윗은 하나님 앞에 기도할 때에 그냥 자기 기도할 것만 독백 식으로 하나님 앞에 쏟아놓고서 응답해주시든지 안 해주시든 상관없어 하고 가버리는 것이 아니라 하나님의 응답을 바라며 기다렸다는 것입니다. 이것이 바른 기도입니다.

그런데 기도했는데 아무 응답이 없어서 '내가 기도해봤자 더 나아지는 것도 없더라' 하는 분들도 있을 것입니다. 그래서 기도하지 않는 분들도 계실 것입니다. 그런데 기도 응답은 우리가 원하는 때가 아니라 하나님이 보시고 가장 적당한 때에, 다시 말해서 하나님의 시간에 하나님께서 응답해주시는 것입니다. 기도 응답의 타이밍만 그런 것이 아닙니다. 기도 응답의 내용도, 모습도 그렇습니다. 나는 A를 구했는데 하나님이 보시기에 A를 주면 안 되겠다 싶으면 B를 우리에게 주시는 것입니다. 그러니까 기도 응답의 타이밍과 그 모양은 하나님께 달려있습니다. 하나님께 달려있고 하나님께서 원하는 시간에 주시는 것입니다. 우리는 그것을 모르고 내가 원하는 시간에, 내가 원하는 것을 하나님께서 주시지 않으면 하나님께서 기도 응답을 안 해주셨다고 생각합니다. 그러고는 그 다음부터 기도하기를 노력하지 않습니다. 잘못된 것이지요. 믿음으로 기도한 것은 절대로, 하나도 헛되지 않음을 믿으시기 바랍니다. 다 때가 되면 싹이 나서 열매를 맺게 되기 때문입니다.

기도의 사람, 조지 뮬러는 믿지 않는 두 친구를 위해서 50년 이상 기도했다고 합니다. 1년, 2년 기도하고 안 믿으니까 포기한 것이 아니라 계속해서 50년 동안이나 기도했습니다. 50년 되는 해에 한 친구가 드디어 예수를 믿고 신자가 되었습니다. 그런데 한 친구는 조지 뮬러가 죽을 때까지 믿지 않았습니다. 보통 사람들은 하나님이 내 기도 안 들어주셨다 하겠지요. 그런데 조지 뮬러가 죽은 후에 얼마 안 되어서 그 친구가 예수를 영접했다는 것입니다. 두드리고 두드리면 언젠가 열리는 것입니다.

저는 평생에 크게 기도한 것이 세 가지 있습니다. 제가 대학을 다닐 때에 저의 집이 경제가 무너져서 고학 하다시피, 돈 오는 것이 없이 공부했습니다. 아버지께서 '공부 못하겠거든 남해에 와서 배 타라'고 했습니다. 그런데 그리할 수 있습니까? 공부를 해야지요. 그래서 하나님 앞에 많이 기도했습니다. '하나님 광야와 같은 이때를 은혜로 무사히 통과할 수 있도록 도와주십시오.' 기도했습니다. 또 저는 공부에 관심이 많아서 학생 때부터 '유학의 길을 열어주옵소서. 유학 갈 수 있게 해주십시오.' 하고 많이 기도했습니다. 그런데 우리 양가는 가난해서 유학을 보내줄 형편이 못 되었어요. 그리고 여러분이 아시다시피 7년 전에 제가 중병으로 6개월 안식년도 가지고 할 때는 하루 전체가 기도였습니다. 눈만 뜨면 하나님 앞에 마음속으로 계속해서 기도하고 산보를 할 때도 '하나님, 건강을 회복시켜 주시옵소서.' 이렇게 기도했는데 지나간 시간을 돌아보면 제가 하나님 앞에 간절히 기도했던 중요한 일들이 다 응답되었습니다.

어떤 큰 문제만이 아닙니다. 우리는 사소한 문제라도 하나님 앞에 늘 기도해야 합니다. 그래서 저는 먹어야 될 약이 보이지 않을 때 한참 찾다가 '아이고 내가 기도를 안 했네' 하며 하나님께 기도하고 찾으면 찾아집니다. 설교 준비를 하다가 성구를 찾아야 되는데 도무지 안 될 때 '아이고, 내가 기도를 안 했네.' 그래서 하나님 앞에 기도하고 쉽게 성구를 찾고… 이렇게 기도하면서 살아갑니다. 하나님이 응답해주십니다.

사랑하는 성도 여러분, 물론 성도가 정욕으로 쓰려고 잘못 구하거나 죄를 가지고 구하거나 의심하거나 하나님의 뜻이 아닌 것을 구하면 하나님이 침묵하십니다. 응답하시지 않는다고 성경에서 말씀하십니다. 그러나 올바른 기도를 하고, 믿음의 기도를 하고, 간절하고 끈질긴 기도를 하면 하나님께서 다 응답해주시는 것입니다. 그러므로 성도 여러분, 응답의 확신을 가지고 기도하시기 바랍니다.

### 세 번째는 좋은 것을 주시겠다고 약속하십니다.

9절과 10절을 보면 '너희들 중에 아들이 떡을 달라는데 돌을 줄 자가 있으며 생선을 달라는데 뱀을 줄 자가 있겠느냐' 말씀하십니다. 두 가지 비유가 나옵니다. 돌과 떡이 어떤 관계가 있을까요? 우리가 생각해보면 마태복음 4장에 예수님께서 세례 받으시고 40일 금식기도 할 때 배가 고플 때에 마귀가 와서 '이 돌들로 떡이 되게 하라' 했습니다. 여기에 떡은 빵을 말합니다. 우리나라 돌과 달리 광야에서 굴러다니는 돌은 하얗고 동그랗게 생긴 것이 빵과 닮았어요. 그래서 '자식이 빵을 달라는데 돌멩이를 줄 아비가 있겠느냐' 했습니다. 있습니까, 없습니까? 없지요. 뱀과 생선이 어떤 차이가 있습니까? 생선 중에서도 뱀과 닮은 것이 있어요. 뱀장어 같은 것은 뱀과 많이 닮았어요. 그렇다고 아들이 생선을 달라는데 뱀을 자식에게 주는 아비가 있겠습니까, 없겠습니까? 없지요. 있을 수가 없습니다. 그렇다면 '하늘에 계신 너희 아버지께서 구하는 자에게 좋은 것을 주시지 않겠느냐'고 하셨습니다.

여기에 보니까 땅에 있는 아버지와 하늘에 있는 아버지와 서로 비교가 되어 있습니다. 땅에 있는 아버지는 자식을 참 사랑하고 본능적으로 위합니다. 그런데도 땅의 아버지는 죄성이 있고 연약하고 부족하기 때문에 늘 자식에게 좋은 것을 주려고 노력하지만 잘못할 때도 있고 잘못된 것을 줄 때도 있다는 것입니다. 그런데 우리 하나님 아버지, 성경에 보니까 '하늘에 계신 아버지'라고 했습니다. 이 하늘 아버지라는 말씀이 앞에 6장에 세 번이나 나왔어요. 오늘 본문에도 나오고 있습니다. 하늘에 계신 아버지, 하늘에 계신다는 말이, 하늘이라는 말이 무엇을 말합니까? 높고 거룩하다는 말입니다. 죄가 없다는 말입니다. 땅은 죄가 있지만 하늘은 없습니다. 땅에는 악이 있지만 하늘은 선합니다. 선하신 하나님 아버지, 사랑이 많으신 아버지 하나님, 그리고 하늘에 계신 아버지는 전능하신 아버지를 말합니다. 그래서 이 하나님 아버지는 자녀들에게 100% 선한 것만 주신다는 말씀입니다. 야고보서 1장 17절에 보면 '온갖 좋은 은사와 온전한 선물이 다 위로부터 빛들의 아버지께로부터 내려온다'고 했습니다. 빛들의 아버지가 누구십니까? 하나님 아버지입니다.

여러분, 우리가 하나님께 구할 수 있는 가장 좋은 것, 하나님께서 우리에게 주실 수 있는 가장 좋은 것이 무엇이겠습니까? 오늘 말씀과 병행 구절인 누가복음 11장 13절을 같이 읽겠습니다.

> **"너희가 악할지라도 좋은 것을 자식에게 줄 줄 알거든 하물며 너희 하늘 아버지께서 구하는 자에게 성령을 주시지 않겠느냐 하시니라"**

이 말씀은 오늘 본문 마태복음과 똑같은 말씀인데 단 한 가지가 틀려요. 맨 끝에 보면 하물며 너희 하늘 아버지께서 구하는 자에게, 마태복음에서는 '좋은 것을 주시지 않겠느냐' 했는데 누가복음에는 '성령을 주시지 않겠느냐' 했습니다. 이 말씀은 무엇을 보여줍니까? 우리 하나님 아버지께서 우리가 기도할 때에 우리에게 주실 수 있는 가장 좋은 것이 무엇이라는 말씀입니까? 성령입니다. 어떤 신자는 '손에 잡히는 것이 아무것도 없잖아'라고 생각할 수 있지만 구원받고 이 세상을 살아가는 성도들에게 가장 귀하고 좋은 것은 성령이라는 말씀입니다. 그런데 믿는 자 속에는 이미 성령이 내주하고 계십니다. 저와 여러분 안에는 성령님이 계십니다. 믿습니까? 그러면 성령을 구하라는 말씀은 무슨 뜻일까요? 성령의 내주를 말하는 것이 아니라 성령의 충만, 성령의 능력, 성령의 은사, 성령의 기름 부어주심, 성령의 보호하심과 인도하심을 말하는 것입니다. 갈라디아서 5장에 보면 우리로 하여금 육체를 따라 살지 않도록 만들어주는 것이 성령님이라고 했습니다. 우리 성도들에게 가장 큰 문제가 무엇입니까? 이 땅에 살면서 아직도 죽지 못한 정욕을 따라 육체를 따라 살고 싶은 것을 이기면서 사는 것 아니겠습니까? 이 육체를 따라 살지 않도록 해주는 것이 성령님입니다. 성령은 죄와 세상과 마귀와 싸워서 승리할 수 있도록 해주십니다. 예수 믿는 우리가 저 천국에 이를 때까지 우리를 인도하시고 보호하시는 이가 성령님이십니다. 그렇기 때문에 성령보다 더 귀한 것이 없습니다. 성도 여러분, 우리 하나님 아버지께서는 기도하는 자에게 좋은 것 주시겠다고 약속하십니다. 무엇보다도 성령을 구할 것을 보여주십니다. 성령을 늘 구하셔서 성령의 은혜 가운데서 살아가시는 여러분들이 되시기 바랍니다.

말씀을 맺습니다.

며칠 전 신문에 보니 심근경색 시술하신 분들이 44%가 담배를 계속 피우고 있답니다. 89%는 여전히 운동을 안 한답니다. 무슨 말입니까? 심근경색 시술하신 분들은 건강하게 사시려면 술과 담배를 끊어야 합니다. 또 운동도 적당하게 해야 합니다. 안 하면 위험하다는 것을 알면서 담배를 끊지도 않고 운동도 하지 않는다는 것입니다. 우리 성도들도 그런 것이 아닌지 모르겠습니다. 여러분 중에 기도해야 된다는 것을 모르는 성도가 어디 있겠습니까? 하지만 알면서도 행치 않는 이들이 많습니다. 어떤 사람은 너무 바빠서, 시간이 없어서 기도하지 못한다고 합니다. 그럼에도 놀 시간은 다 있어서 잘 놀지요. TV 드라마는 절대로 안 빠지고 시청합니다. 핸드폰 할 시간도 있으면서 기도는 바빠서 못한다고 합니다. 어떤 이는 기도가 너무 어렵고 부담스럽다고 말합니다. 그래서 10년, 20년 예수를 믿어왔어도 구역에 앉아서 '기도하십시오' 하면 손사래를 치시는 분들이 있습니다. 그것이 말이 됩니까? 자기 집에서는 겁이 나서 아버지와 이야기 못합니까? 아니지요. '아버지' 하면서 아버지와 이야기하고 가족들 간에도 이야기 합니다. 하나님께도 그리 쉽게 말씀드리면 됩니다. 우리가 기도할 의지만 있으면 기도만큼 간단하고 쉬운 일이 없습니다. 우리가 어디에 있든지 언제든지 마음속으로도 '하나님 아버지' 하고 하나님 아버지 이름을 부르면 기도가 시작되는 것입니다. 여러분, 하나님을 믿는다면서, 성도라고 하면서 기도하지 않는 삶을 사신다면 큰 문제입니다. 발전소는 있는데 가동을 안 해서 전기를 쓸 수 없는 사람과 똑같습니다.

성도 여러분, 오늘 예수님께서 세 가지 말씀하셨습니다.

처음에 끊임없이 기도하라, 두 번째는 응답을 확신하고 기도하라, 세 번째는 좋은 것 주신다고 주님께서 약속하셨습니다. 이 말씀을 믿고 기도하심으로 풍성한 삶을 살아가시는 모든 성도가 되시기 바랍니다.

마태복음 7:12

그러므로 무엇이든지 남에게 대접을 받고자 하는 대로 너희도 남을 대접하라 이것이 율법이요 선지자니라

# 37

# 황금률(律)
The Golden Rule

성도 여러분, '구하라 주실 것이요'라는 말씀을 기억하십니까? 지난 주일에 전했던 말씀, 기도에 대한 말씀이었습니다. 그런데 이어지는 오늘 본문 말씀은 '그러므로 무엇이든지 남에게 대접을 받고자 하는 대로 너희도 남을 대접하라' 말씀합니다. 생각해보면 앞에 나온 말씀, 기도에 대한 말씀과는 전혀 관계가 없어 보이는 말씀입니다. 그렇지만 이 12절 처음에 나오는 말이 무엇입니까? '그러므로' 라는 접속사이지요. 앞에 나오는 말과 관계가 있는 것입니다. 앞에 있는 말씀을 받는 말씀입니다. 앞에 어떤 말씀을 받습니까? 어떤 이는 이 12절이 7-11절에 기록된 기도에 대한 말씀을 받는 것이라 합니다. 우리가 기도할 때 하늘 아버지는 우리에게 언제나 좋은 것을 주시니 우리도 남에게 잘 대해 주어야 한다는 것입니다. 이떤 이는 더 거슬러 올라가 7장 1절의 '비판하지 말라'에서부터 11절까지를 받는다고 합니다. 그러나 가장 설득력 있는 것은 산상보훈 전체를 받는 말씀으로 보는 것입니다. 그래서 오늘 말씀이 산상보훈의 요약이요, 결론이라 할 수 있습니다. 그렇게 보면 마태복음 7장 12절 말씀은 너무나도 중요한 말씀입니다. 그런 점에서 이 말씀, 7장 12절의 말씀은 황금처럼 귀하고 황금으로 새겨둘만한 가치가 있다 해서 이 말씀을 '황금률, The Golden Rule'이라고 불러 왔습니다.

**그러면 먼저 '대접하라'는 말은 무슨 말씀이겠습니까?**

저는 중학교 때까지는 이 말씀의 의미를 바르게 알지 못하고 있었습니다. 이 말씀을 어떻게 생각했느냐면 '내가 남에게 식사 대접을 받기 원하면 내가 먼저 그 사람을 대접해야 된다'라고 생각했습니다. 아마 이 자리에 있는 성도 여러분 중에도 그렇게 생각하시는 분도 혹 있을 것입니다. 그런데 고등학생이 되어서 영어성경을 읽으면서 식사대접이 아니라는 것을 깨닫게 되었습니다. 이 말씀의 올바른 뜻은 '다른 사람이 너에게 해주었으면 하고 바라는 것을 네가 그 사람에게 해주어라'는 말씀입니다. 말을 바꾸면 '내가 남에게 취급을 받기 원하는 방식으로 네가 남에게 해주어라'는 말입니다. 제가 쉬운 성경을 찾아봤습니다. 쉬운 성경이 그 의미를 잘 드러냅니다. 같이 읽어보겠습니다.

> **"다른 사람이 너희에게 해주었으면 하는 대로 너희가 다른 사람들에게 모두 해주어라"**

고등학교 한문 교과서에 '기소불욕은 물시어인(己所不欲勿施於人)'이라는 말을 배웠는데 지금은 있는지 잘 모르겠습니다. 이 말은 '내가 하기 싫은 것을 남에게 시키지 말라'는 말입니다. 공자의 논어에 나오는 말입니다. 그리고 공자만 그렇게 말한 것이 아니라 역사적으로 보면 이와 같은 말, 비슷한 말을 한 사람들이 많이 있습니다. 일본에서 자식 교육을 시킬 때에 부모가 제일 많이 하는 말이 '남에게 폐 끼치지 말라'는 말입니다. 이는 공자가 한 말씀이나 사실은 다 통하고 비슷한 말씀입니다. 저는 생각합니다. '이 말대로만 살아도 세상에는 범죄가 사라지고 참 평화롭게 되겠다'고 말입니다. 내가 하고 싶지 않은 것은 남에게 시키지도 말고 하지도 말고… 이렇게 살면 세상이 얼마나 좋겠습니까? 참 좋은 말씀입니다. 그래서 이 말을 가리켜서 '은률(The Silver Rule)'이라고 합니다. 은처럼 귀한 교훈이라는 말이지요.

그러나 생각해보면 이 말은 뭔가 조금 부족합니다. 무엇을 하지 말라는 것은 소극적입니다. 악을 금하는 수준입니다. 그러나 오늘 예수님의 '남을 대접하라'는 말씀, '그들에게 해주어라'는 이 말씀은 적극적입니다. 예수님께서는 남에게 잘해주어라 말씀하십니다. 그러니까 은률보다도 훨씬 더 포괄적이고, 선한 것을 해주는 완벽하고 완전한 말씀이라고 할 수 있습니다. 그래서 이 말씀을 '황금률'이라고 합니다. 결국 황금률은 자기만 위하는 이기적인 모습을 버리고 남을 먼저 생각하고 배려해주는 것이라고 할 수 있습니다. 성도가 이 황금률을 따라 살면 이 세상이, 교회가, 가정이, 부부관계가 어떻게 되겠습니까? 그냥 평화로운 정도가 아니라 천국과 같이 될 것입니다.

**다음으로 생각할 것은 이 황금률은 우리의 삶 전부와 관련이 있습니다.**

여러분, 오늘 본문 첫 줄에 보면 그러므로 다음에 무슨 말이 나옵니까? '무엇이든지'입니다. NIV라는 영어성경에는 'In everything'이라고 했습니다. '모든 일에서 내가 남에게 대접을 받고 싶어 하면 남을 대접하라'는 말씀입니다. 무엇이든지라는 이 말은 황금률의 범위를 말해줍니다. 황금률의 범위가 어떻습니까? 제한이 없습니다. 우리의 삶의 모든 영역에서 이 말씀대로 살아가라는 것입니다. 우리 성도들은 이런 생각을 많이 합니다. '성경에 있는 말씀은 예수님을 믿는 내가 성도들을 대할 때에만 필요한 말씀이야', '신앙생활에만 해당되는 말씀이야'

라고 생각해서 하나님 말씀을 많이 제한시킵니다. 그러나 오늘 예수님께서는 무엇에서든지 그렇게 하라고 말씀하십니다.

남이 날 비판하는 말이 듣기 싫으면 나도 남을 비판하지 말고 나아가 도리어 격려해주고 기도해주라는 말씀이지요. 불친절한 말, 돌직구 같은 말이 듣기 싫으면 도리어 남에게 친절하고 부드러운 말을 해주라는 말이지요. 남에게 사랑받고 싶으면 내가 먼저 사랑해주고, 남에게 존경받고 싶으면 내가 남을 먼저 존중해주고, 남에게 칭찬받고 싶으면 내가 다른 사람을 칭찬하는 사람이 되고, 내가 용서받고 싶으면 내가 먼저 용서해주라는 말씀이지요. 가정에서도 시어머니가, '저 며느리가 내게 좀 고분고분 했으면 좋겠는데' 싶으면 며느리에게 잘 대해주고, 남편과 아내가 상대방이 자기를 존중해주었으면 좋겠는데 싶으면 자신이 상대방을 더 존중해주라는 것입니다. 저 이웃 젊은이가 같은 아파트에 살면서 나를 본체도 안 하고 지나다니는데 나에게 만날 때마다, 마주칠 때마다 인사를 해주었으면 좋겠다 싶으면 어떻게 하라는 것입니까? 내가 그 젊은이에게 만날 때마다 인사하라는 것입니다. 학교에서나 교회에서나 왕따시키는 일이 많습니다. 저 친구들이 나를 왕따시키지 않으면 좋겠는데 싶으면 내가 다른 아이의 친구가 되어주라는 것입니다. '다른 성도들이 나에게 무관심하고 이 교회 나온 지 1년이 넘었는데도 인사도 안하고 아는 척도 안 한다' 하는 사람은 자기가 먼저 다가가고, '목사님이 나한테 이렇게 대해 주었으면 좋겠다' 하는 사람은 자기가 먼저 목사에게 그렇게 대해주라는 말씀입니다.

차를 운전할 때도 많이 느낍니다. 좁은 길에서 차를 마주 칠 때에 상대방이 양보를 해주었으면 좋겠는데 하는 마음이 드는 순간 나는 어떻게 해주어야 된다는 것입니까? 재빨리 차를 뒤로 빼주어 길을 만들어주라는 것입니다. 차들이 가다가 방향을 바꿀 때에 깜박이를 넣어주면 내가 놀라지 않을 텐데 라는 생각이 들지요? 그러면 나도 그렇게 방향을 바꿀 때에 늘 깜박이를 켜서 뒷사람이 편하도록, 미리 예측하도록 만들어주라는 말씀입니다. 모든 일에 그렇게 하면 얼마나 좋겠습니까!

사업에도 이 황금률이 필요합니다. 일본에 '가네보'라는 기업 CEO인 '미타니 야스또' 라는 사람은 한때 일본의 샐러리맨들 사이에서 전설적인 인물이었습니다. 그는 크리스천이었습니다. 그의 경영철학이 바로 오늘 본문 마태복음 7장 12절, 황금률이었습니다. 그는 언제나 소비자 입장에서 생각했다고 합니다. 소비자 입장에 서서 '받고 싶은 것이 무엇인가?', '내가 소비자라면 원하는 가격이 얼마 정도면 만족하겠는가?' 이런 것을 생각해서 가격도 매기고 서비스도 했다는 겁니다. 그렇게 하니까 성공을 한 것입니다. 일전에 우리 교회 오후예배에 오신 적이 있는 대의그룹의 채의숭 회장, 우리나라에서 가장 모범적인 기업가로 뽑히지 않습니까? 이분도 역시 마찬가지고요. 지금은 좀 문제가 있지만 이랜드의 박성수 회장도 그랬습니다.  이런 분들은 모두가 마태복음 7장 12절이 경영철학이었고 그들의 성공 비결이었습니다. 이 황금률대로 하면 처음에는 어렵고 힘들어도 마침내는 성공을 하더라는 것입니다. 성공할 수밖에 없어요. 식당도 마찬가지입니다. 식당이 어떻게 해서 망합니까? 식당 개업을 하면 처음 한 달 정도는 과하다 싶을 정도로 음식이 풍성하고 맛이 있습니다. 하지만 한두 달 지나면 반찬의 가지 수나 양이 줄고 맛도 없이 해서 내놓습니다. 그러면 사람들이 오지 않습니다. 자기의 이익과 돈벌이를 생각하지 않고 손님 입장에서 생각하고 음식을 만들고 대접하면 손님이 줄어들 이유가 없습니다. 성공할 수밖에 없습니다.

여러분, 우리가 이 말씀 그대로 믿고 무슨 일이든지 모든 일에 남을 대접할 때에 우리 주변은 예수 믿는 우리로 인해서 아름답게 변하게 될 것입니다. 우리가 하는 모든 일에 하나님이 복을 주사 형통하게 하실 것입니다.

**마지막으로 생각할 것은 오늘 본문 끝에 있는 '이것이 율법이요 선지자니라' 입니다.**

남을 대접하라는 이 말씀이 율법이요 선지자니라 이것이 무슨 말씀이겠습니까? '율법이요 선지자'라고 하는 이 말은 구약을 의미합니다. 구약의 가장 중요한 두 부분이 율법이고 선지자입니다. 그러니까 황금률은 구약의 주제요, 요약이라고 할 수 있습니다. 구약의 핵심 교훈이라고 할 수 있습니다. 다르게 말하면 십계명의 요약이라고 할 수 있습니다. 구약이 사실은 율법인데 구약을 요약하면 십계명이지요. 십계명을 둘로 요약하면 1계명에서 4계명은 하나님 사랑, 5계명에서 10계명은 이웃 사랑입니다. 제가 하는 말이 아니고 예수님께서 그렇게 말씀하셨습니다. 어느 날 한 율법사가 예수님을 시험하기 위해서 '선생님, 율법 중에서 어느 계명이 가장 큰 계명입니까?' 하고 물었습니다. 예수님께서 대답하시기를 '제1계명이 가장 크다', '제2계명이 가장 크다' 그렇게 하시지 않았습니다. 뭐라고 말씀하셨습니까? '네 마음을 다하고 목숨을 다하고 뜻을 다하여서 주 너의 하나님을 사랑하라 이것이 크고 첫째 되는 계명이요 둘째도 그러하니 네 이웃을 네 몸처럼 사랑하라 이것이 율법과 선지자의 강령이니라' 했습니다. 여기에도 율법과 선지자가 나옵니다. 금방 여기서는 무엇이 율법과 선지자라고 했습니까? 사랑입니다. '하나님 사랑, 이웃을 사랑하는 것이 구약의 요약이다, 정신이다'고 말씀했는데 오늘 본문에서는 무엇이 율법이요 선지자라고 했습니까? 남을 대접하는 것이라 했습니다. 그러므로 우리가 알 수 있는 것은 이 황금률은 이웃사랑이라는 것입니다. 이웃사랑과 황금률이 같은 것입니다. 그래서 이웃을 사랑하면 남에게 해로운 짓을 하지 않고 선을 행합니다. 남을 대접하는 일을 하게 됩니다.

요컨대 우리가 주님께서 말씀하신 이 황금률을 따라 산다면 하나님의 모든 율법을, 모든 말씀을 다 지키는 것이 된다는 말씀입니다.

결론적으로 여러분 생각에 이 황금률을 가장 잘 지키신 분이 있다면, 100% 지키신 분이 있다면 누구겠습니까? 예수님이십니다. 왜냐하면 우리 인간은 하나님의 형상대로 너무 귀하게 지음 받았습니다. 그런데 범죄하고 타락하고 죄에 떨어져버렸습니다. 하나님께서 우리를 바르게 대하신다면 우리 인간에게 남은 것은 하나님께 심판받는 것, 그리고 멸망받는 것입니다. 그러나 우리 사람의 입장을 보면 죄 용서받고 구원받는 일이 필요합니다. 죽음이 얼마나 비참하고 아픈 것입니까? 죽음에서 벗어나서 영원히 사는 일이 우리 인간에게 필요한 것입니다. 우리 하나님, 예수님께서는 우리 인간의 그런 필요와 바람을 아셨던 것이지요. 아시기 때문에 어떻게 했습니까? 성자 하나님, 예수님께서 죄 많은 이 세상에 인간의 몸을 입고 오셔서 우리를 구원하시기 위해서 우리 죄를 대신해서 십자가에서 죽어주셨고, 그로 인해서 저와 여러분을, 많은 사람들을 구원해주셨습니다. 이것이 바로 황금률의 최고의 예입니다. 예수님께서는 우리에게 가르쳐주신 그대로 사셨고 그대로 죽으신 것입니다.

성도 여러분, 오늘 예수님께서 '사람들이 너에게 해주었으면 하는 것을 그들에게 해주어라'고 말씀하셨습니다. 이것이 율법의 정신이고 율법의 요약입니다. 다르게 말하면 천국시민의 윤리의 결정체요 최고봉이라고 할 수 있습니다.

우리가 어떻게 이렇게 말씀대로 살 수 있겠습니까? 예수를 믿고 예수님을 본받아야지요. 이 예수님의 정신과 마음을 본받아야 됩니다. 그리고 하나님께 기도하면서 성령의 도우심을 구해야 됩니다. 그러할 때 우리는 변화되어서 황금률을 지킬 수 있는 사람들이 될 것입니다. 주 예수님처럼 모든 일에 황금률을 따라서 살아가는 저와 여러분이 되기를 바랍니다.

마태복음 7:13-14

좁은 문으로 들어가라 멸망으로 인도하는 문은 크고 그 길이 넓어 그리로 들어가는 자가 많고 생명으로 인도하는 문은 좁고 길이 협착하여 찾는 자가 적음이라

# 38

# 좁은 문으로 들어가라

성도 여러분, 황금률을 기억하십니까? '그러므로 남에게 대접을 받고자 하는 대로 너희도 남을 대접하라'는 말씀이지요. 쉽게 말해서 '다른 사람이 너희에게 해주었으면 하는 대로 너희도 다른 사람들에게 모두 해주어라'는 말씀입니다. 이 말씀이 바로 산상보훈의 요약이요 결론이 되는 말씀이라고 했습니다.

이제 오늘 본문부터 7장 끝까지는 몇 가지 경고를 하시면서 산상보훈을 마무리하십니다. 다르게 말하면 예수님께서 산상보훈을 다 말씀하시고 마지막에 청중들에게 결단을 촉구하십니다. 어떤 결단이겠습니까? 순종, 실천의 결단을 촉구하십니다. 그 촉구가 한 번으로 끝나는 것이 아니라 우리가 앞으로 보게 되겠지만 여러 번에 걸쳐서 여러 말씀으로 촉구하는 것을 볼 수 있습니다. 처음 나오는 말씀이 오늘 본문입니다. '좁은 문으로 들어가라'는 말씀입니다. 그런데 오늘 본문을 가만히 보면 '좁은 문'만 나오는 것이 아니라 '좁은 길'도 나옵니다. 이 두 가지가 어떤 관계가 있을까요? 이 두 가지를 그냥 한 가지 의미로 볼 수 있는 근거도 있고 다르게 생각할 수 있는 근거도 있습니다. 그렇지만 저는 지금 이 시간 좁은 문과 좁은 길을 약간 차이를 두고 말씀을 전하려고 합니다. 이 시간에 좁은 문으로 들어가라 하시면서 결단을 촉구하시는 이 예수님의 말씀 앞에서 다 결단하는 저와 여러분이 되시기 바랍니다.

### 먼저 두 문을 생각해봅니다.

오늘 본문에 보면 좁은 문과 넓은 문이 나옵니다. 우리 예수님께서는 좁은 문으로 들어가라고 말씀하십니다. 옛날에는 성이 있으면 그 성에 정문이 있었습니다. 경복궁 같으면 광화문이라는 넓은 정문이 있는 것과 마찬가지입니다. 가장 큰 문입니다. 그런가 하면 성 옆이나 성 뒤에는 작은 문도 있습니다. 이 성문, 큰 문은 주로 왕이나 고관대작이 이곳을 통과합니다. 그리고 전쟁에서 돌아오는 개선장군이 많은 사람들의 환호를 받으면서 입성할 때도 여기를 통과하는 것입니다. 그런데 성에서 나갔다가 시간이 늦어서 성문이 닫힌 후에 성으로 다시 돌아오기 원하는 사람은 큰 성문으로 들어올 수가 없습니다. 옆에 있는 또는 뒤에 있는 작은 문을 통하여서 들어오게 됩니다. 이 문은 적군이 사용하면 안 되기 때문에 크게 낼 수가 없습니다. 높이가 낮고 넓이도 좁아서 한 사람만 겨우 통과할 수 있습니다. 그것도 바로 서서 통과할 수 있는 것이 아니라 몸을 굽혀서 머리를 숙여서 들어갈 수가 있습니다. 생각해보면 넓은 문은 넓으니까 말을 타고서 으스대면서 들어갈 수가 있습니다. 그러나 좁은 문은 한 사람만 겨우 들어갈 수 있으니까 큰 짐 같은 것은 내려놔야 합니다. 문이 낮으니까 고개를 숙이고 몸을 구푸려서 들어가야 합니다. 무슨 말입니까? 예수 믿는 것, 영생 얻는 문은 좁습니다. 저 잘났다고 뻣뻣하게 고개를 들고 들어갈 수 있는 문이 아닙니다. 내가 하나님 앞에 큰 죄인임을 깨닫고 회개하고 낮은 마음으로, 겸손한 마음으로 고개를 숙이고 들어갈 수 있는 문이라는 것입니다. 여러 가지 짐을 가지고 못 들어옵니다. 내 자랑거리, 내 세상 욕망, 내 믿기 전의 여러 가지 세상의 잘못된 습관들, 냄새나는 모습들은 버려두고, 내려놓고서 들어가야 합니다. 때로는 내 가족들, 내 친구들까지도 내려놓고 가야 되는 것입니다.

안 믿는 남자들 중에 기독교에 호감이 있기는 하지만 교회 안으로 성큼 들어오지 못하시는 분들이 있습니다. 남자 분이 교회를 왔는데 한두 달 다니다가 천천히 교회에서 멀어집니다. 왜 그렇겠습니까? 좁은 문이기 때문입니다. 제사도 드릴 수가 없지요. 요즘 사람들은 스포츠를 참 좋아하지 않습니까? 어느 그룹에 속해서 골프나 배드민턴이나 테니스를 하기도 어렵습니다. 또 등산이나 낚시 같은 취미생활도 못하고 술 담배도 끊어야 한다니 이 모든 것을 포기하기가 어렵다는 것입니다. 그래서 결단하지 못하고 교회로, 좁은 문으로 잘 들어오지 못합니다.

여러분 이 좁은 문을 한 마디로 줄여서 말한다면 뭐라고 할 수 있겠습니까? 예수님 자신입니다. 예수님입니다. 요한복음 10장 7절에 보면 '나는 양의 문이라', 자기를 문이라고 말씀하시고 10장 9절에 가서는 '내가 문이니 누구든지 나로 말미암아 들어가면 구원을 받고 들어가고 나오면서 꼴을 얻으리라' 말씀하셨습니다. 사도행전 4장 12절을 같이 읽겠습니다.

> **"다른 이로써는 구원을 받을 수 없나니 천하 사람 중에 구원을 받을 만 한 다른 이름을 우리에게 주신 일이 없음이라 하였더라"**

'다른 이로써는 구원을 받을 수가 없다' 했는데 그러면 누구를 통해서만 구원을 받는다는 것입니까? 오직 예수님을 통해서, 예수 이름으로만 구원을 받는다는 것입니다. 구원의 유일한 문은 예수님이십니다. 한번은 예수님께서 갈릴리 북쪽의 가이사랴 빌립보라는 곳에 제자들을 데리고 가셨습니다. 그곳은 물이 솟아나는 곳이어서 많은 신당들이 있었습니다. 그곳에서 예수님께서는 제자들이 자기를 어떻게 생각하는지, 자기에 대한 믿음이 어떠한지를 확인하고 싶었습니다. 그래서 물었습니다. "사람들이 나를 누구라 하느냐?" 하니 제자들이 말하기로 "세례 요한이라고 합니다. 세례 요한이 죽었다가 다시 살아났다고 합니다. 또 어떤 사람들은 엘리야라고 합니다. 어떤 사람은 선지자 중에 한 사람이라고 합니다." 했습니다. 여러분, 오늘날 지금도 세상에는 이런 사람들이 많이 있습니다. 예수님을 훌륭한 선생님으로 생각하고, 단순한 사람으로 생각하고 또 4대 성인 중에 한 사람으로 생각을 하지요. 그러나 그러한 지식과 그러한 믿음을 가지고는 하나님 나라에 들어갈 수 없습니다. 구원받을 수가 없습니다. 제자들의 말을 들으신 예수님께서 제자들에게 물었습니다. "그러면 너희는 나를 누구라 하느냐?" 하니까 베드로가 대표로 대답을 했지요. "주는 그리스도시요 살아계신 하나님의 아들이십니다." 여러분, 그리스도는 하나님이 약속하신 죄인들의 구원자를 말합니다. 구원자는 누구라는 것입니까? 예수님이십니다. 단순한 인간이 아니라 살아계신 하나님의 아들이십니다. 이 베드로처럼 예수님을 믿는 자가 구원을 받는 것입니다.

세계적으로 가장 큰 기독교 단체가 세계교회협의회라는 것입니다. 세계교회협의회, WCC라고 우리가 말합니다. 우리나라의 대부분의 기독교 교파가 여기에 가입되어 있습니다. 로마 카톨릭도 여기에 가입되어 있습니다. 저희는 가입되어 있지 않습니다. 물론 가입되어 있다고 해서 모든 교회나 가입된 모든 교단의 목사님들이 문제가 있다고, 모두가 WCC 사상을 따른다고 말할 수는 없습니다. 그런데 이 WCC의 주요 사상 중의 하나가 종교 다원주의입니다. 다원이라는 것은 근본이 여러 개라는 것입니다. 하나가 아니고 여러 개라는 것입니다. 그래서 오직 기독교만으로, 오직 예수 믿음만으로 구원을 얻는 것이 아니라 어느 종교든지 열심히 진실하게 믿으면 다 구원을 얻는다는 사상이 종교 다원주의입니다. 그러나 이것은 우리가 아는 대로 반성경적입니다. 많은 사람들이 우리 기독교를 배타적이라고 합니다. 왜 배타적이라고 욕을 합니까? 사람들이 '기독교 너희는 뭔데 너희에게만 구원이 있다고 말하느냐? 오직 예수만 믿어야 구원을 받는다고 하느냐? 왜 다른 종교들을 무시하느냐?' 그래서 안 좋게 말합니다. 기독교를 배타적이라고 욕을 해도 어쩔 수가 없습니다. 왜 그렇습니까? 하나님의 말씀인 성경이 구원의 길은 오직 예수님이라고 말씀하기 때문입니다. 성경은 '사람의 뜻으로 낸 것이 아니요'(벧후1:21) 했습니다. 사람이 자기 생각을 가지고 쓴 것이 아닙니다. '성령의 감동하심을 받은 사람들이 하나님께 받아 말한' 하나님 말씀입니다. 하나님께서 오직 예수뿐이라고 말씀하시기 때문에 우리가 그것을 믿고 주장하는 것입니다. 언제나 진리는 하나입니다.

여러분, 예수 믿는 것은 좁은 문입니다. 여러 가지 이유로 사람들은 넓은 문을 택하고 좁은 문인 예수님을 택하지 않습니다. 전도를 해보면 절실히 느낍니다. 그러나 우리 예수님께서 '나로 말미암지 않고는 아버지께 아무도 올 자가 없다'고 분명히 말씀하셨습니다. 이 문, 저 문이 아니라 오직 예수 그리스도라고 하는 좁은 문을 통과해서 영생에 이를 수 있음을 확신하시기 바랍니다.

**다음으로 두 길을 생각해보기 바랍니다.**

오늘 본문에 보면 두 문만 나오는 것이 아니라 두 길도 나옵니다. 넓은 길, 좁은 길이 나옵니다. 생각해보면 그냥 문만 선택해서 들어가는 것으로 다 끝이 나면 참 좋겠는데, 그러면 참 편하겠는데 하는 생각이 듭니다. 그런데 그렇지 않습니다. 힘들게 결단하고 교회로 가서 이 좁은 문으로 들어왔는데 문에 들어가서 보니까 앞으로 길이 쭉 나있는데 그 길이 좁더라는 것입니다. 그리고 오늘 성경 말씀 14절을 보시기 바랍니다. '생명으로 인도하는 문은 좁고 길이 협착하여' 했습니다. 그 길이 좁고 협착하다고 했습니다. 협착하다는 말은 우리가 잘 쓰지 않습니다. 그런데 병원에 가면 척추협착증이라고 해서 많이 씁니다. 무슨 말입니까? 척추 내에 신경이 지나가는 통로가 좁아짐으로 인하여서 고통을 받는 현상입니다. 의학적으로 협착이라는 말은 좁다는 의미만 가지고 있습니다. 그런데 본래 이 협착이라는 말의 원어가 '틀립시스'라는 말인데 이 말은 좁다는 의미만 가진 것이 아닙니다. 이 말은 고문이나 사형에 쓰이는 말입니다. 사람 위에 엄청난 무게의 바위를 얹어 시간이 가면서 뼈가 으스러져서 죽습니다. 압착을 해서 사람을 죽이는 사형입니다. 고문입니다. 한글성경에는 이 틀립시스, 협착이라는 말은 주로 '환란'으로 번역을 해놓았습니다.

사도행전 14장 22절에 보면 처음 믿은 성도들에게 '우리가 하나님 나라에 들어가려면 많은 환란을 겪어야 할 것이니라' 했습니다. 다르게 말하면 좁은 길, 힘든 길, 고난의 길을 가야한다는 말씀입니다. 그렇습니다. 범죄한 우리 인생은 예수님을 믿어서 구원을 받지만 세상 사람들과 똑같이 죄의 결과로 인하여서 이 세상에서 많은 환란이 있습니다. 늙어갑니다. 질병이 찾아오고 사고도 나고 마지막에 죽음의 길로 가지 않습니까? 이런 자연적인 환란 외에도 예수 믿는 믿음으로 인해서 우리에게 다가오는 여러 가지 환란이 있다는 것입니다.

그런데 놀라운 것은 이 좁은 길을 싫어하는 성도들도 더러 있다는 것입니다. 하나님의 은혜로 좁은 문으로 들어서긴 했지만 좁은 길로 가지 않고 늘 세상의 넓은 길, 많은 세상 사람들이 가는 길, 재미있는 길을 사모합니다. 그 길을 포기하지 못하고 그 길을 바라보고 그 길 가기를 애를 쓰는 것입니다. 그렇게 하는 것이 멋지고 재미있고 참 자유롭다고 생각합니다. 하나님이 자기에게 정해주신 길, 그 법도는 뭔가 나의 삶을 얽어매는 것 같다고 생각하고 그 좁은 길을 싫어합니다. 그래서 신앙생활을 적당히 하면서 어찌하든지 육체의 욕심을 따르고 세상 재미를 누리고 세상 흉내 내면서 살아가기 원합니다.

여러분, 신자가 그렇게 살아가면 그 삶이 어떻게 되는 것입니까? 세속화되는 것입니다. 세속화되는 것이 무엇입니까? 세상 사람처럼 되어버리는 것입니다. 타락하게 되는 것입니다. 세상 사람들과, 불신자들과 구분이 되지 않는 삶을 살아가는 것입니다. 오늘 말씀에 그것은 넓은 길입니다. 멸망으로 인도하는 길입니다. 누가복음 17장 32절에 보면 '롯의 처를 기억하라'는 말씀이 있습니다. 따라서 합니다. "롯의 처를 기억하라." 여러분, 롯의 처를 아시지요? 소돔 성이 불탈 때에 하나님께서 아브라함의 기도를 들으시고 롯의 가족들은 탈출할 수 있도록, 구원받을 수 있도록 길을 열어주셨지요. 그런데 천사가 '절대로 뒤를 돌아보지 말아라, 불타는 소돔 성이 아깝다고 뒤를 돌아보지 말아라' 했습니다. 가족들이 도망치는 가운데 롯의 처는 어땠습니까? 불타는 소돔 성이 못내 아쉬워서, 그 성에서 재미있게 향락을 누리며 살던 것, 그 성에 남아있는 재산이 너무 아깝고 미련이 남아 뒤를 돌아보다 소금 기둥이 되었습니다. 소금 기둥이 되었다는 것은 멸망했다는 것입니다. 좁은 길로 가지 못하고 넓은 길로 가려다가 멸망하고 말았습니다. 성도 여러분, 넓은 길로 가는 모습을 예수님은 기뻐하지 않습니다. 예수님이 우리에게 원하는 길은 좁은 길입니다. 마태복음 16장 24절을 같이 읽습니다.

**"누구든지 나를 따라오려거든 자기를 부인하고 자기 십자가를 지고 나**

를 따를 것이니라"

예수님을 따를 자는 자기를 부인해야 합니다. 자기의 욕심을 부인하고 십자가를 지고 고난을 각오하고 환란을 각오하고 예수님을 따라야 한다는 것입니다. 예수 따라가는 길은 믿음의 길, 자기부인의 길이고, 고난의 길입니다. 자기를 부인하고 고난과 죽음을 각오하지 않고는 예수님을 따를 수가 없고 예수님의 진정한 제자가 될 수 없다는 말씀입니다.

여러분, 지난 몇 달 동안 우리가 살펴본 산상보훈을 돌이켜보시기 바랍니다. 맨 처음 5장 앞부분에 무엇이 나왔습니까? 팔복의 말씀이 나왔습니다. 팔복의 말씀은 천국시민, 성도의 특징을, 성품을 보여주는 것이라고 했습니다. '너희는 세상의 소금이요 빛이라'고 말씀했습니다. 6장에 가서는 구제와 기도와 금식 등의 경건생활을 사람에게 보이려고 형식적으로 하지 말고 하나님 앞에 진실하게 하라고 말씀했습니다. '너희 보물을 천국에 쌓아두라', 땅에 쌓아두지 말고 하늘에 쌓아두라고 말씀했습니다. '비판하지 말라', 먼저 자기 눈 속에 들보를 빼어내고 이제 겸손한 마음으로 사랑하는 마음으로 다른 사람을 보살펴주어라 했습니다. 남이 네게 원하는 것 도리어 네가 남에게 해주어라고 말씀하셨습니다.

그러고 나서 오늘 말씀에 좁은 문으로 들어가라, 좁은 길을 걸으라고 도전하십니다. 무슨 말씀입니까? 이 산상보훈의 말씀을 실천하라는 말씀입니다. 이 산상보훈대로 사는 것, 주의 말씀대로 사는 것이 바로 좁은 문이고 그 말씀대로 살아가는 것이 좁은 길입니다. 이 길이 힘든 길이고 참 어렵지만 이것이 생명의 길이니 이 말씀대로 실천하면서 순종하면서 살라는 말씀입니다.

성도 여러분, 산상보훈을 들으시면서 어떠했습니까? 저는 여러 성도들의 이야기를 들었습니다. 어떤 사람들은 산상보훈의 예수님의 말씀을 들으면서 자신이 심히 부끄러웠다고 합니다. 어떤 성도님들은 깊이 찔림을 받았다고 합니다. 7장에 기도하라는 말씀을 들으며 기도하지 못해서 너무 찔림을 받았다고 했습니다. 어떤 분은 어떤 말씀에 부담을 느꼈다고 했습니다. 왜 그랬겠습니까? 그 이유가 무엇이었겠습니까? 나의 현재의 삶과 예수님의 말씀이 하나가 되지 않기 때문에, 맞지 않기 때문입니다. 내가 지금 주의 말씀에 순종하지 못하고 살고 있기 때문이 아니겠습니까? 그렇다면 지금은 무엇이 달라졌습니까? 한 가지라도 회개하고 지금은 순종하고 있습니까? 새로워졌습니까? 혹은 이 부담스러운 말씀이 빨리 지나가서 나의 뇌리에서 깨끗이 지워져서 빨리 잊어버렸으면 좋겠다고 여기는 성도들은 없습니까? 그런 성도가 있다면 그 사람은 여러분 생각에 넓은 길로 가는 사람입니까, 좁은 길로 가는 사람입니까? 넓은 길이지요. 예수님은 좁은 문으로 들어가라, 좁은 길로 걸어가라고 말씀하심을 잊지 말아야 합니다.

마지막으로 두 가지 결과입니다.

오늘 본문에 멸망이라는 말이 나오고 생명이라는 말이 대조적으로 나옵니다. 넓은 문, 넓은 길로 가는 자는 결국 마지막에 가보면 멸망에 이르게 되고 좁은 문으로 들어가서 좁은 길로 걸어가는 사람은 마지막에 생명에 이르게 된다, 영생을 얻게 된다고 했습니다. 우리의 인생살이, 삶의 모습이 참으로 다양하지요. 북한에 살아도 빈부격차가 심하고 남한에 살아도 더 심하고 하지 않습니까? 우리의 삶의 모습이 다르지만, 거기에 신경을 많이 쓰지만 사실은 아무것도 아닙니다. 이 세상에서 100년 이내의 잠깐 동안에 사는 모습입니다. 문제는 무엇이겠습니까? 마지막 모습입니다. 마지막에 가서 내가 어디에 이르느냐, 마지막에 나는 어떤 모습일 것이냐가 중요한 것입니다. 좁은 문, 좁은 길을 가는 사람, 눈물이 있고 힘들고 고달파도 이 길을 끝까지 가노라면 그것이 곧 생명의 길이요 영생의 길이요 영광의 길인 것입니다. 넓은 길의 마지막은 멸망입니다.

오래 전에 안이숙 여사가 쓴 '당신은 죽어요. 그런데 안 죽어요'라는 책을 읽었는데 이런 글이 있었습니다. 안이숙 여사가 미국 중남부에 어느 교회에 집회를 갔습니다. L씨 부인이라는 분이 점심 식사를 대접했습니다. 이 부인이 하는 말이 '제가 미국에 온 지 7년입니다. 남편은 장로 아들이고 기독교 학교를 나오고 신앙생활도 정말 열심히 했습니다. 미국에 가서 신학 공부를 해서 목사가 된다고 해서 미국에 왔는데 지금은 너무 달라졌습니다. 돈 버는 게 이렇게 재미있는지 몰랐다면서 돈만 알고 이제 제 남편은 주일이나 예배라는 말만 나와도 싫어합니다. 말도 못 끄집어내게 합니다.' 했습니다. 그래서 식사 후에 안 여사가 특별히 시간을 내어서 그 남편을 만났습니다. 큰 식당을 경영하는데 점심 시간이 조금 넘어 왔는데 많은 손님들이 있습니다. 그 남편이 하는 말이 '보시다시피 제가 일이 너무 많습니다. 그러니 주일날 교회 가기 어렵습니다. 예수님 믿기가 어렵습니다. 특히 주일에는 손님이 더 많습니다.' 했습니다. 그 남편의 말을 다 듣고 나서 안 여사가 하는 말이 '미스터 L, 당신은 죽어요' 했습니다. 집회 오신 이 강사님이 갑자기 '당신은 죽어요'라고 하는 말에 한 대 맞은 것처럼 눈이 휘둥그레졌습니다. 그런데 안 여사가 다시 하는 말이 '당신은 죽어요. 그런데 안 죽어요. 육신은 언젠가는 죽지만 영혼은 죽지 못해요. 죽은 후 영혼은 천국이든 지옥이든 자신이 준비한 대로 들어가서 영영히 죽지 않지요' 했습니다. 미스터 L 같은 경우에는 넓은 길을 가는 사람 아니겠습니까? 넓은 길을 가는 사람은 마지막에 멸망에 이르게 되는 것입니다.

사랑하는 성도 여러분, 두 문이 있습니다. 넓은 문이 있고 좁은 문이 있습니다. 두 길이 있습니다. 넓은 길이 있고 좁은 길이 있습니다. 두 마지막이 있습니다. 생명이 있고 멸망이 있습니다. 이 자리에 있는 사랑하는 모든 교우들은 다 좁은 문으로 들어가서 좁은 길로 걸어가서 마지막에 생명, 영생을 얻게 되는 복된 사람들이 다 되시기 바랍니다.

## 마태복음 7:15-20

거짓 선지자들을 삼가라 양의 옷을 입고 너희에게 나아오나 속에는 노략질하는 이리라 그들의 열매로 그들을 알지니 가시나무에서 포도를, 또는 엉겅퀴에서 무화과를 따겠느냐 이와 같이 좋은 나무마다 아름다운 열매를 맺고 못된 나무가 나쁜 열매를 맺나니 좋은 나무가 나쁜 열매를 맺을 수 없고 못된 나무가 아름다운 열매를 맺을 수 없느니라 아름다운 열매를 맺지 아니하는 나무마다 찍혀 불에 던져지느니라 이러므로 그들의 열매로 그들을 알리라

# 39

# 거짓 선지자들을 삼가라

'좁은 문으로 들어가라 생명으로 인도하는 문은 좁고 그 길이 협착하여 찾는 이가 적음이라.' 지난주일에 전했던 말씀입니다. 성도 여러분, 우리는 하나님의 은혜로 좁은 문을 들어선 사람들입니다. 그렇기 때문에 우리 앞에 있는 좁은 길에 대하여서 불평하지 말고 하나님 앞에 감사하면서 이 좁은 길을 걸어가기를 힘쓰심으로 마지막에 생명에, 영생에 이르는 복된 성도가 다 되시기 바랍니다.

좁은 문은 찾기도 어렵고 좁은 길은 걸어가기가 어렵습니다. 그래서 지도자가, 교사가 필요합니다. 하나님께서 구약시대 때는 선지자나 제사장, 사사 같은 지도자를 세우셨습니다. 신약시대에도 마찬가지입니다. 에베소서 4장 11절을 보면 '하나님께서 교회 가운데 사도와 선지자와 복음 전하는 자와 목사와 교사를 세워주셨다, 지도자들을 세워주셨다'고 했습니다. 문제는 무엇입니까? 참된 교사만 있는 것이 아니고 거짓 교사가 있고 거짓 가르침이 있다는 것입니다. 언제나 진리가 있는 곳에는 거짓이 공존합니다. 마태복음 13장에 보면 천국 비유 중에 '가라지 비유'가 있습니다. 밭에 좋은 씨를 뿌렸는데 밤에 원수가 와서 그 밭에다 가라지를 덧뿌려놓았습니다. 무슨 말씀입니까? 하나님께서 당신의 종들을 세워서 보내어서 참된 복음과, 참된 말씀을 전하게 할 때에, 마귀도 가만히 있지 않고 마귀의 종들, 거짓된 종들을 내보내서 거짓 복음과 거짓 말씀을 전하게 한다는 것입니다. 그래서 하나님의 백성들을 잘못된 길로, 지옥 길로 가게 한다는 말씀입니다. 그러니 신자들이 거짓 선지자들을 주의하지 않으면 그 삶과 영혼이 마지막에 멸망에 이르게 됩니다. 파멸에 이르게 됩니다. 사실 그런 신자들이 지금까지 많았습니다. 그렇기 때문에 오늘 예수님께서 본문의 말씀에 '거짓 선지자들을 삼가라' 했습니다. '삼가라'가 무슨 말씀입니까? '조심해라', '주의하라'는 말씀입니다. 거짓 선지자는 어느 시대나 있었습니다. 구약성경을 보면 참 선지자의 수보다 거짓 선지자의 수가 훨씬 더 많았습니다. 마태복음 24장에 보면 예수님께서 감람산에 앉아서 예루살렘을 바라보시며 제자들에게 종말에 대한 예언을 하셨습니다. 24절을 함께 읽겠습니다.

**"거짓 그리스도들과 거짓 선지자들이 일어나 큰 표적과 기사를 보여 할 수만 있으면 택하신 자들도 미혹하리라"**

말세가 될수록 거짓 선지자 거짓 교사들이 더 발흥한다는 것입니다. 특별히 우리 한국 신자들은 더욱 조심해야 합니다. 왜냐하면 우리나라가 세계에서 이단의 천국이기 때문입니다. 이단과 사이비의 독버섯이 가장 많은 나라가 우리나라입니다. 신자의 영혼을 낚시질하려고 하는 영혼 낚시꾼이 가장 많이 앉아 있습니다. 그렇기 때문에 우리 성도들은 미혹 받지 않도록 걸려들지 않도록 삼가라, 조심하라고 예수님께서 말씀하십니다.

첫 번째로 생각할 것은 거짓 선지자란 어떤 자입니까?

구약 예레미야 23장에 보면 거짓 선지자와 참 선지자를 비교해서 말씀이 많이 나옵니다. 여러분, 선지자가 어떤 사람이겠습니까? 하나님께서 부르시고 하나님께서 세우시고 하나님께서 말씀을 맡겨서 그 말씀을 하나님 백성에게 전하도록 한 사람입니다. 그러기에 선지자는 부름을 받을 때에 언제나 여호와의 말씀이 임하였습니다. 많은 선지서 제일 앞에 보면 'OO때에 여호와의 말씀이 OO에게 임하니라'고 되어 있습니다. 하나님의 말씀이 임하므로 선지자의 사역이 시작되었습니다. 예레미야는, 참 선지자는 여호와의 회의에 참석하였다고 했습니다. 여호와 하나님께서 주재하시는 회의에 참석해서 여호와의 말씀을 직접 듣고 그 여호와의 말씀을 전하는 사람이라는 뜻입니다. 쉽게 말해서 선지자란 하나님의 영감으로 진리의 말씀을 전하는 사람이라고 말할 수 있습니다. 그에 비해서 거짓 선지자는 어떠합니까? 하나님께서 불러 세우지 않았습니다. 하나님께서 보내지 않았습니다. 메시지도 마찬가지입니다. 예레미야 23장 16절을 같이 읽겠습니다.

**"그들이 말한 묵시는 자기 마음으로 말미암은 것이요 여호와의 입에서 나온 것이 아니니라"**

어디에서 나왔다고 했습니까? 자기 마음에서, 사람에게서 나온 것이지 여호와의 입에서 나온 것이 아니라고 했습니다. 선지자가 된 것도 자기 스스로 되었고, 그 사람이 전하는 말씀도 자기 스스로 상상해서 지어내서 하는 것이라는 말씀이지요.

오늘 본문에 나오는 거짓 선지자는 꼭 거짓 선지자만 말하는 것이 아닙니다. 먼저는 이 거짓 선지자란 이단의 교주나 또 사이비 기독교의 지도자라고 할 수 있습니다. 뿐만 아니라 여기 거짓 선지자는 거짓 사도, 거짓 교사, 거짓 목사, 모든 거짓 지도자들을 망라한다고 볼 수 있습니다.

여러분, 이 거짓 선지자는 성도들 앞에, 교회 앞에 어떤 모습으로 나타납니까? 15절 첫 줄에 보면 어떻게 나타납니까? 양의 옷을 입고 나타난다고 했습니다. 양의 옷을 입고 온다는 것은 아주 선하고 거룩한 모습으로 나타난다는 것입니다. 성경에서는 우리 기독교 신자들을, 하나님의 백성을 보통 양이라고 합니다. 그러니까 양의 모습으로 나타나는 것은 성도의 모습으로, 우리와 다를 바가 없는 똑같은 모습으로 나타난다는 말입니다. 그러니 아무도 의심하지 않습니다. 조심하지 않습니다. 고린도후서 11장 14절에 보면 '사탄도 자기를 광명의 천사로 가장하나니' 했습니다. 사탄이 광명의 천사, 그냥 보통 천사로 나타나는 것도 아니고 빛의 천사로 나타나면 누가 의심을 하겠습니까? 누가 조심을 하겠습니까? 다 속고 마는 것입니다. 거짓 선지자도 그렇다는 것입니다. 양의 옷을 입고 우리 가까이에 오기 때문에 누가 알아차릴 수가 있겠습니까?

그런데 양의 옷을 입고서 나타나지만 속에는 노략질하는 이리라고 했습니다. 노략질이 무엇입니까? 떼를 지어 다니면서 사람들을 해치고 재물을 뺏는 것을 가리킵니다. 성도의 영혼과 육신과 삶을 해치고 재물을 빼앗는다는 말입니다. 우리는 더러 신문 방송을 통하여 어떤 여성도가 늘 교회에, 늘 기도원에 가서 살고 자기의 재산과 수입을 다 갖다 바치고 하는 등 광신적으로 행하여서 가정이 파괴되는 모습을 한번씩 접합니다. 왜 그런 일이 있겠습니까? 거기에는 뒤에 누가 있습니까? 거짓 선지자가 있기 때문입니다. 지난 8월쯤에 '은혜로 교회'의 '신옥주 목사'라고 여러분들이 들어보았을 것입니다. 여자 목사입니다. 사실 이번에 나타난 것이 아니라 이전부터 늘 이단 시비가 있어왔던 교회요, 목사였습니다. 이 사람이 하나님께서 약속하신 낙토, 낙원이라고 하면서 400여 명의 신도들을 남태평양의 피지라는 섬으로 이주시켰습니다. 그런데 그곳에서 탈출한 제보자들이 그곳에서 겪은 끔찍한 일을 털어놓았습니다. 여권을 빼앗아버리고 12시간 동안 중노동을 시킨다고 합니다. 임금 한 푼도 주지 않고 귀국도 외출도 자유롭지 못하고 반감금 상태에서 강제 노동을 했다는 것입니다. 저항이나 불평을 하면 귀신을 쫓아내고 영혼을 맑게 한다고 '타작마당'이라는 것을 하는데 그때에 부모와 자녀가 서로 때리게 하고 어떤 특정 성도에게 집단 폭행을 가하도록 부추겨서 반죽음을 시켜놓는다는 것입니다. 달콤한 말로 신도들을 미혹해서 노략질하는 것입니다. 그러므로 우리 신도들은 양의 옷을 입고 있다고 해서 양의 옷에 너무 현혹이 되면 안 됩니다. 겉으로 드러나는 좋은 모습에 빠지면 안 된다는 것입니다. 용모나 인간적인 매력이나 남에게 없는 강한 카리스마, 학식이나 학위, 너무나도 친절하고 사랑 많은 모습에 너무 이끌려서는 안 됩니다. 특별히 우리나라 성도들은 누가 예언을 한다든지, 누가 병을 고쳤다든지, 무슨 능력이 있다든지, 무슨 신비현상을 일으킨다든지 하면 너무 그것에 빠져버리는 경향이 있습니다. 그러면 무슨 말을 해도 참으로 믿고 따라갑니다. 빠지면 하나님의 말씀을 보고서 판단하는 능력이 사라져버립니다. 성도 여러분, 거짓 선지자들을 삼가는 성도가 되시기 바랍니다.

두 번째로 어떻게 거짓 선지자들을 알 수 있겠습니까?

16절 첫 부분을 보십시오. '그들의 열매로 그들을 알지니' 했습니다. 20절을 같이 읽어봅니다.

**"그러므로 그들의 열매로 그들을 알리라"**

똑같은 말씀입니다. 사람의 열매가 무엇입니까? 사람에게서 나온 어떤 것, 생산되는 것을 말합니다. 어떤 사람에게서 나온 행위나 결과를 말하는 것입니다. 여러분, 오늘 16절에 보면 요즘 많이 나오는 맛있는 과일이 두 가지나 나옵니다. 하나는 포도, 하나는 무화과입니다. 그런데 가시나무에서 포도를, 엉겅퀴에서 무화과를 따겠느냐? 답은 무엇입니까? 못 딴다는 것입니다. 좋은 나무는 좋은 열매를 맺고, 나쁜 나무는 나쁜 열매를 맺게 되어 있기 때문에 나쁜 나무에서 좋은 열매가 절대로 나올 수가 없다는 말씀입니다. 그처럼 거짓 선지자는 언제나 거짓된 열매, 악한 열매, 악한 결과를 가져온다는 것입니다.

좀 더 구체적으로 열매를 생각해봅니다. 여러분, **거짓 선지자는 삶이 이중적입니다.** 정통적인 교리를 전하고 성경에 있는 말씀 그대로 설교하지만 자기 개인적인 삶으로 들어가면 세상 사람들이 하는 부도덕한 일을 다 하면서 그렇게 이중적인 삶을 살아갑니다. 저도 그런 여러분들을 보았습니다. **말도 듣기 좋은 말, 달콤한 말만 합니다.** 예레미야 23장에 보면 백성들이 하나님을 멸시하고 하나님 말씀을 불순종합니다. 그래서 하나님의 심판이 가까웠습니다. 그렇다면 선지자는 어떻게 전해야겠습니까? 백성들에게 회개하라고 외쳐야 합니다. 그런데 거짓 선지자들은 회개하라 하지 아니하고 '너희가 평안하리라, 재앙이 너희에게 임하지 아니하리라' 하면서 헛된 평안을 주고 헛된 희망을 주었습니다. **거짓 선지자들은 자주 돈과 관련이 됩니다.** 미가서 3장 5절에 보면 '거짓 선지자들은 입에다 무엇을 물려주면 평안을 외치지만 그렇게 하지 않으면 재앙을, 전쟁을 말한다'고 했습니다. 여러분, 점치러 가는 사람들 가만히 보면 무당이 그렇게 하는 것을 많이 봅니다. 돈 안 내놓으면 뭐가 어떻게 될 거라고 겁을 줘서 많은 돈을 내놓게 하는 것과 뭐가 다를 바가 있겠습니까? 다시 말해서 탐욕으로 인해서 돈 이야기 하고 돈을 갈취하려고 합니다.

지난 월요일에 일산에 박목사라는 분이 SNS와 TV에서도 나왔습니다. 그 사람은 원더걸스 출신의 가수 아빠인데 딸의 인기를 이용해서 목회를 하는데 나쁜 짓을 많이 하는 거예요. 여성도들에게 성추행을 하고 복음과 경제를 접목한다면서 내가 기도하면 부동산이 잘 되고 엄청난 수입을 올릴 수 있다고 하여 그 교회 150명이 200억을 맡겼다고 합니다. 지금 어떻게 되었을까요? 강남에서 아파트 3채에다 비싼 외제 차를 3대나 굴리면서 향락을 누리다가 잡혀서 지금 옥에서 복역을 하고 있습니다. 그 성도들이 피땀 흘려서 번 돈이 다 떼이게 되었습니다. 여러분, 혹시 다니시면서 어떤 교역자를 만났을 때 돈 이야기 하고 어디에 투자하면 돈 많이 벌고 내가 기도하면 뭐가 되고 그렇게 한다면 거짓 선지자로 알면 정확합니다. 목사가 하나님 말씀을 전해야지 무슨 경제가 어떠하고 돈 버는 게 어떠하고, 어떻게 그런 말을 할 수가 있겠습니까?

또 부도덕합니다. 성적 부도덕에 자주 연루됩니다. 베드로후서 2장 서두에 보면 거짓 교사들은 호색한다, 색을 좋아한다 했고 여러 사람이 그 호색을 따른다고 했습니다. 또 하나님과 하나님이 맡겨 주신 양 무리, 성도들에게 관심을 두고 성도들을 사랑하기 보다는 자기 자신의 이익과 자기 자신의 영광에 몰두하고 추구합니다. 여러분, 요한복음 10장은 선한 목자 장이라고 합니다. 예수님은 우리의 선한 목자입니다. 목숨을 걸고 우리를 구원하고 양 무리의 생명을 보호하고 인도해줍니다. 그런데 고용된 자를 삯꾼 목자라고 합니다. 고용된 자는 자기 일만 하고 가버립니다. 양 무리에게 무관심합니다. 그래서 이리가 나타나면 그냥 양들을 놔두고 도망쳐버립니다.

또 설교나 가르침이 성경과 일치하지 않습니다. 18세기 영국에 '라일'이라는 존경받는 감독이 계셨습니다. '건전한 교리와 거룩한 생활', 이 두 가지가 참된 선지자의 표라고 말했습니다. 여러분, 건전한 교리가 어떤 교리겠습니까? 성경과 일치하는 교리입니다. 건전한 설교가 어떤 설교이겠습니까? 하나님의 말씀과 부합하는 설교인 것입니다.

얼마 전 주일 예배에 '기독지혜사'라는 기독교의 큰 출판사 대표가 우리 교회에 오셨어요. 예배를 마치고 목양실에서 저와 얘기를 하는데 그분이 했던 말씀 중 하나입니다. '목사님, 정말 안타까운 것은 설교 시간에 성경 읽어놓고 소설 쓰는 목사님들이 예상 외로 많습니다.' 자기는 일 때문에 전국에 있는 교회들을 많이 다니는데 가슴이 아파서 앉아 있을 수가 없는 경우가 더러 있다는 것입니다. 하나님의 바른 종은 '하나님께서 왜 이 말씀을 기록하게 하셨을까? 하나님께서 왜 이 성경 기자로 마태를 세워서 이 말씀을 쓰게 했을까?' 하며 하나님의 의도를 파악하고 성경 기록자의 의도를 파악해서 그 말씀을 그대로 전해야 되는데 어떤 분들은 말씀을 읽어놓고 자기 하고픈 이야기, 자기 상상을 막 이야기한다는 것입니다. 두려운 일입니다.

여러분, 거짓 선지자들은 그들의 열매로 분별할 수 있습니다. 그러므로 그들의 고백이나 입술에서 나오는 말로 판단할 것이 아니라 그들이 보여주는 삶, 그들의 열매를 보면서 분별할 수 있어야 한다는 것입니다.

따라 합시다!

**"그들의 열매로 그들을 알지니"**

이 말씀은 꼭 거짓 선지자들에게만 적용되는 말씀이 아닙니다. 이 말씀은 모든 성도들에게도 해당되는 말씀입니다. 하나님의 교회에는 알곡만 있습니까? 그렇지 않습니다. 마태복음 13장에 있는 대로 밭에 가라지도 있습니다. 하나님의 교회에도 실제로 구원받지 못한 사람들이 많다는 것입니다. 분명히 제가 말할 수 있는 것은 평생 교회를 다녀도, 세례를 받았어도, 직분자가 되고, 목사가 되고 장로가 되었어도 천국 가지 못할 사람들이 더러 있다는 사실입니다. 이것은 제가 하는 말이 아니라 우리 주님께서 성경이 하는 말씀입니다.

성도 여러분, 열매를 보면 압니다. 성도 여러분 자신이 어떤 열매를 맺고 있는지 한번 자신을 살펴보시기 바랍니다. 나는 어떤 열매를 맺고 있는가? 나의 성품은 어떠한가? 나의 성품은 예수 믿기 이전과 지금이 많이 바뀌어가고 있는가? 예수님을 닮아서, 하나님을 닮아서 날로 새롭게 변화가 되고 있는가? 나의 말은 어떠한가? 비방하는 말, 남을 비판하는 말, 욕하는 말, 저주하는 말이 이제는 나의 입술에서 사라지고 있는가? 나의 삶은 어떠한가? 깨끗해져가고 거룩해져가고 있는가? 나의 마음은 어떠한가? 날로 거룩해져가고 있는가? 삶에서 아름답고 선한 열매를 맺는다면 그 사람은 참된 신자고 알곡 신자이고, 천국 창고에 합당한 신자입니다. 그렇지 않고 나는 아무리 살펴봐도 참 열매가 없고 옛날 모습 그대로라고 하면 자신이 가라지 신자가 아닌지 하나님 앞에서 깊이 생각해보아야 합니다.

여러분, 결실의 계절, 가을이라고 합니다. 김현승이라고 하는 기독교 시인, 목사님 아들인데 이분이 '가을의 기도'라는 유명한 기도를 남겼지요. 그 기도에서 '가장 아름다운 열매를 위해서 이 비옥한 시간을 가꾸게 하소서' 하고 기도했습니다. 우리 교회 모든 성도님들 속에 하나님의 성령이 역사하시고 우리 하나님의 은혜가 부어져서 좋은 열매 많이 맺어서 자신이 좋은 나무임을 입증하는 복된 성도가 되시기 바랍니다.

마지막 셋째로 거짓 선지자, 곧 좋은 열매 맺지 않는 자의 결과입니다. 19절을 같이 읽겠습니다.

**"아름다운 열매를 맺지 않는 자마다 찍혀 불에 던져지느니라"**

같은 말씀이 계시록 20장 10절에 있습니다.

**"또 그들을 미혹하는 마귀가 불과 유황 못에 던져지니 거기 그 짐승과 거짓 선지자도 있어 세세토록 밤낮 괴로움을 받으리라"**

첫 번째로 누가 불과 유황 못의 지옥에 던져집니까? 마귀입니다. 그리고 마귀에 종노릇한 거짓 선지자도 함께 불과 유황 못에 던져진다고 했습니다. 요한복음 15장 2절에 보면 '열매를 맺지 아니하는 가지는 아버지께서 제하여 버리신다, 잘라 버린다'고 했습니다. 여러분, 포도나무 가지가 잘려 땅에 떨어지면 며칠 지나면 말라지지요. 말라지면 주인이 다 거두어서 불태워버립니다. 그래서 찍혀서 불에 던지운다는 이 말씀은 종말론적 심판을 의미하는 것입니다. 마지막 날에 하나님께서 마귀와 마귀의 종 된 거짓 선지자와 이 거짓 선지자들을 따랐던 어리석었던 모든 자들을 유황과 불못에 던지신다는 말씀입니다.

### 말씀을 맺습니다.

여러분, 사도행전 20장에 보면 사도 바울이 3차 전도여행을 마치고 이제 예루살렘으로 올라갑니다. 도중에 저 터키 남서쪽에, 에베소가 서울이라고 하면 인천에 해당되는 밀레도라는 항구가 있습니다. 에베소는 사도 바울이 3년이나 가장 오래 머물면서 목회를 했던 곳입니다. 그곳에 있는 장로님들을 오시라고 해서 밀레도에서 고별 설교를 합니다. 고별 설교를 할 때에 20절에 이런 말씀을 하지요. '내가 떠난 후에 사나운 이리가 여러분에게 들어와서 그 양떼를 아끼지 아니하며', 노략질 한다는 것이지요. **'또 제자들을 끌어내어 자기를 따르게 하리라. 어그러진 말을 하는 사람들이 일어날 것이다'**라고 말씀했습니다. 우리 시대가 그런 시대입니다. 우리는 거짓 선지자, 삯꾼 목사가 많은 때를 살아가고 있습니다. 그들로 인해 많은 사람들이 현혹되어서 멸망의 길로 가고 있습니다. 신천지나 하나님의 교회를 보십시오. 주동자가 누구며 지도자가 누구며 기둥같이 쓰임 받는 자가 누구입니까? 예수님을 몰랐던 사람입니까? 교회를 안 다닌 사람입니까? 아닙니다. 한때는 기성 교회에서 예수 잘 믿고 직분자였던 사람입니다. 다른 사람들이 이단에 빠진 것이 아니고 교회에 다니던 신자들이 이단에 빠졌습니다. 여러분, 우리 교회에도 잊지 못할 사건이 있지요. 장로 투표를 했는데 1차에 딱 걸리는 사람이 드뭅니다. 제가 오고 나서 1차에 당선 된 사람이 딱 한 사람이 있었는데 신천지로 갔지 않습니까? 이런 것을 보면 '나는 괜찮아' 하고 말할 사람이 아무도 없습니다. 그 사람들이 바보여서, 어리석어서 이단에 빠진 것이 절대로 아니라는 것입니다. 우리도 하나님의 은혜가 없으면 얼마든지 그렇게 될 수 있습니다. 우리가 그렇게 되지 않은 것은 하나님의 은혜입니다.

성도 여러분, 겸손히 하나님의 은혜를 구하시기 바랍니다. 영적인 분별력을 위해서 하나님께 기도하시기 바랍니다. 그래서 거짓 선지자를 분별하고 주의하면서 살아가시기 바랍니다. 그들이 인도하는 넓은 길을 피하고 참된 진리의 길, 좁은 길을 끝까지 걸어가서 마지막에 생명에 이르는, 영생에 이르는 귀한 성도들이 다 되시기 바랍니다.

## 마태복음 7:21-23

나더러 주여 주여 하는 자마다 다 천국에 들어갈 것이 아니요 다만 하늘에 계신 내 아버지의 뜻대로 행하는 자라야 들어가리라 그 날에 많은 사람이 나더러 이르되 주여 주여 우리가 주의 이름으로 선지자 노릇 하며 주의 이름으로 귀신을 쫓아 내며 주의 이름으로 많은 권능을 행하지 아니하였나이까 하리니 그 때에 내가 그들에게 밝히 말하되 내가 너희를 도무지 알지 못하니 불법을 행하는 자들아 내게서 떠나가라 하리라

# 40

# 천국에 들어갈 자

여러분, 죄로 인해서 멸망할 우리 인생, 죽음으로 끝나지 아니하고 지옥으로 빠지지 아니하고 천국에 들어가는 것보다 더 중요한 일이 어디 있겠습니까? 누가 천국에 들어갈 것입니까? 누가 영생을 얻을 것입니까? 요한복음 3장 16절에 '그를 믿는 자마다 멸망치 않고 영생을 얻을 것이라'고 했습니다. 하나님의 아들 우리 주 예수님을 믿는 자마다 영생을 얻고 천국에 들어가게 되는 것입니다. 그런데 예수님을 믿는다는 것, 어떻게 보면 간단하지만 파고 들어가 보면 예수님을 참으로 믿는다는 것은 그렇게 간단한 일이 아닙니다.

한때 노예 상인이었다가 예수님을 믿고 새사람이 되어서 목사가 되었던 존 뉴턴이라는 사람을 아실 것입니다. 그는 설교는 그렇게 잘하진 못하였는데 시를 참 잘 썼습니다. 은혜로운 찬송시를 많이 썼지요. 우리가 잘 아는 'Amazing Grace', '나 같은 죄인 살리신 주 은혜 놀라워'라는 찬송을 바로 존 뉴턴이 썼습니다. 그는 천국에 대해서 이런 말을 남겼습니다. '내가 장차 천국에 가면 세 가지 놀랄 것이다. 하나는 그곳에 꼭 와있을 것으로 기대했던 사람이 그곳에 안 보이는 것이고, 또 한 가지는 세상에서 결코 천국에 들어가지 못할 것이라고 생각했던 사람이 그곳에 와있는 사실이고, 그리고 가장 놀라운 것은 나 같은 죄인이 바로 천국에 와있다는 사실이다'고 말했습니다. 그렇습니다. 우리가 천국에 가면 놀랄 일이 많을 것입니다.

그런데 오늘 예수님의 말씀에도 보면 우리가 천국에 갈 것이라고 생각했던 많은 사람들이 천국에 들어가지 못하는 일을 보게 됩니다. 오늘 이 시간 주님의 이 말씀을 통해서 '나는 과연 천국에 들어갈 자인가?', 자신을 다시금 점검하는 귀한 시간이 되기를 바랍니다.

오늘 본문 21절에 예수님께서 '나더러 주여 주여 하는 자마다'라는 말씀을 했습니다. 우리는 주님이라는 말을 많이 씁니다. 예수님 대신에 '주여'라는 말을 많이 하지요. '주'가 무슨 말이겠습니까? '주'라는 말은 영어로 'lord'라고 합니다. '주인'이라는 뜻입니다. 그래서 예수님 당시에 종들, 노예들이 자기의 주인을 부를 때 'my lord(나의 주여)'라고 불렀습니다. 그런데 예수님을 우리가 주라고 하는데, 예수님을 주라고 할 때는 L을 소문자로 쓰지 않고 대문자로 씁니다. 'Lord', 이 말은 '큰 주인', '온 세상의 주인'을 뜻하는 말입니다. 여러분, 온 세상의 주인이 누구십니까? 우리 하나님이십니다. 신약에 나오는 '주'라는 말은 구약에 나오는 여호와라는 말과 맞먹는 말입니다. 그러니까 예수님을 '주여'라고 부르는 것은 하나의 신앙고백입니다. 예수님을 하나님으로 믿는다는 것, 그리고 예수님을 나의 주인으로, 내 삶의 주인으로 내가 받아들인다는 의미가 있는 것입니다.

여러분, 도마라는 제자를 우리가 알고 있습니다. 의심이 많은 제자이지요. 예수님이 부활했다고 말할 때에 그는 믿지 않았습니다. 그런데 도마가 있을 때에 예수님께서 나타나셨지요. 나타나셔서 자신의 손의 못 자국과 허리의 창 자국을 보여 주실 때에 도마가 뭐라고 말했겠습니까? 요한복음 20장 28절을 읽겠습니다.

**"도마가 대답하여 이르되 나의 주님이시요 나의 하나님이시니이다"**

여러분 베드로의 신앙고백도 귀하지만 저 도마의 신앙고백도 얼마나 귀한지 모릅니다. 우리가 예수님을 믿는다고 할 때는 예수님을 단순히 나의 구원자로만 믿는 것이 아닙니다. 그 예수님을 내 삶의 주인으로, 나의 주로 믿는 것도 되는 것입니다.

우리가 구원받기 위해서는, 천국 가기 위해서는 예수님을 주로 믿는 이 믿음의 고백, 입술의 고백, 신앙고백이 필요합니다. 로마서 10장 10절에 "사람이 마음으로 믿어 의에 이르고 입으로 시인하여 구원에 이르느니라" 했습니다. 입으로 시인하는 것이 무엇입니까? 입술의 신앙고백입니다. 내 입술로 예수님을 주님이라고 부르는 신앙고백이 있어야 한다는 것입니다. 로마서 10장 13절에는 "누구든지 주의 이름을 부르는 자는 구원을 받으리라"고 했습니다. 그러므로 우리 교회 모든 교우들은 예수님을 주로 믿고 입술로 시인하고 신앙고백을 함으로 인하여 구원받는, 천국 가는 신자가 되시기 바랍니다.

그런데 금방 본 로마서 10장 13절에는 '누구든지 주의 이름을 부르는 자는 구원을 받으리라' 했는데 문제는 예수님께서는 '나더러 주여 주여 하는 자마다 다 천국에 들어갈 것이 아니라'고 말씀합니다. 뭔가 말씀이 조금 다릅니다. 여러분, 우리는 예수님을 주님이라고 부릅니다. 우리는 예배 시간에 신앙고백을 합니다. 우리는 오늘도 고백을 했습니다. '나는 그의 유일하신 아들 우리 주 예수 그리스도를 믿습니다'고 신앙고백을 했습니다. 우리가 찬송을 부르고 기도할 때도 예수님을 '주여'라고 고백을 합니다. 그러나 입술의 고백만으로는 천국에 들어갈 수가 없다는 것입니다. 그러면 어떤 사람이 천국에 들어간다는 것입니까? 21절 후반부에 보면 '다만 하늘에 계신 내 아버지의 뜻대로 행하는 자라야 들어가리라' 말씀했습니다. 여러분, 우리가 착각하면 안 됩니다. 이 말씀은 우리가 행함으로 구원을 받는다는 말씀은 결코 아닙니다. 마음으로 믿고 입술로 고백하고 그뿐만 아니라 내 아버지의 뜻대로 행하여야 천국에 들어갈 수 있다는 말씀입니다. 그것이 참된 믿음이라는 말입니다. 오늘 교독문을 읽을 때에 유의하셨는지 모르겠습니다. '행함이 없는 믿음은 죽은 믿음'이라고 했습니다. 죽은 믿음 가지고서 구원받겠습니까? 못 받습니다. 죽은 믿음 가지고 천국 들어가겠습니까? 못 들어가는 것입니다. 자신의 믿음을 행함으로 증거하는 참 믿음의 사람이 천국에 들어갑니다. 여기서 예수님께서 '내 아버지의 뜻대로 행하는 자라야' 했는데 하나님 아버지의 뜻이나 예수님의 말씀이나 같은 것입니다. 지금까지 예수님께서 5장, 6장, 7장 말씀을 통하여서 산상보훈을 말씀하셨습니다. 이 산상보훈의 말씀을 행하는 자가 천국에 들어간다는 말씀입니다.

성도 여러분, 교회만 다닌다고 천국 가는 것은 아닙니다. 신앙을 고백하고 세례를 받았다고 해서 천국에 들어가는 것이 아닙니다. 산상보훈의 말씀을 다 들었다고, 설교를 들었다고, 내가 그 말씀을 안다고 천국에 들어가는 것이 아니라는 것입니다. 누가 들어갑니까? 주님께서 하신 이 말씀, 아버지의 뜻대로 행하는 자, 다시 말해서 참된 신앙을 가진 자가 천국에 들어가는 것입니다. 여러분, 거짓된 신앙으로는 천국에 들어갈 수 없습니다. 성도 여러분은 다 예수님을 주님으로 믿고 입술로 고백할 수 있기를 바랍니다. 나아가 삶으로도 고백할 수 있기를 바랍니다. 그 사람이 참 믿음의 사람입니다. 하나님의 말씀을 들었음에도 나는 하나도 달라지지 아니하고, 하나님의 말씀을 들었음에도 나는 하나도 행치 아니한다면 그 사람의 믿음이 어디에 있는 것입니까? 그 사람의 믿음의 증거가 어디에 있겠습니까? 증거가 없습니다. 증거가 없는 믿음은 참된 믿음이라고 할 수가 없습니다.

여러분, 다음에 22절에 가면 한 단계 더 올라갑니다. 21절에서는 주여 주여 하는 입술의 고백만으로는 천국에 들어갈 수 없다고 했는데, 22절에 가서는 입술의 고백을 넘어서 여러 가지 놀라운 신앙 활동을 했음에도 불구하고 천국에 들어갈 수 없는 사람들이 있음을 우리에게 보여줍니다.

여러분, 22절 맨 앞을 보시기 바랍니다. 22절 맨 앞에 어떤 말이 나옵니까? '그날에' 했습니다. 그날이 어떤 날입니까? 심판의 날입니다. 우리 주 예수님께서 재림하시는 날입니다. 그때 우리 주님께서 무슨 일을 하시겠습니까? 이 세상에 있는 모든 죄인들, 모든 악인들을 심판하여서 영원한 멸망의 형벌을 그들에게 내리실 것입니다. 죄를 끝장내실 것입니다. 동시에 하나님께서 택하신 백성들을, 오늘 이 땅에서 예수 믿고 고난 받으면서 하나님의 말씀대로, 믿음대로 살려고 노력했던 당신의 백성들을 그때에 완전히 구원해서 영원한 천국에 들어가게 하실 것입니다. 사랑하는 성도 여러분, 그날을 믿으십니까? 다시 묻습니다. 여러분, 그날을 믿습니까? 믿어야 합니다. 그날을 만일 믿지 못한다면 여러분은 참 신자라고 할 수가 없습니다. 베드로 사도는 '하나님의 날이 임하기를 바라보고 간절히 사모하라'고 했습니다. 그날이 있음을 그저 알기만 하지 말고 그날을 바라보고 사모하라고 했습니다. 이 땅에 살아도, 흘러가는 세월 가운데 살아도 마지막 날, 주 예수님께서 다시 오셔서 심판하시는 날이 있음을 잊지 말고 거룩한 행실과 거룩함으로 살아가는 성도가 되시기 바랍니다.

22절 첫 줄에 보면 그날에 많은 사람들이 주님 앞에 섰습니다. 천국 문에 섰습니다. 예수님을 향해서 뭐라고 말합니까? 어떤 이들은 '주여 주여 우리가 주의 이름으로 우리가 선지자 노릇을 했습니다.' 했습니다. 여러분, 생각해봅시다. 선지자 노릇을 했다는 것은 어떤 일을 했다는 것입니까? 하나님의 말씀을 가르쳤다는 것입니다. 그러니까 여기에 주여 주여 하는 사람은 누구겠습니까? 목사나 교사나 선교사나 신학자나 이런 사람들이 교회 앞에 서서, 또는 신학교 강단에 서서 하나님의 말씀을, 성경 말씀을 전하고 가르쳤다는 것입니다. 또 뭐라고 말합니까? '주의 이름으로 귀신을 쫓아내며 주의 이름으로 많은 권능을 행하였다'고 합니다. 여러분, 여기 권능이라고 하는 말이 영어성경에 보면 'miracles'라고 되어 있습니다. 'miracle'이 뭡니까? 기적입니다. 주의 이름으로 많은 기적을 행하였다는 말씀입니다. 이런 일들은 누가 하던 일입니까? 우리 예수님께서 이 세상에 있을 때 하시던 일입니다. 예수님께서 하시던 일을 예수님의 이름으로 하더라는 것이지요. 하나님 말씀 전하고, 귀신을 쫓아내고, 병들을 고치는 일들을 한다는 것입니다. 병을 고치고 하면 사람들이 어떻게 합니까? '신유의 은사를 받았구나' 하면서 구름떼같이 그 사람에게 모여듭니다. 하나님의 말씀을 전하는 주의 종, 귀신을 쫓아내고 많은 능력과 기적을 행하는 하나님의 종이 있다면 그 종의 구원에 대해서 의심하겠습니까? 그 사람이 천국에 들어가지 못할 것이라고 생각할 수 있겠습니까? 할 수가 없지요. '저런 사람이 천국에 안 들어가면 누가 들어가?' 하며 아무도 의심하지 않을 것입니다. 당연히 100% 천국에 들어간다고 하지 않겠습니까? 그러나 그렇지는 않습니다. 지난 주일에 우리가 읽었던 마태복음 24장 24절을 다시 같이 읽겠습니다.

> **"거짓 그리스도들과 거짓 선지자들이 일어나 큰 표적과 기사를 보여 할 수만 있으면 택하신 자들도 미혹하리라"**

지난주일에 '거짓 선지자들을 삼가라'고 말씀했는데 거짓 선지자들이 일어나서 큰 표적을, 기사를, 즉 기적들을 행한다는 것입니다. 다시 말해서 하나님을 향한 참 믿음, 예수님을 믿는 참 믿음이 없어도 얼마든지 능력의 역사가 일어날 수가 있다는 것입니다. 히브리서 6장 4절에 보면 '한 번 빛을 받고 하늘의 은사를 맛보고 성령에 참여한바 되었어도' 구원받지 못하는 사람들이 있다고 말씀하고 있습니다. 실제로 사울왕 같은 경우는 성령을 받았습니다. 발람 선지자 같은 이도 하나님이 주시는 지혜와 예언의 은사를 가지고 이스라엘 백성을 축복했습니다. 그러나 그들은 구원에 속한 자가 아닙니다. 요컨대 구원에 있어서는 무슨 은사나, 무슨 체험이나, 무슨 신비 현상이나, 무슨 직분이며 봉사나 활동이 중요한 것은 아니더라는 것입니다. 그런 것들이 있어도 하나님의 구원하시는 은혜에 대해서는 문외한이 있을 수가 있다는 것입니다. 이렇게 입술의 고백 정도가 아니라 예수님의 이름으로 선지자 노릇을 하고 귀신도 쫓아내고 능력도 권능도 행하는 엄청난 사람인데도 천국 문에서 예수님이 뭐라고 말씀하십니까? 23절을 보시기 바랍니다.

**"그때에 내가 그들에게 밝히 말하되 내가 너희를 도무지 알지 못하니"**

여러분, 생각해보십시오. 정말 예수님께서 지금 천국 문 밖에서 문을 두드리는 이 사람들을 예수님이 모르시겠습니까? 아니지요. 예수님이 모르시는 사람이 어디 있겠습니까? 도리어 예수님께서는 이 바깥에서 있는 사람들을 너무나도 잘 아시기 때문에 내가 너희를 도무지 알지 못한다고 말씀하시는 것입니다. 여기 '내가 너희를 도무지 알지 못한다'는 말씀의 의미는 '거절'을 말하는 것입니다. 너희는 진정으로 나를 믿고 따르는 자들이 아니라는 것입니다. 그렇기 때문에 나는 너희를 받아줄 수가 없다는 말씀이지요. 내가 너희를 도무지 알지 못한다면서 뭐라고 말씀하십니까? 그 다음을 보십시오. '불법을 행하는 자들아, 나를 떠나가라'고 합니다. 불법이 무엇입니까? 영어성경에 보면 불법이

law(법) 뒤에 법 없음을 의미하는 less가 붙어서 'lawlessness', 무법, 법이 없다는 것입니다. 법을 어긴다는 것입니다. 하나님의 율법을 순종치 않는 것을 말합니다.

지금까지 우리가 산상보훈을 들어왔습니다. 산상보훈의 주 내용이 무엇이라고 했습니까? 천국시민의 법이라고 했습니다. 천국시민의 윤리라고 했습니다. 하나님 백성인 성도가 어떻게 살아야 될지를 보여주는 법이라고 했습니다. 예수님께서 구약과 관계없이 새롭게 그 말씀을 하셨습니까? 아니고 구약에서 하나님께서 말씀하신 것을 예수님께서 말씀하셨습니다. 그런데 하나님께서, 예수님께서 주신 그 법을 무시하고 어기고 산 사람들, 그 사람들이 바로 어떤 사람들입니까? '불법을 행하는 자들'입니다. 그 불법을 행하는 자들을 향하여서 예수님이 뭐라고 하십니까? '다 나에게서 떠나가라'고 말씀하십니다. 여러분 생각해보십시오. 생명의 근원이신 예수님, 만복의 근원이신 예수님에게서 떠나가는 일은 얼마나 무서운 일인지 모릅니다. 이것은 가장 무서운 말씀이요, 가장 저주스러운 말씀입니다. 마태복음 25장에 가서 보면 최후 심판 비유가 있습니다. 왼쪽에 선 자들과, 오른쪽에 있는 자들에게 우리 주 예수님께서 선언을 하시는데 왼편에 있는 자들에게 뭐라고 선언하시는지 보겠습니다. 마태복음 25장 41절을 같이 읽겠습니다.

> **"또 왼편에 있는 자들에게 이르시되 저주를 받은 자들아 나를 떠나 마귀와 그 사자들을 위하여 예비된 영원한 불에 들어가라"**

여러분, 오늘 본문에는 예수님께서 내게서 떠나가라고 말씀하시는데 25장 41절에도 같은 말씀이 있습니다. '나를 떠나'라고 말씀하십니다. 여기서는 '나를 떠나'로 마치지 않습니다. 나를 떠나면 어떻게 되는 것입니까? 마귀와 그 사자들을 위하여 예비된 영원한 불에 들어가는 것입니다. 예수님을 떠나가는 것은 어디로 간다는 것입니까? 영원한 지옥 형벌로 가는 것이라는 말씀입니다.

17세기에 영국에는 정말 예수님을 잘 믿으려고 하시는 분들이 계셨어요. 그분들을 우리가 청교도라고 합니다. 청교도 중 유명한 신학자들도 많고 유명한 신앙가들이 많은데 그 중에 한 분이 존 번연입니다. 그는 신앙 때문에 감옥에도 오래 갇혔던 분입니다. 감옥에서 지은 유명한 책이 몇 권 있는데 그 중에 한 권이 '천로역정(天路歷程)'입니다. 천로역정에 보면 한 크리스천이 세상에서 도망쳐 나왔습니다. 어디로 갑니까? 천국을 향하여서 올라갑니다. 가는데 유혹을 당하기도 하고 방황하기도 하고 매를 맞기도 하고 고난을 당하기도 하고 수많은 시련을 통하여서 이제 천국 문 앞까지 갔습니다. 그런데 가보니까 '무지'라고 하는 사람이 도착했는데 이 사람은 가만 보니까 아무 고생도 안 하고 수고도 없이 슬쩍 왔어요. 무지가 천국 문을 두드립니다. 그러니까 안에서 '누구입니까? 어디서 오셨습니까? 무엇 때문에 왔습니까?' 하니까 무지가 대답하기를 '주여, 저는 당신과 함께 먹고 마셨나이다' 하고 대답을 합니다. 그러니까 문지기가 안에서 그에게 증서를 요구합니다. 무지는 증서를 내놓지 못했습니다. 여러분, 여기서 증서가 무엇이겠습니까? 성도의 행함입니다. 행함이 없어요. 증서를 내놓지 못하니까 안에서 두 천사가 나와서 이 무지의 손과 발을 묶어서 저쪽 산허리 캄캄한 곳에 데리고 가서 감금하고 문을 닫아버립니다. 크리스천이 말을 합니다. '그때 나는 천국문에서도 지옥에 이르는 길이 있음을 알았다'고 합니다. 저 세상 멀리, 처음 내가 출발했던 거기에만 지옥으로 가는 문이 있는 줄 알았더니 이렇게 천국문에 왔음에도 지옥으로 빠지는 문이 있다는 것을 알았다면서 두려워하는 것이었습니다. 평생 교회에 다녀서 나는 천국에 갈 것이라고 생각하고 천국 문까지 갔는데 증서가 없어서, 행함이 없어서 지옥으로 떨어질 수가 있다는 말씀입니다.

성도 여러분, 오늘 예수님께서 나더러 주여 주여 하는 자마다 다 천국에 들어갈 것이 아니라고 했습니다. 입술로 믿음을 고백하는 자라고 해서 다 천국에 들어가는 것이 아니요, 내 아버지의 뜻대로 행하는 자, 우리 주 예수님의 말씀에 순종해서 살아가는 자가 들어가리라고 말씀했습니다. 심지어 예수 이름으로 선지자 일을 하고 귀신도 쫓아내고 많은 기적을 행할지라도 하나님의 말씀을 행치 않는 불법의 사람들은 천국 문에서 쫓겨날 것을 말씀하셨습니다.

사랑하는 성도 여러분, 여러분들이 교회 다니는 사람으로 끝나면 안 됩니다. 여러분들이 세례 받은 사람으로 끝나서는 안 됩니다. 봉사 많이 하는 사람으로 끝나면 안 됩니다. 여러분이 성령으로 거듭나서 진정한 믿음을 가지고서 주님을 닮아 변화되어 가고, 오늘 우리가 살아가는 이 시대가 하나님 말씀대로 살아가기가 너무나도 어려운 때이지만 주님의 말씀대로 순종하면서 실천하며 살아가는 성도가 되어야 합니다. 주의 뜻을 행하는 사람이 되어서 천국에 들어가는 참된 신자가 다 되시기 바랍니다.

## 마태복음 7:24-27

그러므로 누구든지 나의 이 말을 듣고 행하는 자는 그 집을 반석 위에 지은 지혜로운 사람 같으리니 비가 내리고 창수가 나고 바람이 불어 그 집에 부딪치되 무너지지 아니하나니 이는 주추를 반석 위에 놓은 까닭이요 나의 이 말을 듣고 행하지 아니하는 자는 그 집을 모래 위에 지은 어리석은 사람 같으리니 비가 내리고 창수가 나고 바람이 불어 그 집에 부딪치매 무너져 그 무너짐이 심하니라

# 41

# 어디에 집을 짓는가?

성도 여러분, 산상보훈의 요약이요, 결론이라고 할 수 있는 말씀이 있었다고 했습니다. 기억하십니까? 마태복음 7장 12절, 황금률이라고 했지요. '남에게 대접을 받고자 하는 대로 너희도 남을 대접하라' 했습니다. 사실은 산상보훈의 본론은 거기에서 끝이 났습니다. 그리고 나서 예수님은 산상보훈을 들은 모든 자들에게 실천을 촉구하는 네 가지 경고적인 권면을 하십니다. 여러분 기억하십니까? 첫째는 '좁은 문으로 들어가라'는 말씀이었습니다. 두 번째는 '거짓 선지자들을 삼가라'는 말씀이었습니다. 세 번째는 지난주일에 '천국에 들어갈 자', 여러분 천국에 들어갈 자가 어떤 자라고 했습니까? '나더러 주여 주여 하는 자마다 다 천국에 들어갈 자가 아니요 다만 하늘에 계신 내 아버지의 뜻대로 행하는 자라야 들어가리라'고 말씀하셨지요. 그리고 오늘 본문 말씀에 예수님께서 두 집 비유를 말씀하시는데 이것이 바로 네 번째 경고적인 권면입니다. 특히 오늘 본문에 나오는 두 집 비유는 앞에 나오는 어떤 권면보다도 더 생생하고 회화적이어서 이 산상보훈을 받는 자들에게 가장 적합한 권면이라고 말할 수 있습니다.

우리가 앞에 불렀던 '주의 말씀 듣고서'라는 찬송가 3절에 '세상 모든 사람들 집을 짓는 자니' 했습니다. 참으로 옳은 말입니다. 모든 사람들의 살아가는 것이 집을 짓는 것과 같습니다. 우리 예수 믿는 사람들은 한평생 믿음의 집을 지어갑니다. 저도 지금 집을 지어가고 있고 여러분들도 집을 지어가고 있습니다. 여러분, 나는 어떤 터에다가, 어떤 기초에다가 어떤 집을 짓고 있는가, 나의 집의 모습은 어떠한가, 궁금하지 않으십니까? 이 시간 '어디에 집을 짓는가?'라는 제목의 말씀을 생각할 때에 자신의 집의 기초를 다시 한번 살펴보고 확인해보는 귀한 시간이 되시기를 바랍니다.

오늘 본문에 집을 짓는 두 사람이 나옵니다. 한 사람은 산에다 집을 짓고 한 사람은 강가에 짓을 짓는 것이 아닙니다. 같은 장소에 이웃하여서 한 장면에 들어오게끔 집을 짓습니다. 이스라엘에는 '와디'라는 강이 있습니다. 이것은 강 이름이 아니고 강의 형태를 말하는 것입니다. 이 와디라고 하는 강은 요단강이나 태화강처럼 1년 내내 물이 흘러가는 강이 아닙니다. 이 강은 평소에는 바닥이 바짝 말랐다가 우기가 되어서 비가 쏟아질 때에 갑자기 형성되는 강입니다. 이런 것을 간헐천이라 하지요. 이 와디 옆에 두 사람이 집을 짓습니다. 한 사람은 반석 위에 집을 짓습니다. 반석 위에 집을 짓는다고 해서 처음부터 '야, 저기 좋은 반석이 있구나. 평평한 바위가 있구나' 해서 바로 가서 반석 위에 집을 짓는 것은 아닙니다. 누가복음 6장 48절에 보면 '집을 짓되 깊이 파고 주추를 반석 위에 놓았다'고 했습니다. 그러니까 처음 땅의 모습은 다 똑같이 흙모래 땅입니다. 그런데 반석 위에 집을 짓는 사람은 그 위에 바로 짓지 않고 땅을 파들어간다는 것입니다. 어디까지 파들어가겠습니까? 반석이 나올 때까지, 기반암(bedrock)이 부딪힐 때까지 파고 들어가서 드디어 반석이 나타나니까 거기에다 주춧돌을 놓고 집을 짓는다는 것입니다. 여러분, 이 사람은 지혜로운 사람입니까, 어리석은 사람입니까? 지혜로운 사람입니다. 예수님께서 이 사람을 가리켜 지혜로운 사람이라 말씀했습니다. 다른 한 사람은 흙모래 위에다가 그냥 집을 지어버립니다. 수고 없이 편하고 쉽게, 시간도 많이 걸릴 것 없이 그냥 집을 지었습니다.

평상시에 보면 두 집은 다를 바가 하나도 없습니다. 겉으로 아무 차이가 나지 않습니다. 그런데 차이가 드러날 때가 있습니다. 비가 내리고 홍수가 나고 바람이 불어서 이 집에 부딪힐 때에 차이가 나는 것입니다. 반석 위에 지은 집은 그대로 있지만 모래 위에 지은 집은 홍수가 모래를 싹 쓸어갈 때에 무너지게 되고 홍수에 쓸려 내려가게 되는 것입니다. 비참한 모습이 되지요. 이와 똑같지는 않지만 얼마 전에 비슷한 모습을 우리나라에서 봤습니다. 서울 상도동에 한 유치원 붕괴 사건을 기억하십니까? TV에 여러 번 나왔는데 그 TV에서 볼 때에 그 집의 기초는 완전히 흙이었습니다. 황토였습니다. 건축을 모르는 제가 보아도 '세상에 저런 곳에 몇 층이나 되는 집을 높이 지어 놓았을까' 하고 생각될 정도로 엉망이었습니다. 그래도 평소에는 별로 문제가 없었습니다. 문제는 시련의 날이 왔을 때입니다. 옆에 빌라 신축 현장에서 굴착 공사를 합니다. 굴착 공사를 하면 어떻게 됩니까? '드드드드' 하는 굴착기 소리에 땅의 기초가 흔들립니다. 그때에 우리나라에 비가 자주 왔습니다. 그러다 보니 흙이 습기를 많이 유입해서 힘이 없어지지요. 그래서 흙이 무너져내렸고 거기에 있던 집조차도 무너졌습니다. 기초의 중요성을 정말 깊이 느끼게 해준 사건이었습니다.

여러분, 오늘 두 집 비유에서 반석 위에 집을 지은 지혜로운 사람은 어떤 사람을 가리키겠습니까? 24절을 보면 '누구든지 나의 이 말을 듣고 행하는 자는' 했습니다. 여기에 '나의 이 말'은 누구의 말입니까? 예수님의 말입니다. 강조가 되어 있습니다. '나의 이 말'은 어떤 사람의 말이 아닙니다. 세상의 말이 아닙니다. 하나님의 아들 예수님의 말씀입니다. 곧 하나님의 말씀입니다. 영원한 진리의 말씀입니다. 지금까지 주님께서 말씀하셨던 산상보훈의 말씀입니다. 이 산상보훈은 성경에서 하나님에 대하여, 성도들에 대하여, 이웃에 대하여 우리가 어떻게 살아야 될 것인가를 가장 일목요연하게 보여주는 진리의 집성체입니다. 이것을 행하는 자, 이 말씀을 듣고 행하는 자가 반석 위에 집을 짓는 자라 말씀합니다. 어떤 사람들은 미래를 위해서, 노후를 위해서 돈을 많이 쌓아놓고 또 규칙적으로 운동을 해서 자기의 건강을 유지하는 것이 반석 위에 집을 짓는 것이라고 생각합니다. 내 인생은 든든하다고 생각합니다. 그러나 여러분, 기억하십시오. 오늘 예수님께서는 무엇이라고 말씀하십니까? 그런 것이 아니라 '내 말을 듣고 내 말대로 행하는 자가 바로 반석 위에 집을 짓는 자'라고 말씀하십니다.

예수님이 이 세상에 계실 때에 어떤 호칭으로 가장 많이 불렸을까요? 성경을 찾아보면 '선생'이라는 말로 가장 많이 불렸습니다. 우리 예수님은 선생으로서, 교사로서, 천국 복음을 하나님의 진리의 말씀을 사람들에게 많이 가르치고 전파하였습니다. 그것이 바로 예수님의 주된 일이었습니다. 사람들은 자주 예수님의 말씀을 듣기 위해서 이 동네, 저 동네, 옆에 있는 동네 사람들 전부 무리를 지어 예수님을 찾아왔지요. 예수님의 말씀을 듣고 감동하고, 놀라고, 기뻐했습니다. 그런데 무엇이 문제입니까? 그 주님의 말씀을 듣고 행하는 자는 별로 없었다는 것입니다.

이런 모습이 그때만 그랬겠습니까? 아닙니다. 어느 시대나 그랬습니다. 지금 우리 시대도 마찬가지입니다. 말씀을 듣는 자는 많지만 말씀을 행하는 자는 소수라는 것입니다. 우리 교회는 주일 날 설교 말씀을 사모하는 교인들이 많습니다. 더러는 설교를 듣고 '말씀이 참 좋습니다', '은혜 받았습니다', '감동 받았습니다' 또는 '마음이 찔렸습니다' '오늘 그 말씀은 내 설교였습니다'라고도 합니다. 그러나 생각해보면 대부분은 그 시간으로 끝이 나버립니다. 그 시간의 감동으로 끝이 나버리고 행함으로 이어지지가 않습니다.

성도 여러분, 2018년도도 이제 하루만 있으면 10월인데 지난 9개월 동안에 우리가 얼마나 많은 말씀을 들었습니까? 주일마다 하나님의 말씀을 얼마나 많이 들었습니까? 그중에서 실천하고 있는 것이 몇 가지나 되는지 손으로 꼽아볼 수 있겠습니까? 나는 그 많은 하나님의 말씀을 듣고서 몇 가지나 지금 실천하고 있느냐는 것입니다. 여러분의 성품, 여러분의 말, 여러분의 습관, 여러분의 행동 중에 변화된 것이 몇 가지나 됩니까? 전에 내가 하나님의 말씀대로 살지 못한 것, 올해 내가 고치고 회개해서 말씀대로 살고 있는 것이 있습니까? 이 질문에 정직하게 '예'라고 말할 수 있는 사람은 반석 위에 집을 짓는 자입니다. 그러나 그렇지 못하다면 죄송하지만 모래 위에 집을 세우는 어리석은 자와 같은 것입니다.

여러분, 이 문제는 설교를 듣는 성도 여러분들만의 문제가 아닙니다. 여기에는 설교자도 해당이 됩니다. 17세기에 '리차드 박스터'라는 청교도 목사님이 계셨는데 그 목사님이 이런 말씀을 하셨습니다. '목사들이 설교는 정확히 하려고 열심히 연구는 하지만 설교한 대로 정확히 살려고 노력은 하지 않는다.' 어떻게 그렇게 정곡을 찌르는 말씀을 하셨는지 모르겠습니다. 목사가 정말로 설교 준비하는 만큼, 자기가 설교한 만큼 살기 위하여서 기도하고 노력하고 애를 쓴다면 오늘 우리 한국 땅에 목사로 인하여서 교회가 부끄럽고 우리 성도들이 부끄러운 일이 일어나지 않을 것입니다. 말씀을 준비하기 위해서는 엄청 준비하고 노력하지만 말씀대로 살기 위해서 노력을 하지 않기 때문에 이중적인 모습이 드러나고 여러 가지 사악하고, 세상이 보아도 손가락질 받을 수밖에 없는 일들이 일어나는 것입니다. 저도 설교 한 편을 준비하기 위해서 얼마나 기도하고 애를 쓰는지 모릅니다. 아마 여러분은 이해를 못하실 정도로 애를 씁니다. 그러나 저도 부끄럽게도 제 자신이 설교한 대로 살기 위해서는, 행하기 위하여서는 설교 준비한 만큼 그렇게 애를 쓰지 못합니다. 죄송한 일입니다. 저는 설교자나 말씀을 듣는 여러분이나 다 비슷하지 않나 생각합니다. 오늘을 기해서 저나 여러분이나 다 말씀 행하기를 힘쓰는 자가 됩시다. 말씀을 듣고 그것으로 마치는 것이 아니라 그 말씀을 듣고 나 자신을 살피면서 그 말씀대로 살지 못하는 나 자신으로 인하여, 자기 성품으로 인하여서 하나님 앞에서 고민하고 기도하고 새롭게 계획하고 실천하는 성도가 되시기 바랍니다. 따라서 합니다. "고민하고, 기도하고, 계획하고, 실천하자!"

앞에서 말씀드렸듯이 두 집은 외관상으로는 차이가 없습니다. 똑같은 집입니다. 지붕이 있고 창이 양쪽에 있고 굴뚝이 있는 집입니다. 아무 차이가, difference가 없습니다. 기초는 차이가 나지만 눈에 보이지 않습니다. 여러분, 무슨 말이겠습니까? 겉으로 나타나 보이는 성도들의 신앙생활은 크게 차이가 나지 않는다는 것입니다. 이 사람이나 저 사람이나 비슷하다는 것입니다. 어떻게 비슷합니까? 주일이 되면 교회를 향하여서 갑니다. 교회에 가서 지금처럼 하나님 앞에 예배를 드리지요. 하나님 앞에 찬송하고, 기도하고, 하나님 말씀 듣고, 헌금 드리고, 또 봉사도 합니다. 특별한 경우를 제외하고는 이 신자나 저 신자나 겉모습이 비슷해서 이 성도가 반석 위에 집을 짓는 자인지 모래 위에 집을 짓는 자인지 잘 드러나지 않습니다. 알 수가 없습니다. 그러나 구별이 되는 때가 옵니다. 외관상으로는, 평상시에는 잘 나타나지 않았던 건물의 실체가, 믿음의 실체가 분명하게 드러나는 때가 온다는 것입니다. 그때가 언제겠습니까? 25절 같이 읽어봅니다.

**"비가 내리고 창수가 나고 바람이 불어 그 집에 부딪히되"**

똑같은 표현이 27절에도 있습니다. 여기에 3종 세트의 시련이 있습니다. 첫 번째는 뭐가 온다고 했습니까? 비가 내린다, 비가 온다는 것은 표현이 좀 약합니다. 폭우가 내리는 것이지요. 두 번째는 창수, 이것은 홍수를 말합니다. 세 번째는 무엇입니까? 바람입니다. 폭풍을 말합니다. 우리 같으면 태풍을 말합니다. 태풍이 와서 거친 비바람이 집을 칠 때에, 부딪칠 때에 반석 위에 지은 집은 무너지지 않습니다. 그러나 모래 위에 지은 집은 그대로 무너져서 떠내려 가버리는 것입니다.

**여기에 비, 창수, 바람이 무엇을 의미하겠습니까?** 두 가지로 생각할 수 있습니다. **먼저는 이 세상에서 성도들이 당하는 시련과 고난을 의미한다고 볼 수 있습니다.** 원치 않던 사고를 만나고 질병에 걸리고 가난해지고 파산하고 죽음이 가까워올 때에, 또 신앙적으로 겪는 시험이나 핍박이 닥칠 때에 참된 신앙인은, 행함이 있는 신앙인은 흔들리지가 않습니다. 그대로 서있다는 것입니다. 계시록 2장에 보면 '죽도록 충성하라'는 말씀이 있습니다. 예수님께서 핍박받고 있는 서머나 교회의 성도들에게 죽도록 충성하라고 했습니다. '죽도록 충성하라'는 말이 무슨 의미입니까? 죽음이 와도 흔들리지 말라, 변하지 말라는 말씀입니다. 그런 말씀처럼 행함이 있는 신앙인은 죽음이 와도 흔들리지 않고 변하지 않습니다. 과거 일제치하에 신사참배 시, 6.25 때 공산치하에서 이미 그런 모습이 드러났습니다. 그런 시련의 때가 오면 참과 거짓이 드러나는 것입니다. 차이가 드러나는 것입니다. 오늘날도 군에 입대하거나 학업이나 직장을 위해 객지로 나가거나 직장에 들어가거나 세상 살면서 아주 중요한 결단을 해야 할 때, 많은 돈이 걸린 문제 앞에서 구별이 되기도 합니다. 믿음의 참됨과 거짓됨이 드러난다는 것입니다. 무너지기도 하고 남아있기도 한다는 것입니다.

왜 행함이 있는 신앙인은 무너지지 않겠습니까? 겉모습은 똑같아도 반석 위에 집을 세우는 자는 남다른 수고가 있었어요. 어떤 수고가 있었습니까? 그냥 짓지 아니하고 반석이 나오기까지 파들어가서 반석 위에 주추를 놓는 수고가 있었습니다. 다시 말해서 평소에 말씀을 지키려고 하는 고민과 기도와 수고와 노력이 있었습니다. 그런 노력으로 인하여서 속사람이, 믿음이 연단이 되었어요. 영적인 근육이 길러지고 영적 내공이 강해진 것입니다. 겉모습은 똑같아서 차이가 안 나도 속이 다른 것입니다. 그러니 시련이 밀어 닥쳐와도 무너지지 않는 것입니다.

행함이 없는 신앙인은 왜 시련 앞에서 쉽게 무너집니까? 모래 위에 집을 짓는 자가 수고하기가 싫어서 모래 위에 집을 쉽게 지어버리듯이 평소에 하나님의 말씀이 부담스럽고 지키기가 힘들고 싫어서 겉으로 드러나는 기본적인 신앙생활은 하지만, 이 사람 저 사람 똑같은 모습의 신앙생활은 하지만 구체적으로는 행함이 없어요. 편하게 신앙생활하고 자기가 하고 싶은 대로 신앙생활하며 살다 보니까 아무 영적인 근육이 없고 영적으로 허약합니다. 그래서 강한 시련이 밀어닥치면 속이 비어 있기 때문에 무너지고 맙니다. 낙심하고 절망한다는 것입니다. 그러므로 우리 성도는 평소에 말씀 순종에 힘써야 됩니다. '내가 이래 봐도 교회 다닌 지 몇 년인데, 내가 그래도 집사인데, 내가 그래도 무엇인데 나에게 핍박이 와봐라 내가 넘어지나. 총검이 와봐라 내가 거기에 항복하나 어림도 없어' 그런 생각하면 안 됩니다. 그것은 교만입니다. 그것은 억지입니다. 우리가 얼마나 좋은 때를 살고 있습니까? 얼마든지 하나님 말씀대로 살 수 있고 하나님께 자유롭게 예배드릴 수 있고 원하면 봉사할 수 있고… 내가 원하면 어려움이 있어도 순종하고 행할 수 있는 시대를 살아가고 있습니다. 이런 때에 하나님 말씀 순종하기를 힘쓰십시다. 평소에 하나님 말씀 순종에 힘쓰는 사람이 시련 앞에서도 무너지지 않는 것입니다.

나아가 이 비와 창수와 바람은 주님의 최후의 심판을 말합니다. 종말론적인 심판을 의미합니다. 세상의 역경이 우리의 참 믿음과 거짓 믿음을 구별해주기는 하지만 완전하게 구별해주지는 않습니다. 내가 주님 앞에 설 때에 우리 주님은 분명하게 다 드러내주십니다. 히브리서 4장 13절을 같이 읽어봅니다.

> **"지으신 것이 하나도 그 앞에 나타나지 않음이 없고 우리의 결산을 받으실 이의 눈 앞에 만물이 벌거벗은 것 같이 드러나느니라"**

우리의 결산을 받으실 이가 누구십니까? 우리 주 예수님, 마지막 심판자 예수님입니다. "우리의 결산을 받으실 이의 눈 앞에 만물이 벌거벗은 것 같이 드러나느니라" 우리가 평생 어떤 집을 짓고 살았는지 그 날에 다 드러나게 되는 것입니다. 집을 어디에 세웠는지, 어떤 기초 위에 세웠는지 주님이 테스트 하실 것이고 가려내실 것입니다. 지난주일 말씀대로 평소에는 사람들이 다 '주여 주여' 했습니다. 그러나 그날에, 마지막 날에 주님 앞에 섰을 때에 주님께서 뭐라고 하십니까? '나더러 주여 주여 하는 자마다 다 천국에 들어갈 것이 아니다'고 말씀하셨습니다. '하늘에 계신 내 아버지의 뜻대로 행하는 자라야 천국에 들어가리라' 했습니다.

성도 여러분, 오늘의 말씀이 우리에게 주는 가장 중요한 교훈이 무엇입니까? '행함의 중요성'입니다. 행함이 얼마나 중요한가? 순종이 얼마나 중요한가? 주의 말씀을 행하는 자는 반석 위에 집을 짓는 자고 그렇지 않는 자는 모래 위에 집을 짓는 자라고 했습니다. 7장 13절에서 27절까지 네 개의 경고적인 권면이 있는데 이 네 개의 경고적인 권면 전부가 다 알고 보면 행함을 강조하는 말씀이었습니다. 여러분, 말씀 순종이, 행함이 없는 믿음은 참된 믿음이 아닙니다. 속지 말아야 합니다. 거짓 믿음입니다. 죽은 믿음입니다. 죽은 믿음 가지고서 천국 갈 수 없습니다.

여러분, 오늘 말씀, 주님의 말씀에 입각해서 어떤 사람이 인생의 성공자라고 생각하십니까? 주님 앞에 선 그날에 내 집이 무너지지 않는 사람 아니겠습니까? 주님 앞에 섰을 때에 내 집이 무너지지 않고 그대로 서 있는 그 사람입니다. 돈이 많다고 무너지지 않는 것이 아닙니다. 권력이 많다고 무너지지 않는 것이 아닙니다. 건강하다고 무너지지 않는 것이 아닙니다. 다 무너집니다. 오직 주를 믿고 주의 말씀대로 행한 자의 집이 무너지지 않는 것입니다. 반석 위에 집을 짓는 자, 그 집은 무너지지 않습니다. 요한일서 2장 17절에 보면 이 세상도 그 정욕도 지나간다고 했습니다. 이 세상에 있는 모든 것이 다 지나가버립니다. 일시적입니다. 그러나 '하나님의 뜻을 행하는 자는 영원히 거하느니라.' 영원히 산다고 했습니다. 그 사람이야말로 인생의 성공자입니다. 우리가 이 땅에 살 동안에 때로는 가난하게 살 수도 있습니다. 때로는 권력도 없고 건강도 나쁠 수도 있지만 사람 보기에는 그냥 그렇고 시시하고 실패자처럼 보일 수 있지만, 주의 말씀을 듣고 행하는 그 사람, 그야말로 인생의 성공자로 판가름 날 것입니다.

여러분 주의 말씀 듣고 행하는 자는 반석 위에 집을 짓는 자니, 여러분들은 꼭 주의 말씀을 듣고 행하는 자가 되시기 바랍니다. 그래서 마지막 날 무너지지 않는 집의 주인, 무너지지 않는 인생 되시기 바랍니다.

## 마태복음 7:28-29

예수께서 이 말씀을 마치시매 무리들이 그의 가르치심에 놀라니 이는 그 가르치시는 것이 권위 있는 자와 같고 그들의 서기관들과 같지 아니함일러라

# 42

# 예수님의 권위

성도 여러분, 지난 9개월 동안 저는 마태복음 5장, 6장, 7장에 나오는 산상보훈의 말씀을 27회에 걸쳐서 설교를 해왔습니다. 정말 복된 진리의 말씀이었고 전하는 제게는 영광스럽고 감사한 시간이었습니다. 여러분, 머리에 남아 있는 산상보훈의 말씀이 있습니까? 맨 처음에 무엇으로 들어갑니까? 팔복으로 들어가지요. 5장 초반에 보면 팔복의 말씀이 나오고 '너희는 세상의 소금이다, 빛이다' 말씀하시고 '너희가 형제에게 노하거나 욕하면 그것은 살인하는 것이다. 음욕을 품고 여자를 보는 자마다 간음하는 자이다'고 말씀하셨습니다. '악한 자를 대적하지 말고 너희 원수를 사랑하라'고 말씀하셨지요. 6장에서는 구제에 대해서 말씀하시면서 '너희 오른손이 하는 것을 왼손이 모르게 하라, 너희 보물을 하늘에 쌓으라. 의식주 문제로 아무 염려하지 말고 하나님의 나라와 의를 구하라' 말씀하셨습니다. 7장에 가서는 앞부분에 '비판하지 말라'고 하시면서 '너희 속에 있는 들보를 먼저 끄집어내고 형제의 눈 속에 있는 티를 빼리라' 말씀하셨습니다. 그리고 '남에게 대접을 받고

자 하는 대로 너희가 남을 대접하라', 황금률의 말씀을 주셨습니다. 그리고 지난주일의 말씀을 기억하십니까? 바로 '주의 말씀을 듣고 행하는 자는 반석 위에 집을 짓는 지혜로운 자'라고 말씀해주셨습니다. 엄청난 진리의 말씀들입니다. 이 말씀들은 세상 어디에서도 찾아볼 수가 없는 보배로운 말씀들입니다. 역사상 최고의 설교입니다. 기독교 윤리의 최고봉이라고 할 수 있습니다. 톨스토이나 마하트마 간디 같은 많은 위인들이 예수님의 산상보훈에 감동을 받고 이 말씀을 평생 새기고 생각하면서 살았다고 합니다. 기독교인이 아닌 다른 종교인조차도 산상보훈에 감동하고 눈물을 흘렸습니다. 이 세상에서 볼 수 있는 최고의 윤리임을 인정하였습니다.

여러분, 오늘 본문은 산상보훈의 마지막 부분입니다. 예수님의 보배로운 말씀인 산상보훈은 사실상 이미 끝이 났습니다. 그러나 오늘 본문은 예수님의 산상보훈에 대한 사람들의 반응입니다. 이 본문은 산상보훈에 비하면 너무나도 시시하고 미미한 것이라서 웬만하면 그냥 다루지 않고 건너뛰고 싶은 그런 본문입니다. 그렇지만 66권 모든 성경, 모든 구절과 단어 하나까지도 다 성령의, 하나님의 감동으로 된 것이기 때문에 이 말씀 역시 우리에게 유익을 주시는 말씀인 줄로 믿습니다.

여러분, 산상보훈을 들은 사람들의 반응이 어떠했습니까? 28절에 보면 '예수님께서 이 말씀을 마치시매 무리들이 그의 가르치심에 놀랐다'고 했습니다. 여기에 놀랐다는 말은 '대단하다, 설교 잘 하네' 정도가 아닙니다. 깜짝 놀랐다는 것입니다. 충격을 받았다는 말씀입니다. 왜 그리 놀랐겠습니까? 29절의 말씀에 보면 "이는 그의 가르치시는 것이 권위 있는 자와 같고 저희 서기관들과 같지 아니 함일러라" 하였습니다. 여기 '예수님의 가르치시는 것이 권위 있는 자 같다'는 말씀은 쉽게 말하면 권위가 있었다는 말씀입니다. 예수님의 가르침은 권위가 있었다는 것입니다. 권위라는 말이 영어로 'authority'라고 하는데 권위가 무슨 말입니까? 한글 사전에 보면 '남을 지휘하거나 통솔하려 따르게 함', 또는 '남을 복종시키는 힘'이라고 했습니다. 그리고 한글 성경 다른 데를 보면 때로는 '권세'라고도 번역을 해놓았습니다.

방에서 두 아들이 싸웁니다. 아들들은 잘 싸우지요. 두 아들이 고함을 지르고 욕을 하고 드잡이질을 하는데 바깥에서 아버지가 듣고 참을 수가 없어서 방문을 활짝 열고 들어갔습니다. 두 아들이 놀라서 뚝 떨어졌습니다. 아버지의 권위가 있는 것입니다. 그런데 아버지가 들어갔음에도 불구하고 두 아들이 본체만체하고 계속 싸운다면, 아니면 힐끗 보고 계속 싸움질을 한다면 그 아버지는 아버지의 권위가 있는 것입니까, 없는 것입니까? 없는 것입니다. 그것이 바로 권위입니다. 우리 예수님께서는 권위가 있는 분, 권세가 있는 분이었습니다. 우리가 성경을 자세히 읽어보면 우리 예수님의 권위는 예수님의 모습에서도 예수님의 기적을 행하심에도, 예수님의 말씀에서도 드러나는 것을 볼 수 있습니다.

여러분, 요한복음 18장에 보면 예수님께서 잡히시던 날 밤이었습니다. 잡히시던 날 밤에 군대가 예수님을 잡기 위해서 횃불을 들고 무기를 들고서 감람산으로 찾아왔습니다. 예수님이 그들 앞에 나갔습니다. 예수님이 '너희가 누구를 찾느냐?' 하니 그들이 '나사렛 예수라'고 대답했습니다. 예수님이 '내가 그니라' 하니까 '그들이 물러가 땅에 엎드려진지라' 했습니다. 예수님의 엄청난 권세 앞에서 잡으러 온 사람들이 잡기는커녕 '내가 그니라' 하니 뒤로 자빠졌다는 것입니다.

또 오늘 본문에서 보듯이 예수님의 말씀에도 권세가 있었습니다. 성지, 팔레스틴, 이스라엘의 갈릴리 호수 북쪽에 가면 예수님께서 산상보훈을 가르치신 언덕이 있습니다. 산에 올라가 앉으셨다고 해서 울산의 문수산 같이 높은 산에 올라갔다는 것이 아닙니다. 평평한 평지 같은 언덕이었습니다. 그 언덕 제일 위에는 주님께서 산상보훈을 전한 것을 기념해서 팔복교회당이 있습니다. 예수님께서 그 들판에서 말씀을 전하실 때에 그 장소와 분위기와 거기에 있던 사람들의 마음을 통제하였습니다. 사람들의 숨이 멎을 듯하고 얼굴이, 마음이 때로는 굳어지는 듯하고 반대로 때로는 녹아지는 듯합니다. 말씀의 권세가 사람들의 귀와 마음을 사로잡았습니다. 소름이 끼칠 듯이 청중을 압도하였습니다.

여러분, 거기에서만 그런 것이 아니지요. 예수님께서 엠마오로 가던 두 제자에게 나타나시지요. 나중에 예수님인 것을 알게 되었습니다. 예수님께서 떠나고 나서 그들이 뭐라고 했습니까? '우리에게 성경을 풀어 주실 때에 우리 속에서 마음이 뜨겁지 아니하더냐?' 예수님의 말씀은 권세가 있어서 주님의 말씀을 들을 때에 제자들의 마음이 뜨거워졌다는 것입니다. 원고가 없음에도 그 입술에 아무런 제한이 없습니다. 막힘이 없습니다. 자유롭게 말씀하십니다. 그 말씀이 능력이 있습니다. 이런 것이 권세가 있는 표시인 것입니다.

성경에 보면 사도 바울도 그 말씀에 권세가 있었습니다. 그래서 고린도전서 2장 4절에 보면 '내 말과 내 전도함이 설득력 있는 지혜의 말로 하지 아니하고 다만 성령의 나타나심과 능력으로 하여' 했습니다. 성령이 나타났다고 했습니다. 성령이 데모를 했다는 것입니다. 사도 바울이 설교하는 시간은 성령이 데모하는 시간이었습니다. 그리고 데살로니가전서 1장 5절에 '우리 복음이 말로만 너희에게 이른 것이 아니라 능력과 성령과 큰 확신으로 되었다'고 말씀했습니다.

여러분, 성도 여러분, 지금까지 신앙생활을 해오시면서 설교시간에 설교의 권세, 말씀의 권세를 느껴보신 것이 있습니까? 하나님의 권위를 느껴보신 적이 있습니까? 그 사람은 복된 사람, 행복한 사람입니다. 영국은 시대마다 말씀의 권위를 가진 위대한 설교자들이 많았습니다. 17세기의 청교도들은 설교의 권위와 강단의 영광을 붙잡았던 위대한 설교자들이었습니다. 18세기에는 조지 휫필드라는 유명한 설교자가 있었는데 교회당 내에서는 사람들을 다 앉힐 수가 없었습니다. 런던에 가면 시내 중간 중간에 엄청나게 넓은 잔디밭이 있습니다. 그 잔디밭에 보통 몇 만 명 이상을 모아놓고 마이크가 없었던 그 시대에도 거기에 모인 모든 사람들을 말씀을 통하여서 압도하여 집중하게 만들었습니다. 그래서 그가 말씀을 전할 때에 사람들은 사로잡혀서 마음이 녹아내리고 눈물을 흘리고 변화되고 구원이 일어나는 역사가 있었던 것입니다. 19세기에는 찰스 스펄전, 설교의 황제라고 합니다. 20세기에는 마틴 로이드 존즈, 이런 목사님들이 그러했습니다. 이런 분들이 강단에서 말씀을 전할 때에는 말만이 아니었습니다. 성령이 나타나는 시간이었습니다. 그들의 설교는 권세와 능력으로 불타오르는 말씀이었습니다. 이렇게 말씀의 권세가 있을 때에 사람들의 돌 같은 마음이 깨어지고 녹아지고 새롭게 빚어지게 됩니다. 변화의 역사가 일어납니다. 부흥의 역사가 일어나는 것입니다. 그렇기 때문에 사랑하는 성도 여러분, 권세 있는 말씀, 권위 있는 말씀을 사모하시기 바랍니다. 내 마음속에 주님이 전하셨던 그런 말씀과 같은 말씀을 듣기를 원하는 사모함이 있어야 됩니다. 그리고 이 강단이 설교의 권위가 있는 강단이 되도록 기도하시기 바랍니다.

다음으로 왜 예수님의 설교가 그렇게 권세가 있었겠습니까? 이유가 무엇이겠습니까? 우리는 두 가지를 말할 수 있습니다. 첫째는 예수님은 하나님의 아들이었기 때문입니다. 예수님은 단순한 한 사람이 아니었습니다. 한 목사가 아니었습니다. 한 선교사가 아니었습니다. 사도가 아니었습니다. 하나님의 아들이었습니다. 그래서 하나님으로서의 권위, 메시아적 권위를 가지고 말씀을 전하였습니다.

예수님의 가르침은 당시의 서기관들과 같지 않다고 했습니다. 당시의 서기관들은 어떤 사람들입니까? 서기관들은 'scribe'입니다. 말 그대로 하면 기록자입니다. 그 당시에는 인쇄술이 없었습니다. 우리처럼 이렇게 한 권으로 된 성경을 가질 수가 없었습니다. 양피지, 가죽에다 쓰거나 갈대로 만든 파피루스에 썼습니다. 흙에다가 써놓기도 했습니다. 이런 것들은 파손이 됩니다. 햇볕을 오래 쬐면 없어지지요. 그렇기 때문에 시대마다 하나님의 말씀을 다른 데 복사하는 사람, 필사자가 있었지요. 그 사람들이 서기관이었습니다. 그래서 서기관들은 말씀 하나, 점 하나까지도 조심하면서 그대로 옮기기 때문에 율법의 전문가가 되는 것입니다. 율법 학자가 되는 것입니다. 율법 교사가 되어서 백성들에게 율법을 가르쳤다는 것입니다. 그런데 이들은 자신의 가르침에 권위를 더하기 위해서 장로들의 전통을 의지하기도 하고 랍비들의 말을 인용하기도 했습니다. 그렇기 때문에 그들의 가르침은 권위가 없었습니다. 오늘날의 짜깁기 설교와 같아서 아무 생명력도 없고 어떤 영향력도 없었다는 것입니다.

그런데 예수님은 다른 사람의 말을 인용할 필요가 있습니까? 없습니다. 왜입니까? 당신 자신이 하나님의 아들이지 않습니까? 타고난 신적 권위를 가지고 있습니다. 그러므로 다른 누구의 권위도 아닌 자신의 권위로 예수님은 말씀하셨습니다. 여러분, 눈치챘는지 모르겠지만 예수님께서 산상보훈을 전하실 때에 다른 사람이 할 수 없는 말씀을 하셨습니다. 어떤 말씀이냐면 '나는 너희에게 이르노니' 하는 말입니다. 여섯 번이나 '나는 너희에게 이르노니' 했습니다. '옛 사람에게 말한바 살인하지 말라, 간음하지 말라, 헛맹세하지 말라 하는 말을 너희가 들었으나 나는 너희에게 이르노니' 했습니다. 여러분, 이 세상에 있는 사람들 중에 누가 하나님의 말씀 앞에서 '나는 너희에게 이르노니' 하고 말씀을 끄집어낼 수가 있겠습니까? 아무도 할 수가 없는 것이지요. 얼마나 큰 권세입니까? 예수님께서는 율법의 제정자요, 율법의 수여자입니다. 그러니 예수님보다 더 권위 있는 성경 해석자, 성경 전파자는 없다는 것입니다.

**예수님의 가르침이 권세 있는 또 한 가지 이유가 있습니다.** 마태복음에도 4장에 있지만 누가복음에는 3장에 예수님이 세례 받으시는 장면이 나옵니다. 누가복음 3장에는 예수님이 서른 살 쯤 되어서 고향을 떠나 저 남쪽 유대 요단강에서 세례 요한이 세례를 준다는 소식을 듣고 드디어 공사역을 시작하기 위해 남쪽 요단 강가로 내려왔습니다. 예수님께서 세례 요한에게 세례를 받으실 때에 어떤 일이 일어났습니까? 하늘이 열렸습니다. 그리고 성령이 비둘기 형체로 예수님 위에 내려와서 머물렀다고 했습니다. 이것은 보기 좋으라고 그런 것이 아닙니다. 이것은 이제 구원 사역을 본격적으로 시작하시는 예수님께서 이 구원 사역을 넉넉히 감당할 수 있도록 하나님의 성령으로 기름 부어주시는 것입니다. 능력으로 기름 부어주시는 것이지요. 다르게 말하면 예수님께서 물세례를 받으실 때에 성령세례도 받으셨다는 것입니다. 그렇기 때문에 누가복음 4장에 보면 고향 갈릴리로 돌아가실 때에 성령의 능력으로 돌아가셨다, 성령의 충만함을 받아 돌아가셨다고 기록하고 있습니다. 고향 갈릴리로 돌아가서 처음에 고향 나사렛 동네에 가서 나사렛 회당에서 말씀을 전하실 때에 사람들이 그 입에서 나오는 은혜로운 말씀에 놀랐다고 했습니다. 전에는 안 그랬는데 요단강에서의 성령의 기름 부으심이 있었기 때문이지요. 다음으로 가버나움으로 갔습니다. 안식일에 회당에서 말씀을 전하는데 사람들이 또 놀랐습니다. 누가복음 4장 32절을 같이 읽겠습니다.

**"그들이 그 가르치심에 놀라니 이는 그 말씀이 권위가 있음이러라"**

오늘 본문과 똑같지 않습니까? 예수님께서 산상보훈을 다 마치시니까 사람들이 놀랐습니다. 그것이 '예수님이 권세 있는 자와 같고' 그렇게 말씀했습니다. 권세 있는 설교는 사람의 지혜나 유창한 말솜씨에서 나오는 것이 아닙니다. 권세 있는 설교는 신학 박사 학위를 받고 많은 신학적인 지식을 갖출 때에 나오는 것이 아닙니다. 오랜 목회 경력과 설교 경력을 가져야 권세 있는 설교가 나오는 것이 아닙니다. 어떤 때입니까? 성령의 기름 부음을 받을 때에 되는 것입니다. 깊은 기도와 거룩한 삶을 통하여서 성령의 기름 부음을 받을 때에 이루어지는 것입니다.

성도 여러분, 저는 이점에서 제 자신을 돌아볼 때 한없는 연약과 부끄러움을 느낍니다. 저는 설교를 많이 하기도 하지만 또 여기저기 가서 설교를 많이 듣기도 합니다. 때로는 안타깝게도 영적인 권위가 그 설교자의 말과 모습에서 하나도 느껴지지 않을 때, 영성이 조금도 느껴지지 않을 때가 있습니다. 솔직하게 말하면 그것은 사람의 말이지 설교라고 할 수가 없는 것입니다. 하나님의 아들 예수 그리스도께서 성령의 기름 부으심이 필요했다면 저 같은 인간 설교자는 얼마나 더 성령의 도우심이 필요하겠습니까? 여러분, 저를 포함해서 우리 교회 모든 교역자들이 성령의 기름 부음을 받아서 말씀의 권세를 가지고 전할 수 있도록 기도해주시기를 바랍니다. 아울러 주일학교 교사들, 가르치는 일을 하는 모든 자 역시 하나님의 권위로 가르칠 수 있도록 하나님 앞에 기도해야 될 것입니다.

마지막으로 오늘 우리의 반응은 어떠해야 되겠습니까? 물어봅시다. 성도 여러분, 마태복음 5장, 6장, 7장 산상보훈이 하나님의 아들 예수님의 말씀인 것을 믿으십니까? 이 성경 말씀이 하나님의 말씀인 것을 믿습니까? 그렇다면 오늘날 비록 예수님이 우리에게 직접 말씀하시지 않는다고 할지라도 하나님이 세우시고 하나님이 보내시는 그 종들을 통하여서 말씀하실 때에 우리에게 어떤 자세가 필요하겠습니까?

첫째는 최고의 진지함을 가지고서 들어야 됩니다. 왜냐하면 전하는 자가 하나님 자신이 아니더라도 그 내용이, 그 말씀이 누구의 말씀입니까? 하나님 말씀, 예수님의 말씀이기 때문입니다. 여러분, 북한의 김정은이 연설할 때 그 아래에서 듣는 사람들의 모습을 보셨습니까? 그 사람 중에 고개를 숙이거나 옆 사람과 잡담하는 사람을 보셨습니까? 없습니다. 졸거나 하는 사람도 없습니다. 왜냐하면 그 시간이 지나서 그 장면이 CCTV에 나오는데 조는 사람이 나오면 다음에 그 사람을 볼 수가 없습니다. 어디에 끌려가고 없는 것입니다. 우리가 설교 시간이 그렇게 두려움에 사로잡혀서 굳어서 말씀을 들어야 한다는 것이 아닙니다. 우리 성도들은 정말로 하나님의 말씀을 사모하는 마음으로 열린 마음으로 최고의 존경과 집중과 진지함을 가지고 하나님 말씀을 들어야 한다는 것입니다. 그 시간에 핸드폰을 본다든지 옆 사람과 이야기를 나눈다든지 아니면 잡념에 빠져있다든지 한다면 그것은 하나님의 권위를 무시하는 것이 됩니다. 하나님의 말씀을 들으면서 속으로는 엉뚱한 짓을 하고 있으면 주 예수님의 권세를 무시하고 있는 것이 아니겠습니까?

여러분, 데살로니가전서 2장 13절을 같이 읽겠습니다.

**"이러므로 우리가 하나님께 끊임없이 감사함은 너희가 우리에게 들은 바 하나님의 말씀을 받을 때에 사람의 말로 받지 아니하고 하나님의 말씀으로 받음이니 진실로 그러하도다 이 말씀이 또한 너희 믿는 자**

가운데에서 역사하느니라"

지금은 데살로니키라고 하는데 그리스 북부에 있는 제일 중요한 도시입니다. 그 도시에 있는 교회에 사도 바울이 편지를 저렇게 썼어요. 뭐라고 합니까? 너희가 우리에게 들은 바 하나님의 말씀을 받을 때에 사람의 말로 받지 아니하고 누구의 말로 받았다고 했습니까? '하나님의 말씀으로 받았다'고 했습니다. 오늘 이 자리에 있는 사랑하는 성도들도 주일 말씀을 들을 때에 목사의 말로 받지 아니하고 하나님의 말씀으로 받기를 기원합니다. 하나님의 말씀으로 받을 때에 어떤 역사가 일어납니까? 그냥 그 시간으로 끝이 나지 않습니다. 마지막 줄을 보십시오. "이 말씀이 또한 너희 믿는 자 가운데에서 역사하느니라" '역사한다'는 것은 '일한다'는 것입니다. 말씀을 받을 때에 사람의 말로 받지 아니하고 하나님의 말씀으로 받을 때에 그 말씀이 그 사람 속에서 살아서 일을 한다는 것입니다. 그 사람을 변화시키고 그 사람을 새롭게 만들어가고 능력 있게 만들어주는 것입니다. 어떻게 듣느냐, 어떻게 받아들이느냐가 얼마나 중요한지 모릅니다. 그렇기 때문에 진지하게 하나님의 말씀의 권위를 인정하면서 말씀을 들으셔야 된다는 것입니다.

**두 번째는 들은 말씀을 진지하게 순종해야 됩니다.** 예수님께서 '정말 말씀 잘하신다, 설교 잘하신다, 정말 대단한 말씀이다'고 칭찬 듣기 위해서 산상보훈의 말씀을 하셨겠습니까? 뭐하려고 말씀하셨겠습니까? 듣고 순종하게 하려고, 듣고 행하게 하려고 말씀하셨습니다. 그래서 예수 그리스도로 말미암아 땅에서, 세상에서 시작된 하나님의 나라, 이제 예수님을 믿고 이 하나님의 나라 안으로 들어오는 하나님의 백성들, 천국시민들이 어떻게 살아야 될지, 예수 믿는 성도들은 이렇게 살아야 된다고 보여주기 위해서, 살도록 하기 위하여서, 행하게 하기 위하여서, 순종하게 하기 위하여서 예수님께서 말씀하셨습니다. 그래서 이 산상보훈 7장 끝 부분에서 네 번이나 행함을 강조하셨습니다. "나더러 주여 주여 하는 자마다 다 천국에 들어갈 것이 아니요 하늘에 계신 아버지의 뜻대로 행하는 자라야 들어가리라"고 말씀하시고 지난주일에는 "내 말을 듣고 행하는 자는 반석 위에 집을 짓는 지혜로운 자 같으리니" 말씀했습니다.

여러분, 만일 예수님의 말씀을 듣고 토를 달거나 그 말씀을 의심하거나 그 말씀을 무시하거나 쉬 잊어버리고 불순종한다면 그것은 예수님의 권위를 무시하고 하나님의 권위를 무시하는 것이 됩니다. 큰 죄가 됩니다. 성도 여러분, 하나님의 권위를 인정하면 하나님의 말씀에 순종해야 되고 예수님의 권위를 인정하면 예수님의 말씀에 순종해야 되는 것입니다. 맞습니까? 예. 그렇게 해야 우리가 하나님을, 예수님을 인정하는 것이 됩니다. 그렇기 때문에 말씀을 들을 때에 그 말씀을 깊이 마음에 새기시고 그 말씀에 헌신하는 성도가 되시기 바랍니다.

여러분, 오늘 예수님의 말씀에 대한 사람들의 반응을 보았습니다. 사람들은 예수님의 권세 있는, 권위 있는 말씀에 깜짝 놀랐다고 했습니다. 왜 예수님의 말씀에 권세가 있다고 했습니까? 예수님은 하나님의 아들이기 때문에 하나님의 아들의 권세를 가지고 말씀하시기 때문입니다. 또 한 가지는 무엇입니까? 예수님은 성령의 기름 부으심을 받으셨기 때문이라고 했습니다. 그렇다면 오늘 우리는 주의 말씀을 들을 때에 어떻게 해야 됩니까? 최고의 진지함으로 듣고 최고의 진지한 순종으로 헌신해야 됩니다. 그래서 오늘 우리 사랑하는 모든 성도들은 주님의 권위, 말씀의 권위를 인정하는 저와 여러분이 다 되시기를 바랍니다.